■2025年度高等学校受験用

日本大学鶴ヶ丘高等学校

収録内容一覧

★この問題集は以下の収録内容となっています。また、編集の都合上、解説、解答用紙を省略させていただいている場合もございますのでご了承ください。

（〇印は収録、一印は未収録）

入試問題と解説・解答の収録内容		解答用紙
2024年度	英語・数学・国語	〇
2023年度	英語・数学・国語	〇
2022年度	英語・数学・国語	〇
2021年度	英語・数学・国語	〇
2020年度	英語・数学・国語	〇
2019年度	英語・数学・国語	〇

★当問題集のバックナンバーは在庫がございません。あらかじめご了承ください。

●凡例●

【英語】

≪解答≫

〔　〕　①別解
　②置き換え可能な語句（なお下線は置き換える箇所が2語以上の場合）
　（例）I am〔I'm〕glad〔happy〕to～

（　）　省略可能な言葉

≪解説≫

1，2…　本文の段落（ただし本文が会話文の場合は話者の１つの発言）

〔　〕　置き換え可能な語句（なお〔　〕の前の下線は置き換える箇所が２語以上の場合）

（　）　①省略が可能な言葉
　（例）「（数が）いくつかの」
　②単語・代名詞の意味
　（例）「彼（＝警察官）が叫んだ」
　③言い換え可能な言葉
　（例）「いやなにおいがするなべにはふたをするべきだ（＝くさいものにはふたをしろ）」

//　訳文と解説の区切り

cf.　比較・参照

≒　ほぼ同じ意味

【数学】

≪解答≫

〔　〕　別解

≪解説≫

（　）　補足的指示
　（例）（右図１参照）など

〔　〕　①公式の文字部分
　（例）〔長方形の面積〕＝〔縦〕×〔横〕
　②面積・体積を表す場合
　（例）〔立方体ABCDEFGH〕

∴　ゆえに

≒　約、およそ

【社会】

≪解答≫

〔　〕　別解

（　）　省略可能な語

____　使用を指示された語句

≪解説≫

〔　〕　別称・略称
　（例）政府開発援助〔ODA〕

（　）　①年号
　（例）壬申の乱が起きた（672年）。
　②意味・補足的説明
　（例）資本収支（海外への投資など）

【理科】

≪解答≫

〔　〕　別解

（　）　省略可能な語

____　使用を指示された語句

≪解説≫

〔　〕　公式の文字部分

（　）　①単位
　②補足的説明
　③同義・言い換え可能な言葉
　（例）カエルの子（オタマジャクシ）

≒　約、およそ

【国語】

≪解答≫

〔　〕　別解

（　）　省略してもよい言葉

____　使用を指示された語句

≪解説≫

〈　〉　課題文中の空所部分（現代語訳・通釈・書き下し文）

（　）　①引用文の指示語の内容
　（例）「それ（＝過去の経験）が～」
　②選択肢の正誤を示す場合
　（例）（ア，ウ…×）
　③現代語訳で主語などを補った部分
　（例）（女は）出てきた。

／　漢詩の書き下し文・現代語訳の改行部分

日本大学鶴ヶ丘高等学校

所在地	〒168-0063 東京都杉並区和泉2-26-12
電　話	03-3322-7521（代）
ホームページ	https://www.tsurugaoka.hs.nihon-u.ac.jp/
交通案内	京王線・京王井の頭線 明大前駅より徒歩８分

普通科

男女共学

くわしい情報は
ホームページへ

応募状況

年度		募集数	受験数	合格数	倍率
2024	推薦	特進 10名	12名	12名	1.0倍
		総進175名	148名	148名	1.0倍
	一般	特進 40名	94名	94名	1.0倍
		総進175名	281名	267名	1.1倍
2023	推薦	特進 20名	4名	4名	1.0倍
		総進165名	187名	182名	1.0倍
	一般	特進 50名	91名	90名	1.0倍
		総進165名	308名	289名	1.1倍
2022	推薦	特進 20名	9名	9名	1.0倍
		総進165名	208名	196名	1.1倍
	一般	特進 50名	99名	98名	1.0倍
		総進165名	265名	257名	1.0倍

＊推薦の受験数・合格数は推薦Ⅰ・Ⅱの合計
＊推薦Ⅱの募集数は若干名

試験科目　（参考用：2024年度入試）

推薦Ⅰ：面接
推薦Ⅱ：適性検査（国語・数学・英語），面接
一般：国語・数学・英語，面接
※英語はリスニングを含む。

教育方針

日本大学の建学の精神を基本として，心身ともに健全な，真に期待される人間の育成を目標としている。本校の校訓である「自主創造・真剣力行・和衷協同」の三綱領も，建学の精神を基礎とする人間教育の実践を意味したものである。

> 編集部注一本書の内容は2024年5月現在のものであり，変更されている場合があります。正確な情報は，学校のホームページ等で必ずご確認ください。

特　色

基本的，体系的な学習による実力養成に重点が置かれ，将来の大学進学に備えた学力が十分身につくよう，一人ひとりの個性を大切にした指導が行われている。また，コース制を採用しており，それぞれ２年次からは理系・文系に分かれて学ぶ。

総進コース：日本大学の付属校の特性を生かし，バランスのとれたカリキュラムを編成して，基礎学力の充実と大学入学後に必要な教養や知識の習得を目指している。他大学進学希望の生徒には受験形態に合わせた指導を行っている。

特進コース：少人数クラス制を採用し，密度の濃い授業を展開する。受験教科に重点を置いたカリキュラムを組み，厳しい受験に対応できる生徒の養成を目指している。特進コース生を対象とした講習も早期から展開される。２年次から特進専用の校舎で学ぶ。

日本大学への推薦制度

全国の付属生対象に実施される「基礎学力到達度テスト」の成績が重視される基礎学力選抜方式，在学中の成績・資格取得・課外活動等が重視される付属特別選抜方式，一部の学部で実施される国公立併願方式の３方式がある。

◎2024年日本大学推薦進学者数（2024年３月卒業生）

法学部	36	危機管理学部	3
文理学部	48	スポーツ科学部	1
経済学部	52	理工学部	44
商学部	36	生産工学部	6
芸術学部	15	生物資源科学部	38
国際関係学部	2	薬学部	7

出題傾向と今後への対策 英語

出題内容

	2024	2023	2022
大問数	6	6	6
小問数	40	40	40
リスニング	○	○	○

◎大問６題，小問数40問である。出題構成は，放送問題１題，文法問題１題，整序結合１題，対話文完成１題，長文読解２題である。

2024年度の出題状況

1 放送問題

2 適語(句)選択

3 整序結合

4 対話文完成―適語句選択

5 長文読解―内容真偽―物語

6 長文読解総合(英問英答形式)―スピーチ

解答形式

2024年度	記　述／マーク／併　用 (マーク circled)

出題傾向

中学で学習した基本事項が多いものの，対話文などでは難易度が高い問題が出ることもある。出題形式も例年安定している。適語(句)選択は幅広く知識を問われる。整序結合は日本文付きの形式で，対話文完成は適語句選択である。長文のジャンルは物語と説明文が多く，難しい単語でも語注が全くないので推測するしかない。設問は内容真偽と英問英答が中心である。

今後への対策

まず教科書に出てくる文法，重要構文の復習をお勧めしたい。自分なりの方法で重要事項を整理し，頭に叩き込む作業である。疑問はあいまいなままにしておかず，先生に質問するなどして明らかにしておくこと。自ら積極的に学び取った事柄はしっかり記憶に残るものである。問題集で練習を繰り返し，過去問で形式や時間配分を確認。

◆◆◆◆◆ 英語出題分野一覧表 ◆◆◆◆◆

分野		年度	2022	2023	2024	2025 予想※
音声	放送問題		■	■	■	◎
	単語の発音・アクセント					
	文の区切り・強勢・抑揚					
語彙・文法	単語の意味・綴り・関連知識			●		△
	適語(句)選択・補充		■	■	■	◎
	書き換え・同意文完成					
	語形変化					
	用法選択					
	正誤問題・誤文訂正					
	その他					
作文	整序結合		■	■	■	◎
	日本語英訳	適語(句)・適文選択				
		部分・完全記述				
	条件作文					
	テーマ作文					
会話文	適文選択		●			△
	適語(句)選択・補充		■	■	■	◎
	その他					
長文読解	内容把握	主題・表題				
		内容真偽	■	■	■	◎
		内容一致・要約文完成	●	●	●	◎
		文脈・要旨把握		●	●	◎
		英問英答	●	●	●	◎
	適語(句)選択・補充					
	適文選択・補充					
	文(章)整序					
	英文・語句解釈(指示語など)		●		●	◎
	その他					

●印：１～５問出題，■印：６～10問出題，★印：11問以上出題。
※予想欄　◎印：出題されると思われるもの。　△印：出題されるかもしれないもの。

出題傾向と今後への対策 数学

出題内容

2024年度

大問５題，19問の出題。1は小問集合で，10問。各分野から，基本的な計算力や知識を見るもの中心に出題されている。2は関数で，放物線と直線に関するもの。座標や図形の面積が問われている。3は食塩水に関する方程式の応用問題。会話文中の空欄に当てはまる数値を解答する形式。4は空間図形で，直方体を利用した問題。平易な内容。5は特殊・新傾向問題で，並べたタイルに規則的に番号をつけていく問題。

2023年度

大問６題，20問の出題。1は小問数集合で，７問。数と式，関数，データの活用などから出題されている。2は小問集合で，平面図形の計量題が３問。3は方程式の応用問題で，割合を利用したもの。4は関数で，放物線と直線に関するもの。回転体について問うものもある。5はサイコロを利用した確率の問題３問。6は特殊・新傾向問題。規則的に並んだ整数について問うもの。

作…作図問題　証…証明問題　グ…グラフ作成問題

解答形式

2024年度	記　述／マーク／併　用

出題傾向

近年は，問題数にばらつきがある。1は小問集合で６～10問の出題。基本～標準レベルのもの中心であるが，中には取り組みにくい内容のものが含まれることもある。2以降は，図形と関数がメイン。年度により確率などから出題されることもある。難度の高い問題も見られる。

今後への対策

まずは教科書を使って基本事項を確認しよう。章末問題や練習問題はひと通り解けるようにしておくこと。解けない問題や苦手分野は教科書で再確認を。そのうえで標準レベルの問題集を用いて問題に慣れるようにしていこう。できるだけ多くの問題にあたり，いろいろな解法や考え方を身につけていこう。

◆◆◆◆◆ 数学出題分野一覧表 ◆◆◆◆◆

分野	年度	2022	2023	2024	2025 予想※
数と式	計算，因数分解	■	■	★	◎
	数の性質，数の表し方	●	●		◎
	文字式の利用，等式変形				
	方程式の解法，解の利用	●	■	■	◎
	方程式の応用	●	■	■	◎
関　数	比例・反比例，一次関数		●		△
	関数 $y = ax^2$ とその他の関数	■	★	★	◎
	関数の利用，図形の移動と関数				
図　形	（平面）計　量	★	★	■	◎
	（平面）証明，作図				
	（平面）その他				
	（空間）計　量	■		★	◎
	（空間）頂点・辺・面，展開図				
	（空間）その他				
データの活用	場合の数，確率		★	●	◎
	データの分析・活用，標本調査		●	●	◎
その他	不 等 式				
	特殊・新傾向問題など	■	■	■	△
	融合問題				

●印：１問出題，■印：２問出題，★印：３問以上出題。
※予想欄　◎印：出題されると思われるもの。　△印：出題されるかもしれないもの。

出題傾向と今後への対策 国語

出題内容

2024年度

- 一 国語の知識
- 二 論説文
- 三 小説
- 四 古文

課題文

二黒井千次『老いるということ』
三山川方夫『他人の夏』
四『古今著聞集』

2023年度

- 一 国語の知識
- 二 随筆
- 三 小説
- 四 古文

課題文

二坂口安吾「死と鼻歌」
三明川哲也『箱のはなし』
四『伊勢物語』

2022年度

- 一 国語の知識
- 二 論説文
- 三 小説
- 四 古文

課題文

二春日武彦『自己愛な人たち』
三向田邦子『ビリケン』
四『大鏡』

解答形式

2024年度　記　述／**マーク**／併　用

出題傾向

ここ数年，問題構成に変化はない。設問は，国語の知識の問題に10問，現代文の読解問題に合計20問程度，古文の読解問題に６～９問付されており，全体で45問前後の出題となっている。国語の知識の問題は，読解問題中にも若干含まれている。課題文については，内容的には比較的読みやすく，分量も標準的である。

今後への対策

全体の問題量が多いので，速く正確に解答を導き出す力をつけておかなければならない。そのためには，基礎学力を養成するための問題集をできるだけたくさんこなすのがよい。また，国語の知識については，出題範囲が広いので，参考書などを使ってノートに知識を分野ごとに整理し，最後に問題集で確認しておくとよい。

国語出題分野一覧表

分野			2022	2023	2024	2025 予想※
現代文	論説文 説明文	主題・要旨	●			△
		文脈・接続語・指示語・段落関係	●			△
		文章内容	●		●	◎
		表現	●			△
	随筆 日記 手紙	主題・要旨		●		△
		文脈・接続語・指示語・段落関係		●		△
		文章内容		●		△
		表現				
		心情				
	小説	主題・要旨			●	△
		文脈・接続語・指示語・段落関係				
		文章内容	●	●	●	◎
		表現	●	●	●	◎
		心情	●	●	●	◎
		状況・情景				
韻文	詩	内容理解				
		形式・技法				
	俳句 和歌 短歌	内容理解	●	●	●	◎
		技法	●	●	●	◎
古典	古文	古語・内容理解・現代語訳	●	●	●	◎
		古典の知識・古典文法	●	●	●	◎
	漢文	(漢詩を含む)				
国語の知識	漢字 語句	漢字	●	●	●	◎
		語句・四字熟語	●	●	●	◎
		慣用句・ことわざ・故事成語	●	●	●	◎
		熟語の構成・漢字の知識	●			△
	文法	品詞	●	●		◎
		ことばの単位・文の組み立て			●	△
		敬語・表現技法	●	●		◎
	文学史		●	●	●	◎
作文・文章の構成・資料						
その他						

※予想欄　◎印：出題されると思われるもの。　△印：出題されるかもしれないもの。

合格を勝ち取るための

本書の使い方

本書に掲載されている過去問をご覧になって，「難しそう」と感じたかもしれません。でも，大丈夫。ほとんどの受験生が同じように感じるのです。高校入試の出題範囲は中学校の定期テストに比べて広いですし，残りの中学校生活で学ぶはずの，まだ習っていない内容からも出題されているかもしれません。
ですから，初めて本書に取り組む際には，点数を気にする必要はありません。点数は本番で取れればいいのです。

過去問で重要なのは「間違えること」です。自分の弱点を知るために，過去問に取り組むのです。当然，間違った問題をそのままにしておいては意味がありません。
本書には，長年にわたって高校受験に関わってきたベテランスタッフによる詳細な解説がついています。間違えた問題は重点的に解説を読み，何度も解きなおしてください。時にはもう一度，教科書で復習するのもよいでしょう。

別冊として，抜き取って使える解答用紙を収録しました。表示してあるように拡大コピーをとれば，実際の入試と同じ条件で，何度でも過去問に取り組むことができます。特に記述問題では解答欄の大きさがヒントになる場合があります。そうした，本番で使える受験テクニックの練習ができるのも，本書の強みです。

前のページにある「出題傾向と今後への対策」もよく読んで，本校の出題傾向に慣れておきましょう。

2024年度 日本大学鶴ヶ丘高等学校

【英　語】（60分）〈満点：100点〉

1　［放送問題］ リスニングテストはPart 1とPart 2の２つの部分に分かれています。

Part 1　Part 1は【１】～【４】までの４つの話を聞き，その内容について１つずつ質問が出されます。質問に対する答えとして最も適当なものを，それぞれ１つ選んで，マークしなさい。話と質問は２度読まれます。途中でメモを取ってもかまいません。

【１】

①　A→C→D→B　　②　C→A→D→B
③　C→A→B→D　　④　A→C→B→D

【２】

【３】

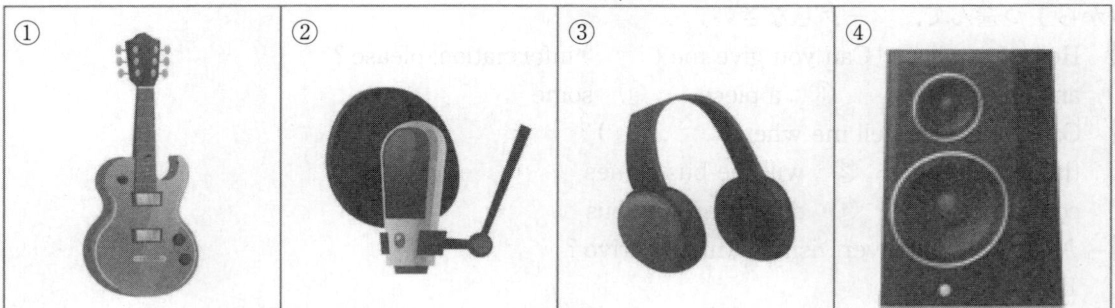

【4】

① A　② B　③ C　④ D

Part 2　Part 2は【5】と【6】の２問です。長めの英文を１つ聞き，【5】と【6】の答えとして最も適当なものを，それぞれ①～④の中から１つ選んで，マークしなさい。英文と質問は２度読まれます。途中でメモを取ってもかまいません。

【5】

① Friends and Thomas　② The Railway Series

③ The Reverend Wilbert Awdry　④ Thomas and Friends

【6】

① 400　② 500　③ 600　④ 700

※＜**放送問題原稿**＞は英語の問題の終わりに付けてあります。

2

次の【7】～【12】の各文の空所に当てはまるものとして，最も適当な語(句)をそれぞれ①～④の中から１つ選んで，マークしなさい。

【7】 Hello, I am lost.　Can you give me (　　　) information, please ?

① an　② piece　③ a piece　④ some

【8】 Can you please tell me when (　　　　) ?

① the bus comes　② will the bus comes

③ comes the bus　④ does come the bus

【9】 A : Have you ever visited Antananarivo ?

B : (　　　).

① Not　② Not yet　③ Already　④ I have ever visited it

【10】 I have two sons and one daughter. My son, Jimmy, is the (　　) of my children.
① biggest　② big　③ bigger　④ more big

【11】 On hot afternoons, we usually go to the sea (　　).
① swimming　② to swim　③ to swimming　④ for swim

【12】 (　　) lend your dictionary to me ?
① Will you　② Shall I　③ Shall we　④ May I

3 次のイ～ヘの英文中の〔 〕内の語群について，日本文の内容に合うように並べ替えなさい。解答は【13】～【24】のそれぞれに当てはまる番号をマークしなさい。ただし，文頭に来る語も小文字から始まっています。

イ　彼女の半分でも英語が話せたらと思う。
I wish I〔① she　② speak　③ as well　④ English　⑤ could　⑥ as　⑦ half〕.
I wish I〔(　　)(【13】)(　　)(　　)(【14】)(　　)(　　)〕.

ロ　村人たちは祭りを楽しみにしている。
〔① by　② to　③ is　④ forward　⑤ looked　⑥ the villagers　⑦ the festival〕.
〔(　　)(　　)(【15】)(　　)(　　)(【16】)(　　)〕.

ハ　彼は遅れなかったので褒められました。
〔① being　② was　③ praised　④ he　⑤ for　⑥ late　⑦ not〕.
〔(　　)(　　)(　　)(【17】)(　　)(【18】)(　　)〕.

ニ　行方不明の小さな少年は森の中で無事発見されたとわかった。
〔① safe　② the missing　③ in　④ boy　⑤ found　⑥ little　⑦ I〕the forest.
〔(　　)(　　)(　　)(【19】)(　　)(【20】)(　　)〕the forest.

ホ　このアパートは彼女が住むのに十分な広さです。
This apartment is〔① for　② in　③ enough　④ her　⑤ large　⑥ live　⑦ to〕.
This apartment is〔(　　)(【21】)(　　)(　　)(【22】)(　　)(　　)〕.

ヘ　この地域には，私が探し求めている埋蔵金はない。
The treasure〔① been　② I　③ buried　④ have　⑤ isn't　⑥ for　⑦ looking〕in this area.
The treasure〔(　　)(【23】)(　　)(　　)(【24】)(　　)(　　)〕in this area.

4 次の対話文を読んで，文中の【25】～【31】の空所に入れるのに最も適当な表現を，後の①～⑦の中から１つ選んで，マークしなさい。ただし，同一の表現を２度用いず，すべての表現を使うこと。

A： Hey, big guy, welcome back, it has been forever since I've seen you here.
B： Yeah, I have been working way too hard and I simply haven't had time to get a shave and a cut. Can (【25】) today ?
A： Well, for a normal customer, absolutely not, but as it's you, Steve, of course. Just take a seat and I'll be right with you. I just have to finish cleaning my area.
B： Thanks, man. You are a lifesaver ! When is your next customer due ?

A：Not for at least a quarter of an hour . . . OK, I'm ready.　Have a seat and tell me what you need.

B：Well, just shave it all off.　I (　【26】　) for over a year and it's time.

A：Hmmm . . . OK, if you say so.　But honestly, I think that a good trim would be the best.　You know, make you look professional and everything—for the office.

B：Oh, man, I forgot to tell you, I quit.　I am no longer (　【27】　).

A：What ?!?　But you loved your job.　What did you do ?　Banking, right ?

B：Yeah, but I just (　【28】　).　I wanted a real change.　A chance to do something else.

A：That's cool.　I can understand that.　So, what are you into these days ?　How are you making a living ?

B：Promise you won't laugh ?　I am a cobbler.

A：A cobbler ?!?　You mean you make shoes ?　Well, what's that like ?

B：Honestly, it is wonderful.　I get to work alone and create real things.　I feel I am (　【29】　).

A：Wow, well . . . it sounds like you (　【30】　).

B：Yeah, really feel at peace for the first time in my life.

A：I am so happy for you.　Can (　【31】　) a pair ?

B：Of course.　After you shave me, I'll take your measurements.

① working a nine to five　　② have found a real calling
③ you work me in　　④ got so tired of that life
⑤ have let it grow　　⑥ giving people something real
⑦ you make me

5　次の英文を読んで，後の【32】～【41】の各英文が本文の内容と一致しているものには①，異なっているものには②をマークしなさい。

The old woman bent over in her garden and pulled up another weed.　Recently, the garden seemed to be full of them.　These plants grew like crazy and yet could not be eaten by any human.　Caly smiled as the weed came up easily and cleared some space around a tomato plant.　The tomatoes were still green and not ready to eat, but they would be soon.　She could almost taste how good they would be by just looking at them growing under the hot sun.

Caly lived in between the mountains, away from almost all people.　Oh, she had a few neighbors—the Randolphs, a nice family living several kilometers down a mountain path ; the Mortimers, an old couple in the next valley over ; and one young couple, still childless, at the bottom of the mountain—but mostly she lived alone.　Weeks might go by without her seeing another living person.　This was just how she liked it.

The area where she lived was in a place that used to be called Japan, or at least that was what her grandfather had told her when she was young.　Japan was a country, when the earth had places called countries.　That was over a hundred years ago now, before the time of the great heat and the great war.　Countries were all gone now.　Only people survived, along with cities, which were just collections of people who were frightened of living too close to nature.

Caly knew all about what nature could do to the person who did not pay attention to what was around them.　Bears and wolves were all over the woods and could attack at a moment's notice.　While they could be dangerous, the worst were the wild pigs, which would eat everything in the garden and then attack and kill you.　Some of these monsters could grow to almost 300kg and could easily make a grown man run away. But Caly was clever. She had set up traps and had cages that could hold them. Because, while a wild pig was dangerous, it was truly delicious, too.

Caly went back to work in her garden. She knew she only had a few hours of daylight left before she would have to go back inside her house and wait for the sun to rise again. Farming was difficult work, but it tied you to the land and made you follow the rhythms of the seasons. It was now almost autumn and that would be the time for the harvest, time to see the neighbors again, and to share what the earth had given you in a party for the few people who lived on the mountain.

As the sun went down, Caly heard a strange sound from down the mountainside. It sounded like trees cracking and breaking, and maybe a scream. Then there was silence. Caly stood very still for a long time, listening, but no more sounds came. Mountain life was always the same, and when there was a break in it, one needed to pay attention. Eventually, Caly shrugged, collected her tools, and went inside her small house.

She lit a candle, started a small fire, and ate her meal of rice, beans, and green leaves that she had picked that day. She put on her glasses and picked up one of her books. Her grandfather had taught her to read and left her his collection of books when he passed on. She fell asleep in her chair, the book dropping from her hand to the floor.

All of a sudden, she was instantly awake. She heard branches and twigs snapping somewhere near her house and she knew it was not an animal. These were human sounds. Though old, Caly was still strong and knew what to do. She grabbed the katana that she had made out of bamboo, blew out the candle, and crouched down by the door, waiting for whoever might approach. The soft red glow of the fire touched her face and made her look like one of the *Onryo*, an avenging demon ready to attack.

The movement outside stopped, and she heard heavy breathing, followed by a small voice, "Ms. Caly, it's Tom, Tom Randolph. They came in the night . . . help." Caly recognized Tom Randolph's voice and instantly relit the candle before opening the door and letting him and his family in.

They looked horrible. Tom had a huge cut on his left side, his wife had most of her clothes torn off her, and little Daisy, only 11, was shaking in terror. She offered them hot drinks and listened for the next hour as they told of how bad men had come to their house, robbed and beaten them. They told how Tom had attacked them and freed his wife and child and how, as they ran away, they had seen their house burn.

Caly's eyes became hard and cold as steel. "Tom, we must fight. The path you took will lead them here. If they are the kind of men you say they are, they will not wait for daylight, but will be here soon. Wash yourself. You too, ladies. And get ready. Tonight we stop them." She took out three more of her katana and tested them for sharpness.

Weeks later, Caly was back in her garden. The garden was bigger than it used to be. She was sweating again and pulling up weeds, but now she had help. She looked over at 11-year-old Daisy, bringing water from the river to water the plants. Her mom was in the small house cooking lunch and Tom was cutting down trees to build a new house for his family next to Caly's. Caly smiled as she looked to Tom's right and saw the newly dug ground. A great place to plant carrots and broccoli. A gift from those who tried to attack in the night.

【32】 Caly had a farm near a city.

【33】 The old woman lived in Japan.

【34】 There were a lot of dangerous things in the forest.

【35】 Caly liked to eat not only vegetables, but also meat.
【36】 People in the mountain sometimes have a party together.
【37】 Before she had dinner, Caly heard a strange noise and saw the Randolphs.
【38】 Caly ate a simple dinner of rice, beans, and weeds.
【39】 When Caly heard the noise, she got her katana and attacked the people.
【40】 The Randolphs will move closer to Caly.
【41】 The first part of this story takes place in the summer.

6 次の文章を読み，後の問い【42】～【46】の答えとして最も適当なものを，それぞれ①～④から1つ選んで，マークしなさい。

Hello everyone, and welcome to your first day of being a BarStucks barista. As you know, a barista is a professional coffee maker and a representative of our brand to the entire world. We hope that you will enjoy being a member of our team and that by working together, we can make the restaurant you work at one of the best in the country.

During this presentation, you will learn three things. First, how to prepare a perfect cup of coffee. Second, how to properly take an order and serve it to your customers. Third, the benefits and bonuses you can gain by staying on as a member of our team for three, six, nine months or even several years. The opportunities that BarStucks offers are endless, and if management is in your future, we offer that too. If, after this recorded presentation has ended, you have any questions, please ask the member of staff that is in the room with you now.

So, how do we make a perfect cup of coffee ? Well, we start with pure coffee beans that we buy from either Ethiopia or Kenya—we only use pure African coffee beans. We grind them on site, fresh every morning, to make sure our customers always have only the finest and freshest coffee. No coffee is stored overnight. We then use pure water, boiled to 100 degrees, and quickly filter it through the coffee. This makes a perfect cup of coffee. Finally, our customers are offered a choice of pure sugar, fresh milk or cream, and cinnamon that they can put in their drink.

The need to make our customers happy is most important, and we must keep two things in mind. Always use the customer's name. When they walk in the store and you take their order, ask them for their name and use it every time you talk to them. As a customer leaves the store, they should hear you saying a personal *thank you* to them. And always, always wear a smile. A smiling barista will create a smiling customer.

Finally, if you decide you enjoy working with us, then there are benefits to staying. For every three months you stay with us, you will get a $100 bonus. After you have been with us for a year, you will receive a $500 bonus. If you stay with us for more than a year and a half, you will have the chance to become an assistant manager and most people who stay with us for over three years have their own store. **The possibilities are endless**.

I want to thank you for joining the BarStucks team and wish you the best of luck in your career with us.

【42】 This speech is most probably ＿＿＿＿＿.
① a live training for a coffee store
② a video training course
③ a meeting of trainers

④　a training pamphlet describing how to be a barista

【43】 What does a barista NOT use to make a perfect cup of coffee ?

①　Milk and sugar.　②　African beans.

③　Pure water.　④　A filter.

【44】 What is the thing a barista says to a customer as they leave the store ?

①　Goodbye, Taro.　②　Thank you, Taro.

③　Goodbye, sir.　④　Thank you, sir.

【45】 If you work for BarStucks for a year, how much in total bonuses will you get ?

①　One hundred dollars.　②　Three hundred dollars.

③　Five hundred dollars.　④　Eight hundred dollars.

【46】 What words are closest in meaning to the words, "**The possibilities are endless**," in paragraph 5 ?

①　More work　②　Extra things

③　Added money　④　Many chances

＜放送問題原稿＞

【1】

A : OK, guys. This is the first practice for our dance contest. Please, listen to me and follow along.

B : OK, what do we do first ? Put our hands to the left, right ?

A : That's right. Then put them to the right and then straight out.

B : You mean to both sides ?

A : No, straight in front of you, then finally out to both sides. OK, let's go !

Question—Which is the correct order for the dance moves ?

【2】

A : Hello, ma'am. So you want to take a balloon ride ?

B : That's right. What kind of rides do you offer ?

A : Well, we have basically four choices. All of them are wonderful.

B : OK, please tell me about them.

A : Well, we have the beginner's course. You just go up and down and don't see anything. That is the shortest ride. Then we have three mountain rides. One where we just look at the mountains, and two where we search for animals—deer or birds.

B : I really like animals, but I think that I just want to look at the beautiful mountains.

Question—Which balloon ride will the woman take ?

【3】

A : OK. This is our only chance to record our music. Let's check our equipment.

B : Cool, I have my keyboard and Nico has her drums.

A : What about Lou ? Did he remember his microphone ? He is always forgetting things.

B : Don't worry, he has it, and I brought his guitar. He forgot it at home, but I have it.

A : And I have the headphones, so we can listen to the music.

B : Great, I guess we have everything.

Question—What do the musicians not have ?

【4】

So, last night, I had a sleepover at my house. I loved it. It was the first time that all of my friends were able to come over to my house and stay the whole night. I took a photo of us using my smartphone on a timer. You can see all of us together. This was really late at night, but we were still up talking. My best friend, Daniel, is lying on the bed under the covers. He was very sleepy and fell asleep right after this photo was taken. My new friend from France, Gaston, likes sitting on the floor, just like we do in Japan, and he loves talking a lot. My parents actually got kind of angry with us, because we kept playing music on my computer and making too much noise. So they finally came into my bedroom, turned off all the lights, and told us to go to sleep when Steve started riding my skateboard in my room. We all got into bed but still kept talking. Except Gaston, who just went to sleep on the floor.

Question—Which person is the speaker ?

【5】【6】

When you were growing up, you may have read the children's books originally called *The Railway Series*, better known as *Thomas and Friends*. This is a collection of books about a little train named Thomas and his close friends, especially Gordon, James, and Percy. These books were written by a man named the Rev. Wilbert Awdry. He started writing them in 1945 and continued until his death in 1972. The stories were all set on the fictional island of Sodor. All of the stories are short and easy for children to understand. The books were almost instantly successful and within less than 10 years, there was a TV show based on them. Since then, there have been many other television series with a total of 584 episodes. There are at least seventeen movies and the books have been translated into many, many other languages including Japanese. There are even several theme parks featuring Thomas. From his simple beginnings, Thomas has become beloved around the world.

Question 5 —What was the first name of the books about Thomas ?

Question 6 —About how many total TV episodes and movies have been made about Thomas ?

【数　学】（60分）〈満点：100点〉

（注意）(1)　分数の形で解答が求められているときは，それ以上約分できない分数で答えること。

(2)　定規・コンパス・分度器・計算機を使用してはいけない。

(3)　問題の図は正確なものではない。

1　次の【1】，【2】，……，【21】の一つ一つには，それぞれ0～9までの一つの数字が当てはまる。それらを【1】，【2】，……，【21】で示される解答欄に順次マークしなさい。

(1)　$\left\{\left(\frac{1}{4}\right)^2\div(0.5)^3\right\}\times\{(0.4)^2+3.84\}=$【1】

(2)　$x=\frac{1}{3}$，$y=-\frac{1}{4}$ のとき，$\left(\frac{1}{2}x^2y\right)^3\div\left(-\frac{1}{16}x^7y^4\right)\times(-xy)^2=\frac{【2】}{【3】}$ である。

(3)　2次方程式 $(x-7)^2-12(x-7)-13=0$ を解くと，$x=$【4】，【5】【6】である。

(4)　2次方程式 $x^2+ax+b=0$ の解が1と2であるとき，2次方程式 $x^2-bx+a=0$ の解のうち大きい方を求めると，$x=$【7】である。

(5)　右の図において，点Dは△ABCの内接円の中心である。このとき，∠BDC＝【8】【9】【10】°である。

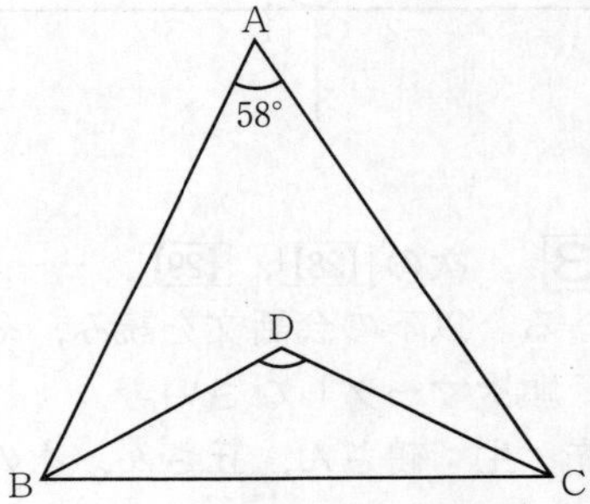

(6)　下のヒストグラムは，あるクラス30人の数学の小テストの結果から作成したものである。このとき，最頻値は【11】点，中央値は【12】.【13】点，平均値は【14】.【15】点である。

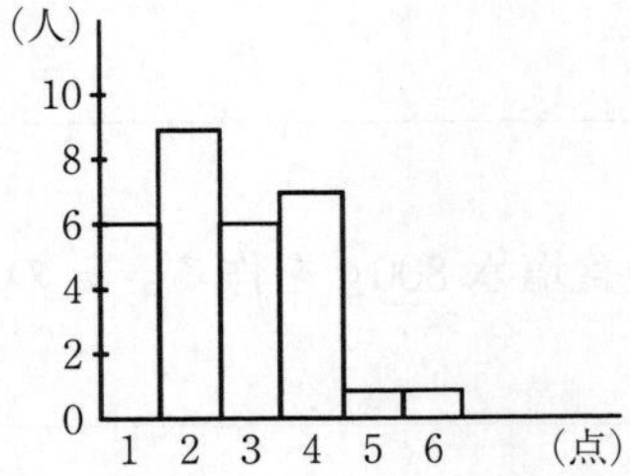

(7)　連続する3つの整数がある。この3つの整数の最小の数を5倍すると，残りの2数の和の2倍になっているという。このとき，最小の数は【16】である。

(8)　大中小3つのサイコロを同時に投げるとき，出た目の積が偶数となる場合の数は【17】【18】【19】通りである。

(9)　右の図のような AD＝3cm，BC＝9cm で AD∥BC の台形ABCDがある。点E，Fは，それぞれ辺AB，CD上の点でAD∥EFであり，AE：EB＝2：1である。

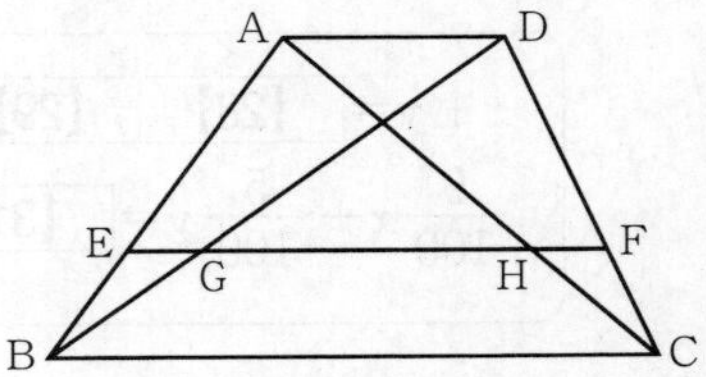

BDとEFの交点をG，ACとEFの交点をHとするとき，GHの長さは【20】cmである。

(10)　$x=2+\sqrt{3}$ のとき，$x^2-4x+5=$【21】である。

2　次の【22】，【23】，……，【27】の一つ一つには，それぞれ0～9までの一つの数字が当てはまる。それらを【22】，【23】，……，【27】で示される解答欄に順次マークしなさい。

次のページの図のように，放物線 $y=x^2$ 上に3点A，B，Cがあり，それらの x 座標はそれぞれ -2，3，1である。このとき，次の各問いに答えなさい。

(1)　点Aの y 座標は【22】である。

(2)　△ABC の面積は 【23】【24】 である。

(3)　△PAB の面積が △ABC の面積と等しくなるような y 軸上の点Pの座標は(0, 【25】)と(0, 【26】【27】)である。

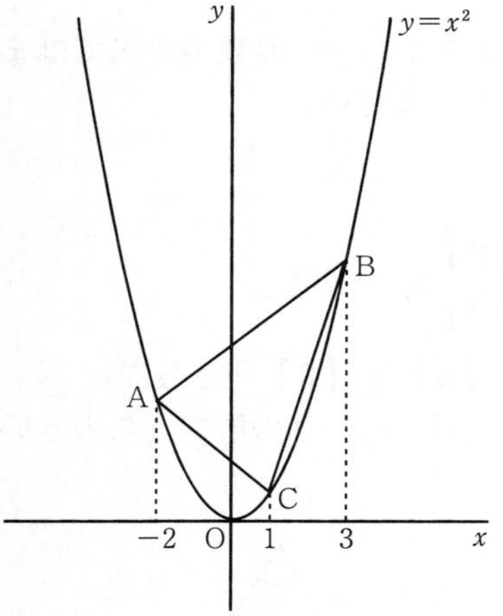

3　次の【28】,【29】, ……,【47】の一つ一つには，それぞれ０～９までの一つの数字が当てはまる。以下の会話文を読み，それらに当てはまる数字を【28】,【29】, ……,【47】で示される解答欄に順次マークしなさい。

先　生：鶴さん，丘さん，次の問題を工夫して解いてみましょう。

> 問題
> 　９％の食塩水 x g と５％の食塩水 y g をすべて混ぜ，z ％の食塩水 800g を作る。z の値が６，７，８になるときの x の値をそれぞれ求めよ。

鶴さん：文字が x，y，z と３つもあるから解くのが大変そうだ。とりあえず，３つの文字 x，y，z を用いた式を作ってみたら次のようになったよ。

> $x+y=$【28】【29】【30】……①
>
> $\frac{9}{100}x+\frac{5}{100}y=$【31】$z$……②

丘さん：これらの式に，具体的に $z=6$ を代入して計算すると，x と y についての連立方程式ができて，それを解くことで $z=6$ のときの x の値を求めることができるけれど，これを $z=7$ と $z=8$ のときについても，それぞれ計算しなくてはならないから，やっぱり大変そうだね。

鶴さん：$z=6$，７，８をそれぞれ代入すると，それぞれの x の値を求めることができる式を作りたいよね。

丘さん：それはいい考えだね。式①，②から y を消去して x と z の式を作ってみよう。

> $x=$【32】【33】【34】$z-$【35】【36】【37】【38】……③

鶴さん：式③にz=6，７，８をそれぞれ代入すると，次のようにそれぞれのxの値を簡単に求めることができるね。

z=6のときx=【39】【40】【41】，z=7のときx=【42】【43】【44】，
z=8のときx=【45】【46】【47】

先生：すばらしい。二人ともいいことに気が付きましたね。

4 次の【48】，【49】，……，【52】の一つ一つには，それぞれ０～９までの一つの数字が当てはまる。それらを【48】，【49】，……，【52】で示される解答欄に順次マークしなさい。

右の図のようなAB＝AE＝2，AD＝4の直方体ABCD-EFGHがある。この直方体を３点B，G，Dを通る平面で２つに切るとき，次の各問いに答えなさい。

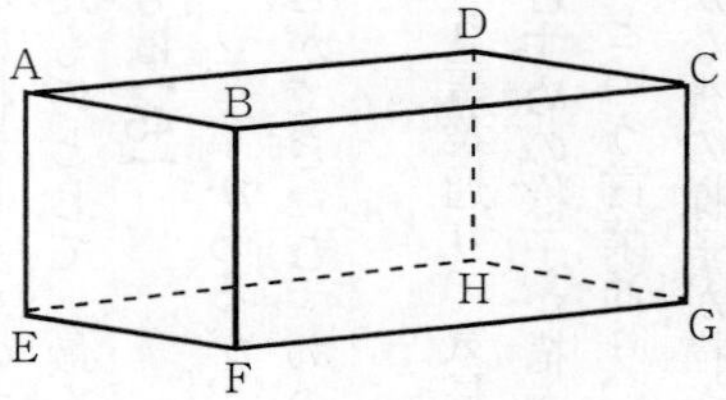

(1) 切り口の面積は【48】である。

(2) 頂点Cから切り口に下ろした垂線の長さは$\dfrac{【49】}{【50】}$である。

(3) ２つに切った立体のうち，頂点Cを含む立体の体積をV_1，頂点Eを含む立体の体積をV_2とする。このとき，V_1とV_2の比を最も簡単な整数の比で表すと，V_1：V_2=【51】：【52】である。

5 次の【53】，【54】，……，【58】の一つ一つには，それぞれ０～９までの一つの数字が当てはまる。それらを【53】，【54】，……，【58】で示される解答欄に順次マークしなさい。

右の図のように同じ大きさの正三角形のタイルを隙間なく並べ，次の規則にしたがって自然数の番号をつけていく。

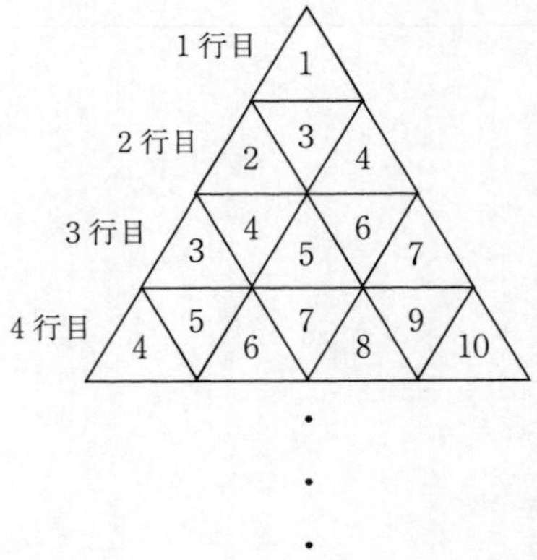

【規則】
・１行目のタイルには１の番号をつける。
・２行目のタイルには左から順に２，３，４の番号をつける。
・３行目のタイルには左から順に３，４，５，６，７の番号をつける。
⋮
このあとも，同様の規則で自然数の番号をつけていく。

このとき，次の各問いに答えなさい。

(1) ８行目のタイルの枚数は【53】【54】枚である。

(2) 番号60を最初につけたタイルは【55】【56】行目の左から【57】【58】番目である。

④ 自分(女房)と同様に、夜を徹して悲運な暮らしぶりを訴えることで、神様がみじめだと思ってくださるくらいむすめもお願い申し上げるべきだと考えていること。

問六 傍線部③「大菩薩この歌を納受ありけるにや」と作者が考えた理由として、最も適当なものを次の中から選びなさい。解答番号は【44】

① この身の苦しさについては解決方法も見出せずどうしようもないので、石清水の神の御心にひたすらお祈りを捧げる、という和歌の内容が修行に専念しようとする意志の表れであったから。

② 生活が困窮するほどのこの身のむなしさについては、どうしようもないのだから、石清水の神もやはり考えてはくれないだろう、という和歌の内容が人間には抗えないほどの絶望感によるものであったから。

③ 感情に振り回されるこの身のやましさの原因は、なかなか消えるものではないので、何も言わずにひたすら石清水の神の思いのままに従おう、という和歌の内容が他力本願によるものであったから。

④ この身の辛さについては何も言わなくても、石清水の神は清水の水を汲むように私の心も汲んで分かってくださるだろう、という和歌の内容が信仰心に根ざしたものであったから。

問七 この話の教訓を説明したものとして、最も適当なものを次の中から選びなさい。解答番号は【45】

① 「石の上にも三年」という言葉があるが、辛抱強く耐えることで願いを成し遂げることができたむすめの様子が描かれている。

② 「果報は寝て待て」という言葉通り、気長に待つことで幸運が舞い込んだ女房(母)とむすめの様子が描かれている。

③ 「信じる者は救われる」という言葉通り、むすめの強い思いを受け取った霊験あらたかな神の様子が描かれている。

④ 「親の心子知らず」という言葉があるが、気ままに暮らすむすめの心理が理解できずに悩む女房(母)の様子が描かれている。

問八 『古今著聞集』は鎌倉時代に書かれた説話である。説話に属する作品を次の中から一つ選びなさい。解答番号は【46】

① 十訓抄　② 方丈記

③ 風姿花伝　④ 山家集

するほどに、※七条朱雀《すざく》の辺にて、世の中にDときめき給ふ※雲客《うんかく》、※桂《かつら》より遊びて帰り給ふが、このむすめをとりて車に乗せて、やがて※北の方にしてd始終いみじかりけり。③※大菩薩《だいぼさつ》この歌を納受ありけるにや。

※世の中たえだえしかりける…時運に恵まれず貧しかった
※八幡…石清水八幡宮。九州の宇佐八幡宮を勧請した。
※御前…神前
※うたてさよ…なさけないことよ
※母も恥づかしくなりて…母もきまりが悪くなって
※七条朱雀…七条大路と朱雀大路との交差点
※雲客…天皇の御座所である清涼殿の殿上の間に昇殿できる人
※桂…京都市西京区の桂川に沿う地
※北の方…正妻
※大菩薩…八幡大菩薩。八幡神のこと。神の本地を仏や菩薩とする本地垂《すい》迹《じゃく》の考え方にもとづく。

問一 二重傍線部a～dの口語訳として、最も適当なものを後の中からそれぞれ選びなさい。

a「なまめきたる」 解答番号は【36】
① 頑固でわがままな ② 優雅で美しい
③ 謙虚で気が利く ④ 思慮深く聡明な

b「いかにもしてめやすきさまならせん」 解答番号は【37】
① なんとかして結婚させたい
② なんとかして悠々自適にのんびり過ごしたい
③ どうして今よりも美人になれないのだろうか
④ どうして見当の様子も教えてくれないのだろうか

c「おどろきて」 解答番号は【38】
① 反論して ② 酔いを醒《さ》まして
③ 驚愕して ④ 目が覚めて

d「始終いみじかりけり」 解答番号は【39】
① 宮中での働きぶりが評判になった
② 生涯変わることなく、たいそう大切にした
③ 八幡様への祈願を欠かさなくなった
④ 一生、母とむすめは良好な関係を保った

問二 傍線部①「ける」の活用形を次の中から選びなさい。解答番号は【40】
① 未然形 ② 連用形 ③ 終止形
④ 連体形 ⑤ 已然形 ⑥ 命令形

問三 点線部A「かなしさ」・B「いかに」・C「なり」・D「ときめき」の品詞の組み合わせとして、最も適当なものを次の中から選びなさい。解答番号は【41】
① A―名詞 B―副詞 C―動詞 D―動詞
② A―名詞 B―助詞 C―動詞 D―名詞
③ A―形容詞 B―副詞 C―助動詞 D―名詞
④ A―形容詞 B―助詞 C―助動詞 D―動詞

問四 波線部Ⅰ「思ひ」・Ⅱ「思ふ」・Ⅲ「おもふ」のうち、主語が「むすめ」であるものはいくつありますか。最も適当なものを次の中から選びなさい。解答番号は【42】
① 一つ ② 二つ ③ 三つ ④ なし

問五 傍線部②「かやうに、よもすがら神もあはれとおぼしめすばかり申し給ふべき」とはどういうことですか。最も適当なものを次の中から選びなさい。解答番号は【43】
① 自分(むすめ)とは異なり、一晩中、家族の幸せを願うことで、神様が家族愛を素晴らしいと感じるくらい母(女房)もお願い申し上げるべきだと考えていること。
② 自分(むすめ)とは異なり、夜を徹して母娘関係の修復を祈り続けることで、神様が同情してくださるくらい母(女房)もお願い申し上げるべきだと考えていること。
③ 自分(女房)と同様に、一晩中、信心深く熱心に祈りを捧げることで、神様が感心だと思ってくださるくらいむすめもお願い申し上げるべきだと考えていること。

人間として誠意を尽くして父の死の話を伝えたにもかかわらず、女からの反応が無かったため、説得するのを諦めたから。

③ 自殺を決行しようとしていた女に自分が話すべきことは話し終え、これから自殺を思い留まるか否かは女次第であり、自分にはこれ以上どうすることもできないと考えたから。

④ 生前父が話していた通り、大人にとっての生きるか死ぬかという肝心なことは中学生の自分にはとても立ち入ることのできない話題であることを悟り、不用意に他人の内面に踏み入ったことを恥じたから。

問七 本文の内容に関する説明として、最も適当なものを次の中から選びなさい。解答番号は【34】

① 慎一から父親の自殺の話を聞き女は働くことの意味を見出したようだが、慎一にとってその話は自殺を思い留まらせるための会話の過程で生じたに過ぎず、女が何を見出したのか理解ができなかった。

② 生死の境目をさまよう女との会話を通して、長い間理解できなかった父親の自殺の原因を慎一は初めて理解することができたため、ようやく父親の死を受け入れることができた。

③ 真っ赤なスポーツ・カーに乗った裕福な女と夏休みにアルバイトに勤しむ苦学生の慎一のように、境遇が全く異なる者同士であっても、命を懸けて真剣に語り合えば、お互いに通じ合うことができた。

④ 夜に海で別れた際の女の表情は硬く、自殺する意志も揺るがないだろうと思っていたため、翌日ガソリンスタンドで女と会話している最中も、自殺を思い留まった理由が慎一には分からず考え続けていた。

問八 この文章の表現に関する説明として、最も適当なものを次の中から選びなさい。解答番号は【35】

① この作品は全体的には避暑客も住人に対しても客観的な第三者の視点で描かれるが、夜の海の場面では、二人の心情に寄り添って精彩に描くために慎一の視点と女の視点が交互に描かれている。

② 表情が全く見えない真っ暗な海の場面では声の変化によって大きく揺れ動く女の心情が描かれ、視覚的要素を排し、聴覚を通して登場人物の心理を描くことで、物語にリアリティを与えている。

③ たびたび登場する夜光虫は彼を岸から遠くまで連れ出し、また暗い海の中で女を見つけるきっかけを与え、女の生死の判断が揺らぐ場面で再び登場し、幻想的な場面を更に印象付ける役割を持っている。

④ 過去から未来に向かって時系列順に物語が進展していくが、父親の思い出を慎一が女に対して語りかける場面では一時的に過去へと時間が切り替わっている。

四

次の文章を読んで、後の問いに答えなさい。

中比《なかごろ》、aなまめきたる女房ありけり。※世の中たえだえしかりけるが見めかたち愛敬《あいぎやう》づきたりけるむすめをなむもたり①ける。十七八ばかりなりければ、これをbいかにもしてめやすきさまならせんと思ひける。Aかなしさのあまりに、※八幡《はちまん》へむすめともに泣く泣く参りて、夜もすがら※御前《ごぜん》にて、「我が身は今はBいかにても候ひなん。このむすめを心やすきさまにて見せさせ給へ」と、数珠《ずず》をすりてうち泣きうち泣き申しけるに、この女《むすめ》、参りつくより、母のひざを枕にして起きもあがらず寝《ね》たりければ、暁《あかつき》がたにCなりて母申すやう、「いかばかりⅠ思ひたちて、かなはぬ心にかちより参りつるに、②かやうに、よもすがら神もあはれとおぼしめすばかり申し給ふべきに、Ⅱ思ふことなげに寝給へる※うたてさよ」とくどきければ、むすめcおどろきて、「かなはぬ心地に苦しくて」といひて、

身のうさをなかなかなにと石清水《いはしみづ》Ⅲおもふ心はくみてしるらんとよみたりければ、※母も恥づかしくなりて、ものもいはずして下向《げかう》

しまうということ。

③　漁以外に収入を得る手段がほとんど無い海岸の町の住民達にとって夏は絶好の機会であるため、周囲を省みずお金儲けに夢中になってしまうということ。

④　夏になると都会から来る観光客が町で騒がしく過ごすため、元々住んでいる慎一は夏の間落ち着いて過ごせなくなってしまうということ。

問三　傍線部②「そのすべてはひとごとでしかなかった」とありますが、これはどういうことですか。最も適当なものを次の中から選びなさい。解答番号は【30】

①　工業高校への進学を希望し、またアルバイト先もガソリン・スタンドを選ぶほど慎一は自動車のことに夢中になっているため、遊びにやってくる観光客のことには興味が無かったということ。

②　例年通りであれば夜になると観光客も影を潜めるため、慎一もようやく落ち着いて海でくつろぐことができたが、この年は人が多すぎてそれができなかったということ。

③　進学のためのアルバイトに励む慎一にとって夏休みは休暇ではなく生活費を稼ぐのに適した時期であり、都会から来る避暑客のように羽を伸ばして休む余裕など無かったということ。

④　家庭の都合のために満足に遊ぶこともできない慎一は、都会から来て夜中まで騒ぐ観光客に対して反感を抱いていたので、観光客を意図的に避け、無関心を装っていたということ。

問四　傍線部③「女はひきつったような声で笑った」とありますが、この時の彼女の心情はどのようなものですか。最も適当なものを次の中から選びなさい。解答番号は【31】

①　突然現れた慎一に当初は動揺したものの話を聞いてみたところ、彼の父親の話を通して慎一が自殺を思い留まらせようとしているのではないかと思い、警戒し始めている。

②　都会で生活を送る女にとっては銛で魚を打つ慎一の父親の話が野蛮に思われ、漁村の暮らしと自分の日常との間に大きな隔たりを感じている。

③　自分との会話を続けようとして必死な慎一に付き合っていたが、銛でカジキを打って三日も格闘したという話が作り話にしてもあまりに荒唐無稽だと思い、笑いをこらえ切れずにいる。

④　自殺を決行する準備が整った女にとって長々と話しかけてくる慎一は早く追い払いたい相手であるため、わざと興味の無い態度を取ることで話を終わらせようと試みている。

問五　傍線部④「目の前で人間が死のうとしても、それをとめちゃいけない」とありますが、なぜですか。最も適当なものを次の中から選びなさい。解答番号は【32】

①　もしここで女の自殺を止めれば、女の苦しみや悩みを理解し支える責務を負うことになるが、それほどの責任は自分には負えないと考えたから。

②　他人の生き方に口を出すのであれば、先にその人にとっての生き甲斐や苦労や正義など肝心なことをよく理解してからにすべきだと考えているから。

③　深夜に一人で自殺をしようとした女の悩みの辛さが中学生の慎一にも理解できたため、その苦しみから逃れるための自殺なら仕方が無いと考えたから。

④　どんな人間にもその人だけの特別な事情があり、それは他人から見ても理解できないが、そのことを受け入れて尊重するべきだと考えているから。

問六　傍線部⑤「そのままゆっくりと引きかえした」とありますが、なぜですか。最も適当なものを次の中から選びなさい。解答番号は【33】

①　あまり進んで他人に話したくはない父の死の話題を持ち出して女を真剣に説得したが、怒ったような態度で返事すらしない女に対して反感を覚えたから。

②　初対面の相手ながら女の自殺を思い留まらせるために一人の

正義がある。その人だけの生き甲斐《がい》ってやつがある。そいつは、他の人間には、絶対にわかりっこないんだ、って」
　女は無言だった。遠く、波打ち際で砕ける波の音がしていた。
「人間には、他の人間のこと、ことにその生きるか死ぬかっていう肝心のことなんかは、決してわかりっこないんだ、人間は、だれでもそのことに耐えなくちゃいけないんだ、って。……だから、④目の前で人間が死のうとしても、それをとめちゃいけない。その人を好きなように死なしてやるほうが、ずっと親切だし、ほんとうは、ずっと勇気のいることなんだ、って……」
　女の顔に夜光虫の緑の燐光《りんこう》が照って、それが呼吸づくように明るくなり、また暗くなった。女は怒ったような目つきで、海をみつめていた。
「ぼくの親父も、自殺したんです。背骨を打ってもう漁ができなくなって、この沖で錨をからだに結《ゆわ》えつけてとびこんじゃったんです。……あなたも、ぼくはとめはしません」
　彼は岸に顔を向けた。⑤そのままゆっくりと引きかえした。真暗な夜の中で、ただ夜光虫だけが彼につづき、波間にあざやかに濡れた色の燐光を散らしていた。
　真赤なスポーツ・カーが、慎一のいるガソリン・スタンドに止まったのは、翌日の夕暮れ近くだった。ガソリンを入れに近づく慎一の顔を見て、女はサン・グラスをとり、急に目を大きくした。
「昨夜は」といい、女は笑いかけた。「……ねえ、あのお話、ほんとう？」
「ほんとうです」と、慎一は答えた。
「……そう。ありがと。私、あれから一時間近くかかって、やっと岸に着いたわ」
　女は、慎一の手を握った。
「あなたに、勇気を教えられたわ。それと、働くってことの意味とを」
　国道を真赤なスポーツ・カーが小さくなるのを、慎一はぼんやりと見ていた。女の言葉の意味が、よくわからなかった。
　彼はただ、小さなその町に今日も溢《あふ》れている無数の都会の人びと、その人びとがそれぞれに生きている夏の一つ、そんな他人の夏の一つが、しだいに視野を遠ざかるのだけを見ていた。

問一　二重傍線部a〜cの語句の使い方として、最も適当なものを後の例文の中からそれぞれ一つ選びなさい。

a　「ひとしきり」　解答番号は【26】
①　日本の平和、ひとしきり世界の平和を願っている。
②　花火大会の夜は、愛犬がひとしきり吠えていた。
③　祖父はひとしきり健康には気を遣っている。
④　晴れたのもひとしきり、また雨が降り始めた。

b　「目をこらした」　解答番号は【27】
①　目をこらしている隙に弟がどこかに行ってしまった。
②　先生の目をこらして、掃除当番をサボった。
③　初めての遅刻だから目をこらして許した。
④　じっと目をこらして、遠くの山々を眺めた。

c　「見当がつかなかった」　解答番号は【28】
①　電車が停まっていつ着くのかも見当がつかなかった。
②　甘党の彼女は和菓子に見当がつかない。
③　意地悪なことをして見当がつかない気持ちだった。
④　親友の彼とは、見当がつかない兄弟のような関係だ。

問二　傍線部①「急に他人の町になってしまう」とありますが、これはどういうことですか。最も適当なものを次の中から選びなさい。解答番号は【29】
①　多くの人間が海岸の町に移り住んでくるが定着する者は少ないため、慎一は彼らと距離を取りながら暮らしているということ。
②　避暑客が山のように押し寄せてくる一方で、住民達は故郷に帰省してしまうため、その町にいる人間が完全に入れ替わって

の星が輝き、黒い海にはきらきらと夜光虫が淡い緑いろの光の呼吸をしている。

夜光虫は、泳ぐ彼の全身に瞬《またた》きながらもつれ、まつわりつき、波が崩れるとき、一瞬だけ光を強めながら美しく散乱する。……慎一は、知らぬまにかなり沖にきていた。

ふと、彼はｂ目をこらした。すぐ近くの暗黒の海面に、やはり夜光虫らしい仄《ほの》かな光の煙をきらめかせて、なにかが動いている。

「……だあれ？　あなた」

若い女の声が呼んだ。まちがいなく若い女がひとり、深夜の海を泳いでいるのだった。

「知らない人ね、きっと。……」

女は、ひとりごとのようにいった。はじめて慎一は気づいた。女の声はひどく疲れ、喘《あえ》いでいた。

「大丈夫ですか？」

慎一はその声の方角に向いていった。

「いいの。ほっといてよ」

女は答え、笑った。だが、声は苦しげで、笑い声もうまく続かなかった。慎一はその方向に泳ぎ寄った。

「……あぶないですよ、この海は。すぐうねりが変わるんです。もっと岸の近くで……」

「かまわないで」

ほんの二メートルほど先の海面で、波の襞《ひだ》とともに夜光虫の光に顔をかすかに浮きあがらせた女は、睨《にら》むような目をしていた。ああ、と慎一は思った。彼は、その顔をおぼえていた。

今日、真赤なスポーツ・カーにひとりで乗ってきた女だった。目の大きな、呼吸をのむほど美しいまだ若い女で、同級生の兄は、あれは有名な映画女優にちがいないぞといった。

「……あなた、この町の人ね？」

女の顔は見えなかった。彼は答えた。

「そうです。だからこの海にはくわしいんです」

「漁師さんなの？」

「……親父が漁師でした」と彼はいった。「親父は、沖で一人底引き網をやってたんです。銛《もり》も打ったんです。二十八貫もあるカジキを、三日がかりでつかまえたこともあります」

自分でも、なぜこんなことをしゃべりはじめたのか、ｃ見当がつかなかった。

ただ、なんとなく女を自分とつなぎとめておきたかったのかもしれない。

「そのときは、親父も生命からがらだったんです。牛みたいな大きなカジキを、ふらふらになって担ぎながら、親父は精《せい》も魂《こん》もつき果てたっていう感じでした。……でもその夜、親父はそのカジキの背をたたきながらぼくにいったんです。おい、よく見ろ、おれは、こいつに勝ったんだぞ。生きるってことは、こういう、この手ごたえのことなんだよ。……あのとき、親父は泣いていました」

「銛で打ったの？」

「そうです。とても重い銛なんです」

「ずいぶん、原始的ね」③女はひきつったような声で笑った。

「で、お父さんは？」

「死にました。去年」

女はだまった。ゆっくりとその女のそばをまわりながら、彼はいった。

「……あなたは、自殺するつもりですか？」

喘ぐ呼吸が聞こえ、女は反抗的に答えた。

「ほっといてよ。……あなたには、関係ないことだわ」

「べつに、やめなさいっていうつもりじゃないんですよ」

女は、ヒステリックにいった。

「からかうの？　軽蔑しているのね、私を。子どものくせに」

あわてて、慎一はいった。

「ちがいます。親父がぼくにいったんです。死のうとしている人間を、軽蔑しちゃいけない。どんな人間にも、その人なりの苦労や、

① Aの和歌の「老いぬとて」は「年を取ってしまったとして」という意味であり、老いのない人生を望むとともに「若い頃の姿のままで今日だけでもあなたに会いたい」と若さに重点が置かれており、本文の主張とも合致している。

② Aの和歌では、栄えある今日という日を迎えた感激と光栄が、反語を用いてありのままに述べられ、「年を取らなければこの素晴らしい機会にめぐり会えなかった」と老いを前向きに捉えており、本文の主張とも合致している。

③ Bの和歌では「末の松山」の「末」と年の「末」、「松」と「待つ」の掛詞が用いられ、「今年も末になり、さらに老いが加わるのをこの末の松山で待つ」という意味の長寿を祝福する余韻を生んでおり、本文の主張とも合致している。

④ Bの和歌の「老いの波」は顔に寄る皺《しわ》から波を連想した表現であり、寄る年と皺の「老いの波」によって年老いてしまった自分自身を悲観的に考えており、本文の主張とも合致している。

問十一 前問の和歌Bが収められている『新古今和歌集』について述べたものとして正しいものを次の中から一つ選びなさい。解答番号は【25】

① 幻想的で余情を重んじた「たおやめぶり」の歌風である。

② 平安時代に醍醐天皇の命令で紀貫之らが編集した。

③ 繊細で技巧的な「ますらおぶり」の歌風である。

④ 鎌倉時代に後鳥羽上皇の命令で藤原定家らが編集した。

三 次の文章を読んで、後の問いに答えなさい。

海岸のその町は、夏になると、①急に他人の町になってしまう。——都会から、らくに日帰りができるという距離のせいか、避暑客たちが山のように押し寄せてくるのだ。夏のあいだじゅう、町は人口も倍近くにふくれあがり、海水浴の客たちがすっかり町を占領して、夜も昼も、うきうきとそうぞうしい。

その年も、いつのまにか夏がきてしまった。ぞくぞくと都会からの海水浴の客たちがつめかけ、例年どおり町をわがもの顔に歩きまわる。大きく背中をあけた水着にサンダルの女。ウクレレを持ったサン・グラスの男たち。写真機をぶらさげ子どもをかかえた家族連れ。真っ赤なショート・パンツに太腿《ふともも》をむきだしにした麦藁帽の若い女たち。そんな人びとの高い笑い声に、自動車の警笛は不断の伴奏のように鳴りつづける。

そこには、たしかに「夏」があり「避暑地」があり、決して都会では味わえない「休暇」の感触があったが、でも、その町で生まれ、その町で育った慎一には、②そのすべてはひとごとでしかなかった。いわば、他人たちのお祭りにすぎなかった。だいいち、彼には「休暇」も「避暑地」もなかったのだ。

来年、彼は近くの工業高校に進学するつもりでいた。それを母に許してもらうため、すこしでも貯金をしておこうと、その夏、慎一は同級生の兄が経営するガソリン・スタンドに、アルバイトとしてやとわれていた。都会から来た連中が占領していたのは町だけではなく、もちろん、海もだった。海岸に咲いた色とりどりのビーチ・パラソルや天幕がしまわれるのは、夜も九時をすぎてからだろうか。それからもaひとしきり海岸は、ダンスやら散歩やら音楽やらでにぎわう。海辺から人びとのざわめきがひっそりと途絶えるのは、それが終わってから朝までのごく短い時間なのだ。

八月のはじめの、ひどく暑い日だった。その日は夜ふけまで暑さがつづいていた。それで海へ駆けつけてきた連中も多いらしく、自動車を水洗いする仕事が午前一時すぎまでかかった。慎一が、久しぶりに海で泳いだのはその夜だった。

自分の町の海、幼いころから慣れきった海だというのに、こうして人目をさけてこっそりと泳ぐなんて、なんだかよその家の庭にしのびこんでいるみたいだ。「お客さん」たちに遠慮しているようなそんな自分がふとおかしかったが、慎一はすぐそんな考えも忘れた。冷たい海の肌がなつかしく、快かった。

やはり、海は親しかった。月はなかった。が、頭上にはいくつか

本人の気持ちに関係なく年齢を多く重ねた末の様相が表れているということ。

② 「年を取る」という表現には、加齢に抵抗しようとする断固とした決意が含まれる一方で、「老年」という表現には、気持ちの変化もなく流れ行く歳月に身を置き続けるだけの姿勢が表れているということ。

③ 「年を取る」という表現には、加齢を意欲的に容認しようとする印象を受ける一方で、「老年」という表現には、年齢を重ねた結果、生涯青春を語ることに負い目を感じる人の心情が表れているということ。

④ 「年を取る」という表現には、加齢から免れる方法を懸命に模索する態度が感じられる一方で、「老年」という表現には、到来した老いを意識することに終始する受け身の性格が表れているということ。

問七 空欄 X に入る語句として最も適当なものを次の中から選びなさい。解答番号は【21】

① 詭弁《きべん》　② 誇張　③ 逆説　④ 婉曲《えんきょく》

問八 傍線部⑤「気概のリアリティーが虚構を支えています」とありますが、それはどういうことですか。最も適当なものを次の中から選びなさい。解答番号は【22】

① 老いの真只中にいても、自分の人生は生涯青春であると宣言することで、老いに絶望することなく、老年を迎えるための覚悟ができるということ。

② 老いに挑もうとする実際の勇ましい態度によって、いつまでも老いることがなく若々しく生きるという理想に説得力を持たせているということ。

③ 老いに対して強い意志を持って立ち向かっていくという態度こそが、老年を迎える事実を追放するためには必要不可欠だということ。

④ 老いていくことに向き合おうと奮起する反骨心には、いつまでも年を取らないという絵空事を真実へと塗り替える力があるということ。

問九 傍線部⑥「宝の持ち腐れのように思われてなりません」とありますが、筆者はなぜこのように述べているのですか。最も適当なものを次の中から選びなさい。解答番号は【23】

① 目の前の老いから目を背けて、青春にのみこだわることは、青春の中で得られた貴重な体験を稀薄なものに変容させてしまうから。

② 青春だけにこだわり続けることは、老年に至るまでに訪れる多くの得難い体験を逸する結果に繋がり、空虚な老いに絶望してしまうから。

③ 長い人生の中でほんの一部に過ぎない青春に固執していては、成熟した人生でのみ得られる老年の真の価値に気づけないから。

④ 青春と老年はどちらも人生の短い期間でしか経験できない希少なものであるため、青春のみをもてはやすことはあまりにももったいないから。

問十 次の和歌A・Bは、どちらも「老い」を主題としたものです。これらの説明として最も適当なものを後の中から選びなさい。解答番号は【24】

A　老いぬとてなどかわが身をせめきけむ老いずは今日にあはましものか　藤原敏行

B　老いの波越えける身こそあはれなれ今年も今は末の松山　寂蓮法師

※などかわが身をせめきけむ…どうして自分自身を責め恨んだりしたでしょうか、いや、しないでしょう

※末の松山…現在の宮城県にある名所。恋の歌である古歌「君をおきてあだし心をわが持たば末の松山波も越えなむ」（あなたをさしおいて、他の人に浮気心を持つことがあったとしたら、決して波が越えることなどないはずの末の松山でさえ波が越すでしょう）を背景に、海からの波が決して越えない場所として多くの歌人に詠まれる。

d　コウ定　解答番号は【14】

① コウ明な選挙を行う。
② 立派なコウ績を残す。
③ 内コウ的な性格を持つ。
④ 相手の考えに首コウする。

問二　波線部A・Bの本文における意味として最も適当なものを後の中からそれぞれ選びなさい。

A　戒めている　解答番号は【15】

① 過ちのないように注意を与えている
② 過ぎ去ったことを思い起こしている
③ 他と比べ合わせて考えている
④ 思慮に欠けた批判をしている

B　称揚　解答番号は【16】

① はねつけること　② そそのかすこと
③ ほめそやすこと　④ ほのめかすこと

問三　傍線部①「この逆説」とありますが、この逆説が成り立っている状態の具体例として最も適当なものを次の中から選びなさい。解答番号は【17】

① 電車内で孫世代の若者に優先席を譲られたが、体力には自信があると思ったため座ることを拒んだ。
② 還暦のお祝いに老眼鏡をプレゼントされて嬉しい反面、自分の体の衰えも実感させられた。
③ 成人式から十年ぶりの同窓会に参加した徹夜明けは、当時よりも疲れが取れにくいように感じた。
④ 子どもの運動会で保護者代表リレーに出場し、学生の頃と変わらぬ速さで一着になることができた。

問四　傍線部②「年を取ることと老年とを峻別する」とありますが、それはどういうことですか。最も適当なものを次の中から選びなさい。解答番号は【18】

① 年を取ることは主観的なものであるのに対して、老年とは外見に表れる老いを指す現象であり、両者は区別すべきだということ。
② 年を取ることは内面の現象であるのに対して、老年とは客観的な年齢の表現であり、両者は明確に切り分けて考えるべきだということ。
③ 年を取ることは実際に年齢を重ねた表現であるのに対して、老年とは気持ちの問題であり、両者は厳密に区別すべきだということ。
④ 年を取ることは誰にでも訪れる普遍的な現象なのに対して、老年とは主観的な出来事であり、両者は混同すべきではないということ。

問五　傍線部③「その人は単なる年齢の容器の如きものに過ぎません」とありますが、それはなぜですか。最も適当なものを次の中から選びなさい。解答番号は【19】

① 老いの問題と向き合うことなく若さだけに執着して生きたとしても、年齢を重ねるとともに展望が開けて問題は解消していくから。
② 流れ行く歳月に思いや意味を含めて生きるという自覚を持つ人にとっては、人生が単に年を取るだけの時間になってしまうから。
③ 年を取ったと感じる人を度外視することは、老いの問題を先送りすることに繋がり、単なる時間の浪費に過ぎなくなるから。
④ 過去の記憶を振り返り、いずれ訪れる死の事実と向き合いながら生きなければ、その人の人生はただ時間のみを経過させているに過ぎないから。

問六　傍線部④「前者を動的と呼ぶとしたら後者は静的です」とありますが、それはどういうことですか。最も適当なものを次の中から選びなさい。解答番号は【20】

① 「年を取る」という表現には、加齢を自ら進んで許容しようとする振る舞いが暗示される一方で、「老年」という表現には、

のではないにせよ、それを受け入れようとする気配が漂っています。意志がなければ行為とは呼べないかもしれませんが、そこには「年」と渡り合おうとする姿勢が窺《うかが》われる気がします。一方、「老年」は状態を示す名詞の世界です。④前者を動的と呼ぶとしたら後者は静的です。年を取った結果老年に達するのは間違いないにしても、そのことをどれだけ意識するかによって、到来した老年の実質は異なって来るのではないでしょうか。極端な場合には、年を取ることなしに出会う老年というものさえあるかもしれない。フォースターによれば年を取るとは気持ちの問題なのですから、その気持ちを抱くことなく年齢のみを重ねて行くとしたら、年を取らぬままの老年という存在も考えられなくはない。生涯青春であるといった自負がもし老年の口から放たれたなら、そしてもしそれを言葉通りに受け取れば、年を取らぬ老年なるものが出現する次第となります。

ことわるまでもなく、これは一種の X です。青春の真只中にいる人が、生涯青春などと唱えても少しも面白くありません。なんと能天気な奴だ、と笑われるだけでしょう。ところが老年に至ってから同じ言葉が吐かれる時、別の様相に変化します。青春は遠く過ぎ今や老いの只中にいるのに、気持ちだけはいつまでも若々しく活気に溢れていると宣言するのですから、そこには老いに立ち向う気概がこめられています。生涯青春とは一種の虚構かもしれないが、虚構には根拠があるわけです。⑤気概のリアリティーが虚構を支えています。

したがって、老いに絶望したり、歳月によって奪い去られたものを歎き哀《かな》しむだけの老年より遥かに勝《まさ》っていると言えましょう。ただ一つ気にかかることがあります。老年において生涯青春が望まれ唱えられた時、では老年そのものはどこへ行ってしまったのか、という疑問が残ります。青春に目を向け続けること自体は結構であるとしても、それは足元の老いから目を背けることとなるのではないか――。青春のdコウ定が老年の否定につながりはしないか。もしそうなら、青春の如く生きるとは我が身から老いを追放する結果となるでしょう。しかし年齢までを追放するわけにはいかない。その人の中には、老いが留守になった空家の状態が生れてしまう。老いの内容が貧しく稀薄なものへと転落する危うさは避けられない。そのくらいなら、いつまでも青春に未練をとどめたりせず、老いを老いとして正面に据え、その中に何があるかを探る方がより賢明ではありますまいか。

青春とはせいぜい二十年ほども生きれば出会えるものですが、老年はその三倍も四倍も生きた後でなければ手にはいりません。そんな貴重で豊かで切実な体験を持っているのに、ただ体熱が高く運動量が多い青春にのみ目が向き気持ちが傾くのは、⑥宝の持ち腐れのように思われてなりません。

問一　二重傍線部a～dと同一の漢字を使うものはどれですか。適当なものを後の中からそれぞれ選びなさい。

a　シ激　解答番号は【11】
① お金のシ途を考える。
② 諦めずに一シを報いる。
③ 研究の要シをまとめる。
④ 敵にシ客を送り込む。

b　風チョウ　解答番号は【12】
① 回復のチョウ候を見せる。
② 海が干チョウを迎える。
③ 屋上から街をチョウ望する。
④ 予定時刻にチョウ度間に合う。

c　輪カク　解答番号は【13】
① 攻撃に備えて城カクを構える。
② 前の車との間カクを取る。
③ 漢字をカク数順に並べる。
④ カク執が生じて疎遠になる。

のであって、年齢とはほとんど関係なく現れる内面の現象だ、というのです。フォースター自身、二十五歳から三十歳の間にそんな気持ちに襲われたそうです。二十五歳の折に今が最高だと感じた後、衰えを覚えて髪は薄くなり始め、試験の答案を書くのも前より楽ではなくなった、と語っています。とはいえそれは終始つきまとって離れぬ不愉快さではなく、現れたと思えばまた消えてしまうものでもある。としたら、この気持ちは、自分はまだ若いといった感情の別の形の表現に過ぎぬのだろう、とフォースターは考えます。つまり、自分は年を取ったと思うことによって、その反対に自分の若さを意識しているのかもしれない。

①この逆説が成り立つのは成年期までなのでしょう。年を取った、と安心して思えるのは、その裏にこちらはまだ老年ではない、との気持ちの支えがあるからに他ならない。老年に及んでから年を取ったと思う時、最早《もはや》この逆説は通用せず、ただ当り前のことを当り前に述べているに過ぎない。だから今度はその現実から逃れようとして、自分は年を取ってはいない、との逆説に縋《すが》り付こうとするのかもしれない。若き日の逆説には未来を先取りするエネルギーの隠されている気配があるとしたら、老いてからの逆説には過去を強引に甦《よみがえ》らせようとする焦りばかりが露呈しているような気がします。

では年を取るとはどういうことか、とあらためて考えてみると、人間は生れた時から年を取り続けています。嬰児《えいじ》が幼児に育ち、幼児が少年や少女となって思春期を迎えるのも、年を取り続けた結果に他ならない。しかしそういった成長の過程を普通は年を取ったとは言いません。年を取るとは上を向いて育って行く過程ではなく、ピークを過ぎて下り坂にかかってからの年齢の捉え方であるようです。フォースターの場合には、そのピークが二十五歳頃であったのでしょう。

ここで注意しなければならぬのは、②年を取ることと老年とを峻別する彼の姿勢です。年を取るということが気持ちの問題であるとしたら、それは主観的な出来事なのであり、客観的な年齢の表現である老年とは区別しなければならないのは当然です。主観の世界であれば、同じ五十代にさしかかっていても、まだ若い（年を取ってはいない）と思う人がいても不思議はないし、もう老境に足を踏み込みかけた（年を取った）と感じる人がいてもおかしくないわけです。

前にも触れたところですが、昨今の風bチョウはこの年を取ったと思わない人にもっぱら陽気な光を当て、年を取ったと感じる人を視野から外そうとする傾向が強いように思われます。つまり老いないこと、いつまでも若いことがさかんにB称揚される。しかし自分は年を取ったという自覚は、老いの問題を考える上でそこを潜《くぐ》らねばならぬ大切な門である筈《はず》です。その門をはいらなければ、老いの視野は拡がらないし展望も開けません。もし年を取ったという自覚なしに訪れる老年があったとしたら、③その人は単なる年齢の容器の如きものに過ぎません。

キケローより百年ほど後に生れた古代ローマの哲学者セネカも、我々が生きる人生は束《つか》の間であるとの詩人の言葉を引いた後、「つまり、そのほかの期間はすべて人生ではなくて時間にすぎない」と語っています（セネカ「人生の短さについて」、岩波文庫『人生の短さについて他二篇』所収）。

人生とは生きられた時間なのであって、その中には様々な思いがこめられ、意味が含まれている。幼い頃を振り返り行く手に待つ死を見詰める時、流れ行く歳月は暦や時計の上を通過する単なる時間ではなく、人が生きることの輪cカクを描き出します。言いかえれば、人生とは切り取った時間に意味を与えることに他ならず、年を取ったという自覚はそこに向けての第一歩であるに違いない。したがって、自分は年を取ったとの認識なしに生き続けるとしたら、それは自らの人生を単なる時間の流れへと解消してしまうことになるでしょう。

こうも言えるかもしれない。「年を取る」という表現は微妙なニュアンスを含んでいます。そこには「取る」という動詞が含まれていて人間の動きを感じさせます。年は人が意志を持って「取る」も

二〇二四年度　日本大学鶴ヶ丘高等学校

【国　語】（六〇分）〈満点：一〇〇点〉

一　次の各問いに答えなさい。

問一　次の空欄を補う語句として正しいものを後の中から一つ選びなさい。解答番号は【1】

（　）しがたい…言葉で表現することができない。

①　耳目《じもく》　②　言質《げんち》　③　名状《めいじょう》　④　遊説《ゆうぜい》

問二　「心に深くとめて忘れないようにすること」という意味の語句を次の中から一つ選びなさい。解答番号は【2】

①　肝《きも》に銘《めい》じる　②　胸にたたむ
③　襟《えり》を正す　④　釘《くぎ》をさす

問三　読み方の誤っているものを次の中から一つ選びなさい。解答番号は【3】

①　流布（るふ）　②　境内（けいだい）
③　建立（こんりゅう）　④　五月雨（しぐれ）

問四　対義語の組み合わせとして誤っているものを次の中から一つ選びなさい。解答番号は【4】

①　保守―革新　②　内容―形式
③　体裁―外見　④　緊張―弛緩

問五　次の空欄を補う語句として正しいものを後の中から一つ選びなさい。解答番号は【5】

今回は負けたが、次回は（　）を期して勝ちたい。

①　朝令暮改《ちょうれいぼかい》　②　捲土重来《けんどちょうらい》
③　温故知新《おんこちしん》　④　切磋琢磨《せっさたくま》

問六　次の空欄を補う語句として正しいものを後の中から一つ選びなさい。解答番号は【6】

世界の株価が（　）低調だ。

①　おしなべて　②　あわよくば
③　そつなく　④　よもすがら

問七　次の傍線部の文節の役割として正しいものを後の中から一つ選びなさい。解答番号は【7】

山の頂上は、雪で真っ白だ。

①　主語（部）　②　述語（部）
③　連用修飾語（部）　④　連体修飾語（部）

問八　次の和歌に用いられている表現技法として正しいものを後の中から一つ選びなさい。解答番号は【8】

いつのまに五月来ぬらむあしひきの山郭公《ほととぎす》今ぞ鳴くなる

①　体言止め　②　枕詞
③　直喩　④　倒置法

問九　次の俳句の季節として正しいものを後の中から一つ選びなさい。解答番号は【9】

雀らも海かけて飛べ吹流《ふきなが》し

①　春　②　夏　③　秋　④　冬

問十　平安時代の文学について述べたものとして正しいものを次の中から一つ選びなさい。解答番号は【10】

①　紀貫之による『土佐日記』など仮名文学が生まれた。
②　『平家物語』など武士を描いた作品が書かれた。
③　『枕草子』『方丈記』などの随筆が書かれた。
④　松尾芭蕉や与謝蕪村などが俳諧を発展させた。

二　次の文章を読んで、後の問いに答えなさい。

フォースターの「老年について」は体系的な評論ではなく、思いつくままに次々と論点を移して進む自由な歩みに似た形のエッセイなのですが、随所にaシ激的な問題提起がちりばめられ、読む側はその度に足を止めて考えさせられます。

その一つとして、老年と年を取ることを区別し、両者の同一視をA戒めている一節があります。年を取るというのは気持ちの問題な

英語解答

1 【1】 ③　【2】 ③　【3】 ④
【4】 ①　【5】 ②　【6】 ③

2 【7】 ④　【8】 ①　【9】 ②
【10】 ①　【11】 ②　【12】 ①

3 イ　【13】…②　【14】…③
ロ　【15】…⑤　【16】…①
ハ　【17】…⑤　【18】…①
ニ　【19】…⑥　【20】…①
ホ　【21】…③　【22】…⑦
ヘ　【23】…④　【24】…⑥

4 【25】 ③　【26】 ⑤　【27】 ①
【28】 ④　【29】 ⑥　【30】 ②
【31】 ⑦

5 【32】 ②　【33】 ②　【34】 ①
【35】 ①　【36】 ①　【37】 ②
【38】 ②　【39】 ②　【40】 ①
【41】 ①

6 【42】 ②　【43】 ①　【44】 ②
【45】 ④　【46】 ④

1〔放送問題〕解説省略

2〔適語(句)選択〕

【7】information は‘数えられない名詞’なので不定冠詞の an はつかない。some は‘数えられる名詞’にも‘数えられない名詞’にも使うことができる。なお，‘数えられない名詞’を数える場合は，a piece of information, two pieces of information などとする。　「こんにちは，道に迷っています。何か情報をいただけませんか」

【8】when 以下は文の中に組み込まれた間接疑問なので，‘疑問詞＋主語＋動詞’の語順になる。「バスがいつ来るのか教えていただけませんか」

【9】‘Have you ever＋過去分詞…?’は，‘経験’を表す現在完了の疑問文で「今までに～したことがありますか」という意味。この質問に対する返答となるのは Not yet.「まだありません」だけ。これは,(I have) Not (visited it) yet. のかっこの部分を省略したもの。　A：アンタナナリボを訪れたことがありますか？／B：いいえ，まだありません。

【10】直前の the と直後の of に着目する。‘the＋最上級＋of ～’で「～の中で一番…」を表す。　「私には息子が２人と娘が１人います。息子のジミーが，子どもたちの中で最年長です」

【11】to swim を入れると，‘目的’を表す副詞的用法の to不定詞となり「泳ぐために」という意味になる。　「暑い午後には，私たちはたいてい海へ泳ぎに行く」

【12】Will you ～？で「～してくれませんか」という‘依頼’の意味を表せる。　lend「～を貸す」「私に辞書を貸してくれませんか」

3〔整序結合〕

イ．I wish で始まっているので，「(私は)～できたらと思う」は‘I wish I could＋動詞の原形’という仮定法の形で表す。「～の半分でも」は，「～の半分くらい上手に」と考えて，half as well as ～とまとめる。　I wish I could speak English half as well as she.

ロ．「～を楽しみにする」は look forward to ～で表せるが，is と looked が与えられていることから，「祭りは村人たちによって楽しみにされている」という受け身の文にする。look forward to のような動詞句の受け身形は，過去分詞の後ろにその動詞句を構成する語(句)をそのままの順で置き，その後に「～によって」の by を置く。　The festival is looked forward to by the villagers.

ハ．まず「褒められました」を受け身のwas praisedとし，褒められた理由である「彼は遅れなかったので」を「彼が遅れなかったことに対して」と考えfor not being lateとまとめる。‘praise＋人＋for ～’で「〈人〉を～のことで褒める」という意味を表すことができ，この文はその受け身形である。　He was praised for not being late.

ニ．語群にIがあるので，「私は～とわかった」と考え，まずI foundとする。‘find＋目的語＋形容詞’で「～が…であるとわかる」という意味を表せるので，‘目的語’をthe missing little boyとまとめ，最後に形容詞のsafeを置く。　I found the missing little boy safe in the forests.

ホ．‘形容詞＋enough＋for＋人＋to ～’で「〈人〉が～できるくらい十分…」という意味を表せる。この文ではto live inの意味上の目的語が文の主語this apartmentと一致する形になっている。　This apartment is large enough for her to live in.

へ．文がThe treasure「宝」で始まり，語群にburiedとisn’tがあるので，「埋蔵金はない」は「宝は埋められていない」と考え，The treasure isn’t buriedとまとめる。残りは，I have been looking forとまとまり，これでThe treasureを後ろから修飾する（treasureとIの間に目的格の関係代名詞が省略された形）。have/has been ～ingは「ずっと～している」という意味を表す現在完了進行形。　look for ～「～を探す」　The treasure I have been looking for isn’t buried in this area.

4〔対話文完成―適語句選択〕

≪全訳≫❶A：やあ，お偉いさん，おかえり，ここで会うのはずいぶん久しぶりだね。❷B：ああ，働きすぎで，ひげをそったり散髪したりする時間がなかったんだ。今日，お願いできるかな？❸A：うーん，普通の客なら絶対無理だけど，君だからね，スティーブ，もちろん大丈夫だよ。座っててよ，すぐに行くから。自分の持ち場の掃除を終わらせないといけないところなんだ。❹B：ありがとう。助かるよ！　次の客はいつ来るの？❺A：少なくとも15分は来ないよ…。よし，準備ができたよ。座って，希望を教えてくれ。❻B：じゃあ，全部そってくれ。１年以上伸ばしっぱなしだったから，そろそろ頃合いだ。❼A：うーん…わかった，君がそう言うなら。でも正直なところ，きれいに刈り整えるのがベストだと思うよ。いいかい，プロフェッショナルな感じになるし，全てがオフィス仕様にね。❽B：あっ，言い忘れたけど，辞めたんだ。もう９時から５時まで働いていないんだ。❾A：何だって？　でも君は仕事が大好きだっただろ。何をしてたっけ？　銀行員だったよね？❿B：うん，でもそんな生活にほとほとうんざりしたんだ。本物の変化が欲しくてね。何か他のことをするチャンスをね。⓫A：それはいいね。わかるよ。それで，最近は何に夢中なの？　どうやって生活してるんだい？⓬B：笑わないって約束してくれる？　靴職人だよ。⓭A：靴職人？　靴をつくるってこと？　それで，どんな感じなの？⓮B：正直に言って，すばらしいよ。１人で仕事にとりかかり，本物のものをつくる。人々に本物を提供してるって感じるんだ。⓯A：へえ，そうか…君は天職を見つけたようだね。⓰B：ああ，本当に人生で初めて安らぎを感じるよ。⓱A：それはよかった。僕に１足つくってくれるかい？⓲B：もちろん。ひげをそってもらったら，サイズを測るね。

＜解説＞【25】Canで始まる疑問文なので，‘主語＋動詞’が続くと考えると③か⑦に絞られる。⑦は【31】で使うので③に決まる。‘work＋人＋in’で「～のために時間の都合をつける」という意味を表す。　【26】ここまでの内容から，友人の理髪店に来ていると考えられる。また，直前で「全部そってくれ」と言っていること，直後にover a year「１年以上」とあることから，伸びるままにしていたという内容が入ると推測できる。let it growは‘let＋目的語＋動詞の原形’「～に…させる」の形で，「それ(＝ひげ)を伸びるままにしておく」という意味。　【27】直前で「(会社を)辞めた」と言っている。「もう9時から5時まで働いていない」と考えられる。 no longer ～「もはや～ない」【28】この後に続く内容から，会社を辞めた理由となる内容が入ると考えられる。 get tired of ～「～に飽きる」　【29】前の文でcreate real thingsと言っていること，また，直前がbe動詞のamであることから判断できる。　【30】直前で，Bから新しい靴職人の仕事に大きな喜びを感じていることを聞いたAのセリフ。callingは「天職」という意味。 ‘sound like＋主語＋動詞...’「～のように聞こえる」　【31】a pairの後にof shoesが省略されていることを読み取る。‘make＋人＋物’で「〈人〉に〈物〉をつくる」。

5〔長文読解―内容真偽―物語〕

≪全訳≫❶老女は庭で腰をかがめ，別の雑草を引き抜いた。最近，庭は雑草でいっぱいのようだった。これらの植物は狂ったように成長したが，どんな人間もそれを食べることはできなかった。その雑草はたやすく抜けてトマトの苗の周りに少しスペースができたので，キャリーはほほ笑んだ。トマトはまだ緑色で食べ頃ではなかったが，もうすぐ食べられるようになるだろう。彼女はトマトが炎天下で育っているのを見るだけで，それがいかにおいしくなるかをほぼ感じることができた。❷キャリーは，ほぼ全ての人から離れた山あいに住んでいた。いや，彼女には隣人数人――山道を数キロ下ったところに住む親切なランドルフ家，隣の谷に住む老夫婦のモーティマー家，それに，山の麓に住む，まだ子どものいない若い夫婦――がいたが，彼女はほとんど1人で暮らしていた。彼女が他の生きている人を見ることもなく，数週間が過ぎていく。これこそ彼女が1人で暮らすのが好きな理由だった。❸彼女が住んでいる地域は，かつて日本と呼ばれていた場所だった。少なくともそれが，彼女が幼い頃に祖父が彼女に教えてくれたことだった。地球上に国と呼ばれる場所があった頃，日本は国だった。それはもう100年以上も前のこと，大暑と大戦の時代の前のことだ。今では，国は全てなくなってしまった。人間だけが都市とともに生き残り，都市は，自然に近すぎる生活を恐れる人々の，ただの集合体だった。❹キャリーは，自分の周りのものに注意を払わない人に対して自然ができることについて，全てを知っていた。クマやオオカミは森の至るところにいて，気づいた瞬間に襲ってくる可能性があった。それらは危険だったが，最悪なのは，野生のブタだった。ブタは庭のあらゆるものを食べ尽くし，それから人を襲って殺すのだ。こうした化け物の中には，300キロ近くまで成長するものもいて，成人男性を簡単に逃げ出させるほどだった。しかし，キャリーは賢かった。彼女は罠《わな》を仕掛け，ブタを収容できる檻《おり》を持っていた。というのも，野生のブタは危険だが，本当においしくもあったからだ。❺キャリーは庭仕事に戻った。彼女は，あと数時間しか日照時間が残されていないことを知っていた。その後は家の中に戻って再び日が昇るのを待たなければならない。農作業は大変な仕事だが，それは人をその土地につなぎ，季節のリズムに従わせるものだった。もうすぐ秋になり，それは収穫の時期，隣人たちと再会し，山で暮らすわずかの人々の集まりで，大地が与えてくれたものを分かち合うときだ。❻日が沈むと，キャリーには山の斜面から奇妙な音が聞こえた。それは木が割れるような音で，悲鳴のようにも聞こえた。そして静寂が訪れた。キャリーは長い間じっと立ったまま耳を傾けていたが，それ以上の音は聞こえなかった。山の暮らしはいつも同じで，そこに何か変化があるとき，人は注意を払う必要があった。やがてキャリーは肩をすくめ，道具を集めて小さな家の中に入った。❼彼女はろうそくをともし，小さな火をおこして，ご飯と豆，それにその日に摘んできた緑の葉の食事をとった。彼女は眼鏡をかけ，本を1冊手に取った。彼女の祖父は彼女に読むことを教え，亡《な》くなるとき，彼女に自分の蔵書を残した。彼女は椅子に座ったまま眠ってしまい，本は彼女の手から床に落ちた。❽突然，彼女は目覚めた。家の近くのどこかで，枝や小枝が折れるのが聞こえ，彼女にはそれが動物ではないことがわかっていた。これは人間が立てる音だった。年老いてはいたが，キャリーはまだ強く，何をすべきかわかっていた。彼女は竹でつくった刀をつかみ，ろうそくを吹き消してドアのそばにしゃがみこみ，誰であれ近づいてくるかもしれない人を待った。火の柔らかな赤い光が彼女の顔に当たり，彼女を怨霊《おんりょう》——復讐《ふくしゅう》のために襲いかかろうとしている悪霊《あくりょう》——のように見せた。❾外の動きが止まり，彼女は重い息づかいと，それに続く小さな声を聞いた。「キャリーさん，トムです。トム・ランドルフです。やつらが夜にやってきたんです…助けてください」 キャリーはトム・ランドルフの声を認め，すぐにろうそくに再び火をつけてからドアを開け，彼とその家族を中に入れた。❿彼らはひどい様子だった。トムは左脇腹に大きな切り傷を負い，妻は服をほとんど引き裂かれ，まだ11歳の幼いデイジーは，恐怖で震えていた。彼女は彼らに温かい飲み物を出してやり，それから1時間，悪い男たちがどんなふうに彼らの家にやってきて略奪と暴行を行ったかについて話すのを聞いた。彼らは，トムが反撃して彼の妻と子どもを自由にしたこと，逃げるときに彼らの家が燃えるのを見たことを話した。⓫キャリーの目は鋼のように硬く冷たくなった。「トム，私たちは戦わなければならないわ。あなたが通ってきた道は，彼らをここに導くことになる。彼らがあなたの言うような男たちなら，夜が明けるのを待たず，すぐにここに来るわ。体を洗いなさい。あなたたちもよ，お嬢さん方。準備をなさい。今夜，彼らを止めるのよ」 彼女はさらに3本の刀を取り出し，切れ味を調べた。⓬数週間後，キャリーは庭に戻っていた。庭は以前より広くなっていた。彼女はまた汗をかきながら雑草を抜いていたが，今では彼女には助手がいた。彼女は，川から水を持ってきて，植物に水をやっている11歳のデイジーに目をやった。彼女の母親は小さな家の中にいて，昼食をつくっており，トムは，キャリーの家の隣に自分の家族の新しい家を建てるために木を切っていた。キャリーはトムの右の方に目をやり新しく掘られた地面を見て，ほほ笑んだ。ニンジンとブロッコリーを植えるには絶好の場所だ。それは夜に襲撃しようとした者たちからの贈り物だった。

＜解説＞【32】「キャリーは都市の近くに農場を持っていた」…× 第2段落第1文参照。人里離れた山あいに住んでいた。 【33】「年老いた女性は，日本に住んでいた」…× 第3段落参照。以前日本と呼ばれた場所に住んでいた。 【34】「森には危険なものがたくさんあった」…○ 第4段落第2，3文の内容に一致する。 【35】「キャリーは野菜だけでなく，肉を食べるのも好きだった」…○ 第1段落後半でトマトの成長を楽しみにしており，第4段落最後の2文ではおいしい豚を食べるために罠を仕掛けている。 【36】「山の人々は，ときどき一緒にパーティーを開く」…○ 第5段落最終文の内容に一致する。【37】「夕食を食べる前，キャリーは奇妙な音を聞き，ランドルフ一家に会った」…× 第7～9段落参照。夕食前ではなく，夕食後である。 【38】「キャリーはご飯，豆，雑草という簡素な夕食をとった」…× 第7段落第1文参照。雑草ではなく緑の葉。 【39】「物音を聞いたとき，キャリーは刀を持ち，人々を攻撃した」…× 第8～11段落参照。刀は手に取ったが，攻撃はしていない。 【40】「ランドルフ一家はキャリーの家の近くに引っ越すだろう」…○ 最終段落第5文の内容に一致する。 【41】「この物語の前半部分は，夏の出来事だ」…○ 第5段落最終文参照。「もうすぐ秋」とある。

6 〔長文読解総合（英問英答形式）—スピーチ〕

≪全訳≫❶こんにちは，皆さん。バースタックスのバリスタとしての初日へようこそ。ご存じのとおり，バリスタとはプロのコーヒー職人であり，全世界に対する私たちのブランドの代表です。私たちは，皆さんが私たちのチームの一員であることを楽しみ，一緒に働くことで，皆さんが働くレストランをこの国で最高のレストランの1つにできることを願っています。❷このプレゼンテーションでは，3つのことを学びます。まず，完璧なコーヒーの準備の仕方です。次に，適切に注文をとってお客様に提供するやり方です。3つ目は，3か月，6か月，9か月，あるいは数年，私たちのチームの一員として働き続けることで得られるメリットとボーナスです。バースタックスが提供するチャンスは無限であり，もしあなたの将来に経営があるのなら，私たちはそれも提供します。この録画のプレゼンテーションが終了した後，質問があれば，今この部屋にいるスタッフにお尋ねください。❸では，完璧なコーヒーをいれるにはどうすればいいでしょうか。まず，エチオピアかケニアから仕入れた純粋なコーヒー豆から始めます。私たちは純アフリカ産のコーヒー豆だけを使います。毎朝新たに豆をその場でひき，お客様に常に最高級の新鮮なコーヒーを召し上がっていただけるようにしています。コーヒーを一晩置いておくことはありません。そして100度に沸騰させた純水を使用し，それをすばやくフィルターにかけてコーヒーを通すのです。これで完璧なコーヒーができあがります。最後に，純粋な砂糖，新鮮なミルクまたはクリーム，シナモンの中から飲み物に入れるものをお客様に選んでいただきます。❹お客様を喜ばせる義務が最も大切であり，私たちは2つのことを心にとめておかなければなりません。常にお客様の名前を使いましょう。お客様が入店し注文を受けたら名前をきいて，お客様と話すときは常に名前を使ってください。お客様が店を出るときは，皆さんがそのお客様に対してありがとうございましたと言っているのを聞いてもらわなくてはなりません。そして，いつも笑顔でいましょう。笑顔のバリスタが笑顔のお客様を生み出すのです。❺最後に，私たちと一緒に働いて楽しむと決めたら，そのまま勤め続けるとメリットがあります。3か月働き続けるごとに，100ドルのボーナスが出ます。1年勤め続けると，500ドルのボーナスが出ます。1年半以上勤め続ければアシスタント・マネージャーになるチャンスもありますし，3年以上勤め続ければ，ほとんどの人が自分の店を持つことができます。可能性は無限です。❻あなたがバースタックスのチームに参加してくれたことに感謝し，私たちとともにキャリアを積む中で，あなたが最高の幸運を得られることを祈っています。

【42】＜内容一致＞「このスピーチはおそらく(　　)だろう」―②「ビデオのトレーニング講座」　第2段落最終文参照。recorded は「録画された」という意味。また，この部屋にいるスタッフに質問するように言っていることから，スピーチをしている本人はこの部屋にいないと判断できる。

【43】＜要旨把握＞「バリスタが完璧な一杯のコーヒーをつくるために使わないものは何か」―①「ミルクと砂糖」　第3段落最終文参照。ミルクと砂糖は客の選択によるものである。

【44】＜要旨把握＞「客が店を出るときに，バリスタが客に言うことは何か」―②「ありがとう，タロウ」　第4段落第2～4文参照。客が自分に向けられた言葉であるとわかるように，お礼を言わなくてはならない。

【45】＜要旨把握＞「バースタックスで1年間働くと，ボーナスは合計でいくらもらえるか」―④「800ドル」　第5段落参照。3か月後，6か月後，9か月後にそれぞれ100ドルずつ，1年後に500ドルもらえるので，100ドル×3＋500ドルで800ドルになる。

【46】＜英文解釈＞「第5段落の『可能性は無限だ』という言葉に最も意味の近い言葉は何か」―④「多くのチャンス」　下線部は，第2段落第5文の The opportunities that BarStucks offers are endless「バースタックスが提供するチャンスは無限」の言い換えとなっている。この文の opportunities は，chances と同様の意味である。

数学解答

1
(1) 2　(2) 【2】…1　【3】…6
(3) 【4】…6　【5】…2　【6】…0
(4) 3
(5) 【8】…1　【9】…1　【10】…9
(6) 【11】…2　【12】…2　【13】…5
【14】…2　【15】…7
(7) 6
(8) 【17】…1　【18】…8　【19】…9
(9) 5　(10) 4

2
(1) 4　(2) 【23】…1　【24】…5
(3) 【25】…0　【26】…1　【27】…2

3
【28】…8　【29】…0　【30】…0
【31】…8　【32】…2　【33】…0
【34】…0　【35】…1　【36】…0
【37】…0　【38】…0　【39】…2
【40】…0　【41】…0　【42】…4
【43】…0　【44】…0　【45】…6
【46】…0　【47】…0

4
(1) 6　(2) 【49】…4　【50】…3
(3) 【51】…1　【52】…5

5
(1) 【53】…1　【54】…5
(2) 【55】…2　【56】…1　【57】…4
【58】…0

1〔独立小問集合題〕

(1)＜数の計算＞与式$=\left\{\left(\frac{1}{4}\right)^2\div\left(\frac{1}{2}\right)^3\right\}\times\left\{\left(\frac{2}{5}\right)^2+\frac{384}{100}\right\}=\left(\frac{1}{16}\div\frac{1}{8}\right)\times\left(\frac{4}{25}+\frac{96}{25}\right)=\left(\frac{1}{16}\times8\right)\times\frac{100}{25}=2$

(2)＜数の計算＞与式$=\frac{1}{8}x^6y^3\times\left(-\frac{16}{x^7y^4}\right)\times x^2y^2=-\frac{x^6y^3\times16\times x^2y^2}{8\times x^7y^4}=-2xy$として，これに$x=\frac{1}{3}$，$y=-\frac{1}{4}$を代入すると，与式$=-2\times\frac{1}{3}\times\left(-\frac{1}{4}\right)=\frac{1}{6}$である。

(3)＜二次方程式＞$x^2-14x+49-12x+84-13=0$，$x^2-26x+120=0$，$(x-6)(x-20)=0$　$\therefore x=6,\ 20$

(4)＜二次方程式―解の利用＞二次方程式$x^2+ax+b=0$の解が$x=1$，2だから，$x^2+ax+b=0$に$x=1$を代入して，$1^2+a\times1+b=0$，$a+b=-1$……①となり，$x=2$を代入して，$2^2+a\times2+b=0$，$2a+b=-4$……②となる。①，②を連立方程式として解くと，②－①より，$2a-a=-4-(-1)$，$a=-3$となり，これを①に代入して，$-3+b=-1$，$b=2$となる。これより，二次方程式$x^2-bx+a=0$は，$x^2-2x-3=0$となり，$(x+1)(x-3)=0$　$\therefore x=-1,\ 3$　よって，大きい方の解は，$x=3$である。

≪別解≫$x=1$，2を解に持つ二次方程式は，$(x-1)(x-2)=0$より，$x^2-3x+2=0$である。二次方程式$x^2+ax+b=0$も$x=1$，2を解に持つので，この2つの二次方程式は同じ方程式となる。よって，$a=-3$，$b=2$だから，二次方程式$x^2-bx+a=0$は$x^2-2x-3=0$となる。これを解いて，$(x+1)(x-3)=0$　$\therefore x=-1,\ 3$　したがって，大きい方の解は，$x=3$である。

(5)＜平面図形―角度＞右図1で，点Dは，△ABCの内接円(全ての辺に接する円)の中心だから，円Dと辺AB，辺BCの接点をそれぞれE，Fとすると，∠DEB＝∠DFB＝90°，DE＝DFとなる。また，BD＝BDだから，△BDE≡△BDFとなり，∠DBE＝∠DBFである。同様に，円Dと辺ACの接点をGとすると，△CDG≡△CDFとなるから，∠DCG＝∠DCFである。∠DBE＝∠DBF＝b，∠DCG＝∠DCF＝cとすると，∠ABC＝2∠DBE＝$2b$，∠ACB＝2∠DCG＝$2c$となる。△ABCで，∠BAC＋∠ABC＋∠ACB＝180°だから，58°＋$2b+2c$＝180°，$2b+2c$＝122°，$b+c$＝61°となる。よって，△DBCで，∠BDC＝180°－(∠DBF＋∠DCF)＝180°－$(b+c)$＝180°－61°＝119°である。

図1

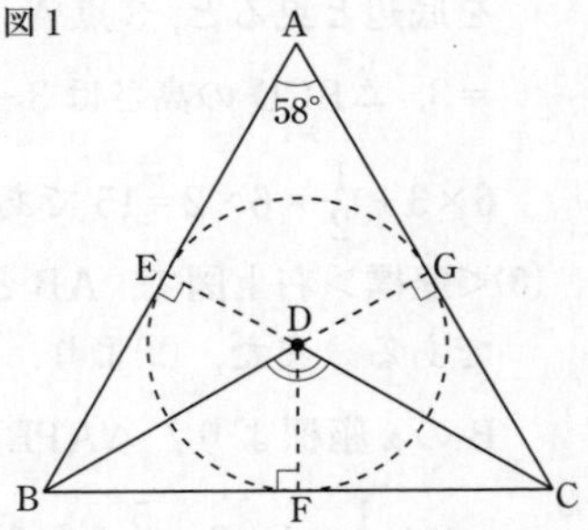

⑹＜データの活用—最頻値，中央値，平均値＞最も人数が多いのは，9人の2点だから，最頻値は2点である。また，30人だから，中央値は，点数を小さい順に並べたときの15番目と16番目の平均値である。1点が6人，2点以下が$6+9=15$(人)，3点以下が$15+6=21$(人)だから，15番目は2点，16番目は3点となり，中央値は，$(2+3)\div2=2.5$(点)である。平均値は，$(1\times6+2\times9+3\times6+4\times7+5\times1+6\times1)\div30=81\div30=2.7$(点)である。

⑺＜一次方程式の応用＞最小の数をxとすると，連続する3つの整数はx，$x+1$，$x+2$と表せる。最小の数の5倍は，残りの2数の和の2倍になることより，$5x=\{(x+1)+(x+2)\}\times2$が成り立つ。これを解くと，$5x=(2x+3)\times2$，$5x=4x+6$，$x=6$となるから，最小の数は6である。

⑻＜場合の数—サイコロ＞大，中，小3つのサイコロの出た目の積が偶数になるとき，少なくとも1つの目が偶数である。これは，全ての目が奇数になる場合以外の場合である。大，中，小のサイコロの目の出方はそれぞれ6通りあるから，目の出方は全部で，$6\times6\times6=216$(通り)ある。また，奇数の目は1，3，5の3通りだから，大，中，小のサイコロの目が全て奇数になるのは，$3\times3\times3=27$(通り)ある。よって，出た目の積が偶数となる目の出方は，$216-27=189$(通り)である。

⑼＜平面図形—長さ＞右図2で，$\angle EAH=\angle BAC$であり，EH∥BCより，$\angle AEH=\angle ABC$だから，$\triangle AEH\backsim\triangle ABC$である。これより，EH：BC＝AE：AB＝2：(2+1)＝2：3となり，$EH=\frac{2}{3}BC=\frac{2}{3}\times9=6$である。また，$\angle ABD=\angle EBG$であり，AD∥EGより，$\angle BAD=\angle BEG$だから，$\triangle ABD\backsim\triangle EBG$である。よって，AD：EG＝AB：EB＝(2+1)：1＝3：1だから，$EG=\frac{1}{3}AD=\frac{1}{3}\times3=1$である。したがって，$GH=EH-EG=6-1=5$(cm)である。

図2

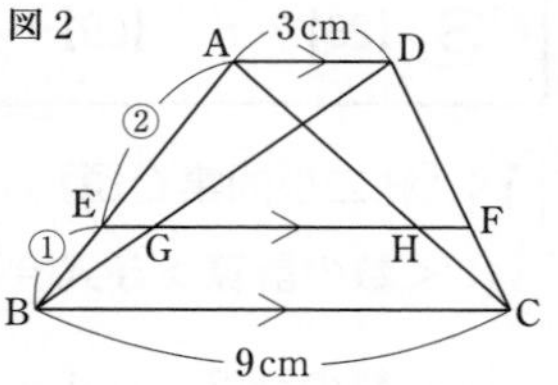

⑽＜数の計算＞与式$=(2+\sqrt{3})^2-4(2+\sqrt{3})+5=4+4\sqrt{3}+3-8-4\sqrt{3}+5=4$

2〔関数—関数$y=ax^2$と一次関数のグラフ〕

⑴＜y座標＞右図で，点Aは放物線$y=x^2$上にあり，x座標は-2だから，$x=-2$を代入して，y座標は，$y=(-2)^2=4$である。

⑵＜面積＞右図で，⑴より，A$(-2,\ 4)$である。また，2点B，Cは放物線$y=x^2$上にあり，x座標はそれぞれ3，1だから，$y=3^2=9$，$y=1^2=1$より，B$(3,\ 9)$，C$(1,\ 1)$である。直線ABの傾きは$\frac{9-4}{3-(-2)}=1$だから，その式は$y=x+b$とおけ，点Aを通るから，$4=-2+b$，$b=6$であり，直線ABの式は$y=x+6$となる。ここで，点Cを通りy軸に平行な直線とABの交点をDとする。点Dは，直線$y=x+6$上にありx座標が1だから，$y=1+6=7$となり，D$(1,\ 7)$である。これより，$CD=7-1=6$となる。CDを底辺と見ると，3点A，B，Cのx座標より，△ACDの高さは$1-(-2)=3$，△BCDの高さは$3-1=2$だから，$\triangle ABC=\triangle ACD+\triangle BCD=\frac{1}{2}\times6\times3+\frac{1}{2}\times6\times2=15$である。

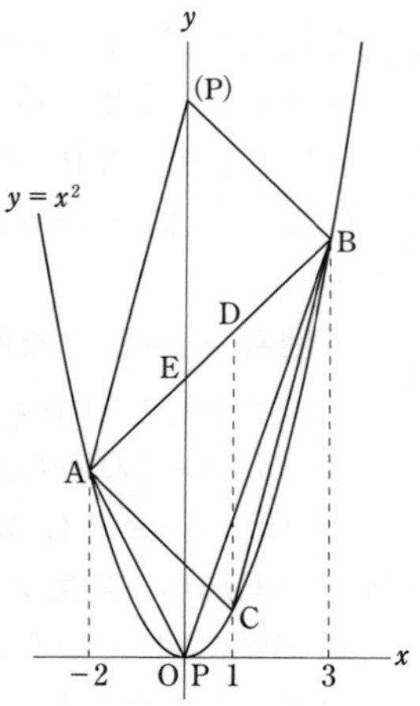

⑶＜座標＞右上図で，ABとy軸の交点をEとすると，⑵より，直線ABの切片は6なので，E$(0,\ 6)$である。また，⑵より，$\triangle PAB=\triangle ABC=15$である。$PE=k$として，PEを底辺と見ると，2点A，Bの$x$座標より，△APEの高さは2，△BPEの高さは3だから，$\triangle PAB=\triangle APE+\triangle BPE=\frac{1}{2}\times k\times2+\frac{1}{2}\times k\times3=\frac{5}{2}k$と表せる。よって，$\frac{5}{2}k=15$が成り立ち，$k=6$となるので，$PE=6$である。これより，点Pの$y$座標は，$6-6=0$，$6+6=12$となるので，点Pの座標は，$(0,\ 0)$と$(0,\ 12)$である。

3〔数と式—連立方程式の応用〕

9%の食塩水 xg と 5%の食塩水 yg を混ぜて z%の食塩水を 800g つくるので，食塩水の量について，①は，$x+y=800$ となる。9%の食塩水 xg に含まれる食塩の量は $x\times\frac{9}{100}=\frac{9}{100}x$(g)，5%の食塩水 yg に含まれる食塩の量は $y\times\frac{5}{100}=\frac{5}{100}y$(g)，$z$%の食塩水 800g に含まれる食塩の量は $800\times\frac{z}{100}=8z$(g) だから，含まれる食塩の量について，②は，$\frac{9}{100}x+\frac{5}{100}y=8z$ となる。②の両辺に 100 をかけて，$9x+5y=800z$……②′ とし，①×5−②′ で y を消去すると，$5x-9x=4000-800z$，$-4x=4000-800z$ より，③は，$x=200z-1000$ となる。③に $z=6$ を代入すると，$x=200\times6-1000=200$ となり，$z=7$ を代入すると，$x=200\times7-1000=400$ となり，$z=8$ を代入すると，$x=200\times8-1000=600$ となる。

4〔空間図形—直方体〕

⑴＜面積＞右図1で，直方体 ABCD-EFGH を 3 点 B，G，D を通る平面で切ると，切り口は △BGD となる。△BCG で三平方の定理より，$\mathrm{BG}=\sqrt{\mathrm{BC}^2+\mathrm{CG}^2}=\sqrt{4^2+2^2}=\sqrt{20}=2\sqrt{5}$ であり，△BCD で，同様に，$\mathrm{BD}=2\sqrt{5}$ となる。よって，△BGD は，BG＝BD の二等辺三角形である。また，△CGD は直角二等辺三角形だから，$\mathrm{GD}=\sqrt{2}\,\mathrm{CG}=\sqrt{2}\times2=2\sqrt{2}$ である。したがって，△BGD は右図2のようになる。点 B から GD に垂線 BI を引くと，点 I は線分 GD の中点となるから，$\mathrm{GI}=\frac{1}{2}\mathrm{GD}=\frac{1}{2}\times2\sqrt{2}=\sqrt{2}$ となる。△BGI で三平方の定理より，$\mathrm{BI}=\sqrt{\mathrm{BG}^2-\mathrm{GI}^2}=\sqrt{(2\sqrt{5})^2-(\sqrt{2})^2}=\sqrt{18}=3\sqrt{2}$ となるから，$\triangle\mathrm{BGD}=\frac{1}{2}\times\mathrm{GD}\times\mathrm{BI}=\frac{1}{2}\times2\sqrt{2}\times3\sqrt{2}=6$ である。

図1

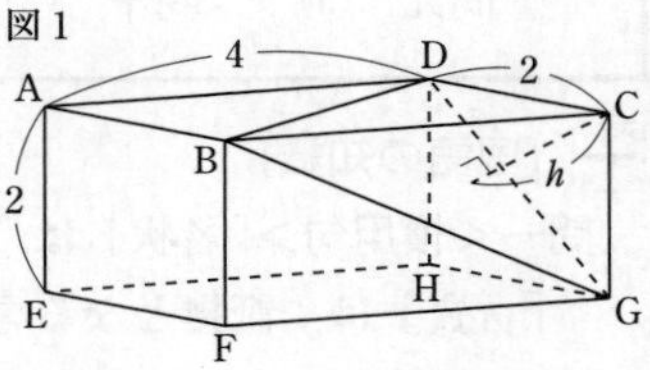

図2

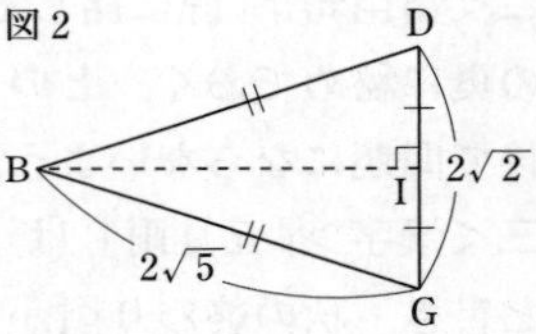

⑵＜長さ＞右上図1で，頂点 C から切り口の面 BGD に引いた垂線は，三角錐 CBGD の底面を △BGD と見たときの高さである。CG⊥〔面 ABCD〕より，三角錐 CBGD の体積は，$\frac{1}{3}\times\triangle\mathrm{BCD}\times\mathrm{CG}=\frac{1}{3}\times\left(\frac{1}{2}\times4\times2\right)\times2=\frac{8}{3}$ となる。また，⑴より △BGD＝6 だから，点 C から面 BGD に引いた垂線の長さを h とすると，三角錐 CBGD の体積について，$\frac{1}{3}\times\triangle\mathrm{BGD}\times h=6$ であり，$\frac{1}{3}\times6\times h=\frac{8}{3}$ が成り立つ。これを解くと，$h=\frac{4}{3}$ となるから，求める垂線の長さは $\frac{4}{3}$ である。

⑶＜体積比＞右上図1で，〔直方体 ABCD-EFGH〕＝2×4×2＝16 である。また，⑵より，V_1＝〔三角錐 CBGD〕＝$\frac{8}{3}$ だから，V_2＝〔直方体 ABCD-EFGH〕$-V_1=16-\frac{8}{3}=\frac{40}{3}$ である。よって，$V_1:V_2=\frac{8}{3}:\frac{40}{3}=1:5$ である。

5〔特殊・新傾向問題—規則性〕

⑴＜タイルの枚数＞タイルの枚数は，1 行目が 1 枚，2 行目が 3 枚，3 行目が 5 枚，4 行目が 7 枚より，2 枚ずつ増えている。よって，8 行目のタイルの枚数は，1＋2×7＝15(枚)となる。

⑵＜タイルの位置＞各行の右端のタイルの番号は，1 行目から，1，4，7，10，……となり，3 ずつ大きくなっている。このことから，20 行目の右端のタイルの番号は 1＋3×19＝58，21 行目の右端のタイルの番号は 58＋3＝61 となるので，右端のタイルの番号が初めて 60 以上になるのは，21 行目である。よって，番号 60 を最初につけたタイルは 21 行目にある。21 行目のタイルの枚数は 1＋2×20＝41(枚)だから，左から 41 番目のタイルの番号が 61 であり，左から 40 番目のタイルの番号が 60 となる。以上より，番号 60 を最初につけたタイルは 21 行目の左から 40 番目である。

国語解答

一 問一 ③　問二 ①　問三 ④
問四 ③　問五 ②　問六 ①
問七 ③　問八 ②　問九 ②
問十 ①

二 問一 a…④　b…②　c…①　d…④
問二 A…①　B…③
問三 ③　問四 ②　問五 ④
問六 ①　問七 ③　問八 ②
問九 ③　問十 ②　問十一 ④

三 問一 a…②　b…④　c…①
問二 ④　問三 ③　問四 ①
問五 ④　問六 ③　問七 ①
問八 ③

四 問一 a…②　b…①　c…④　d…②
問二 ④　問三 ①　問四 ②
問五 ③　問六 ④　問七 ③
問八 ①

一〔国語の知識〕

問一＜慣用句＞「名状」は，物事の状態を言葉で表現すること。「耳目」は，人々の関心・注意のこと。「言質」は，証拠となる言葉のこと。「遊説」は，自分の意見を各地に説いて回ること。

問二＜慣用句＞「肝に銘じる」は，心に強く刻みつけて忘れない，という意味。「胸にたたむ」は，心の奥に秘めておく，という意味。「襟を正す」は，気を引き締める，という意味。「釘をさす」は，後で問題にならないよう，先に注意しておく，という意味。

問三＜漢字＞「五月雨」は「さみだれ」と読み，陰暦五月頃に降る長雨のこと。「しぐれ」は「時雨」と書き，秋の終わり頃から冬にかけて降るにわか雨のこと。

問四＜語句＞「体裁」と「外見」は，どちらも，外から見た様子のことで，類義語の関係である。

問五＜四字熟語＞「捲土重来」は，一度失敗した者が再び盛り返すこと。「捲土重来を期する」という形でよく用いる。「朝令暮改」は，法令などがたびたび変更されて当てにならないこと。「温故知新」は，昔のことを調べて，そこから新しい知識や考え方を見つけること。「切磋琢磨」は，互いに競い合い，互いに向上し合うこと。

問六＜語句＞「おしなべて」は，全体にわたって，という意味。「あわよくば」は，うまくいけば，という意味。「そつなく」は，手抜かりがないさま。「よもすがら」は，一晩中，という意味。

問七＜文の組み立て＞「雪で」は，「真っ白だ」という形容動詞を修飾しているので，連用修飾語。

問八＜和歌の技法＞「あしひきの」は，「山」を導く枕詞。

問九＜俳句の技法＞「吹流し」は，端午の節句のこいのぼりとともに飾る旗の一種で，夏の季語。

問十＜文学史＞平安時代の紀貫之が任地の土佐から京へ戻る旅をつづった『土佐日記』は，男性である作者が同行の女性に仮託して仮名で書いた日記で，その後の女流文学に大きな影響を与えた。『枕草子』は，平安時代の清少納言が宮中で見聞したことなどをつづった随筆。『方丈記』は，鎌倉時代の鴨長明が都を襲った災厄を回想し人生に無常観を感じるようになったいきさつを記した随筆。鎌倉時代に成立した『平家物語』は，平清盛を中心とする平家一族が栄華を極め滅びるまでを記した軍記物語で，おもに琵琶法師が語る「平曲」という形で広まった。松尾芭蕉や与謝蕪村は，江戸時代に活躍した俳諧師である。

二〔論説文の読解―哲学的分野―人生〕出典：黒井千次『老いるということ』「二十世紀イギリスの老い」。

≪本文の概要≫フォースターの「老年について」の中に，老年と年を取ることを区別し，同一視すべきではないという一節がある。年を取るというのは気持ちの問題であり，主観的なものであって，客観的な年齢の表現である老年とは異なる。そもそも，自分が年を取ったと思えるのは，その反対に自分の若さを意識しているからに他ならない。そのため，年を取ったと安心して思えるのは，成年期までで，老年になると，自分は年を取ってはいないという逆説にすがろうとする。また，昨今は年を取ったと感じない，いつまでも若いことをもてはやし，老いを否定的にとらえる傾向がある。しかし，自分が年を取ったという自覚は，老いの問題を考えるうえで大切なことであり，老いを実感することは，人生を豊かにすることにもつながる。人生においてせいぜい二十年ほどの短い期間である青春に固執せず，その三倍も四倍も生きた後でなければ手に入らない，貴重で豊かで切実な体験を持つ老年を，前向きに受け入れるべきである。

問一＜漢字＞ａ．「刺激」と書く。①は「使途」，②は「一矢」，③は「要旨」。　ｂ．「風潮」と書く。①は「兆候」，③は「眺望」，④は「丁度」。　ｃ．「輪郭」と書く。②は「間隔」，③は「画数」，④は「確執」。　ｄ．「肯定」と書く。①は「公明」，②は「功績」，③は「内向」。

問二＜語句＞Ａ．「戒める」は，間違いをしないようにあらかじめ注意する，という意味。フォースターの「老年について」では，「老年と年を取ることを区別し，両者の同一視」をすることがないよう，読者に注意を与えている。　Ｂ．「称揚」は，褒めたたえること。最近は，「老いないこと，いつまでも若いこと」をよいことだとしてほめそやす傾向がある。

問三＜文章内容＞成人式から十年後に「当時よりも疲れが取れにくい」などと老いを感じたと言える背後には，まだ自分が老年ではないという「自分の若さを意識」する気持ちがある。

問四＜文章内容＞フォースターは，自分が年を取ったかどうかを感じるのは，「年齢とはほとんど関係なく現れる」個人の「内面の現象」であって，「客観的な年齢の表現」である「老年」とは厳密に異なるものだと考えている。

問五＜文章内容＞限られた人生という時間に意味を持たせるためには，何も考えず時間を過ごすのではなく，「自分は年を取ったという自覚」を持って，過去を振り返ったり，やがて来る死を見つめたりすることが必要である。

問六＜文章内容＞「年を取る」という表現には，「取る」という動詞を含むように，自らの意志で老いを受け入れようとする前向きな姿勢が見られる。一方，「老年」は，「客観的な年齢の表現」であって，人が意識するかしないかにかかわりなく年齢を重ねたと言う「状態を示す」表現である。

問七＜文章内容＞「生涯青春」「年を取らぬ老年」というのは，言うまでもなく矛盾しており，「青春の真只中《まっただなか》にいる人」が言っても何もおもしろくない。しかし，老年に至った人が言う場合は，「老いに立《た》ち向《むか》う気概がこめられて」いる言葉となる。

問八＜文章内容＞老年という年齢に達することは避けられないが，「老いに立ち向う気概」を示すことで，「生涯青春」であるなどという虚構に説得力が与えられ，気持ちだけは若々しくいられるのである。

問九＜文章内容＞筆者は，人生のわずかな期間にすぎない青年期ばかりに目を向けて老いの内容を「貧しく稀薄なもの」とするよりも，長く生きた後でしか得られない，円熟した老年期の価値に，もっと目を向けるべきであると考えている。

問十＜和歌の内容理解＞≪通釈≫Ａ．(私が)年老いたからといって，どうして自分自身を責め恨んだりしたでしょうか(，いや，しないでしょう)。老いなければ，(栄えある)今日という日を迎えることができたでしょうか(，いやできなかったでしょう)。　藤原敏行(『古今和歌集』雑歌上)

Ｂ．老いの波で老いた私は哀れである。今年も今は末となり，この身はさらに老いの波が加わるの

を待っている，この末の松山で。　寂蓮法師(『新古今和歌集』冬)

「老いぬとて～」の歌の「ずは」は，～ないならば，「ものか」は反語を表し，老いなければ今日というすばらしい日を迎えることができなかったと，これまで積み重ねてきた功績に目を向け，老いを前向きにとらえている。それに対し「老いの波～」の歌は，「末の松山」が古来より恋歌の舞台として海からの波が越えない場所とよまれてきたことをふまえ，越えるとは思っていなかった「老い」の波によって，さらに年老いていく我が身を嘆く心情を述べている。

問十一＜文学史＞『新古今和歌集』は，鎌倉時代に後鳥羽上皇の命令で，藤原定家らが編さんした第八番目の勅撰和歌集で，三大和歌集の一つとされる。三大和歌集には他に，素朴な明るさや大らかさを持つことから歌風が「ますらおぶり(男性的)」と評される，奈良時代に編さんされた『万葉集』や，優美で理知的で，繊細さを持ち，歌風が「たおやめぶり(女性的)」と評される，平安時代の醍醐天皇の命令で紀貫之によって編さんされた『古今和歌集』がある。

三〔小説の読解〕出典：山川方夫『他人の夏』。

問一．a＜語句＞「ひとしきり」は，しばらく続く，という意味。　b＜慣用句＞「目をこらす」は，じっと見つめる，という意味。　c＜語句＞「見当」は，たぶんこうであろうという考えのこと。

問二＜文章内容＞夏になると，都会からの海水浴客が町を占領し，「わがもの顔に歩きまわる」ため，町は見慣れた様子とは大きく異なり，慎一にはまるで別の町のように思えたのである。

問三＜文章内容＞この夏休みを，進学資金をためるためのアルバイトに当てる慎一には，この町が「避暑地」であろうが，都会に住む人たちの「休暇」の場であろうが，関係ないことであった。

問四＜心情＞女は，突然現れた慎一に戸惑いながらも，慎一の父親が語った生きることについての話を聞くうちに，慎一が自分の自殺を思いとどまらせようとしているように感じて，緊張した表情になったのである。

問五＜文章内容＞慎一は，過去の父親の言葉から，人には「その人なりの苦労や，正義」があり，それは「他の人間には，絶対にわかりっこない」のだから，その生死の決定について他人が口を出すべきではないと考えていた。

問六＜文章内容＞慎一は，女に，目の前で人が死のうとしていても「その人を好きなように死なしてやるほうが，ずっと親切だし，ほんとうは，ずっと勇気のいることなんだ」という父の言葉を伝えた。そして，「あなたも，ぼくはとめはしません」と自分の考えも伝えたので，この後，自殺するかどうかは本人が決定することだと思い，その場を引き返したのである。

問七＜要旨＞慎一は，真夜中の海で，自殺しようとしていた女に出会い，自分の父親の話をした。翌日再び会った女から，「働くってことの意味」を教えてもらったと礼を言われたものの，慎一はなぜ女がそのように言ったのか，理解することができなかった。

問八＜表現＞夜の海の場面では，一貫して慎一の視点で描かれている(1…×)。夜の海は暗く，女の様子は声だけでしか表現されていなかったが，夜光虫の燐光によって，「怒ったような目つき」でいたことが明らかになった(2…×)。真っ暗な海で，慎一が泳ぎ出してから慎一が女のもとを去る場面まで，たびたび登場する夜光虫の燐光が，幻想的な雰囲気をつくり出している(3…○)。慎一が女に父親について語る場面でも，現在の慎一の視点から描かれている(4…×)。

四〔古文の読解―説話〕出典：『古今著聞集』巻第五，一七三。

≪現代語訳≫今からそれほど遠くない昔，優雅で美しい女房がいた。(その女房は)時運に恵まれず貧しかったが容姿の愛らしい娘を持っていた。(娘は)十七，八歳ぐらいであったので，(女房は)この娘を何とかして結婚させたいと思っていた。(女房は娘への)いとおしさのあまり，石清水八幡宮へ娘とともに泣きながら参って，一晩中神前で，「私の身は今やどのようにでもなりましょう。この娘を(私が)安心できるようにしてください」と，数珠をこすり泣きながらお願い申し上げていたが，この娘は，(八幡宮に)着くとすぐに，母のひざを枕に起き上がりもせず寝ていたので，夜明け頃になって母が(娘に)申したことには，「どれほどか固い決心をして，つらい気持ちで歩いてお参りに来たのに，このように，一晩中神様がけなげだと思われるほどにお願い申し上げなさるべきなのに，(あなたは)何の心配事がないかのように寝ていなさるのは情けないことよ」と恨みごとを言ったので，娘は目が覚めて，「耐えられないほど苦しくて」と言って，

　我が身のつらさをとても何と言うことはできませんが，石清水八幡宮の神様は(私の)心をくみ取って知ってくださるでしょう。

とよんだところ，母もきまりが悪くなって，何も言わず帰る道中，七条朱雀の辺りで，世間で時流に乗って栄えている殿上人が，桂の地で散策してお帰りになるところ，この娘と出会って車に乗せ，そのまま正妻にして生涯変わることなく，たいそう大切にしたのだった。八幡大菩薩がこの歌をお聞き届けになったのであろうか。

問一．ａ＜古語＞「なまめかし」は，優美で上品である，という意味。　ｂ＜現代語訳＞「めやすし」は，見苦しくない，という意味。貧しい暮らしをしていた女房は，立派な男性に嫁がせて，世の中で見苦しくないようにしたいと願っていたのである。　ｃ＜古語＞「おどろく」は，目を覚ます，という意味。　ｄ＜現代語訳＞「いみじ」は，並々ではないさま。娘を妻に迎えた殿上人は，生涯，娘をとても大切にしたのである。

問二＜古典文法＞「むすめをなむもたりける」の「なむ」は係助詞なので，係り結びの法則により，文末は「けり」の連体形になっている。

問三＜古典文法＞Ａ．「かなしさ」は，いとおしさ，という意味の名詞。　Ｂ．「いかに」は，どのように，という意味の副詞。　Ｃ．「暁がたになりて」の「なり」は，動詞「なる」の連用形。　Ｄ．「ときめき」は，時流に乗って栄える，という意味の動詞「ときめく」の連用形。

問四＜古文の内容理解＞Ⅰ．石清水八幡宮にお参りに来たのは，母である女房が娘の結婚を祈願するためである(…×)。　Ⅱ．娘は，何の心配事もないかのように母のひざを枕に寝ていた(…○)。　Ⅲ．娘は，石清水八幡宮の神様であれば，言葉に出さなくても自分の思いをくみ取ってくれると信じていた(…○)。

問五＜古文の内容理解＞女房は，一晩中熱心に祈願すれば神様が自分たちの願いを聞き届けてくださると信じていたので，寝ている娘にも同じようにするように諭した。

問六＜古文の内容理解＞「身のうさ～」の歌の「石清水」は，石清水八幡宮と「言はじ」の掛詞である。我が身のつらさを口に出して言わなくても石清水八幡宮の神様は，自分の心の内をくみ取ってくださるという点に，娘の強い信仰心が表れている。

問七＜古文の内容理解＞娘は，和歌の中で厚い信仰を示したので，神様がそれに報いてくださったという話である。

問八＜文学史＞『十訓抄』は，鎌倉時代に編さんされた，さまざまな説話を十編に分類した，啓蒙教訓的な要素の濃い説話集。『方丈記』は，鎌倉時代の鴨長明が記した随筆で，人生の無常をつづった作品。『風姿花伝』は，室町時代の世阿弥が記した能楽論書で，能の本質を「花」という語で説明した。『山家集』は，鎌倉時代の歌人西行の歌集。

2023年度 日本大学鶴ヶ丘高等学校

【英　語】（60分）〈満点：100点〉

1　［放送問題］ リスニングテストはPart 1とPart 2の２つの部分に分かれています。

Part 1　Part 1は【１】～【４】までの４つの話を聞き，その内容について１つずつ質問が出されます。質問に対する答えとして最も適当なものを，それぞれ１つ選んで，マークしなさい。話と質問は２度読まれます。途中でメモを取ってもかまいません。

【１】

①

②

③

④

【２】

①

②

③

④

【３】

①

②

③

④

【４】

①　A　　②　B　　③　C　　④　D　　⑤　A and B　　⑥　C and D　　⑦　None

A

B

C

D

Part 2　Part 2 は【５】と【６】の２問です。長めの英文を１つ聞き，【５】と【６】の答えとして最も適当なものを，それぞれ①～④の中から１つ選んで，マークしなさい。英文と質問は２度読まれます。途中でメモを取ってもかまいません。

【５】

①　Galileo Galilei　　②　Jupiter　③　Someone else　④　No one

【６】

①　Looking at space　　②　Looking at the Moon

③　War　　④　Looking at people and buildings

※＜**放送問題原稿**＞は英語の問題の終わりに付けてあります。

２　次の【７】～【12】の各文の空所に当てはまるものとして，最も適当な語(句)をそれぞれ①～④の中から１つ選んで，マークしなさい。

【７】　Don't leave the water (　　) when you brush your teeth.

①　run　②　ran　③　running　④　to run

【８】　I will (　　) go to the movies or eat out with my friends Friday night.

①　both　②　either　③　neither　④　have

【９】　A gentleman (　　) me the name of the station that I needed to go to.

①　said　②　told　③　taught　④　spoke

【10】　When Bill came home, Emi (　　) a book in the living room.

①　has read　②　is reading　③　reads　④　was reading

【11】　A：(　　　　) do you go to Disneyland ?

B：Two or three times a month.

①　How far　②　How long　③　How many　④　How often

【12】　The big fireworks festival (　A　) for the first time since 2019, after (　B　) for two years in a row due to the novel coronavirus pandemic.

①　A：has held　　B：cancels　　②　A：held　　B：canceled

③　A：was holding　B：being canceling　④　A：was held　B：being canceled

３　次のイ～ハの英文中の〔　〕内の語群について，日本文の内容に合うように並べ替えなさい。解答は【13】～【24】のそれぞれに当てはまる番号をマークしなさい。ただし，文頭に来る語も小文字から始まっています。

イ　チーターは最も足の速い動物だ。

〔①　faster　②　than　③　other　④　a cheetah　⑤　any　⑥　runs　⑦　animal〕.

〔(　　)(【13】)(　　)(　　)(【14】)(　　)(　　)〕.

ロ　ケンは時間があれば映画を見るだろうが，今はとても忙しい。

Ken〔①　watch　②　time　③　he　④　would　⑤　had　⑥　movies　⑦　if〕, but he is very busy now.

Ken〔(【15】)(　　)(　　)(　　)(　　)(【16】)(　　)〕, but he is very busy now.

ハ　誰も人前で笑われたくはない。

〔①　public　②　to　③　nobody　④　laughed　⑤　likes　⑥　at in　⑦　be〕.

〔(　　　)(　　　)(【17】)(　　　)(【18】)(　　　)(　　　)〕.

ニ　11月からは，カナダ TV が彼らの日々の活動を，ライブストリーミングで配信している。

Since November,〔①　live-streaming　②　been　③　their　④　Canada TV　⑤　activities　⑥　has　⑦　daily〕.

Since November,〔(　　　)(【19】)(　　　)(【20】)(　　　)(　　　)(　　　)〕.

ホ　あなたの読む本が，あなたにとって興味を引き起こすものであることがとても重要だ。

〔①　the books　②　it　③　you　④　very important　⑤　that　⑥　is　⑦　that〕read are interesting for you.

〔(　　　)(　　　)(　　　)(　　　)(【21】)(　　　)(【22】)〕read are interesting for you.

ヘ　私は自分がどれくらいの英単語を知っているのか非常に興味があります。

I am really〔①　in　②　I　③　interested　④　English words　⑤　many　⑥　knowing　⑦　know　⑧　how〕.

I am really〔(　　　)(　　　)(【23】)(　　　)(【24】)(　　　)(　　　)(　　　)〕.

4　次の対話文を読んで，文中の【25】～【31】の空所に入れるのに最も適当な表現を，後の①～⑦の中から１つ選んで，マークしなさい。ただし，同一の表現を２度用いず，すべての表現を使うこと。文頭に来る語も小文字から始まっています。

A：Excuse me, I am trying to find something on cooking. Can you (　【25】　) in the right direction?

B：Sure, there are actually two sections that you might want to check out.

A：Oh, really?　What's the difference?

B：Well, the first is just a how-to area with cookbooks and other guides.　The other is history.

A：Are you kidding?　They have books about the history of cooking?　Why?

B：People are interested in all sorts of crazy things—the history of pencils, how to keep a mosquito as a pet. . . .　If you can name it, somebody wants to read about it.

A：I just (　【26】　) sometimes.　Oh well, I just need a few cookbooks.

B：OK, please follow me. . . .　So what kind of food are you thinking about cooking?

A：To be honest, I haven't quite decided yet.　It's (　【27】　) between Mexican and Japanese.

B：Hmmm, those are two quite different kinds of foods.　What's the occasion?

A：My son has returned (　【28】　) and is in town for about a week.　I thought I would whip something up for him.

B：That sounds really nice.　I always find it much nicer to eat in rather than go to a crowded restaurant.　Crowds (　【29】　).

A：Exactly!　The noise, the need to sit in one place, the travel time. . . .　It's just a total bother.

B：Well, sir.　Here we are.　(　【30】　), we have about five thousand titles for you to borrow, but please (　【31】　) that you can only borrow 5 at a time.

A：I see.　Well, I will get started looking for something good.　Any suggestions?

B：Actually, sir.　No.　I do like to eat at home, but I'm a horrible cook.　I just order and have it delivered.

①　get on my nerves　　②　have to shake my head
③　point me　　④　keep in mind

⑤ from across the pond　⑥ a toss-up
⑦ as you can see

5 次の英文を読んで，後の【32】～【41】の各英文が本文の内容と一致しているものには①，異なっているものには②をマークしなさい。

Artines stood in front of his oven and put in another few pieces of wood. The fire grew hotter and warmed the man's skin. "An hour more, and it will be ready for the bread," he thought to himself. Artines had been making bread for the town and the royal family for nearly his entire life. In his town, you were born into your job. If your father was a bricklayer, then you would be one too. If your mother made clothes, then so would you. It was a rare person who could break out of this cycle and join a new profession.

Artines looked down at his young son. Hamurai was only eight years old, but was already better than everyone in his village at maths and, amazingly, he could *read* ! Not much and not quickly, but he could read, something that almost no one who was not born rich or noble could do. Hamurai ran around the bakery, helping his father by putting out the new bread to get it ready for baking. His father was so proud of him.

Artines thought about his conversation with one of the richest customers that he had seen recently. When the man first came into the shop, he had told him about his son and how gifted he was. The man had not seemed interested until Artines mentioned that his son could read. The man stopped when he heard that and looked at Artines in disbelief. "Read, you say ?" the man asked. "Seriously ? I find that hard to believe. However, if you are telling the truth, I would like to come by and see this remarkable young man. May I ?"

"Certainly, good sir," Artines replied. "My son is away at his mother's now, but he will return in the middle of next month."

"Very well, I will return on the fifteenth day of Choiak. Make sure that your son is here and that he really can do what you say. If he can, there may be good things in his future, but if you are lying to me, there will be trouble."

Today was that day, and Artines expected his visitor at any moment. He warmed his hands at the fire and waited. The morning passed without much interesting happening. He and his son provided bread to his customers, the usual group of workers and builders headed to the pyramids to help build the tall triangles that towered over the desert. These pyramids were being built as the final resting place for the king, Pharaoh Akan Aten, for after he died.

A little after midday, Artines' rich customer arrived. "Is this your son ?" he asked in a deep and powerful, but not unkind, voice. "Yes, good sir," Artines replied. The man stared down at Hamurai and looked him over for a long time. Finally, he reached into his pocket and pulled out a stone tablet. "Read," he said to the boy.

Hamurai looked down and said nothing. The man waited patiently, but his face changed to a look of disappointment. "I thought so, Baker," he said. "You were lying to me." "No, good sir," Artines said, "Just one minute, please." He looked down at his son. "Don't be shy, just read for the good man," he said. All of a sudden, Hamurai started to speak, "On the fourth day of Epiphi, we took delivery of 2 tonnes of wheat and six of rice. The payment of taxes was 30 gold coins . . ." He continued reading for two minutes. The visitor's face changed from disappointment, to disbelief, to thoughtfulness.

When Hamurai was finally silent, the man said, "Well, good Baker, you were telling the truth. I have a proposal for you. I work for the pharaoh, Akan Aten. We need people who can read, like your son. If you are willing, I will take him into my house and train him. He will become my son and one day will be a powerful person in our country. Think it over. I will return in a week." The visitor then left.

That was a hard week for both Artines and his son. There was much crying and arguing. Hamurai did not want to leave his father, but Artines knew that the life of a baker was hard and this was a chance to be something new and different. In the end, Hamurai agreed to leave his father's house.

When the visitor came the next week, Hamurai was ready. He kissed his father for the last time, climbed up on the visitor's horse and rode away. Artines, broken-hearted but proud, returned to his oven and his bread, and would dream of his son every night, but from that day forward only ever met him in his dreams. And that is how a humble son of a baker eventually became the second most powerful man in the middle kingdom on the Nile.

【32】 Artines and his son work as bakers and bricklayers.
【33】 It was very easy to change jobs in their country.
【34】 Most people in the country could read and write.
【35】 The visitor was a rich man who worked for a king.
【36】 In the story, the man visited Artines four times.
【37】 The man gave Hamurai a funny story to read.
【38】 Hamurai read loudly and easily as soon as he got the thing to read.
【39】 The man offered to both train Hamurai and make him his son.
【40】 Artines never saw his son again in reality after the man took him.
【41】 This story takes place in Egypt.

6 次の文章を読み，後の問い【42】～【46】の答えとして最も適当なものを，それぞれ①～④から1つ選んで，マークしなさい。

Ladies and Gentlemen, please try and keep up. I know we are walking a bit quickly, but it is important that we keep going because there is another group right behind us.

Looking to your left, you will see the large machines that put on the doors and windshield of most of the cars that are made here. This is one of the last steps in the creation of a brand new Tucker Speedster. Though we do make other models here, this is by far our best seller. The plant has the capacity to produce a thousand cars a day, but it normally runs at about half of that limit. With the economic downturn, however, we now are running at thirty percent.

As we turn the corner, you will see the final area, where tires and headlights are put on. You will also notice that all of our cars that leave the plant are still silver in color. Painting is done at another location and our cars are shipped there each night for final detailing and drying. That process takes an additional day, so that we can move from start to finished product in exactly three-and-a-half days.

In the last year, we have also had to get a bit creative and have converted some of our plant into producing other things including mechanical toys, parts for video games, and even pots and pans. While this has helped our sales, it has also taken us a lot of time and resources to do so. Part of the plant has been offline for the last six months. Our general management is worried that when the economy picks back up, we will have a difficult time going back to producing cars. In fact, we may go permanently away from exclusively producing cars.

If you would like to see these new products being made, please stay with us for another fifteen minutes, but for the rest of you, I wanted to say goodbye and thank you for joining us today.

【42】 This is most probably a

① radio broadcast. ② talk on a stage.

③ meeting of businesspeople. ④ tour.

【43】 How many cars a day are being made right now ?

① 1,000 ② 500 ③ 300 ④ 100

【44】 How many hours does it take to make a complete car ?

① 1,000 ② 84 ③ 72.5 ④ 24

【45】 What is NOT made at this plant ?

① Video games. ② Pans. ③ Cars. ④ Toys.

【46】 What word is closest in meaning to the word converted in paragraph 4 ?

① changed ② moved ③ become ④ done

＜放送問題原稿＞

リスニングテストは Part 1 と Part 2 の２つの部分に分かれています。

Part 1 Part 1 は【１】～【４】までの４つの話を聞き，その内容について１つずつ質問が出されます。質問に対する答えとして最も適当なものを，それぞれ１つ選んで，マークしなさい。話と質問は２度読まれます。途中でメモを取ってもかまいません。

【１】

A : Hey Jon, did you manage to make the meeting yesterday ? I know you were running late.

B : No I didn't. I had a nap and overslept. I woke up at 4, and would only have had half an hour to get to the meeting.

A : What are you talking about ? Don't you remember the meeting was pushed back an hour ?

B : Oh my god ! I could have made it. What's wrong with me ?

A : Yeah, well, don't forget you have to pick up our kids from karate lessons tonight at 7:30.

B : I won't forget.

A : Hmmmmmm

Question 1 ―What time was Jon's meeting yesterday ?

【２】

A : Hello, Penny. What are you doing in the park ? Birdwatching ?

B : No, I'm actually doing a project for school. I'm collecting leaves.

A : How many have you collected ?

B : I've gotten about 20, but I still need to find one more. It's called a gingko. It looks like a hand fan.

A : Is this one ? It's long and has lots of cuts in it.

B : No, a gingko has only one cut in the middle of it.

Question 2 ―Which leaf are they looking for ?

【３】

A : Hi, my name is Biff. I'm new at this school and I want to join a sports club.

B : OK, what do you want to play ? How about football ? Here is a book of our sports clubs.

A： Maybe, I mean I like watching football. Oh . . . wait, that's soccer. I thought you meant American Football.

B： Oh, sorry. We don't have that, but we do have volleyball.

A： Actually, I think I won't play a ball sport this year. I'll join a different club.

Question 3 —Which club will the person join ?

【4】

My grandfather has gotten old and last year he decided to move into a small apartment in the city. His farm now has no one to take care of it and so my grandfather asked me to move there. I like the life in the countryside, but a farm is hard work. We grow rice and corn as well as raising animals. The animals are difficult to deal with, and though I like it, I have decided to get rid of some of them. I will keep the chickens because they give both meat and eggs. But I need to decide about the rest. The cows also give meat and milk and so do the goats. The pigs only give meat. I think I have decided to give up the two larger animals. Only meat is not worth it, and the biggest animal is just too expensive to keep.

Question 4 —Which animals will the man keep ?

Part 2　Part 2は【5】と【6】の２問です。長めの英文を１つ聞き，【5】と【6】の答えとして最も適当なものを，それぞれ①～④の中から１つ選んで，マークしなさい。英文と質問は２度読まれます。途中でメモを取ってもかまいません。

【5】【6】

Almost 500 years ago, the great mathematician and scientist Galileo Galilei pointed his telescope at the night sky and saw, for the first time, the moons around Jupiter. This was the first hard evidence that the Earth was NOT the centre of the universe. Though many people think that Galileo was the inventor of the telescope, this is not true. The telescope was invented many years earlier, but Galileo was the first person to point it at the night sky and see the truth of the universe. Actually, telescopes were originally used for war and later to see far away buildings and people. This has been the same for many of our greatest inventions. The rockets that we sent to space were originally war machines, and even cup noodles were made to feed soldiers. Much good can come from bad.

Question 5 —Who was the person who first made the telescope ?

Question 6 —What was the telescope originally used for ?

【数　学】（60分）〈満点：100点〉

（注意）(1) 分数の形で解答が求められているときは，それ以上約分できない分数で答えること。

(2) 定規・コンパス・分度器・計算機を使用してはいけない。

(3) 問題の図は正確なものではない。

1 次の【1】，【2】，……，【12】の一つ一つには，それぞれ０～９までの一つの数字が当てはまる。それらを【1】，【2】，……，【12】で示される解答欄に順次マークしなさい。

(1) $6\div\{(-0.75)^2+3\times(0.25)^2\}-\left(\frac{1}{4}\right)^3\times(-3)^4\div(1.125)^2=$【1】である。

(2) $x=\frac{8}{5}$，$y=\frac{4}{13}$ のとき，$\frac{2x+y}{3}-\frac{x-3y}{4}=$【2】である。

(3) 2次方程式 $(2x-1)(x-2)=x^2-3x+10$ を解くと，$x=-$【3】，【4】である。

(4) 2次方程式 $x^2+x-1=0$ の2つの解を a，b とするとき，$a+b-ab=$【5】である。

(5) 3直線 $y=5x-5$，$y=-x+3$，$y=ax+1$ が1点で交わるとき，定数 a の値は $\frac{【6】}{【7】}$ である。

(6) 右の表は，あるクラスで実施した小テストの得点をまとめた度数分布表である。

この表から得点の平均値は【8】点，中央値は【9】点，最頻値は【10】点である。

得点(点)	度数(人)
5	2
4	6
3	5
2	5
1	1
0	1
計	20

(7) $\frac{n^3}{189}$ と $\frac{n^4}{112}$ がともに正の整数となるような最小の自然数 n を求めると，

$n=$【11】【12】である。

2 次の【13】，【14】，……，【17】の一つ一つには，それぞれ０～９までの一つの数字が当てはまる。それらを【13】，【14】，……，【17】で示される解答欄に順次マークしなさい。

(1) 下の図で△ABCはAB＝ACの二等辺三角形であり，4点A，B，C，Dは点Oを中心とする円の周上の点である。

∠ABD＝15°であるとき，∠BAC＝【13】【14】°である。

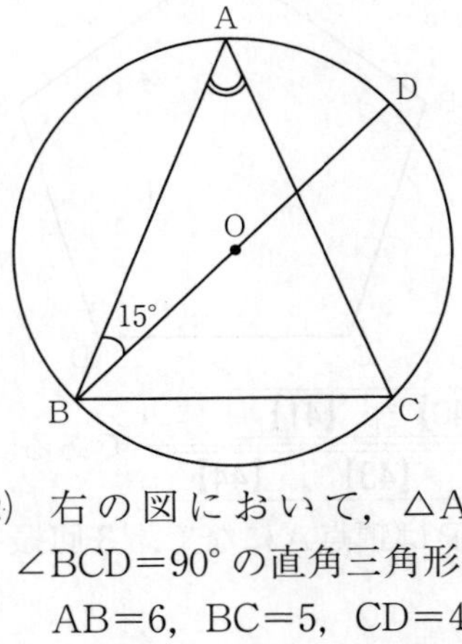

(2) 右の図において，△ABCは∠ABC＝90°の直角三角形，△BCDは∠BCD＝90°の直角三角形である。

AB＝6，BC＝5，CD＝4であるとき，次の各問いに答えなさい。

(i) AE：CEの比をもっとも簡単な整数比で表すと

AE：CE＝【15】：【16】である。

(ii) △EBCの面積を求めると，【17】である。

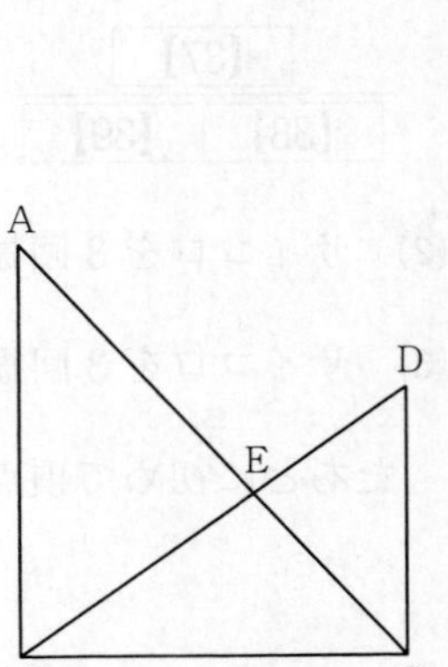

3　次の【18】，【19】，……，【28】の一つ一つには，それぞれ０～９までの一つの数字が当てはまる。それらを【18】，【19】，……，【28】で示される解答欄に順次マークしなさい。

ある学校の昨年の男子の生徒数は全体の生徒数の45％であった。今年は昨年に比べると，男子は10％，女子は15％それぞれ増え，全体の生徒数は451人になった。

(1)　昨年の男子の生徒数を x 人，女子の生徒数を y 人とすると，次のような連立方程式ができる。

$$\begin{cases} x=\text{【18】}.\text{【19】}\text{【20】}(x+y) \\ \text{【21】}.\text{【22】}x+\text{【23】}.\text{【24】}\text{【25】}y=451 \end{cases}$$

(2)　昨年の男子の生徒数は【26】【27】【28】人である。

4　次の【29】，【30】，……，【36】の一つ一つには，それぞれ０～９までの一つの数字が当てはまる。それらを【29】，【30】，……，【36】で示される解答欄に順次マークしなさい。

右の図のように，放物線 $y=x^2$ 上に x 座標が -3 となる点Aをとる。また，放物線上を動く点Pをとり，点Pの x 座標を $t(t>0)$ とする。線分APと y 軸との交点をQとするとき，次の各問いに答えなさい。

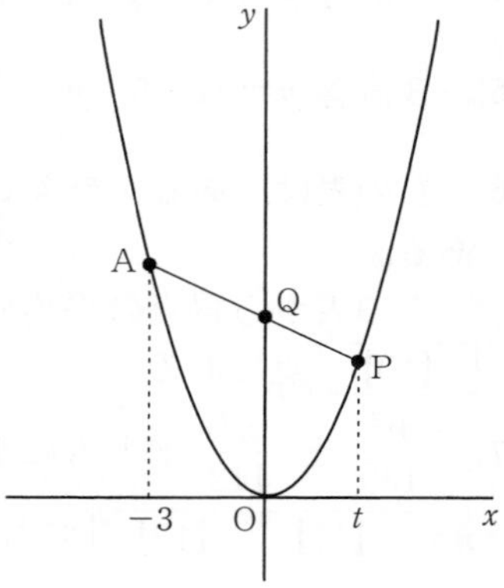

(1)　△AOQと△QOPの面積の比が△AOQ：△QOP＝2：1となるとき，点Pの座標は$\left(\dfrac{\text{【29】}}{\text{【30】}},\ \dfrac{\text{【31】}}{\text{【32】}}\right)$である。

(2)　△AOQの面積が９のとき，点Pの座標は(【33】，【34】)である。

(3)　(2)のとき，△AOQを y 軸のまわりに１回転させてできる立体の体積は【35】【36】π である。ただし，円周率は π とする。

5　次の【37】，【38】，……，【47】の一つ一つには，それぞれ０～９までの一つの数字が当てはまる。それらを【37】，【38】，……，【47】で示される解答欄に順次マークしなさい。

右の図のような五角形ABCDEがある。動点Pは初め頂点Aにある。次にサイコロを振って，出た目の数だけ，動点Pは，頂点をA→B→C→D→E→A→…の順で移動する。(たとえば，動点Pは１回目に２の目が出ると頂点Cに移動し，２回目に１の目が出ると頂点Dに移動する。)

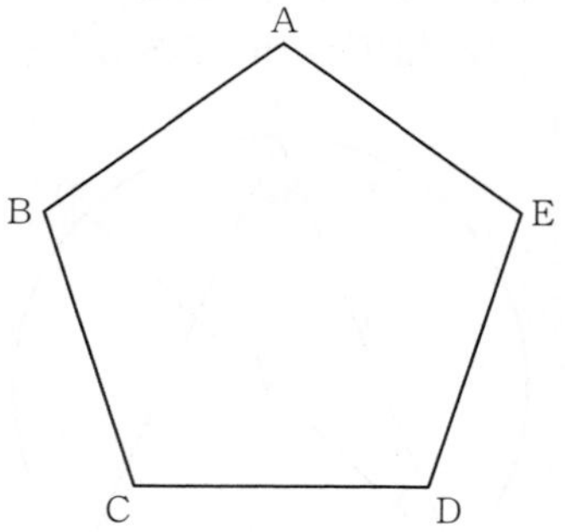

(1)　サイコロを２回振ったあと，動点Pが頂点Aにある確率は$\dfrac{\text{【37】}}{\text{【38】}\text{【39】}}$である。

(2)　サイコロを３回振ったあと，動点Pが頂点Aにある確率は$\dfrac{\text{【40】}\text{【41】}}{\text{【42】}\text{【43】}\text{【44】}}$である。

(3)　サイコロを３回振る。１回振ったあとも，２回振ったあとも，動点Pは頂点Aになく，３回振ったあとに初めて頂点Aにある確率は$\dfrac{\text{【45】}}{\text{【46】}\text{【47】}}$である。

6　次の【48】，【49】，【50】，【51】の一つ一つには，それぞれ０～９までの一つの数字が当てはまる。それらを【48】，【49】，【50】，【51】で示される解答欄に順次マークしなさい。

ある規則にしたがって，次のように整数を並べていく。

１，２，３，４，５，６，７，８，９，１，０，１，１，１，２，１，３，………

(1)　５，５，５と５が初めて３つ並ぶとき，この３つ並んだ５のうち一番初めの５は，最初から数えて【48】【49】【50】番目である。

(2)　最初から数えて222番目の数は【51】である。

解答番号は【47】

① なんとかして母親を在五中将に会わせたいと思い、三人の子どもたちは協力をして中将に頼み出た。

② 母の願いをかなえようとする子どもの頼みを快く引き受けて、男は自分の家に女を招き入れた。

③ 母親が三人の子どもたちに語った夢の内容に対して、三男だった子はよい夢であると解釈した。

④ 深い情愛を持った男に出会いたいと思い、女は実際の夢に出てきた男について子どもに語った。

問九 『伊勢物語』は平安時代に成立した歌物語です。この作品と同じ時代に成立したものを次の中から一つ選びなさい。解答番号は【48】

① 方丈記　② 蜻蛉日記

③ 太平記　④ 日本永代蔵

※つくも髪＝「つくも」という海藻に似ている所から、老女の白髪をいい、
ここでは老女を指す。
※うばら＝いばら。とげのある低木の総称。特に野いばらを指す。
※からたち＝とげのある、みかん科の低木。
※さむしろ＝わらなどで作った幅の狭い敷物。

問一　二重傍線部a～dの口語訳として、最も適当なものを後の中からそれぞれ選びなさい。

a「いらへて」解答番号は【37】
①　返答して　②　我慢して
③　驚きあきれて　④　つらくて

b「こと人」解答番号は【38】
①　身分の高い人　②　評判の人
③　ものを言う人　④　ほかの人

c「あはれがりて」解答番号は【39】
①　不思議に思って　②　同情して
③　恐れ多くて　④　うとましく思って

d「けしき」解答番号は【40】
①　様子　②　機会　③　景観　④　準備

問二　傍線部Ⅰ「いかで」・Ⅱ「なり」・Ⅲ「よき」・Ⅳ「にて」の品詞の組み合わせとして、最も適当なものを次の中から選びなさい。解答番号は【41】
①　Ⅰ―副詞　Ⅱ―動詞　Ⅲ―形容詞　Ⅳ―助動詞
②　Ⅰ―副詞　Ⅱ―助動詞　Ⅲ―形容詞　Ⅳ―助詞
③　Ⅰ―助詞　Ⅱ―動詞　Ⅲ―動詞　Ⅳ―助動詞
④　Ⅰ―助詞　Ⅱ―助動詞　Ⅲ―動詞　Ⅳ―助詞

問三　傍線部イ「狩し歩きける」・ロ「かうかうなむ思ふ」・ハ「家にきてうちふせり」の主語の組み合わせとして、最も適当なものを次の中から選びなさい。解答番号は【42】
①　イ―男　ロ―女　ハ―女
②　イ―男　ロ―三郎なりける子　ハ―男
③　イ―三郎なりける子　ロ―女　ハ―男
④　イ―三郎なりける子　ロ―三郎なりける子　ハ―女

問四　傍線部①「む」の活用形として、最も適当なものを次の中から選びなさい。解答番号は【43】
①　未然形　②　連用形　③　終止形
④　連体形　⑤　已然形　⑥　命令形

問五　傍線部②「かいまみ」の語句の意味を表す本文中の言葉として、最も適当なものを次の中から選びなさい。解答番号は【44】
①　ほのかに見　②　おもかげに見ゆ
③　いで立つけしきを見　④　忍びて立てりて見れ

問六　波線部「さむしろに…」の和歌の解釈として、最も適当なものを次の中から選びなさい。解答番号は【45】
①　「衣かたしき」とは、自分の衣の片袖を敷く男を表している。
②　「今宵も」とは、独り寝する日々が長く続いた男を表している。
③　「恋しき人」とは、過去に一度だけ共寝をした女を表している。
④　「あはで」とは、恋しい人に逢わないでいる女を表している。

問七　傍線部③「この人は思ふをも、思はぬをも、けぢめ見せぬ心なむありける」の説明として、最も適当なものを次の中から選びなさい。解答番号は【46】
①　女は、いとしく思った相手に対して、会えない寂しさを悟られないように心がけているということ。
②　女は、恋愛の情を熟知しており、異性には思いやりを持って接する態度を心がけているということ。
③　在五中将は、いとしく思う人も、いとしく思わない人も差別せずに扱う心を持っているということ。
④　在五中将は、好きな人を特別に愛し、好きではない人のことは愛さない心を持っているということ。

問八　本文の内容として、最も適当なものを次の中から選びなさい。

① 初めに受け取った時には空みたいな水色を見せ、気持ちが沈んだ時には子供をたくさん産んで驚かせ、今は宇宙を見せてくれたように、箱はサトの望みを何でも叶えてくれるということ。

② 果てて行ってしまったハムスターも、やがては切断されてしまう水色の箱も、虚しく消えてしまう訳ではなく、世界のどこかにはいつまでも残っているということ。

③ この世に存在するすべてのものは箱の内側と同じような真っ暗で何も無いところから生まれてきて、そして消えていく運命を背負っているということ。

④ 箱のようにサトを取り囲む存在によって、一人で暮らすことの寂しさも、ハムスターの命を犠牲にしてしまうことの不条理も、あらゆる悲しみが和らぐということ。

問九 この文章の表現に関する説明として、最も適当なものを次の中から選びなさい。解答番号は【36】

① 発電所でハムスターが車を回して発電をしているという表現は、視覚的にコミカルなイメージを読み手に与え、生き物を酷使する残虐性を和らげる効果がある。

② 役所から届いた箱は初めサトの寝室の隣の部屋に置かれていたが、箱の子供を産んだ後は寝室へと移っており、サトの箱に対する心理的な距離に付随して近くなるように描かれている。

③ 箱の表面に見られる反応は語りかけるサトの語調に対応して激しくなり、また産まれる箱の子の色は直前に語りかけた時のサトの喜怒哀楽に対応して変化している。

④ 本文中の「 」はすべて聞き手も無く発せられたサトの発言であり、これらは一人で暮らす彼女の孤独さにスポットライトを当てるように強調する効果がある。

四

次の文章は、思いやりのある男となんとかして一緒になりたいと思いながらも、それを言い出す機会に恵まれない色好みの女が、三人の子どもに夢語りをする場面から始まる。以下の文章を読んで、後の問いに答えなさい。

むかし、※世心《よごころ》つける女、Ⅰいかで心なさけあらむ男にあひ得てしがなと思へど、いひいでむもたよりなさに、まことならぬ夢がたりをす。子三人《みたり》を呼びて語りけり。ふたりの子は、なさけなく ａいらへてやみぬ。三郎《さぶらう》Ⅱなりける子なむ、「Ⅲよき御男ぞいで来①む」と※あはするに、この女、けしきいとよし。ｂこと人はいとなさけなし。いかでこの※在《ざい》五中将《ごちゆうじやう》にあはせてしがなと思ふ心あり。イ狩《かり》し歩《あり》きけるにいきあひて、道Ⅳにて※馬の口をとりて、「ロかうかうなむ思ふ」といひければ、ｃあはれがりて、来て寝にけり。さてのち、男見えざりければ、女、男の家にいきて②かいまみけるを、男ほのかに見て、

※百年《ももとせ》に一年《ひととせ》たらぬ※つくも髪《がみ》われを恋ふらしおもかげに見ゆ

とて、いで立つｄけしきを見て、※うばら、※からたちにかかりて、ハ家にきてうちふせり。男、かの女のせしやうに、忍びて立てりて見れば、女嘆きて寝《ぬ》とて、

※さむしろに衣かたしき今宵《こよひ》もや恋しき人にあはでのみ寝む

とよみけるを、男、あはれと思ひて、その夜は寝にけり。世の中の例として、思ふをば思ひ、思はぬをば思はぬものを、③この人は思ふをも、思はぬをも、けぢめ見せぬ心なむありける。

※世心＝異性を恋う心。
※あはするに＝夢解きをしたところ。夢の内容によって吉凶を判断すること。
※在五中将＝本文中の「男」を指す。平安時代の歌人・在原業平の通称で、風流な貴公子を想起させる。
※馬の口をとりて＝馬の手綱を引いて。
※百年に一年たらぬ＝九十九歳の老齢。

回し続けるハムスターの姿が重なり、いつかは自分も同じように息を引き取るのではないかと恐れているから。

④ 疲れてしまったハムスターは、果ててしまう前にひまわりの種と励ましの言葉を与えればまた元気になるのに、十分に自分の仕事を全うできなかったことを悔いているから。

問四 傍線部②「サトはどうも悪い予感がしていた」とありますが、この記述はサトのどのような様子を表現しているのですか。最も適当なものを次の中から選びなさい。解答番号は【31】

① 早くして両親を亡くし一人で暮らしているサトにとって、家庭内に自らの子を産むという箱を受け入れる心理的な余裕がなく、他者との共存を過度に恐れている様子。

② 役所からの言いつけにより箱を育てているうちに、次第に役所に対する反感が強まり、自分の日常生活そのものが立ち行かなくなってしまうのではないかと心配する様子。

③ 箱が箱を産むという超自然の怪を受け入れることができないので、箱を育てていく自信が無く、ハムスターと同様に箱を死なせてしまうのではないか、と危惧する様子。

④ 義務として箱を育てているうちに、箱に愛着が湧いてしまい、箱との離別を迎える際には別れがつらくなってしまうのではないか、と恐れる様子。

問五 傍線部③「サトはわざと距離を置くような、ぶっきらぼうな言い方で独りごちた」とありますが、それはなぜですか。最も適当なものを次の中から選びなさい。解答番号は【32】

① ハム発の上司のヨネさんとは箱の色が違い、明るい色だったことに不信感を抱いたから。

② 受け取った箱に対して特別な感情を抱きつつあったが、その気持ちを押し殺したかったから。

③ 箱はいずれ子を産んだら役所に回収されるが、サトは養殖することにのみ興味があったから。

④ 個々の箱の間の差異を見出すことは、箱を増産するという社会的急務にとって関係が無いから。

問六 傍線部④「励ましよりもいたわりが多くなっていった」とありますが、それはなぜですか。最も適当なものを次の中から選びなさい。解答番号は【33】

① 思っていた以上に箱が子を産み続けたので、自分が励ましたことによって、無理にたくさん産ませてしまったのではないかと心配したから。

② 水色の箱はすでに多くの箱を産んでおり、これ以上新たに箱を産むとサトの育て方が役所に怪しまれ、自分の身が危うくなるのではないかと思ったから。

③ 養殖ガイドラインよりも多くの箱を水色の箱は産み出したが、これ以上箱が増えると、サトの育て方が世に広まってしまうのではないかと恐れたから。

④ すでに水色の箱によって産み出された箱によって、サトの家の中は箱の子だらけになってしまっており、これ以上産まれると物理的に生活できなくなってしまうから。

問七 傍線部⑤「サトは何も言えなくなり」とありますが、それはなぜですか。最も適当なものを次の中から選びなさい。解答番号は【34】

① 箱がこれまでに無い強い反応を示したことによって箱が持つ底知れない生命力に驚かされたから。

② どうすることもできない自分の不満を箱に話したことで、心理的なプレッシャーを与えたことに気付いたから。

③ 過去に前例がないほど多くの子供を産んだ箱に対して、愚痴をもらしてばかりの自分が卑小に思われたから。

④ たとえ労《ねぎら》う言葉であっても、話しかけると箱がまた新しい箱を産んでしまうことに気付いたから。

問八 傍線部⑥「あらゆるものは箱の内側にあったのだ」とありますが、これはどういうことですか。最も適当なものを次の中から選びなさい。解答番号は【35】

みても箱には触れなかった。広大な闇空間にサトはぽつんと一人浮かんでいるのだ。

だが、c目をこらすうち、かすかに明滅するものがそこかしこに溢れていることをサトは理解した。何もないところだからこそ、それらが産まれようとしていることも。箱の子なのか、星の子なのか、その明滅の正体を判別することはサトにはできなかった。でも、それでいいという気もした。サトは、自分の体さえ消えてしまい、産まれようとするものを見つめる空間そのものになっていることをゆっくりと理解し始めていた。

⑥あらゆるものは箱の内側にあったのだ。そう実感したのがサトの意識の最後だった。

川原に放置されたままの水色の箱は、市民の通報により、その日のうちに箱係によって回収された。切断の際、箱の中から水が一滴したたり落ちたが、気付いた者は誰もいなかった。遠い遠い宇宙に銀河が一つ産まれたことも、誰一人知らなかった。

問一　二重傍線部a〜cの本文における意味として最も適当なものを後の中からそれぞれ選びなさい。

a　「骨が折れる」　解答番号は【26】

①　避けられない　②　傷を負いかねない
③　困難を伴う　④　儲けが大きい

b　「気もそぞろ」　解答番号は【27】

①　気持ちがすっきりする
②　思い通りにならない
③　やる気が無くなる
④　落ち着かない

c　「目をこらす」　解答番号は【28】

①　まばたきをする　②　めまいがしてくる
③　注意深く見る　④　眠気を覚ます

問二　冒頭から◆までの部分について説明したものとして、最も適当なものを次の中から選びなさい。解答番号は【29】

①　箱が不足することによって道をまともに歩くこともできなくなってしまうという重大な社会問題を最初に描くが、その後に人にモノを贈るときのわくわく感という身近な問題に焦点を当てることによって、箱が不足するという問題は実際には大した問題ではないことを暗に示している。

②　箱が不足することによる社会の混乱や箱が箱を産むという非現実的な物語を、国会で討議したり大学教授が解決策を検討したりといった読み手の日常にも共通する社会生活をところどころ描くことによって、受け入れやすくさせている。

③　「箱とは何か」という定義における問題で国会が紛糾している間に箱不足がますます深刻になっていく様子と、明確な定義が無いまま箱不足を解決するための大学の教授による現実的な方法が遂行される様子を対照的に描くことで、政治に対する学問の優位性を読者に投げかけている。

④　箱が不足することによって社会の至る所で支障が出て、国会でも真剣に解決策について議論がなされるものの、有効な手段がなかなか出てこないことを描くことによって、現実世界と同じように作品中の世界も高度に文明化されてはいるが、危機に対しては弱いということを強調している。

問三　傍線部①「その度に胸が痛んだ」とありますが、それはなぜですか。最も適当なものを次の中から選びなさい。解答番号は【30】

①　ハムスターは発電所で死ぬまで車を回し続けるしかなく、自分も励ますことによってハムスターを過剰に働かせていることに自責の念を感じているから。

②　ハムスターは命を犠牲にして必死に働いて発電をしているが、それによって生み出される電気は取るに足らず、あまりに犠牲が大きすぎると考えているから。

③　早くに両親を亡くし一人で暮らしている自分と、一匹で車を

箱からは何の返答もなかったが、夜に光を当ててやると、水色の側面や蓋に一瞬波のようなものが走ることがあった。そんな時、箱はかすかに揺れる。そして翌朝決まって少し大きくなっていた。世話を始めて二月で、箱は倍の大きさになった。もう一月たつとさらに大きくなった。一辺が六十センチほどの水色の箱である。

「うそっ！　産んでる！」

蓋を開けたサトが箱を抱きかかえて叫んだのはそれからすぐのことだった。手のひらに乗るぐらいの小さいのが三つ、赤と黄色と緑の箱が水色の箱の中に誕生していた。これらの箱の子も役所に回収されるが、養殖した当の家庭であればうんと安く買い取ることができるらしい。サトは「可愛い」を連発し、どれを買い取ろうかと b気もそぞろになった。

水色の箱はゆっくりと大きくなりながら、その後も箱の子を産み続けた。部屋の中は箱の子だらけになった。役所が示した養殖ガイドラインよりずいぶんと多い。優秀な箱だった。それだけに箱にかけるサトの声は、④励ましよりもいたわりが多くなっていった。

「もう、頑張らなくていいよ」

蓋や側面を撫でながらそうささやく。「君は充分に産んだんだから」と。

箱はサトの寝室へと運ばれ、サト自身の愚痴も聞かされるようになった。どうして世界は自分を一人にしてしまったのか。発電のために生涯車を回し続けなければいけないハムスターはあまりに可哀想ではないか。それを毎日見なければいけない仕事が辛い、と。

箱は黙って愚痴を聞いてくれた。するとサトは、体から毒気が抜けたようで、穏やかな気分になれるのだった。

箱ががたがた揺れ出したのを見たのも、ひとしきりサトが愚痴をもらした後だった。箱の側面や蓋に光が走り、波のような模様に包まれた。蓋を貫いて光の柱が立ち、パンッと音を発して中で何かが弾けた。サトは箱の蓋をそっと取ってみた。色とりどりの箱の子が七つも産まれていた。⑤サトは何も言えなくなり、箱の表面に頰を寄せた。胸の中で、ご苦労様と声をかけて。

実は、何日も前に役所からの通知を受け取っていた。「第一期分の箱を、箱の子とともに回収します」と書かれていた。サトは翌日、磁石引きもハム発の仕事も休んだ。一辺が一メートル近くにもなった水色の箱を抱え、川原に出かけた。

別れは近付いていた。それを受け入れなければいけないと覚悟した時、サトは一度だけ箱とピクニックをしようと思った。本当の空の水色を箱に見せてあげたくなったのだ。

だが、楽しい気分にはなれなかった。それどころかだんだん泣きたくなってきた。その寂しさが、箱との別離だけからやってくるのか、サトにはよくわからなかった。相手は箱なのである。名前も付けていない。でも、この水色に言葉を聞いてもらうだけで自分はどれだけ救われたことか。それなのに箱は切断されてしまう。この世から消えてしまう。

「なんとか言ってよ」

箱に向かってそうつぶやいた時、サトは本当に泣きそうになった。川原を散歩する人たちがサトと箱を見ている。それに気付いたサトは立ち上がり、箱の蓋をはずした。そして両手で箱を逆さに持ち上げた。

川原の光景が、この世の風と空が、何だか一瞬遠ざかったように思えた。でも、人知れず思い切り泣きたい気分だったから、サトは箱をかぶってしゃがみこんだ。

箱の内側の水色が消え、あたりは真っ暗になった。漆黒の闇だった。サトはそこでようやく涙をこぼした。ずっと一人だったことや、両親が生きていた頃のことを思い出して泣いた。人間のために次々と果てていくハムスターや、切断されるこの箱の運命を思って泣いた。

どれだけの時間がたったことだろう。泣き疲れたサトは不思議なことに、銀河や星々を遥か彼方に見ていた。それらはサトからぐんぐん遠ざかっていくのだ。周りには何もなかった。手足を伸ばして物はむきだしだ。人々の誕生日からわくわく感まで失せてしまった。

これはまずい。箱を増やそうと誰もが考えた。国会では連日、箱の増産計画について話し合われた。その結果、与野党は一つの基本的な問題で言い争った。箱を増やす法律を作るにあたり、そもそも箱とは何か、という定義の設定が必要になったのである。

四方の側面と底、そして蓋があればそれは箱ではないか。当たり前にそう言う者もいたが、しかしばらばらにしてしまえばそれらはただの紙や板でしかない。本来はその素材によって区切られ、そこにあると仮定される空間を指し示すのではないか。こんな理屈っぽいことを言う者もいた。

国会が紛糾している間に、箱不足はますます深刻になっていった。結局、始まりに明確な一行がないまま、増産計画は実行に移されることになった。大学のえらい教授が、箱の養殖という画期的な発明をしたのだ。

どの家庭でも義務として箱を育てなければならない。これが増産計画の骨子である。役所から届く小さな箱に一日一回言葉をかけてやる。夜も二時間は灯りの下に置いてやる。これだけで箱は大きくなっていき、あるサイズを越えると箱の子供たちを産むのだ。◆

さて、ここから先は養殖用の箱を受け取った一人暮らしの女の話である。彼女は両親を早くに亡くし、一人きりで生きてきた。名前をサトという。頑張りやであった。午前中は砂鉄組合の磁石引きとして川原を歩き、午後はハムスター発電、略してハム発の建屋で、何万匹というハムスターを世話している。これはａ骨が折れる仕事だった。多重構造になったハム発のフロアーは、発電機となるハムスターの回し車よりも少し余裕がある程度にしか作られていない。人間は寝そべりながら入っていく。匍匐前進《ほふくぜんしん》である。その状態で、疲れたハムスターにはひまわりの種と励ましの言葉を与え、果ててしまったハムスターを見つければ新しいハムスターと入れ替える。サトは毎日何十匹ものハムスターの亡骸《なきがら》を引きずり出した。①その度に胸が痛んだ。情が濃いのだ。そんなふうだから、箱を育てなければいけないことに関し、サトはあまり乗り気になれなかった。ペットができたようだと喜ぶ人もいたらしいが、箱が箱を産むのだから、これは何らかの命の形態に違いない。それなのに、箱の子を産んだ箱はある大きさを越えると役所によって回収され、切断されてしまう。それを材料にしてまた新たな箱を作るのだと係から説明は受けたが、②サトはどうも悪い予感がしていた。出会いの果てにくるものを考えると、すでにつらい気分になってしまう。

箱係が置いていった箱は、一辺が二十センチほどの水色のものだった。蓋を開けると中も水色で、外側よりもっと鮮やかだった。

「空みたいな色」

サトが思わずそうつぶやくほど、その水色は澄んでいた。日に何度も蓋を開けて、サトはうっとりした。隣近所の家々はこんなに見栄えのいい箱をもらっていないらしい。うちなんて灰色の箱だよ、とハム発の上司のヨネさんは言っていた。

「箱なんてどれもいっしょじゃない。比べちゃだめよ」

親ばかにも似た感情が心に芽生えたことを知り、③サトはわざと距離を置くような、ぶっきらぼうな言い方で独りごちた。

「あなたはいくつかの箱の子を産んだら、役所に回収されるんでしょ。だったら、あまり仲良くはしないね。ごめんね」

だが、実のところ、サトは箱の水色に相当惹かれていた。じっと見ているだけで空を眺めているような気分になる。箱の内側には雲さえ浮かびそうだ。灰色の箱を押し付けられなくて本当に良かったと思う。

箱はサトの寝室の隣の部屋に置かれた。役所からの言いつけ通り、サトは毎日箱に声をかけてやった。仲良くしないはずが、言葉はどんどん熱を帯びていった。「いい箱だね。とってもステキよ」「きっと大きくなったら、他の箱から嫉妬されるぐらい美しくなるわ」「こんなにきれいな箱なんだもの。何をしまいましょう」「安心して子供を産んでいいのよ。私がついているから」と、こんな具合だ。

④ 死の恐怖を乗り越える態度

問七　傍線部⑤「都会人が逃げるとき彼等が前進しないとも限らない」とありますが、それはなぜですか。最も適当なものを次の中から選びなさい。解答番号は【21】

① 都会人は田舎人よりも楽天的であるが、田舎人の方が戦争においてはより勇猛果敢であると考えられるから。

② 都会人よりも楽天的でない田舎人が戦場にでる際には、すでに死の覚悟を持って臨んでいるかもしれないから。

③ 都会人に比べて田舎人はより戦争の不安を強く感じるものなので、都会人よりも先に逃げるだろうと考えるから。

④ 都会人が危機から逃げようとするときであっても、楽天的な田舎人は危機に気づかず逃げ出さないから。

問八　傍線部⑥「マジノラインが崩れるときに始めて戦争を見たのだ」とありますが、それはどのようなことですか。最も適当なものを次の中から選びなさい。解答番号は【22】

① マジノラインを越えてドイツ軍が侵攻してきたことで、緊張する両国の間で戦争が始まったということ。

② マジノラインの向こう側で戦争が行われていたため、フランスの兵士は戦争を見たことがなかったということ。

③ 防衛線であったマジノラインが崩れた時に、フランスの兵士は自らの死の可能性をようやく実感したということ。

④ フランスの兵士たちはマジノラインの崩壊により、初めて戦争の恐怖を味わい、撤退を決めたのだということ。

問九　傍線部⑦「近頃になって俄に講談や浪花節で頻りにとりあげられる」とありますが、どういった意図でこの演目が取り上げられているのだと筆者は述べているのですか。最も適当なものを次の中から選びなさい。解答番号は【23】

① 国力の差も顧みずに戦争に突き進んでいく日本への一応の非難として取り上げている。

② 訓練ばかりで兵士に遊びを与えないことに対する政府への批判として取り上げている。

③ 秀吉のように知恵を巡らせて日本も勝利をつかもうという主張として取り上げている。

④ 戦争に向けて日常生活に制限をかける社会情勢への皮肉や要求として取り上げている。

問十　本文の内容の説明として最も適当なものを次の中から選びなさい。解答番号は【24】

① 戦争は悲惨なものであると実感していたヒットラーは、その恐怖を味方に感じさせないようにすることで戦争に勝利することができたと述べている。

② 人間は自らの死を明確に実感した時に真の死の恐怖を感じるものであり、その実感を伴わないまま死を語ることは安易な考えであると述べている。

③ フランスの兵士たちは戦争が死につながるものであると実感していたが、死への恐怖を否定することによって自分たちを鼓舞してきたと述べている。

④ 死の恐怖も行軍のつらさも戦争に実際に参加した兵士達のものであるが、戦争に行ったことがない人も思考の上では死の恐怖は理解しうると述べている。

問十一　この作品は坂口安吾『死と鼻唄』です。坂口安吾の代表作として適当なものを次の中から選びなさい。解答番号は【25】

① 武蔵野　② 破戒　③ 友情　④ 白痴

三

次の文章を読んで、後の問いに答えなさい。

箱が不足しだしたのは、もうずいぶんと前からだ。配給の箱を待っているだけでは、どの家庭も困ることになった。おもちゃや服をしまう箱がないので、部屋が片付かない。ゴミ箱も姿を消したので、道路はひどい有り様だ。きたないものを踏まないように歩こうとして、みんな学校や会社に遅刻するようになった。中でも一番困ったのは、誰かに何かをプレゼントする時だった。箱がなければ、贈り

c　自フ　解答番号は【13】

① 単身でフ任する　② 経費をフ担する

③ 犬の毛がフ着する　④ 世間に流フする

d　通ゾク　解答番号は【14】

① 継ゾクして行動する

② 地域の習ゾクを調べる

③ 部活動に所ゾクする

④ 親ゾクを頼る

問二　波線部A・Bの本文における意味として最も適当なものを後の中からそれぞれ選びなさい。

A　題目　解答番号は【15】

① 目標や理想となる考え

② 書物や作品などの標題

③ 事件が起こる発端や原因

④ 討議の問題として取り上げる事柄

B　気焔をあげ(る)　解答番号は【16】

① 威勢のいいことを言う

② 嘘の情報で炎上する

③ 酔っぱらって前後不覚になる

④ 根拠のない噂話をする

問三　傍線部①「こんなこと」とありますが、それはどのようなことですか。最も適当なものを次の中から選びなさい。解答番号は【17】

① 戦争を鼻歌まじりで考えるパリジャンよりもヤンキーの方が強いだろうということ。

② 戦争における一般の国民の、個人的な最大の関心事は「死」であるということ。

③ 戦争をパリジャンやヤンキーは気楽なものと考えるため、強いだろうということ。

④ 戦争の目的や意味よりも、国民それぞれの個人の関心の方が重要であるということ。

問四　傍線部②「僕はこの実感を尊いと思う」とありますが、それはなぜですか。最も適当なものを次の中から選びなさい。解答番号は【18】

① 戦争で一番つらいのは行軍であったという感想は、その人が実際に戦地に赴いた体験から生じたものであるから。

② 戦争で敵の発砲を受けるよりも行軍がつらかったという言葉は、実際の恐怖を押し込めて語られた言葉であるから。

③ 行軍がつらかったという実感は、様々な職業や立場の多くの人から語られた感想であり、真実味のある言葉だから。

④ 行軍のつらさを語る言葉は嘘偽りのない言葉で語られており、正直な実感を述べた人々は尊敬に値すると考えるから。

問五　傍線部③「『これが戦争だ』と言うことはできない」とありますが、それはなぜですか。最も適当なものを次の中から選びなさい。解答番号は【19】

① 兵士たちは戦争で一番つらいのは行軍であると言うが、実際は複雑で様々な思いがあり戦争を語ることができないだけだから。

② 兵士たちは戦地に赴いて行軍に加わっていたが、砲弾を浴びることも身近に戦死を体験することもなかったから。

③ 兵士たちは交戦よりも行軍のつらさを語ったが、それは戦争で死ぬこともなく生きて帰ってきた者たちの話であったから。

④ 兵士たちは戦場で多少死の不安を感じていたのだとしても、自分が実際に死ぬことになるとは思ってはいないから。

問六　傍線部④「別の態度」とありますが、それはどのような態度ですか。最も適当なものを次の中から選びなさい。解答番号は【20】

① 鼻唄交じりで強がる態度

② 死に怯え、怖れる態度

③ 死から目をそらす態度

し得たにすぎなかった。

近頃、※講談や※浪花節《なにわぶし》で「長短槍《やり》試合」というのを、よく、やる。

豊臣秀吉がまだ信長の幕下にいた頃の話で、槍は長短いずれが有利かという信長の問に、秀吉は短を主張した。そこで、長を主張する者と、百名ずつの足軽を借りうけて、長短の槍試合をすることになったが、長を主張した者の方では連日足軽共に槍の猛訓練を施すにも拘らず、秀吉の方は連日足軽を御馳走《ごちそう》ぜめにし、散々酒浸りにさせるばかりで、一向に槍術を教えない。が、試合の時がきて、秀吉勢は鼻唄まじりの景気にまかせて、一気に勝ちを占めた、という話なのである。

今迄は余り口演されなかったこの話が、⑦近頃になって俄《にわか》に講談や浪花節で頻《しき》りにとりあげられるというのは、多分時局に対する一応の批判が、この話に含まれているのを、演者が意識してのことであろう。それも、兵士達にふだん遊びを与える方が強い兵士を育てるという内容通りの意味よりも、我々の日常生活に酒が飲めなくなったり、遊びが制限せられたりして窮屈になったことに対して、自分の立場から割りだした都合の良い皮肉であり注文のような気がするのである。

ふだん飲んだくれていたってイザとなりゃ命をすててみせると考えたり、ふだんジメジメしていちゃ、いざ鎌倉という時に元気がでるものか、という考えは、我々が日常尤《もっと》も口にしやすい所である。僕など酒飲みの悪癖で、特に安易にこのような軽率なB気焔《きえん》をあげがちなのである。

けれども、この考えは、現に我々が死に就《つい》て考えはしていても、決して「死に直面して」いはしないことによって、そもそもの根柢《こんてい》に決定的な欺瞞《ぎまん》がある。多分死にはしないだろうという意識の上に思考している我々が、その思考の中で、死の恐怖を否定し得ても、それは実際のものではない。

講談、浪花節はとにかくとして、このようなテーマも、各人の厳格なモラルとして取扱わねば意味をなさぬ文学の領域に於ては、単に軽率な思考とだけでは済むことではなく、罪悪である。世道人心に流す害悪という意味よりも、文学の絶対の面に於て、余りにも悲惨な「通dゾク」であるという意味に於て。

戦争に、死に、鼻唄はない。ドイツが強い一因は、それをはっきり意識して戦争しているからであろう。味方の兵士も死を怖れていること、それをはっきり意識している。敵に「死の絶望」を思わせること、この心理的欠点をつくこと、それが重大有効な武器であることを、ドイツは知っている。前大戦敗軍の負傷兵伍長ヒットラーは戦争の恐怖をはっきり知っているのであろう。鼻唄まじりで人が死ねると思うのは間違いである。

※マジノライン＝フランスがドイツとの国境を中心に構築していた対ドイツ要塞線。当時のフランス陸軍大臣アンドレ・マジノの建議により1927年から1936年の間に建設されたが、1940年にドイツ軍に突破された。

※講談＝話芸の一種。釈台（小卓）を張扇《はりおうぎ》で叩きつつ、物語類を語り聞かせる寄席《よせ》芸。

※浪花節＝三味線の伴奏で独演する語り物。

問一 二重傍線部a～dと同一の漢字を使うものはどれですか。適当なものを後の中からそれぞれ選びなさい。

a 意ギ　解答番号は【11】

① 彼の意見に異ギを唱える
② 大きな地球ギを買う
③ 大学教授の講ギを聞く
④ 模ギ試験を受ける

b カク信　解答番号は【12】

① 的カクなアドバイスを受ける
② 高校生としての自カクを持つ
③ 組織の中カクとなる
④ 政治の改カクを行う

ろう。然《しか》し、ヤンキーは、戦争もラグビーもてんで見境がない。奴等はことお祭騒ぎでありさえすれば、戦争であれ自動車競走であれ、チウインガムを噛みながら簡単に命を弄《もてあそ》ぶ。だから、ヤンキーは一そう戦争に強いであろう、と。

然し、この考えは、※マジノラインのあっけない崩壊と共に消えてしまった。戦争――いや、命をすてるということが、一度戦争ともなればそれが無限に行われる平凡な事実であるにも拘《かかわ》らず、決して鼻唄のうちに済んでしまうほど単純無邪気なものではないことが泌々《しみじみ》分らせられたのだ。

戦争から帰った人の話によると、戦地で一番つらいのは行軍だということである。へとへとに疲れてしまう。突然敵が現れて発砲してくると、こっちも倒れて応戦するが、五分間でも行軍の労苦を休めるために、ホッとする。敵があっけなく退却すると、やれやれ又行軍かとウンザリするという話である。

この感想は数人の職業も教養も違った人から同じことをきかされた。その人達の偽らぬ実感であったに相違ない。

②僕はこの実感を尊いと思う。その人達は、人の為しうる最大の犠牲を払って、この実感を得たのであった。けれども③「これが戦争だ」と言うことはできない。その人達が命を棄《す》てた曠野《こうや》に於《おい》て摑《つか》んだ実感であるにしても、それによって「これが戦争だ」と断言するには、人の心は又余りに複雑でもある筈《はず》だ。

つまり、我々は戦争と言えば「死」を思う。「死」を怖れる。ところが、戦地へ行ってみると、案外気楽である。行軍に疲れたあげくには弾雨の下に休息を感じた。そういう事実から割りだして「なんだい、戦争だの、死だなんて、こんなものか」と鼻唄なみに考えては早計であろうと言うのである。

弾雨の下に休息を感じている兵士達に、果して「死」があったか？　事実として、二三の戦死があったとしても、兵士達の心が死をみつめていたか？　この疑問を忘れてはならない。

すくなくとも、兵士達が弾雨の下に休息を感じているとすれば、彼等はそのとき「自分はここで死ぬかも知れない」という不安が多少はあっても、それよりも一そう強く「多分自分は死なないだろう」と考えていたに相違ないのだ。偶然弾に当っても、その瞬間まで彼等の心は死に直面し、死を視凝《みつ》めてはいないのだ。

このようなゆとりがあるとき、兵士は鼻唄と共に進みうる。「必ず死ぬ」ときまったときに、果して誰が鼻唄と共に前進しうるか。そのとき、進みうる人は超人だ。常人は「必ず死ぬ」となれば怯える。従而《したがって》戦争を「死の絶望」に関してのみ見る限り、決死隊をのぞいては、進む兵士は必ずしも戦争を、死を、見ているとは限らない。

ヤンキーが戦争をスポーツなみに考えて、女の子の拍手に送られ、鼻唄と共に出征しても、それと戦場の強さとは自《おのずか》ら問題が別である。彼等の鼻唄は「多分死にはしないだろう」という意識下のｂカク信から生れ、「必ず死ぬ」ときまったときには、自ら④別の態度を要求される。

都会人に比較して田舎人は楽天的でないのが普通であるが、戦争の場合でも、田舎人はより多く自分の死ぬ率を予想し、不安をはぐらかすゆとりがないに相違ない。それゆえ、彼等は出征に当って、都会人よりも多くの覚悟を必要とし、又、その心は沈み、鼻唄のゆとりがないかも知れないが、戦場で、本当の死に直面して、⑤都会人が逃げるとき彼等が前進しないとも限らない。

フランスの兵士達は、⑥マジノラインが崩れるときに始めて戦争を見たのだ。それは彼等の鼻唄の中では想像もなし得なかった暗黒な姿の戦争だった。

「必ず死ぬ」ときまった時に進みうる人は常人ではない。まして、それが、一貫した信念によって為されるときには異常と共に、偉大なる人と言わねばならぬ。思想を、仕事を、信仰を、命を棄ててもと自ｃフする人は無限にいる。然し、そのうちの幾人《いくにん》が、死に直面して、死をもって強要されて、尚《なお》その信念を棄てなかったか。死をもって信念を貫くこの崇高な姿は、常人もなお常時にあって屢々《しばしば》軽率に自フしがちであるにも拘《かかわ》らず、極めて少数の偉大なる人格が為

二〇二三年度　日本大学鶴ヶ丘高等学校

【国　語】（六〇分）〈満点：一〇〇点〉

【一】次の各問いに答えなさい。

問一　「忠告したものの、（　）であしらわれた。」の空欄に入る漢字を次の中から一つ選びなさい。解答番号は【1】

①　手　②　鼻　③　目　④　肩

問二　「いかにもぴったりと合う」という意味の語句を次の中から一つ選びなさい。解答番号は【2】

①　耳についている　②　地についている
③　胸についている　④　板についている

問三　読み方の誤っているものを次の中から一つ選びなさい。解答番号は【3】

①　罷免（りめん）　②　惜別（せきべつ）
③　均衡（きんこう）　④　柔和（にゅうわ）

問四　対義語の組み合わせとして誤っているものを次の中から一つ選びなさい。解答番号は【4】

①　一般―特殊　②　本質―現象
③　過剰―微小　④　創造―模倣

問五　「心のこもっていない言葉や取りつくろった表情などで相手に気に入られようとすること」という意味の四字熟語を次の中から一つ選びなさい。解答番号は【5】

①　針小棒大　②　厚顔無恥
③　巧言令色　④　付和雷同

問六　外来語とその意味の組み合わせとして誤っているものを次の中から一つ選びなさい。解答番号は【6】

①　ニュアンス―意味
②　フランク―自由
③　ポテンシャル―潜在性
④　ノスタルジー―追憶

問七　敬語とその種類の組み合わせとして正しいものを次の中から一つ選びなさい。解答番号は【7】

①　お召しになる―「着る」の尊敬語
②　お目にかかる―「会う」の尊敬語
③　おいでになる―「来る」の謙譲語
④　くださる―「あげる」の謙譲語

問八　「国語の宿題に取り組む」の「の」と同じ用法のものを次の中から一つ選びなさい。解答番号は【8】

①　彼は走るのがとても速い。
②　緑の多い町に住みたい。
③　桜のつぼみがほころんだ。
④　鳥の鳴く声が聞こえる。

問九　次の俳句の季節として正しいものを後の中から一つ選びなさい。解答番号は【9】

咳の子のなぞなぞあそびきりもなや

①　春　②　夏　③　秋　④　冬

問十　小林多喜二の小説を次の中から一つ選びなさい。解答番号は【10】

①　蟹工船　②　暗夜行路
③　檸檬　④　浮雲

【二】次の文章を読んで、後の問いに答えなさい。

戦争の目的とか意ａギとか、もとより戦争の中心となるＡ題目はそれであっても、国民一般というものが、個人として戦争とつながる最大関心事はただ「死」というこの恐るべき平凡な一字に尽きるに相違ない。

僕は昔①こんなことを考えていた。パリジャンは戦争もルーレットも同じように考えて鼻唄で弾をこめる。だから、戦争に強いであ

2023年度／日本大学鶴ヶ丘高等学校

英語解答

1 【1】 ①　【2】 ④　【3】 ③
【4】 ⑥　【5】 ③　【6】 ③

2 【7】 ③　【8】 ②　【9】 ②
【10】 ④　【11】 ④　【12】 ④

3 イ　【13】…⑥　【14】…⑤
ロ　【15】…④　【16】…⑤
ハ　【17】…②　【18】…④
ニ　【19】…⑥　【20】…①
ホ　【21】…①　【22】…③
ヘ　【23】…⑥　【24】…⑤

4 【25】 ③　【26】 ②　【27】 ⑥
【28】 ⑤　【29】 ①　【30】 ⑦
【31】 ④

5 【32】 ②　【33】 ②　【34】 ②
【35】 ①　【36】 ②　【37】 ②
【38】 ②　【39】 ①　【40】 ①
【41】 ①

6 【42】 ④　【43】 ③　【44】 ②
【45】 ①　【46】 ①

1〔放送問題〕解説省略

2〔適語(句)選択〕

【7】'leave＋目的語＋～ing' で「…が～している状態のままにする」という意味を表す。　「歯を磨くとき，水を流しっぱなしにしないこと」

【8】'either *A* or *B*'「*A*か*B*のどちらか」　*cf.* 'both *A* and *B*'「*A*と*B*の両方」　'neither *A* nor *B*'「*A*と*B*のどちらでもない」　「私は金曜日の夜，映画に行くか，友人と外食するかのどちらかの予定だ」

【9】'tell＋人＋物事'「〈人〉に〈物事〉を教える」の形。teach は学問などを教える場合に用いられるのでここでは不可。　「ある紳士が私に，私が行く必要のある駅の名前を教えてくれた」

【10】ビルがcame home「帰宅した」ときにエミがしていたことが入るので，「～していた」の意味を表す過去進行形(was/were ～ing)を用いる。　「ビルが帰宅したとき，エミは居間で本を読んでいた」

【11】Two or three times「2，3回」という'回数'を導く疑問詞は how often「どれくらい頻繁に」。　A：ディズニーランドにはどれくらい頻繁に行きますか？／B：月に2，3回です。

【12】A．hold は「～を開催する」の意味。主語が The big fireworks festival「大花火大会」なので，「開催された」と受け身にする必要がある。　B．cancel が「～を中止する」の意味なので，ここも受け身になる必要があり，さらに直前に前置詞 after があるので動名詞(～ing)で being canceled となる。　「大花火大会が，新型コロナウイルスの大流行で2年連続中止された後，2019年以降初めて開催された」

3〔整序結合〕

イ．「チーターは他のどの動物よりも速く走る」と読み換えて，'比較級＋than any other＋単数名詞'「他のどの～より…」の形にする。これは最上級と同じ意味を表す。　A cheetah runs faster than any other animal.

ロ．「～なら…だろう」と'現在の事実に反する仮定'を表す仮定法過去の文。主節は'主語＋助動詞の過去形＋動詞の原形…'，条件節は 'if＋主語＋動詞の過去形〜' の形になる。 Ken would watch movies if he had time, but he is very busy now.

ハ.「誰も人前で笑われることを好まない」と読み換えて，Nobody likes to 〜「誰も〜することを好まない」とし，「笑われる」を受け身で表す。laugh at 〜「〜を笑う」のような動詞句の受け身形は，過去分詞の後ろにその動詞句を構成する語(句)をそのままの順で置くので be laughed at となる(前置詞の at が残ることに注意)。 in public「人前で」 Nobody likes to be laughed at in public.

ニ.'過去のある時から現在まで続く動作' を表す現在完了進行形(have/has been 〜ing)の文をつくる。 Since November, Canada TV has been live-streaming their daily activities.

ホ.'It is 〜 that＋主語＋動詞…' の形で「…ということは〜だ」という意味を表せる(It は that 以下を受ける形式主語)。「あなたの読む本」は，the books that you read とする。 It is very important that the books that you read are interesting for you.

ヘ.「〜に興味がある」は be interested in 〜。「〜を知っているのか(に)非常に興味があります」は，「〜か知ることに非常に興味があります」と考えて，I am really interested in knowing 〜とする。残りの「自分がどれくらいの英単語を知っているのか」は '疑問詞＋主語＋動詞…' の語順の間接疑問にするが，how many English words でひとまとまりなのでこれで1つの疑問詞となることに注意。 I am really interested in knowing how many English words I know.

4〔対話文完成─適語句選択〕

≪全訳≫❶A：すみません，料理に関するものを探しています。適切な方向を教えてくれますか？❷B：もちろんです。お客様が確認されたいかもしれないコーナーは，実は2つあります。❸A：えっ，本当に？ 違いは何ですか？❹B：はい，1つは料理本やその他のガイドのある，ただのハウツーコーナーです。もう1つは歴史です。❺A：冗談でしょう？ 料理の歴史の本があるんですか？ どうしてです？❻B：人々はあらゆる種類のおかしなことに興味があるんですよ。鉛筆の歴史とか，蚊をペットとして飼う方法とか…名前をつけられれば，誰かがそれについて読みたいんです。❼A：ただ首をかしげるしかないときもありますね。ああ，そう，私は料理本が数冊必要なんです。❽B：はい，では，ついてきてください。それで，どんな料理をおつくりになることを考えていらっしゃるんですか？❾A：正直に言えばまだちゃんと決めていないんですよ。メキシコ料理か日本料理かのどっちかですね。❿B：そうですか，その2つはかなり違う種類の料理ですね。何か特別なお祝いですか？⓫A：息子が海の向こうから戻っていて，1週間くらい町にいるんですよ。彼のために何か手早くこしらえようと思いましてね。⓬B：それはすばらしいですね。私はいつも，混雑したレストランに行くよりも，自宅で食事をする方がずっといいと思ってるんです。人込みにはいらいらしますよ。⓭A：全くです！ うるさいし，1か所に座っていないといけないし，移動時間も…本当に煩わしい。⓮B：さあ，お客様，こちらになります。ご覧のとおり，当館では貸し出し用に約5000冊ありますが，1回に借りられるのは5冊だけと覚えておいてください。⓯A：わかりました。では，何かいいものを今から探してみます。何かアドバイスはありますか？⓰B：実はありません，お客様。私は家で食べるのは確かに好きなんですが，つくるのは全くだめなんです。注文して配達してもらうだけです。

＜解説＞【25】Can you の後なので，動詞の原形を含む選択肢を検討する。この point は「〈人〉を〜

に向ける」という意味。point me in the right direction の直訳は「私を適切な方向に向ける」。【26】I just の後なので，動詞で始まる選択肢を検討する。直前の図書館員の話を聞いた後の反応である。shake ～'s head「首を横に振る」は信じられないことなどを示す動作。　【27】It's の後なので，一般動詞で始まる選択肢は除外できる。toss-up「コインを投げる(トスする)こと」には，表が出るか裏が出るかわからないことから，「どちらか五分五分」という意味がある。　【28】has returned「戻ってきた」があるのでどこから戻ってきたかを示す語句が入ると考えられる。the pond には「海(特に大西洋)」の意味がある。　return from ～「～から戻る」　【29】前後の内容から，図書館員は人込みが嫌いなことが読み取れる。get on ～'s nerves で「～の神経にさわる，～をいらいらさせる」という意味を表す。　【30】we have ～という文に先行する部分なので，'接続詞＋主語＋動詞' の形で副詞節になる as you can see「ご覧のとおり」が入る。　【31】please で始まる命令文なので，動詞の原形で始まる選択肢を検討する。'keep in mind (that)＋主語＋動詞…' で「～を覚えておく，～を心にとめる」という意味を表す。

5〔長文読解―内容真偽―物語〕

≪全訳≫❶アルティネスはオーブンの前に立ち，さらに数本の薪を入れた。火はさらに熱くなり，男の肌を温めた。「あと1時間でパンを焼く準備ができるだろう」と彼は思った。アルティネスは人生のほとんどの間，町と王家のためにパンをつくり続けてきた。彼の町では，人は生まれた家庭の仕事についた。父親がレンガ職人なら，自分もレンガ職人になる。母親が洋服の仕立て屋なら，自分もそうなる。このサイクルから抜け出して，新しい職業につける人は珍しかった。❷アルティネスは幼い息子を見つめた。ハムライはまだ8歳だったが，すでに村の誰よりも算数が得意で，驚くべきことに字が読めた！　それほど多くを読めたわけでもそれほど速く読めたわけでもないが，彼は字が読めた，それは，裕福あるいは高貴な生まれでない人のほとんど誰もできないことだった。ハムライはパン屋の中を走り回って，新しいパン生地を並べて焼く準備をすることで，父親の手伝いをした。父は息子をとても誇りに思っていた。❸アルティネスは，最近会った最も裕福な客の1人との会話について考えていた。その男が初めて店に来たとき，彼は息子のことや，彼がどれほど才能に恵まれているかを話した。アルティネスが息子は字が読めると言ってはじめて，男は興味を示したようだった。男はそれを聞いたとき，動きが止まり，信じられないという顔でアルティネスを見た。「読める，と言ったのか？」と男は尋ねた。「真剣に言ってるのか？　それは信じがたい。しかし，本当のことを話しているのなら，そのすばらしい若者に会いに来たい。よろしいか？」❹「もちろんです，旦那」とアルティネスは答えた。「息子は今，母親のところに行っていますが，来月の半ばには戻る予定です」❺「わかった，キアックの15日目にまた来よう。息子がここにいて，お前の言うことを本当にできるようにしておくんだ。もし息子がそれをできれば，彼の将来には良いことがあるかもしれないが，もし私にうそをついているなら，問題になるぞ」❻今日がその日で，アルティネスは客がいつ来てもいいように待っていた。彼は両手を暖炉で温めて，待っていた。大しておもしろい出来事もなく，午前は過ぎていった。ピラミッドに赴いて，砂漠にそびえるその高い三角形の建造物の建造に従事するいつもの労働者や大工の集団の客に，彼と息子はパンを提供した。これらのピラミッドは，王であるファラオ・アカン・アテンの死後の最後の安息の地として建てられていた。❼正午を少し過ぎた頃，アルティネスの金持ちの客がやってきた。「彼がお前の息子か？」と彼は低く力強い，しかし冷たくはない声で尋ねた。「はい，旦那」とアルティネスは答えた。男はハムライをじっと見下ろして，長い間観察した。ようやく彼はポケットに手を入れ，石版を取り出した。「読みなさい」と彼は少年に言った。❽ハムライは下を向いて，何も言わなかった。男は辛抱強く待っていたが，その顔は失望の表情に変わった。「そうだと思ってたよ，パン職人」と彼は言った。「お前は私にうそをついていた」「いいえ，旦那。あと１分だけお願いします」とアルティネスは言った。彼は息子を見下ろした。「恥ずかしがらないで，旦那のために読むだけでいいんだ」と彼は言った。突然，ハムライが話し始めた。「エピフィの４日目に，小麦２トンと米６トンを配達してもらった。税金の支払いは金貨30枚で…」　彼は２分間，読み続けた。客の表情は失望から信じられないという驚き，そして深い思慮へと変わった。ハムライがようやく黙ると，男は言った。「うむ，善良なパン職人よ，お前は本当のことを言っていた。お前に提案がある。私はファラオであるアカン・アテンのために働いている。お前の息子のような，字の読める人を私たちは必要としている。もしよければ，彼を私の家に連れていき，教育する。彼は私の息子となって，いつか我が国の権力者となるだろう。よく考えてみるんだ。１週間後にまた来る」　そして客は去っていった。❾その週は，アルティネスと息子にとってつらい週だった。大いに泣いたり，言い争ったりした。ハムライは父と離れたくなかったが，パン職人の生活は厳しく，これが新しく違ったことをするチャンスだとアルティネスは知っていた。結局，ハムライは父の家を出ることに同意した。❿翌週，客が来たとき，ハムライは準備ができていた。父に最後のキスをし，客の馬に乗り，走り去っていった。アルティネスは，心を引き裂かれながらも誇らしげにオーブンとパンのあるところに戻り，毎晩，息子の夢を見たが，その日以来，息子とは夢でしか会えなかった。そしてこれが，パン職人の貧しい息子がナイル川沿いのエジプト中期王朝第２の権力者になったいきさつだ。

＜解説＞【32】「アルティネスと息子は，パン職人とレンガ職人として働いている」…×　第１，２段落参照。　【33】「彼らの国で転職するのはとても簡単だった」…×　第１段落後半参照。　【34】「国内のほとんどの人が読み書きできた」…×　第２段落第３文参照。almost no one は「ほとんど誰も～ない」という意味。　【35】「客は王に仕える金持ちだった」…○　第８段落終わりから７文目に一致する。　【36】「物語の中で，男はアルティネスを４回訪れた」…×　第３，７，10段落の計３回である。　【37】「男はハムライにおもしろい物語を渡した」…×　第７段落後半～第８段落参照。男は取り引きの記録が書かれた石板をハムライに読ませた。　【38】「ハムライは，読み物を手に入れたらすぐに，大声で簡単に読んだ」…×　第７段落後半～第８段落参照。父に声をかけられるまで黙ったままだった。　【39】「男はハムライを教育することと，彼を自分の息子にすることの両方を提案した」…○　第８段落終わりから５，４文目に一致する。　【40】「アルティネスは，男が息子を連れ去った後，現実には二度と息子に会わなかった」…○　第10段落第３文に一致する。　【41】「この物語はエジプトで起きている」…○　第６段落にある pyramids「ピラミッド」や Pharaoh「ファラオ(古代エジプトの王)」といった語から正しいと言える。

6〔長文読解総合(英問英答形式)―スピーチ〕

≪全訳≫❶皆さん，がんばってついてきてください。私がちょっと速く歩いているのはわかっていますが，私たちのすぐ後ろに別のグループがいるので，進み続けることが重要なのです。❷左側を見ると，ここで生産されているほとんどの車のドアやフロントガラスを取りつける大きな機械が見えます。これは，最新のタッカースピードスターをつくる最後の工程の１つです。ここでは他のモデルも生産しておりますが，この車が当社では群を抜いてよく売れています。この工場には１日1000台の生産能力がありますが，通常はその限界の約半分で稼働しています。しかし，不況に伴って，今は30％で稼働しています。❸その角を曲がると，最終工程エリアが見えてきますが，そこでは，タイヤやヘッドライトを取りつけています。また，工場から出荷される全ての車の色がまだシルバーであることに気づくでしょう。塗装は別の場所で行われ，車は最終的な細部の装飾と乾燥のために，毎晩そちらから出荷されます。この工程にもう１日かかるので，スタートから完成品までちょうど３日半かかります。❹さらにここ１年は，ちょっと工夫する必要があり，工場の一部を，機械仕掛けのおもちゃやゲーム機の部品，さらには鍋やフライパンなど，他の製品の生産に変えてきました。これは売り上げには役立ちましたが，そうするために多くの時間と資金を要しました。工場の一部はこの半年，操業を停止しています。景気が回復したときに，自動車生産に戻るのに苦労することを経営陣は心配しています。実際，自動車の生産だけでは二度とやっていけなくなるかもしれません。❺これらの新製品がつくられているところをご覧になりたい場合は，あと15分ほどおつき合い願いますが，それ以外の方はお別れになりますので，本日のご参加に感謝申し上げます。

【42】＜内容一致＞「この文章はおそらく(　　)のものである」―④「ツアー」　自動車工場の見学ツアーである。第２段落第４文のplantは「工場」の意味。

【43】＜要旨把握＞「現在，１日に何台の自動車がつくられているか」―③「300台」　第２段落後半参照。　right now「現在」

【44】＜要旨把握＞「完成車をつくるのに，何時間かかるか」―②「84時間」　第３段落最終文参照。「３日半」とある。

【45】＜要旨把握＞「この工場でつくられていないものは何か」―①「テレビゲーム」　第４段落第１文参照。ここで自動車以外の生産品について説明されている。「テレビゲームの部品」はつくっているが，テレビゲーム自体はつくっていない。

【46】＜単語の意味＞「第４段落のconvertedと意味の最も近い単語はどれか」　‘convert ～ into …’「～を…に変える」

数学解答

1 (1) 7　(2) 1
(3) 【3】…2　【4】…4　(4) 0
(5) 【6】…1　【7】…2
(6) 【8】…3　【9】…3　【10】…4
(7) 【11】…4　【12】…2

2 (1) 【13】…3　【14】…0
(2) (i) 【15】…3　【16】…2　(ii) 6

3 (1) 【18】…0　【19】…4　【20】…5
【21】…1　【22】…1　【23】…1
【24】…1　【25】…5
(2) 【26】…1　【27】…8　【28】…0

4 (1) 【29】…3　【30】…2　【31】…9
【32】…4
(2) 【33】…2　【34】…4
(3) 【35】…1　【36】…8

5 (1) 【37】…7　【38】…3　【39】…6
(2) 【40】…4　【41】…3　【42】…2
【43】…1　【44】…6
(3) 【45】…5　【46】…3　【47】…6

6 (1) 【48】…1　【49】…0　【50】…0
(2) 0

1〔独立小問集合題〕

(1)＜数の計算＞与式$=6\div\left\{\left(-\frac{3}{4}\right)^2+3\times\left(\frac{1}{4}\right)^2\right\}-\frac{1}{64}\times81\div\left(\frac{9}{8}\right)^2=6\div\left(\frac{9}{16}+3\times\frac{1}{16}\right)-\frac{1}{64}\times81\div\frac{81}{64}=6\div\left(\frac{9}{16}+\frac{3}{16}\right)-\frac{1}{64}\times81\times\frac{64}{81}=6\div\frac{12}{16}-1=6\times\frac{4}{3}-1=8-1=7$

(2)＜数の計算＞与式$=\frac{4(2x+y)-3(x-3y)}{12}=\frac{8x+4y-3x+9y}{12}=\frac{5x+13y}{12}=\frac{5}{12}x+\frac{13}{12}y$として，これに$x=\frac{8}{5}$，$y=\frac{4}{13}$を代入すると，与式$=\frac{5}{12}\times\frac{8}{5}+\frac{13}{12}\times\frac{4}{13}=\frac{2}{3}+\frac{1}{3}=\frac{3}{3}=1$である。

(3)＜二次方程式＞$2x^2-4x-x+2=x^2-3x+10$，$x^2-2x-8=0$，$(x+2)(x-4)=0$　$\therefore x=-2,\ 4$

(4)＜二次方程式―解の利用＞$x=a$，bを解とする二次方程式は，$(x-a)(x-b)=0$である。この左辺を展開すると，$x^2-(a+b)x+ab=0$となる。二次方程式$x^2+x-1=0$も$x=a$，bを解に持つので，二次方程式$x^2-(a+b)x+ab=0$と二次方程式$x^2+x-1=0$は同じ方程式となる。よって，$-(a+b)=1$，$ab=-1$である。$-(a+b)=1$より，$a+b=-1$だから，$a+b-ab=(a+b)-ab=-1-(-1)=-1+1=0$となる。

≪別解≫解の公式を用いて二次方程式$x^2+x-1=0$を解くと，$x=\frac{-1\pm\sqrt{1^2-4\times1\times(-1)}}{2\times1}=\frac{-1\pm\sqrt{5}}{2}$となる。$a=\frac{-1+\sqrt{5}}{2}$，$b=\frac{-1-\sqrt{5}}{2}$とすると，$a+b-ab=\frac{-1+\sqrt{5}}{2}+\frac{-1-\sqrt{5}}{2}-\frac{-1+\sqrt{5}}{2}\times\frac{-1-\sqrt{5}}{2}=\frac{-1+\sqrt{5}+(-1-\sqrt{5})}{2}-\frac{1-5}{4}=\frac{-1+\sqrt{5}-1-\sqrt{5}}{2}-\frac{-4}{4}=\frac{-2}{2}-(-1)=-1+1=0$となる。$a=\frac{-1-\sqrt{5}}{2}$，$b=\frac{-1+\sqrt{5}}{2}$としても同じ値となる。

(5)＜関数―傾き＞3直線$y=5x-5$，$y=-x+3$，$y=ax+1$が1点で交わるとき，2直線$y=5x-5$，$y=-x+3$の交点を直線$y=ax+1$が通ればよい。$y=5x-5$，$y=-x+3$の2式より，$5x-5=-x+3$，$6x=8$　$\therefore x=\frac{4}{3}$　これを$y=5x-5$に代入して，$y=5\times\frac{4}{3}-5$　$\therefore y=\frac{5}{3}$　よって，交点の座標は$\left(\frac{4}{3},\ \frac{5}{3}\right)$である。この点を直線$y=ax+1$が通るから，$\frac{5}{3}=a\times\frac{4}{3}+1$が成り立ち，これを解いて，$-\frac{4}{3}a=-\frac{2}{3}$，$a=\frac{1}{2}$となる。

(6)＜データの活用―平均値，中央値，最頻値＞得点の平均値は，$(5\times2+4\times6+3\times5+2\times5+1\times1+0$

×1)÷20＝60÷20＝3(点)である。中央値は，クラスの人数が20人だから，得点を小さい順に並べたときの10番目と11番目の得点の平均となる。2点以下は1＋1＋5＝7(人)，3点以下は7＋5＝12(人)より，10番目と11番目の得点はどちらも3点だから，中央値は3点である。人数が最も多い得点は，6人いる4点だから，最頻値は4点である。

(7)＜数の性質＞$\dfrac{n^3}{189}=\dfrac{n^3}{3^3\times7}$より，$\dfrac{n^3}{189}$が正の整数となるとき，$n^3$は，素因数3を3個以上，素因数7を1個以上持つ数である。$\dfrac{n^4}{112}=\dfrac{n^4}{2^4\times7}$より，$\dfrac{n^4}{112}$が正の整数となるとき，$n^4$は，素因数2を4個以上，素因数7を1個以上持つ数である。よって，nは，素因数2を1個以上，素因数3を1個以上，素因数7を1個以上持てばよいから，最小の自然数nは，$n=2\times3\times7=42$となる。

2〔独立小問集合題〕

(1)＜平面図形―角度＞右図1のように，点Aと点Dを結ぶ。線分BDは円Oの直径だから，半円の弧に対する円周角より，∠BAD＝90°である。△ABDにおいて，∠ADB＝180°－∠ABD－∠BAD＝180°－15°－90°＝75°となるので，$\overset{\frown}{AB}$に対する円周角より，∠ACB＝∠ADB＝75°である。△ABCはAB＝ACの二等辺三角形だから，∠ABC＝∠ACB＝75°となり，∠BAC＝180°－∠ABC－∠ACB＝180°－75°－75°＝30°となる。

図1

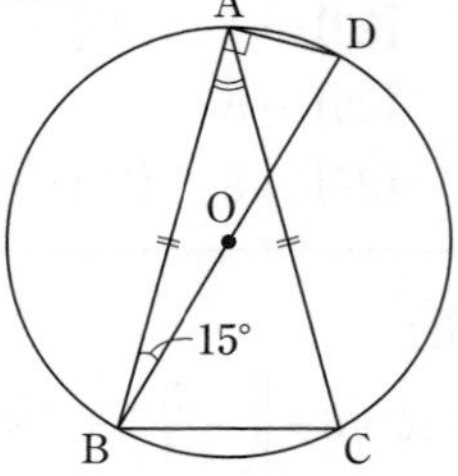

図2

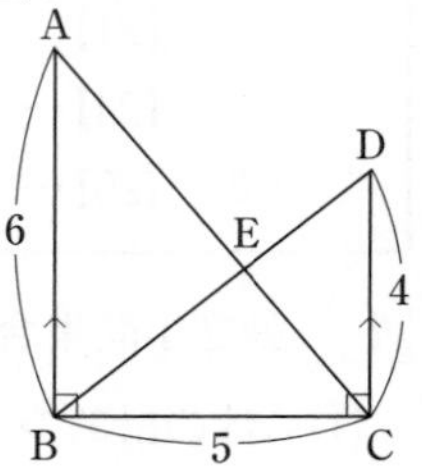

(2)＜平面図形―長さの比，面積＞(i)右上図2で，∠ABC＝∠BCD＝90°より，AB∥DCだから，∠BAE＝∠DCEである。また，∠AEB＝∠CEDだから，△ABE∽△CDEとなり，AE：CE＝AB：CD＝6：4＝3：2となる。　(ii)図2で，△ABCと△EBCは，底辺をそれぞれAC，ECとすると高さが等しいので，面積の比は底辺の比と等しくなる。よって，(i)より，△ABC：△EBC＝AC：EC＝(3＋2)：2＝5：2である。△ABC＝$\dfrac{1}{2}$×BC×AB＝$\dfrac{1}{2}$×5×6＝15だから，△EBC＝$\dfrac{2}{5}$△ABC＝$\dfrac{2}{5}$×15＝6となる。

3〔数と式―連立方程式の応用〕

(1)＜立式＞昨年の男子の生徒数がx人，女子の生徒数がy人より，全体の生徒数は，$x+y$人である。男子の生徒数は全体の45％だから，$x=(x+y)\times0.45$より，$x=0.45(x+y)$が成り立つ。また，今年は，昨年に比べて，男子は10％増えたので，$x\times(1+0.1)=1.1x$(人)と表せる。女子は15％増えたので，$y\times(1+0.15)=1.15y$(人)と表せる。全体の生徒数は451人になったので，$1.1x+1.15y=451$が成り立つ。

(2)＜男子の生徒数＞$x=0.45(x+y)$……①，$1.1x+1.15y=451$……②とする。①より，$100x=45(x+y)$，$100x=45x+45y$，$55x-45y=0$，$11x-9y=0$……①′　②より，$110x+115y=45100$，$22x+23y=9020$……②′　①′×2－②′より，$-18y-23y=0-9020$，$-41y=-9020$　∴$y=220$　これを①′に代入して，$11x-9\times220=0$，$11x=1980$　∴$x=180$　よって，昨年の男子の生徒数は180人である。

4〔関数―関数$y=ax^2$と一次関数のグラフ〕

≪基本方針の決定≫(1)　△AOQ，△QOPの底辺をOQと見て考える。

(1)＜座標＞次ページの図1で，△AOQと△QOPの底辺をOQとすると，△AOQ：△QOP＝2：1だから，高さの比が2：1となる。点Aのx座標が－3より，△AOQの高さは3だから，△QOPの高さは$\dfrac{1}{2}\times3=\dfrac{3}{2}$である。点Pの$x$座標$t$は，$t>0$だから，$t=\dfrac{3}{2}$となる。点Pは放物線$y=x^2$上にあるから，$y=\left(\frac{3}{2}\right)^2=\frac{9}{4}$となり，P$\left(\frac{3}{2},\ \frac{9}{4}\right)$である。

⑵＜座標＞右下図2で，△AOQは，底辺をOQと見ると高さが3だから，△AOQ=9のとき，$\frac{1}{2}\times$OQ$\times3=9$が成り立ち，OQ=6となる。よって，Q(0, 6)である。点Aは放物線$y=x^2$上の点で，x座標が-3だから，$y=(-3)^2=9$より，A$(-3,\ 9)$である。したがって，直線APは，2点A，Qを通ることより，傾きが$\frac{6-9}{0-(-3)}=-1$，切片が6だから，直線APの式は$y=-x+6$である。点Pは放物線$y=x^2$と直線$y=-x+6$の交点だから，2式からyを消去して，$x^2=-x+6$，$x^2+x-6=0$，$(x+3)(x-2)=0$より，$x=-3$，2となり，点Pのx座標は2である。y座標は$y=2^2=4$となるので，P(2, 4)である。

図1

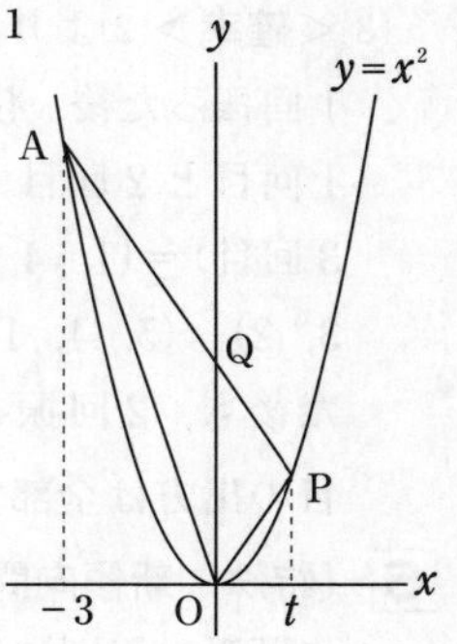

図2

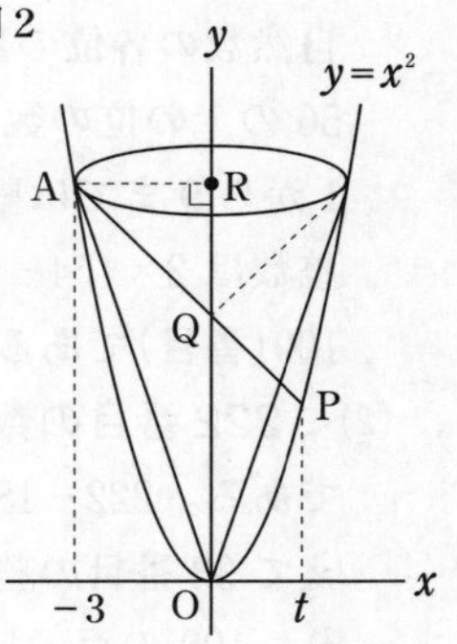

⑶＜体積—回転体＞右図2で，点Aからy軸に垂線ARを引くと，△AOQをy軸の周りに1回転させてできる立体は，底面の半径がAR，高さがORの円錐から，底面の半径がAR，高さがQRの円錐を取り除いた立体となる。⑵より，A$(-3,\ 9)$，Q(0, 6)だから，AR=3，OR=9，QR=$9-6=3$である。よって，求める体積は，$\frac{1}{3}\times\pi\times\mathrm{AR}^2\times\mathrm{OR}-\frac{1}{3}\times\pi\times\mathrm{AR}^2\times\mathrm{QR}=\frac{1}{3}\times\pi\times3^2\times9-\frac{1}{3}\times\pi\times3^2\times3=27\pi-9\pi=18\pi$となる。

5〔データの活用—確率—サイコロ〕

《基本方針の決定》⑴，⑵　出る目の和が5の倍数になるときである。

⑴＜確率＞サイコロを2回振るとき，目の出方は全部で$6\times6=36$(通り)ある。このうち，動点Pが頂点Aにあるのは，2回の出る目の和は最大で$6+6=12$だから，目の和が5，10になるときである。目の和が5になるとき(1回目，2回目)=(1，4)，(2，3)，(3，2)，(4，1)の4通りあり，目の和が10になるとき(1回目，2回目)=(4，6)，(5，5)，(6，4)の3通りあるから，動点Pが頂点Aにある場合は$4+3=7$(通り)ある。よって，求める確率は$\frac{7}{36}$である。

⑵＜確率＞サイコロを3回振るとき，目の出方は全部で$6\times6\times6=216$(通り)ある。このうち，動点Pが頂点Aにあるのは，3回の出る目の和は最大で$6+6+6=18$だから，目の和が5，10，15になるときである。目の和が5になるとき，出る目は，1と1と3，1と2と2である。1と1と3の場合，(1回目，2回目，3回目)=(1，1，3)，(1，3，1)，(3，1，1)の3通りあり，1と2と2の場合も同様に3通りある。よって，目の和が5になるのは，$3\times2=6$(通り)ある。目の和が10になるとき，出る目は，1と3と6，1と4と5，2と2と6，2と3と5，2と4と4，3と3と4である。1と3と6の場合，(1回目，2回目，3回目)=(1，3，6)，(1，6，3)，(3，1，6)，(3，6，1)，(6，1，3)，(6，3，1)の6通りあり，1と4と5，2と3と5の場合も同様にそれぞれ6通りある。2と2と6，2と4と4，3と3と4の場合は，1と1と3の場合と同様で，それぞれ3通りある。よって，目の和が10になるのは，$6\times3+3\times3=27$(通り)ある。目の和が15になるとき，出る目は，3と6と6，4と5と6，5と5と5である。3と6と6の場合は3通り，4と5と6の場合は6通りあり，5と5と5の場合は，(1回目，2回目，3回目)=(5，5，5)の1通りだから，目の和が15になるのは，$3+6+1=10$(通り)ある。以上より，動点Pが頂点Aにある場合は$6+27+10=43$(通り)となるから，求める確率は$\frac{43}{216}$である。

⑶＜確率＞⑵より，サイコロを3回振った後，動点Pが頂点Aにあるのは43通りある。この中で，1回振った後，もしくは2回振った後に動点Pが頂点Aにあるのは，1回目に5の目が出るときか，1回目と2回目に出た目の和が5，10になるときである。このようになるのは，(1回目，2回目，3回目)＝(1，4，5)，(2，3，5)，(3，2，5)，(4，1，5)，(4，6，5)，(5，1，4)，(5，2，3)，(5，3，2)，(5，4，1)，(5，4，6)，(5，5，5)，(5，6，4)，(6，4，5)の13通りある。よって，1回振った後も，2回振った後も，動点Pが頂点Aにない場合は，43－13＝30(通り)である。サイコロの目の出方は全部で216通りだから，求める確率は$\frac{30}{216}=\frac{5}{36}$となる。

6〔特殊・新傾向問題―規則性〕

⑴＜順番＞規則に従って並んでいる整数は，1から始まる自然数が順番に9まで並んだ後，10以降の自然数の各位の数となっている。5, 5, 5と5が初めて3つ並ぶのは，55の十の位の数，一の位の数，56の十の位の数が並ぶときなので，3つ並んだ5のうち一番初めの5は，55の十の位の数である。1から9までは整数は9個あり，その後，10から54までは，2けたの自然数の各位の数が並ぶので，整数は2×(54－9)＝90(個)ある。よって，55の十の位の数の5は，最初からかぞえて9＋90＋1＝100(番目)である。

⑵＜222番目の数＞99の一の位の数の9は，最初からかぞえて9＋2×(99－9)＝189(番目)の整数である。222－189＝33より，最初からかぞえて222番目の整数は，100の百の位の数の1からかぞえて33番目の整数となる。190番目以降は，3けたの自然数の各位の数が並ぶので，33÷3＝11より，100の百の位の数の1からかぞえて33番目の整数は，100からかぞえて11番目の3けたの自然数の一の位の数となる。100からかぞえて11番目の3けたの自然数は100＋10＝110だから，この一の位の数が0より，最初からかぞえて222番目の整数は0である。

＝読者へのメッセージ＝

2⑴で利用した「半円の弧に対する円周角は90°」はタレスの定理とも呼ばれています。この定理を証明した最初の人物とされるタレスは，紀元前585年の日食を予言したことで天文学でも有名です。

国語解答

一 問一 ② 問二 ④ 問三 ①
問四 ③ 問五 ③ 問六 ②
問七 ① 問八 ③ 問九 ④
問十 ①

二 問一 a…③ b…① c…② d…②
問二 A…④ B…① 問三 ③
問四 ① 問五 ④ 問六 ②
問七 ② 問八 ③ 問九 ④
問十 ② 問十一 ④

三 問一 a…③ b…④ c…③
問二 ② 問三 ① 問四 ④
問五 ② 問六 ① 問七 ④
問八 ③ 問九 ②

四 問一 a…① b…④ c…② d…①
問二 ② 問三 ① 問四 ④
問五 ④ 問六 ④ 問七 ③
問八 ③ 問九 ②

一〔国語の知識〕

問一＜慣用句＞「鼻であしらう」は，相手の言動にまともに応対せず，冷たく扱う，という意味。

問二＜慣用句＞「板につく」は，動作や態度が立場や役柄にしっくり合う，という意味。「耳につく」は，音や声などが気になる，という意味。「足が地につく」は，気持ちや考えがしっかりしている，という意味。「胸につく」という慣用句はない。

問三＜漢字＞「罷免」は「ひめん」と読み，職を辞めさせること。「惜別」は，別れを惜しむこと。「均衡」は，二つかそれ以上の物事の間でバランスが取れていること。「柔和」は，性質や態度がものやわらかであること。

問四＜語句＞「過剰」の対義語は，「不足」。「微小」の対義語は，「巨大」。

問五＜四字熟語＞「巧言令色」は，調子のいいことを言ったり表面上だけ愛想よくしたりして，相手にこびへつらうこと。「針小棒大」は，小さい事柄を大げさに表現すること。「厚顔無恥」は，厚かましく，ずうずうしいこと。「付和雷同」は，自分にしっかりとした主義や主張がなく，他の人の意見や行動に簡単に同調すること。

問六＜語句＞「フランク」は，気どったところがないさま。

問七＜敬語＞「お目にかかる」は，「会う」の謙譲語。「おいでになる」は，「来る」「行く」の尊敬語。「くださる」は，「くれる」「与える」の尊敬語。

問八＜品詞＞「国語の」と「桜の」の「の」は，下に続く名詞を修飾するので連体修飾格。「走るのが」の「の」は，「こと」という代名詞に置き換えられるので，準体格。「緑の」と「鳥の」の「の」は，「が」に置き換えられるので主格。

問九＜俳句の技法＞「咳」は，冬の寒さや乾燥，風邪などによって咳が出ることから冬の季語。句意は，「咳をする我が子がなぞなぞ遊びをする。咳がつらいだろうからやめようと思うが，子どもにせがまれ，きりがないことだな」。

問十＜文学史＞『蟹工船』は，昭和 4 (1929)年に発表された小林多喜二の小説で，プロレタリア文学の代表的な作品。『暗夜行路』は，大正 10(1921)年～昭和 12(1937)年にかけて断続的に連載された志賀直哉の小説。『檸檬』は，大正 14(1925)年に発表された梶井基次郎の小説。『浮雲』は，明治

20～23(1887～1890)年にかけて発表された二葉亭四迷の小説。

二 〔随筆の読解─教育・心理学的分野─心理〕出典；坂口安吾「死と鼻唄」。

≪本文の概要≫戦争の意義や目的に関係なく，国民にとって戦争は「死」を意味するものである。僕は昔，鼻唄交じりに弾を込めるパリジャンやチウインガムをかみながら命を弄ぶヤンキーは戦争に強いだろう，と考えていた。しかし，この考えは，マジノラインのあっけない崩壊によって消えた。それどころか，死を安易に考えてはいけないことを悟ったのである。戦争から帰った人の話では，戦地でつらいのは行軍だという。ただ，そう感じられたのは，心の中で「多分自分は死なないだろう」と思う余裕があるからである。「必ず死ぬ」とわかれば，大抵の人は死を恐れるものだ。ふだん飲んだくれていても，いざとなれば命を捨てられると考える人もいるが，この考えは死に直面していないからこそ言えることである。ヒットラーは戦争の恐怖を知り，それを有効な武器として用いたからこそ戦争に勝利できた。決して鼻唄交じりに人は死ねないのである。

問一＜漢字＞ａ．「意義」と書く。①は「異議」，②は「地球儀」，④は「模擬」。　ｂ．「確信」と書く。②は「自覚」，③は「中核」，④は「改革」。　ｃ．「自負」と書く。①は「赴任」，③は「付着」，④は「流布」。　ｄ．「通俗」と書く。①は「継続」，③は「所属」，④は「親族」。

問二＜語句＞Ａ．「題目」は，作品の題名や，議論の主題のこと。「戦争」に関する討議の中心となるのは，戦争の目的や意義である。　Ｂ．「気焔をあげる」は，勢いのよいことを言う，という意味。酒を飲むと，気が大きくなり，意気盛んなことを言いがちになる。

問三＜指示語＞「僕」は昔，パリジャンやヤンキーは，人の命を奪うことも遊び感覚でとらえているので，戦争に強いだろうと考えていた。

問四＜文章内容＞「戦地で一番つらいのは行軍だ」という実感は，戦場に行くという「人の為しうる最大の犠牲を払っ」たからこそ得られたものなので，「僕」は尊いものだと感じているのである。

問五＜文章内容＞戦争は死を直視せざるをえないものだが，行軍がつらいと思えるのは，多くの場合，兵士たちの心に「多分自分は死なないだろう」という余裕があるからだと考えられる。

問六＜文章内容＞「常人は『必ず死ぬ』となれば怯《おび》える」ように，「多分死にはしないだろう」と意識下で確信している兵士たちも，「必ず死ぬ」と決まった場合には，自然と，死を恐れる。

問七＜文章内容＞戦争の場合は，楽天的な都会人は死を意識することなく戦地に赴くと考えられるので，いざというときにおじけづいて逃げてしまうが，楽天的ではない田舎人は死を覚悟するので，本当の死に直面しても前進できるかもしれない。

問八＜文章内容＞フランスの兵士たちは，マジノラインの崩壊によって自分たちの死を意識せざるをえなくなったとき，本当の意味で戦争の恐ろしさを知ることになったのである。

問九＜文章内容＞戦争のために，酒や遊びが制限されるという社会情勢への不満や批判の気持ちの表れとして，講談や浪花節の中で「長短槍試合」が取り上げられるようになったと考えられる。

問十＜要旨＞ヒットラーが勝利できたのは，味方の兵士にも死を恐れさせ，相手に「死の絶望」を与えるという武器を有効に使ったからである(①…×)。人間は，「必ず死ぬ」という状況下で自分の死を実感したとき，本当の意味で死の恐怖を知ることになるのであり，「多分自分は死なないだろう」と考えるふだんの我々が死について考えることには，「決定的な欺瞞」がある(②…○，④…×)。フランスの兵士たちは，マジノラインが崩壊するまでは，戦争では死なないだろうと安易に考えていた(③…×)。

問十一＜文学史＞『白痴』は，昭和21(1946)年に発表された坂口安吾の小説。『武蔵野』は，明治31(1898)年に発表された国木田独歩の小説。『破戒』は，明治39(1906)年に発表された島崎藤村の小説。『友情』は，大正8(1919)年に発表された武者小路実篤の小説。

三 〔小説の読解〕出典；明川哲也『箱のはなし』(『それでも三月は，また』所収)。

問一＜慣用句＞a.「骨が折れる」は，努力や労苦を要する，という意味。ハムスターの世話は，人間が腹ばいで作業しなければならない，過酷な仕事であった。 b.「気もそぞろ」は，落ち着かないさま。サトは，箱が産んだかわいい箱の子を目にし，興奮して落ち着かないのであった。c.「目をこらす」は，じっと見つめる，という意味。広大な闇空間でも，サトはじっと見ているうちに「かすかに明滅するもの」があることを理解した。

問二＜表現＞国会で討論が行われ，大学教授が解決策を示すという現実と同じような社会であると描写することで，箱不足による混乱や，箱が箱を産むという非現実的な事態も読者に受け入れやすくする効果がある。

問三＜心情＞サトは，ハムスターを励ましながらも，結果として死ぬまで働かせることに加担していると思い，心を痛めていた。

問四＜文章内容＞サトは，「情が濃い」ので，箱を育てるうちに箱にも愛着が湧き，箱との別れがつらくなるのではないかと心配していた。

問五＜文章内容＞サトは，受け取った箱に対して「親ばかにも似た感情」が芽生えていたことに気づいたので，箱を手放すつらさを考えると，箱と距離を置くべきだと自分自身に言い聞かせた。

問六＜文章内容＞箱が，役所の示した養殖ガイドラインよりも多く産んだのは，サトが箱を励まし続けたからだと思うと，サトは，「もう，頑張らなくていいよ」と声をかけずにはいられなかった。

問七＜文章内容＞サトが箱に話しかけただけで，箱が子を産むことがわかったので，箱の負担を考えると，サトは何も言えなくなってしまったのである。

問八＜文章内容＞箱の内側は「漆黒の闇」で，その中に明滅するものの正体が何か，サトには理解できないが，人間も含めて全てのものは闇の世界から誕生し，やがて消えていく運命なのだろうとサトは悟ったのである。

問九＜表現＞サトの箱に対する心理的な距離が近づいていることが，隣の部屋から寝室への箱の移動という目に見える距離の変化によって表現されている。

四 〔古文の読解―物語〕出典；『伊勢物語』六十三。

≪現代語訳≫昔，異性を恋う心がとりついた女が，何とかして深い情愛のある男と一緒になりたいと思いながらも，それを言い出す機会もないので，本当ではないことを(つくり話にして)夢語りする。子ども三人を呼んでその話をした。二人の子どもは，つれない態度で返答して(その話は)終わった。三男だった子が，「立派な男性が現れるでしょう」と夢解きをしたところ，この女は，機嫌がとてもよくなった。他の人はとても思いやりがない。何とかしてあの在五中将に会わせてやりたいものだと(三男は)思う心を抱いている。(三男は中将が)狩りをして歩き回っているところに出会って，途中で馬の手綱を引いて，「(私の母があなたを)こうこうお慕いしています」と言ったので，(中将は女に)同情して，(女の家に)来て共寝をした。その後，男が現れなかったので，女は，男の家に行って(物の隙間から)のぞき

見すると，男はちらりと(女を)見て，

百年に一年足りない老女が私を恋しく思っているようだ。(その姿が)幻となって見える

と(よんで)，(男が)出かける様子を見て，(女は)いばら，からたちの木にひっかかりながら家に帰って横になった。男は，その女がしたように，こっそり立って(女の家を)見たところ，女が嘆きながら寝ようとして，

狭い敷物の上に衣の袖を敷き，今夜もまた，恋しい人に会わないで(一人で)寝るのだろうか

と(歌を)よんだのを(聞き)，男は，かわいそうだと思って，その夜は共寝をした。

男女の仲なら，自分が恋しく思う人を慕い，恋しく思わない人を慕わないものであるのに，この人は恋しく思う人に対しても，そう思わない人に対しても，差別を見せずに扱う気持ちを持っていたのであった。

問一＜古語＞ａ.「いらふ」は，返事をする，という意味。　ｂ.「こと人」は，「異人」と書き，他の人，という意味。　ｃ.「あはれ」は，ここでは，気の毒だ，かわいそう，という意味。在五中将は，女がどれほど自分のことを恋慕しているのかを知り，かわいそうに思ったのである。　ｄ.「けしき」は，ここでは態度，様子，という意味。

問二＜古典文法＞Ⅰ.「いかで」は，願望を表す副詞。「てしがな」という助詞を伴うと，何とかして〜たい，という意味になる。　Ⅱ.名詞に接続する「なり」は，断定を表す助動詞。　Ⅲ.「よき」は，形容詞「よし」の連体形。　Ⅳ.「にて」は，場所や時を表す格助詞。

問三＜古文の内容理解＞イ.狩りに出かけていたのは，在五中将である。　ロ.子どもたちに夢語りを聞かせるほど在五中将を慕っているのは，女であり，三男は，そのことを在五中将に訴えた。　ハ.在五中将が女のもとを訪ねるそぶりを見せたので，急いで家に帰ったのは女である。

問四＜古典文法＞係り結びの法則によって文中にある係助詞「ぞ」に対応して，文末の活用形は連体形になる。

問五＜古語＞「かいまみる」は，物の隙間からひそかにのぞき見る，という意味。在五中将は，女がしたように，こっそりと家に行き，隙間から女をのぞき見たのである。

問六＜和歌の内容理解＞女は，恋しい在五中将がひそかに見ていることを知って，在五中将に会えず独り寝をする日々の寂しさを和歌に託してよんだ。

問七＜古文の内容理解＞在五中将は，自分が恋しく思う女性だけでなく，一方的に自分のことを熱烈に思う女性に対しても，同様に思いやりを示して共寝をした。

問八＜古文の内容理解＞深い情愛を持った男に出会いたいと思っていた女は，本当に夢に見た振りをして子どもたちに夢語りをした(④…×)。三男だった子は，母親の語った夢の内容について，よい夢であると解釈した(③…○)。何とか母親に在五中将を会わせたいと思ったのは，三男だけである(①…×)。母親である女が自分をどれだけ慕っているかを三男から聞いた在五中将は，その気持ちに同情して，女の家に行った(②…×)。

問九＜文学史＞『蜻蛉日記』は，平安時代中期に成立した藤原道綱母の日記。『方丈記』は，鎌倉時代初期に成立した鴨長明の随筆。『太平記』は，南北朝時代に成立した軍記物語。『日本永代蔵』は，江戸時代に刊行された井原西鶴の浮世草子。

2022年度 日本大学鶴ヶ丘高等学校

【英　語】（60分）〈満点：100点〉

1　［放送問題］リスニングテストはPart 1とPart 2の２つの部分に分かれています。

Part 1　Part 1は【１】～【４】までの４つの話を聞き，その内容について１つずつ質問が出されます。質問に対する答えとして最も適当なものを，それぞれ①～④の中から１つ選んで，マークしなさい。話と質問は２度読まれます。途中でメモを取ってもかまいません。

【１】

①

②

③

④

【２】

①

②
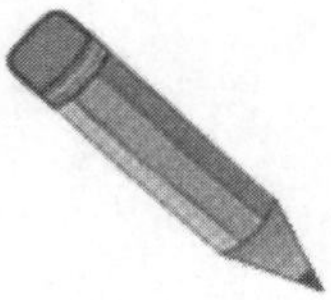
③
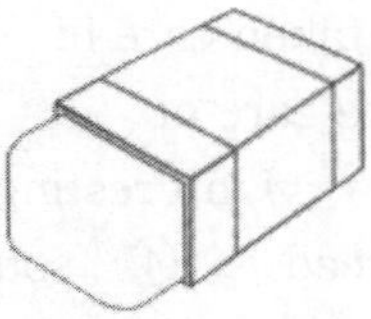
④

【３】

①

②

③

④

【４】

①

②

③

④

Part 2　Part 2は【５】と【６】の２問です。長めの話を１つ聞き，【５】と【６】の答えとして最も適当なものを，それぞれ①～④の中から１つ選んで，マークしなさい。話と質問は２度読まれます。途中でメモを取ってもかまいません。

【５】

①　100,000　②　90,000　③　110,000　④　1,000,000

【6】

① By selling honey to people.　② Because it is an interesting job.

③ His bees eat pollen.　④ Fruit farmers pay him.

※＜**放送問題原稿**＞は英語の問題の終わりに付けてあります。

2　次の【7】～【12】の各文の空所に当てはまるものとして，最も適当な語（句）をそれぞれ①～④の中から1つ選んで，マークしなさい。

【7】 If she (　A　) one hundred books in a year, I'm sure, she (　B　) her world.

① A：read　B：will broad　② A：read　B：would broaden

③ A：reads　B：will to broaden　④ A：reads　B：would to broad

【8】 A： Oh, it's already half past one.　I (　　) the kitchen since this morning.　I am tired.

B： Yeah.　Why don't you take a break and go for lunch with me ?

A： Sounds good !　Let's go !

① cleaned　② clean　③ have been cleaning　④ am cleaning

【9】 A： (　　) one of these ice cream flavors do you want to eat ?

B： Hmm . . .　Mint chocolate, please.

① How　② Which　③ What　④ Where

【10】 These cats need to (　　) until the owner comes back to pick them up in his car.

① be taken care　② be taken care of

③ be taking care　④ take care of

【11】 The plans for your trip (　　) interesting.

① say　② play　③ read　④ sound

【12】 Look at that mountain (　　) top is covered with snow.

① who　② whose　③ which　④ where

3　次のイ～ヘの英文中の〔　〕内の語群について，日本文の内容に合うように並べ替えなさい。解答は【13】～【24】のそれぞれに当てはまる番号をマークしなさい。ただし，文頭に来る語も小文字から始まっています。

イ　私はジョナサンほどマンガを多く持っていません。

〔① have　② many　③ as　④ comics　⑤ I　⑥ as　⑦ don't〕 Jonathan.

〔(　)(【13】)(　)(　)(【14】)(　)(　)〕 Jonathan.

ロ　大阪へはどの電車に乗ればいいのか分かりますか。

Do〔① take　② you　③ to　④ know　⑤ train　⑥ for　⑦ which〕 Osaka ?

Do〔(　)(【15】)(　)(　)(【16】)(　)(　)〕 Osaka ?

ハ　隣に座っている男性は，電車でお弁当を食べていました。

The〔① to　② man　③ me　④ eating　⑤ was　⑥ next　⑦ sitting〕 a bento on the train.

The〔(　)(【17】)(　)(　)(【18】)(　)(　)〕 a bento on the train.

ニ　彼らは，電車内の乗客を守るために，強い鬼たちと戦いました。

〔① save　② the passengers on　③ against　④ they　⑤ the strong demons　⑥ fought　⑦ to〕 the train.

〔(　　)(【19】)(　　)(　　)(　　)(【20】)(　　)(　　)〕the train.

ホ　彼は全力を尽くすことが大切だと教えてくれます。

〔① do　② important　③ tells　④ it's　⑤ he　⑥ me　⑦ to〕my best.

〔(　　)(【21】)(　　)(　　)(【22】)(　　)(　　)〕my best.

へ　私は疲れていたので，映画を見に行きませんでした。

I〔① because　② to　③ tired　④ I　⑤ the movie　⑥ go　⑦ didn't　⑧ was〕.

I〔(　　)(【23】)(　　)(　　)(【24】)(　　)(　　)(　　)〕.

4　次の対話文を読んで，文中の【25】～【31】の空所に入れるのに最も適当な表現を，後の①～⑦の中から1つ選んで，マークしなさい。ただし，同一の表現を2度用いず，すべての表現を使うこと。文頭に来る語も小文字から始まっています。

A：OK, Son. We need to do some cleaning around the house today.

B：Sure, Dad. What are you thinking about doing?

A：Well, I could (　【25】　) repairing the closet door in the bathroom.

B：Yeah, and we should (　【26】　) at getting the garden cleaned out. There are too many rocks in it.

A：I couldn't have put it better myself. Also, the kitchen needs a good cleaning, the floor needs to be vacuumed, the stairs need scrubbing . . .

B：Whoa, whoa, whoa, Dad. That's way too much to tackle in one day. We've got to make a plan.

A：Yeah, I guess you are right. I was really getting ahead of myself. So what would you like to do first?

B：Well . . . honestly, I would be delighted to spend all day helping you but I have homework, and also . . .

A：Ahh, you've got (　【27】　) today? What's up? Are you going to meet your friends?

B：Kind of . . . Actually, I have a date tonight. You know that girl at school, Jenny? She and I are (　【28】　) a movie.

A：OK, so how long can you give me today? I would really appreciate it if you could give me a few hours.

B：No worries, Dad. As long as we (　【29】　) before 4:00 pm, I'll still have enough time to take a shower and get out of here.

A：Right you are. Let's start with the most difficult thing first. That bathroom door has been broken for two months.

B：OK, Dad. I'll (　【30】　) the screwdriver and a few other tools.

A：Great. I'll just be sitting here drinking my coffee while you do that.

B：What?! (　【31】　). We have to do the work together.

① heading out to catch　② run and grab
③ that's not fair　④ really use a hand
⑤ wrap things up　⑥ something else going on
⑦ take a shot

5 次の英文を読んで，後の【32】～【41】の各英文が本文の内容と一致しているものには①，異なっているものには②をマークしなさい。

I see the lights out near the ocean again. I know the Wanderers are coming.

It is dark in the house. I have turned out all of the lights. I know that if the Wanderers see me, I am not safe.

I have lived by the sea my whole life. My town is a small one, maybe twenty houses and a few shops. We have one gas station that closes at nine and our grocery store is only open for a few days a week. Mr. McGregor, the owner, is old now and he can't work as much as he used to since his wife died.

I see the lights moving along the beach.

My father warned me about the Wanderers. "Never go near them," he would say. When we saw them coming down the beach, we would turn off all the lights, lock our doors and hide in the basement. "They are bad people. No one knows what they are doing and no one ever goes near them. Remember that, John," my father would tell me.

I have not seen the Wanderers in twenty years, since I was 48. But here they are. What are they doing ?

The last time they came to town, it was in a hurricane. The wind was blowing hard and the trees were bending in the storm. A line of people holding lanterns walked slowly through the storm and I watched from my bedroom window as they walked slowly down the beach until I could not see the lights anymore.

Tonight, I will find out who and what they are.

I put on my heavy oil-skin coat and leave my house. I am afraid, but I simply must know.

I climb over the small hills of sand, following the lights in the distance. Tonight is also stormy and the wind and rain makes it hard to see or hear anything, but suddenly I hear something. It is singing. The Wanderers are singing as they walk. The song is not one I have ever heard. It is slow and almost sad.

I count about thirty of these people. I move closer, being careful to keep hidden, but I am trying to get close enough to see their faces.

After ten minutes, I get in front of the group and turn around to look back. In the light of their lanterns, I see that all of them have very white skin and dark black eyes. They look sad and their mouths never stop moving―never stop singing their slow, strange song. I have never seen them close up before. They don't look human, but they don't look dangerous either.

I keep walking along the beach, but I still don't understand what they are doing here. Why would anyone come out on such a cold and windy night ?

I am not looking where I am going and I trip on a tree root. I fall down a small hill and I am right in front of the Wanderers.

They see me. They stop and all of them raise their heads and look at me. They have stopped singing and now I am afraid.

I can feel the hate coming out of their black eyes, but they do not attack. They simply turn toward the waves and start to walk into the ocean. For some reason I feel like following them, but I know if I do, something very bad will happen. I watch as they, one by one, walk deeper and deeper into the water until it is over their heads.

I lie on the sand shaking with fear.　All of the Wanderers are gone.　They are under the water, but I can still see their lights as they walk out into the deep ocean.

I stay in the same place until the sun rises.　I promise myself that I will never leave the house again when the Wanderers come.

【32】　The man lives in a big city near the ocean.

【33】　The man's father told him not to go near the Wanderers even though other people do.

【34】　In the story, the man is in his 60s.

【35】　The last time John saw the Wanderers was also in bad weather.

【36】　The Wanderers make no sounds when they are walking.

【37】　When John first sees the Wanderers up close, he is afraid of them.

【38】　John wants to get very close to the Wanderers and so he jumps in front of them.

【39】　When the Wanderers see John, they attack him because they hate him.

【40】　The Wanderers walk into the ocean and John wants to follow them.

【41】　As soon as the Wanderers are gone, John runs home because he is afraid.

6　次の文章を読み，後の問い【42】～【46】の答えとして最も適当なものを，それぞれ①～④から１つ選んで，マークしなさい。

Good afternoon, ladies and gentlemen.　My name is Henry Zebrowski and I'll be the MC today.　I want to welcome you to the 15th Annual Conference on Fires.　Our first speaker is Mr. Eli Bosnick.

Thank you, Mr. Zebrowski.　In the past, most of us have focused on the need to stop fires after they have started.　We get better fire trucks, train our firefighters how to use their equipment better, and get more equipment for those firefighters.　However, I believe that we don't need to do any of that.

Now, I am not saying that we don't need to try to put out all fires.　Fire can cause big problems for wildlife, smoke can harm people who have allergies, and the heat can melt roads.　However, in my speech today, I just want to talk about saving houses.

Did you know that a fire can get as close as twenty meters to someone's house and not hurt it at all ? Fire is not the big problem ; embers are.　Embers are the small pieces of burning wood or leaves that fly in the air and then land on people's roofs or inside open windows or doors.　This then starts a fire inside the house and the house burns down.　If we make people have concrete roofs, not wooden roofs, and close all their windows and doors tightly in a fire, most houses will not burn.

One other problem is that each year, here in California, we have over five hundred fires that we put out.　We do not let the fires burn.　This means that all of the deadwood that is in the forests is not burned each year.　Instead, that wood keeps increasing.　So, when there is a big fire, it is a very big fire because of all of the wood left on the ground.　We must let most of these fires burn each year so that small fires will not become big ones.

Thank you.　Now, are there any questions ?

【42】　This passage is most likely from :

① A talk at a high school.　② A radio show.
③ A meeting of professional people.　④ A group of friends.

【43】 In paragraph three, what does Mr. Bosnick think is a good reason to put out fires ?
① To help people who have problems with smoke.
② To train firefighters.
③ Both ① and ②.
④ He does not think we should put out fires.

【44】 Why does the speaker say that houses burn in a fire ?
① Most fires don't come closer than 20 meters to the houses.
② People keep their doors and windows too tightly closed.
③ Those houses have wooden roofs.
④ The firefighters don't have enough training.

【45】 In the fourth paragraph, which is the closest in meaning to the word embers ?
① Fire in the sky.　② Wooden roofs.
③ Small burning things.　④ A law to help stop fires.

【46】 Why is it good to let some fires burn ?
① Because we need to burn some houses.
② Because if we have small fires, we will not have big ones.
③ Because we need to make people close their doors and windows.
④ There is no reason to let fires burn.

＜放送問題原稿＞

これからリスニングテストを始めます。リスニングテストはPart 1とPart 2の2つの部分に分かれています。

Part 1　Part 1は【1】～【4】までの4つの話を聞き，その内容について1つずつ質問が出されます。質問に対する答えとして最も適当なものを，それぞれ①～④の中から1つ選んで，マークしなさい。話と質問は2度読まれます。途中でメモを取ってもかまいません。では始めます。

【1】
F : My baby brother and I went to the zoo yesterday.　He loves animals.
M : Oh, really ?　Which was his favorite ?
F : He loves mammals ; you know, animals that have hair.
M : Ahhh, so which was his favorite ?
F : He likes the small one.
Question—Which animal was her brother's favorite ?

【2】
M : Oh, no.　Class is about to start and I left my pencil case at home.
F : Don't worry, Noah.　You can borrow my things.　What do you need ?
M : Well, the next class is math, so I need a pen, a pencil, a ruler, and an eraser.
F : Are you sure you need all of that ?　I can see a pen in your pocket and the teacher has rulers for everyone.
M : Oh, you're right.　Well, then I just need the other things.
F : Here you are, but sorry I don't have anything to write with.

Question—What did the girl give to the boy ?

【3】

M : I'm going to buy a new car. I've got three brochures about them.

F : Oh, all the logos have circles on them. Which car do you want ?

M : Well, I like the one with four circles.

F : But TWO of them have four circles. Do you mean the one that looks like an eight ?

M : No, not that one.

Question—What is the logo of the car he wants to buy ?

【4】

Good afternoon, Dumaguete. Here is your weather report for the next three days. Tomorrow, Friday, will be partially cloudy with the sun only coming out sometimes, so if you want to go to the beach, that might be the best time to go. Don't go out the day after, as the weather will not only be cloudy, but there will be storms. Sunday will be cold, snowy . . . (ha) just joking, we never have snow here. In fact, the weather will be totally clear and sunny the whole day. Have fun and be safe however you choose to spend your weekend. This is Angelo Toque for DYRM, 1134 on your AM dial.

Question—What will the weather be like two days from today ?

Part 2 Part 2は【5】と【6】の2問です。長めの話を1つ聞き，【5】と【6】の答えとして最も適当なものを，それぞれ①～④の中から1つ選んで，マークしなさい。話と質問は2度読まれます。途中でメモを取ってもかまいません。では始めます。

【5】【6】

My best friend is a beekeeper ; do you know what that is ? It is a person who has a bee farm. Now, a bee farm may sound strange. You know that people keep animals like cows, pigs, and chickens for meat, but he doesn't use bees for that. If you are guessing that we use bees to make honey, you are right, but you may be surprised to learn that my friend doesn't use his just over 100,000 bees to make honey. No. His bees are used to help flowers grow. Fruit farmers pay him to take his bees to their farms in the spring and let the bees fly from flower to flower. This moves pollen around so the plants can grow. My friend has an interesting job.

Question【5】—How many bees does his friend have ?

Question【6】—How does his friend make money ?

これでリスニングテストは終わりです。引き続き，残りの問題に取り組んでください。

【数　学】（60分）〈満点：100点〉

（注意）(1) 分数の形で解答が求められているときは，それ以上約分できない分数で答えること。

(2) 定規・コンパス・分度器・計算機を使用してはいけない。

(3) 問題の図は正確なものではない。

1 次の【1】，【2】，……，【14】の一つ一つには，それぞれ０～９までの一つの数字が当てはまる。それらを【1】，【2】，……，【14】で示される解答欄に順次マークしなさい。

(1) $\{0.5\div0.25-(-0.75)^2\}\times\left(1-\dfrac{3}{23}-\dfrac{4}{23}\right)=$【1】

(2) $x=\sqrt{5}-3$ のときの，$x^2+6x+16=$【2】【3】である。

(3) x，y についての連立方程式 $\begin{cases}2ax+y=20\\-ax+2by=2\end{cases}$ の解が $x=2$，$y=8$ となるとき，$a=$【4】，$b=\dfrac{【5】}{【6】}$ である。

(4) $\sqrt{\dfrac{48}{7}n}$ が自然数となるような最も小さい自然数 n の値は【7】【8】である。

(5) BD は円Oの直径である。AB＝CD のとき，$\angle x=$【9】【10】【11】°である。

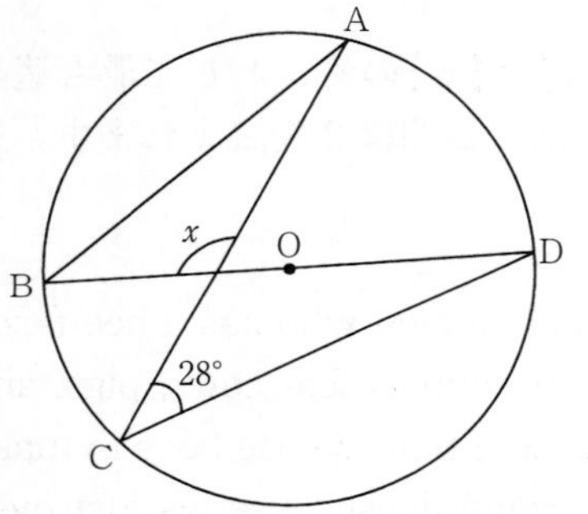

(6) ９％の食塩水 100g が入った容器がある。この容器に５％の食塩水を【12】【13】【14】g加えれば，６％の食塩水になる。

2 次の【15】，【16】，……，【20】の一つ一つには，それぞれ０～９までの一つの数字が当てはまる。それらを【15】，【16】，……，【20】で示される解答欄に順次マークしなさい。

右の図において，点Oは原点である。３点A，B，Cは関数 $y=2x^2$ のグラフ上の点で，点Dは線分 AC と y 軸との交点である。２点A，B の x 座標がそれぞれ２，-1 で，△DCO の面積が △ADO の面積の $\dfrac{3}{4}$ 倍である。

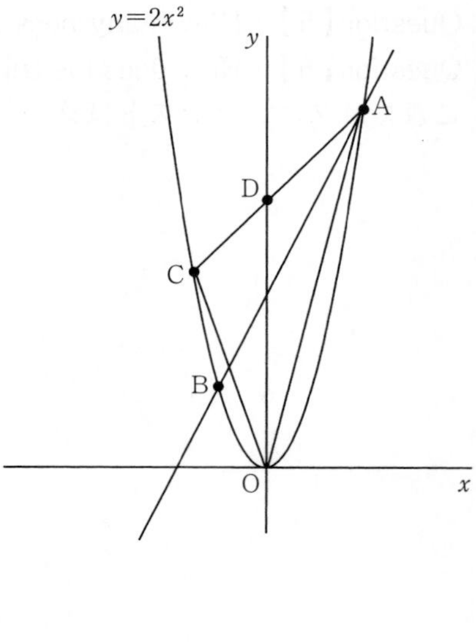

(1) 直線 AB の方程式は $y=$【15】$x+$【16】である。

(2) 点Cの座標は $\left(-\dfrac{【17】}{【18】},\ \dfrac{【19】}{【20】}\right)$ である。

3　下の【21】，【22】，……，【26】の一つ一つには，それぞれ０～９までの一つの数字が当てはまる。それらを【21】，【22】，……，【26】で示される解答欄に順次マークしなさい。

次の図のような，１辺の長さが１の正五角形 ABCDE があり，AD と CE の交点をＰとする。

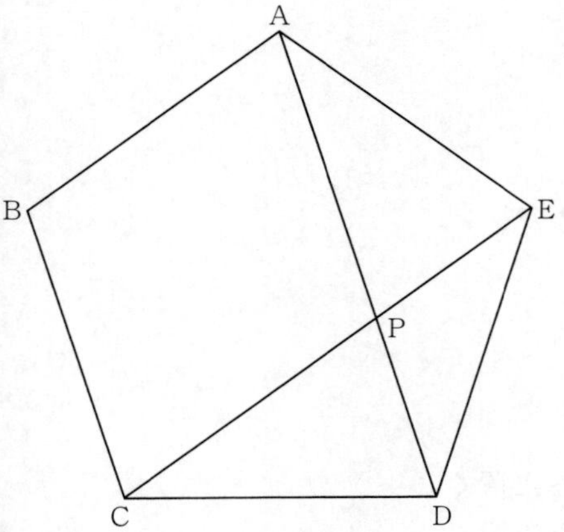

(1)　∠BCE の大きさは，【21】【22】°である。

(2)　AP の長さは，【23】である。

(3)　PD の長さは，$\dfrac{-\text{【24】}+\sqrt{\text{【25】}}}{\text{【26】}}$ である。

4　下の【27】，【28】，……，【32】の一つ一つには，それぞれ０～９までの一つの数字が当てはまる。それらを【27】，【28】，……，【32】で示される解答欄に順次マークしなさい。

次の図のような直方体の水そうに深さ 4 cm のところまで水が入っている。この水そうに，１辺が 6 cm の立方体の金属のかたまりを入れたところ，深さが 5 cm になった。

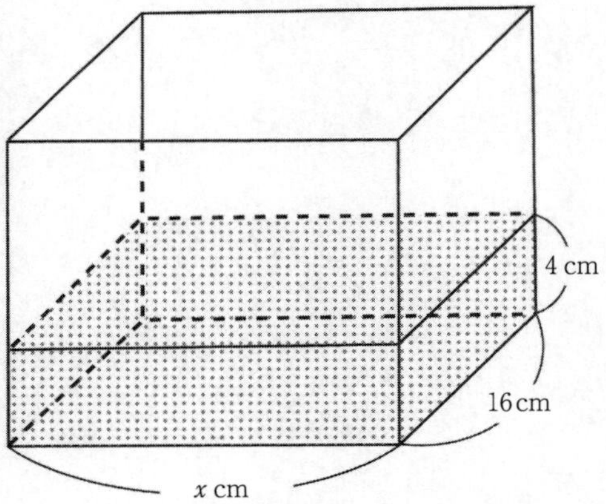

(1)　金属のかたまりのうち，水中に沈んでいる部分の体積は【27】【28】【29】cm^3 である。

(2)　上の図の x の値は $\dfrac{\text{【30】【31】}}{\text{【32】}}$ である。

5　下の【33】，【34】，……，【39】の一つ一つには，それぞれ０～９までの一つの数字が当てはまる。それらを【33】，【34】，……，【39】で示される解答欄に順次マークしなさい。

白い碁石と黒い碁石がたくさんある。次の図は，これらの碁石をある法則に従って置いたものである。

１番目　　２番目　　３番目

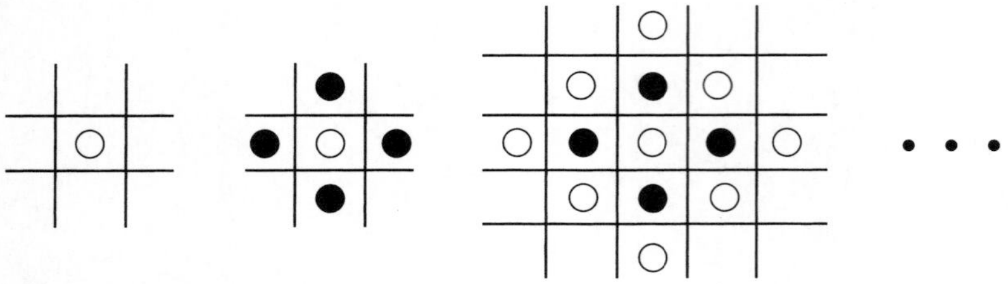

【法則】

・１番目に，白い碁石を１個置く。

・２番目に，黒い碁石を白い碁石の上下左右の空いているところに置く。

・３番目に，白い碁石を黒い碁石の上下左右の空いているところに置く。

これを繰り返す。

(1)　５番目に置かれている白い碁石の合計は【33】【34】個である。

例：３番目に置かれている白い碁石の合計は９個である。

(2)　白い碁石と黒い碁石がそれぞれ200個ずつあるとき，最大【35】【36】番目まで置くことができる。そのとき置かれている白い碁石の合計は【37】【38】【39】個である。

も適当なものを次の中から選びなさい。解答番号は【40】

① 一筋を陸奥紙に　② 御目のしりの
③ 生きての世　④ あきになる

問四　本文中の和歌X、Yについて述べたものとして最も適当なものを次の中から選びなさい。解答番号は【41】

① Xの和歌では来世には二人で自由に愛し合える鳥に生まれ変わりたいと訴えているのに対し、Yの和歌では出典の意図をくみ取りながらも巧みに話題をそらし、相手を軽くいなしている。
② Xの和歌は漢詩を出典とすることにより、強い愛を伝えつつも相手の知識を試す内容になっているのに対し、Yの歌はその想いを受け止めたうえで、出典の意図を踏まえて返歌している。
③ Xの和歌では、漢詩を出典として生まれ変わっても愛し合っていたいと強い愛情を訴えるのに対し、Yの和歌では相手の意をくみ取り損ねて、すれ違いが起こってしまっている。
④ Xの和歌では相手にまだ愛が伝わりきらないと焦れている送り主は、さらに同じ出典から表現を変えてYの和歌を送ることで、自らの知性を見せつつ深い愛情を表現しようとしている。

問五　傍線部③「古今うかべたまへり」の意味として最も適当なものを次の中から選びなさい。解答番号は【42】

① 芳子の歌は、古今和歌集で詠まれた和歌を盗作したものであるということ。
② 芳子が、帝と同じく古今和歌集を愛読しているということ。
③ 芳子が、古今和歌集の内容をすべて暗記しているということ。
④ 芳子の和歌を聞いて、帝が古今和歌集を思い浮かべたということ。

問六　傍線部④「かかること」が指す内容として最も適当なものを次の中から選びなさい。解答番号は【43】

① 帝と娘が仲睦まじくしていること
② 帝と娘が歌のやり取りを行っていること
③ 帝が娘の知識を試していること
④ 帝が娘に対して意地悪なことをすること

問七　波線部Ⅰ～Ⅳのうち、歴史的仮名遣いを含んでいるものを選びなさい。解答番号は【44】

① Ⅰ　② Ⅱ　③ Ⅲ　④ Ⅳ

問八　本文の内容について述べたものとして正しいものを次の中から選びなさい。解答番号は【45】

① 最初は期待されていなかった芳子だが、その教養で帝の期待に応えることにより、寵愛を受けるようになった。
② 芳子は若さゆえに帝の寵愛を受けたが、最終的には帝の期待に応えることができずに寵愛を失った。
③ 芳子は帝を圧倒するほどの知識を披露したが、そのためにうまくいっていた二人の関係はこじれてしまった。
④ 芳子は美しさだけでなくその知性までもが帝の期待に応えるものであったため、帝の寵愛を受けた。

問九　『大鏡』は平安時代後期に成立した歴史物語である。この作品より成立が早いものを次の中から選びなさい。解答番号は【46】

① 徒然草　② 万葉集
③ 平家物語　④ とはずがたり

知り、昔の悪事が妻や息子に知られるのではないかという懸念から引っ越しを決意したことは正解だったのだと安心している石黒の様子を表している。

④　カウンターの女が歯をしきりに気にする様子は、小さなことを気にして悩む石黒の姿を象徴しており、最後のシーンで歯の神経に触れて痛みを感じる様子は、過去の悪事に対して罪悪感を覚え始める石黒の様子を表している。

四

次の文章は、村上天皇の時代の宣耀殿《せんようでん》の※女御《にょうご》藤原芳子に対する帝《みかど》の寵愛《ちょうあい》ぶりや、それに対する周囲の様子などが語られているものである。文章を読んで、後の問いに答えよ。

御女《むすめ》、村上の御時の宣耀殿の女御、aかたちをかしげにうつくしうおはしけり。b内《うち》へまゐりたまふとて、御車に奉《たてまつ》りたまひければ、わが御身は乗りたまひけれど、御髪のすそは、※母屋《もや》の柱のもとにぞおはしける。一筋《ひとすぢ》を※陸奥紙《みちのくにがみ》に置きたるに、いかにもすき見えずとぞ申し伝へた①める。御目のしりの少しさがりたまへるが、いとどらうたくおはするを、帝、※いとかしこくときめかさせたまひて、②かく仰せられけるとか。

X　生きての世死にての後の後《のち》の世も※羽をかはせる鳥となりなむ

Y　あきになることの葉だにも変はらずは我もかはせる枝となりなむ

御c返し、女御、

「③※古今《こきん》うかべたまへり」と聞かせたまひて、Ⅰ帝、こころみに本をかくして、女御には見せさせたまはで、Ⅱ「やまとうたは」とあるをはじめにて、まづの句のことばを仰せられつつ、Ⅲ問はせたまひけるに、d言ひたがへたまふこと、Ⅳ詞《ことば》にても歌にてもなかりけり。④かかることなむと、父大臣《おとど》は聞きたまひて、御装束して、手洗ひなどして、所々に誦経《ずきょう》などし、念じ入りてぞおはしける。

『大鏡』

※女御＝天皇の妃の位の一つ。
※母屋＝寝殿造りで、廂《ひさし》の間より一間内側の中央にある部屋。髪の毛の長さを誇張した表現。
※陸奥紙＝陸奥の国から多く生産された紙。
※いとかしこくときめかさせたまひて＝たいそうご寵愛なさって
※羽をかはせる鳥＝中国の詩人白楽天《はくらくてん》が玄宗皇帝と楊貴妃のことを詠んだ詩である「長恨歌」中の、「比翼の鳥」「連理の枝」に由来する。夫婦が仲睦まじい様子の表現。
※古今＝『古今和歌集』のこと。

問一　二重傍線部a～dの口語訳として、最も適当なものを後の中からそれぞれ選びなさい。

a　「かたち」　解答番号は【35】
①　形式　②　容貌　③　雰囲気　④　笑顔

b　「内」　解答番号は【36】
①　自宅　②　境内　③　市中　④　御所

c　「返し」　解答番号は【37】
①　返答　②　返却　③　返礼　④　返上

d　「言ひたがへたまふこと」　解答番号は【38】
①　言いよどみなさること
②　言い違いなさること
③　言い変えなさること
④　言い訳なさること

問二　傍線部①「める」と活用形が異なるものを次の中から選びなさい。解答番号は【39】

①　昔こそよそにも見しか。
②　かたちよりはこころなむまさりたりける。
③　良き人は、知りたる事とて、さのみ知り顔にやは言ふ。
④　いづれの山か、天に近き。

問三　傍線部②「かく」の内容が指す箇所の始まりの部分として最

② 息子が万引で迷惑をかけてしまったことに対し、強い罪悪感を覚えたから。

③ 自分の若い頃の悪事が明るみに出てしまうのではないかと不安になったから。

④ 女房は楽観的に捉えているが、石黒は万引という罪を重く捉えているから。

問五 傍線部④「そこのところ」とはどういうことですか。最も適切なものを次の中から選びなさい。解答番号は【29】

① 悪事をにくみ、潔白な生き方をしてきたこと。

② 結婚生活で浮気一つしていないということ。

③ 後ろめたいことはしてこなかったということ。

④ 社会的にも成功し、仕事で活躍してきたこと。

問六 傍線部⑤「気持の決着だけはつけて離れたかった」とありますが、「気持」とはどういう気持ちですか。最も適切なものを次の中から選びなさい。解答番号は【30】

① ビリケンが自分を恨んでいたのかどうかを知り、恨んでいたら謝罪したいという気持ち。

② ビリケンの日記に自分の過去の悪事が書かれているのかどうかを知りたいという気持ち。

③ 過去に起こした悪事を清算し、すっきりとした気持ちで引っ越しをしたいという気持ち。

④ 万引をしたと思っているビリケンの息子の誤解を解き、汚名をそそぎたいという気持ち。

問七 波線部の中で用いられている表現技法を次の中から選びなさい。解答番号は【31】

① 直喩　② 倒置法　③ 体言止め

④ 擬人法　⑤ 対句

問八 空欄 X に入る語として最も適当なものを次の中から選びなさい。解答番号は【32】

① 子　② 目　③ 常識　④ 耳

問九 傍線部⑥「また胸が早鐘になった」とありますが、なぜですか。最も適切なものを次の中から選びなさい。解答番号は【33】

① ビリケンの息子があまりにもあっけらかんと日記の内容の話をするので、カウンターの女や他の客に話をきかれてしまうのではないかと冷や冷やしたから。

② もう引っ越していくからどんなことが書かれていても構わないと覚悟を決めたものの、家族には知られたくない事実を暴露されるのではないかと不安になったから。

③ ビリケンが自分のことを覚えていないようだったと聞いて一瞬安堵したものの、何かが日記に書かれているとビリケンの息子に言われたことで、改めて緊張が走ったから。

④ ビリケンが生前に自分のことを気にしていたのだという話を聞き、さらにおかしなあだ名をつけて馬鹿にされていたことを知って怒りを覚えたから。

問十 以下のシーンでカウンターの女が描写されることで、石黒のどのような様子を読み取ることができますか。最も適切なものを次の中から選びなさい。解答番号は【34】

> カウンターの女は、歯の洞の神経に爪楊枝が触れたらしい。
> 「ああ」
> とうめいて、痛そうに顔をしかめた。

① 小料理屋のシーンで何度も登場するカウンターの女は世間の目の象徴として描かれており、ビリケンの息子が明かした石黒の秘密が、実は様々な人に知られているのではないかという不安を折々感じる様子を表している。

② それまでビリケンの息子から日記の話を聞くことに集中していた石黒が、日記には自分の不都合なことを書かれていなかったことを知ってホッとしたため、ようやく周りの状況が目に入ってくるようになった様子を表している。

③ ビリケンが自分のことをやはり知っていたのだという事実を

クイナ。
咄嗟に判らなかった。クイナクイナと呟いた。
「すみません。おやじがあなたにつけたあだ名なんです」
息子は、コップの酒を指につけてカウンターに水鶏《くいな》と書いてみせた。
「ご存知ないですか。ニワトリを二廻り小さくしたトリで、セカセカセカセカ歩くんだそうです」
言ってから、すみません、と頭を下げた。ビリケンは、石黒の素性を知らないままに、前のめりに歩く姿をみて、あだ名をつけていたのだ。
カウンターの女は、歯の洞《うろ》の神経に爪楊枝が触れたらしい。
「ああ」
とうめいて、痛そうに顔をしかめた。

（向田邦子「ビリケン」より）

※ビリケン　尖った頭と吊り上がった目が特徴である、子供の姿をした幸運の神様の像。

問一　二重傍線部a～cの本文における意味として最も適当なものを後の中からそれぞれ選びなさい。

a　「御用になった」　解答番号は【23】
① 店主に捕まった　② 置き去りになった
③ 金を払うはめになった　④ 度胸が認められた

b　「かたがついた」　解答番号は【24】
① 無実が証明された
② なかったことにした
③ 反省させた
④ 話が収まった

c　「ご内聞に」　解答番号は【25】
① 身内に話を聞いてもらうこと
② 知らなかったことにしてもらうこと
③ 口外しないでもらうこと
④ 秘密を聞かなかったことにすること

問二　傍線部①「うちの土瓶敷と同じ編み方だな。怒られながらそう思った記憶がある」とありますが、この記述は石黒のどのような状態を表現しているのですか。最も適切なものを次の中から選びなさい。解答番号は【26】
① 万引したことは悪いと思っているものの、その謝罪の思いがおやじに伝わらず、途方にくれている様子。
② 初めて万引をしてしまった罪悪感で、おやじの説教も耳に入らないくらいショックを受けている様子。
③ 万引をした本の金を払うと言っても聞かないおやじの態度にいら立ち、あら探しを始めている様子。
④ 万引をしたものの大して反省もしておらず、神保堂のおやじの説教にも集中せず聞き流している様子。

問三　傍線部②「からだ中が熱くなるのが判った」とありますが、なぜですか。最も適切なものを次の中から選びなさい。解答番号は【27】
① 神保堂のおやじに怒られているところを同年代の若者に見られるのは格好悪くて、恥ずかしかったから。
② 自分が悪かったとしてもねちねちと長い時間怒られているのは理不尽であり、だんだん腹が立ってきたから。
③ 自分がおやじに叱られている場所に遠慮もなく入り込んでくる若者の無神経さに、いらだったから。
④ 警察に突き出されるほど悪いことをしたわけではないが、捕まっている場面を見られるのは気まずかったから。

問四　傍線部③「石黒は自分がゆっくりと歩いているのに気がついた」とありますが、それはなぜですか。最も適切なものを次の中から選びなさい。解答番号は【28】
① ビリケンが既に亡くなっていたと知り、謝る機会を失ったのだと気づいたから。

「おやじは毎晩、小さな字で、必ず日記をつけてました。納骨が済んだら、ゆっくり読んでみようと思ってます」

日記には書いてあるに違いない。今朝もあの男が、店の前を通った。三十年前、おやじに吊《つる》し上げられていた万引の犯人が。気がとがめるのか、いつも俺の方をチラリと見て通ってゆく――。

石黒の家からビリケンの果物屋までは、離れている。同じ町内ではない。長男一人の万引き事件なら、c ご内聞にと手をついたことだし、時間が経てば若気の至りで消えるだろう。

だが、いずれビリケンの息子は日記を読む。

父も万引、息子も万引では、笑い者である。

ビリケンの女房の、おしゃべりそうな、よく動く薄い唇が見えてきた。噂がひろまったら、大事である。

石黒は、金にも女にも綺麗だった。それだけの度胸がなかったのだが、名刺の肩書が大したことない割に、女房や長男に胸を張ってこられたのは、④そこのところが支えだった。

三十年前の万引事件が明るみに出たら、そのつっかえ棒は折れてしまう。息子にしめしがつかなくなる。これから先の二十年か三十年の人生を、女房に見すかされながらおえるのは嫌だった。

思い切ってこの土地を離れよう。石黒はそう決心した。

立川から奥へ入ったところにマンションをみつけ、退職金前借りで手金を打った。

大きな買いものをした気疲れで、石黒は足を引きずるように帰ってきた。角までくると、ビリケンの息子が店を閉めていた。ビリケンの時代には、こんなに早く店仕舞いをすることはなかった。

「先日はどうも」

会釈してゆき過ぎてから、ふと気が変った。

手金を打ったからには、早晩立ちのくこの土地である。関係ないといってしまえばそれまでだが、⑤気持の決着だけはつけて離れたかった。

「どうです。いっぱいやりませんか」

石黒はビリケンの息子を、近くの小料理屋へ誘った。

七人も坐ればいっぱいのカウンターだけの店である。やとわれママらしい狐みたいに痩せた女が、ほかに客のいないのをいいことに、石黒たちの前で、口をあけ、手鏡に奥歯をうつしては爪楊枝でせせっている。爪楊枝の先に、口紅がついて、自堕落な感じがする。

「どうですか、日記は目、通しましたか」

「まあ、ぼつぼつですが」

「そうですか」

話がと切れると、石黒は酒をすすめるしかなかった。ビリケンの息子は酒好きらしい。飲むと、油雑巾で拭いたように、テラテラと顔が光り、若いくせに薄くなりかけているてっぺんは、蜂屋柿のようにトガって、早くもビリケン予備軍の資格充分である。

「なんか面白いこと、書いてなかったですか」

「ないですねえ」

石黒のついだ酒を、ぐっとあけてから、ビリケンの息子はこう言った。

「面白いことは書いてないけど、気にしてたことはあったなあ」

「なんです。気にしてたことって」

もう何を言われても、おどろかない。近いうちにこの土地を離れて引っ越してゆくのだ。

「あんなに気にしてたのなら、じかに聞けばいいんだ」

息子は少し笑って、

「あの人は一体、俺を知ってるのかな。おやじはそう言ってましたよ。どこかで逢ってるのか、逢った覚えはないんだがなあ」

石黒はわが［X］を疑った。

ビリケンは、俺を忘れていた。日記にも書いてないのか。

「いや、日記には書いてありました」

⑥また胸が早鐘になった。

「今朝もまたクイナが通ったって」

過敏型自己愛の人間も生まれやすいと筆者は考えている。

③　強い自己愛を持ちながら繊細な性格のために満足することができない人間に対して筆者は一定の理解を示し、日本社会の伝統を改めるべきだと読み手に呼びかけている。

④　自己愛の強い人間を誇大型と過敏型に分類し、両者を様々な観点から比較することにより、筆者は自己愛が強い人間の心の仕組みを紐解き、彼らに対する偏見を解き明かそうとしている。

三　次の文章を読んで、後の問いに答えなさい。

三十年前、石黒は神保堂で万引をして捕まったことがある。

大学三年のときだった。

水道橋のガード下で梅割りを飲み、勢いのついたところで、二、三人の友達と度胸だめしをやった。生れてはじめてだったが、石黒だけがa御用になった。

手にしたのは古ぼけた英和辞典だったが、金を払えばいいんでしょうという態度をしたこともあって、神保堂のあるじはなかなか勘弁してくれなかった。

風の強い寒い晩だった。

神保堂のおやじは、練炭火鉢に手をかざしながら、こういう説教は馴れているらしく、お経のような節《ふし》をつけながらネチネチと同じことばを繰り返した。頭のてっぺんが寒いのか、いろんな色の古い毛糸で編んだ帽子をのせていた。

①うちの土瓶敷と同じ編み方だな。怒られながらそう思った記憶がある。

ガラス戸があいて、一人の大学生が入ってきた。②からだ中が熱くなるのが判った。

初犯でもあり、警察に突き出されないだろうと見当がついていた。父親の年のおやじに叱られているのは、きまりが悪いといっても、まだましだった。

だが同じ年格好の学生に見られたという恥はやり切れなかった。

しかも、その学生は、見ただけで、どういう状況か見当がつきそうなものを、遠慮する風もなく奥へ入ってくる。立ちすくむ石黒をジロリと見て、おやじの横から上っていった。このうちの家族なのだ、息子なのだと気がつき、もう一度、恥でからだがほてった。あのときの息子が、※ビリケンだったのだ。

石黒が仏前に手を合わせたのと、神保堂を知っていたというのが利いたらしく、長男が起した事件のほうは、穏便にbかたがついた。

「いま、神保堂のほうは」

「あの店は人手に渡りました」

ビリケンはひとり息子だった。本来なら店を継ぐ人間だったが、大学卒業をひかえて胸を患《わずら》った。

呼吸器の病気に古本の湿気とゴミは大敵である。ビリケンの父は、ビリケンを転地させ、店は俺一代限りと言ったそうな。

パスが出るか出ないかという時期である。ビリケンは、牛乳と果物で病気を直した。全快したとき、父親はビリケンに、「牛乳屋か果物屋になったらどうだ」と言ったという。

「読んだり書いたりすることが好きな人でした。死ぬ一週間前までちゃんと日記つけてたんですよ」

ビリケンの女房は自慢そうであった。

ビリケンの店からの帰り道、③石黒は自分がゆっくりと歩いているのに気がついた。

女房は、大したことにならなくてよかったよかったと繰返していたが、石黒の気持は沈んでいた。人は心に重い荷物を提げると、急いで歩けなくなるらしい。

ビリケンは、知っていたのだ。粘る視線で、ジロリと見返したのは、これだったのか。

女房や息子の口振りでは、ビリケンはそのへんをはっきり言わないで目をつぶったらしい。だが、ビリケンの息子は気になることを言っていた。

でいそうな気配。

② 成功や栄光を強く望んでいる一方で、出しゃばることは人としての美徳に背くと考え、自分の本当の素晴らしさを隠していそうな気配。

③ 自分の素晴らしさを周囲に気付いて貰いたいと願っているため、作品を文学賞に応募すれば受賞するように普段から鍛錬していそうな気配。

④ 引っ込み性であるため自分からは決して行動しないが、なんとなく書いた作品を文学賞に応募すれば受賞するほどの才能を隠し持っていそうな気配。

問四 傍線部③「そのようなトーン」とありますが、それはどのようなことですか。最も適当なものを次の中から選びなさい。解答番号は【18】

① 人からの評価を気にし過ぎている様子。

② 呆れるほど図々しい行いを平気でする様子。

③ 漠然と薔薇色のシーンを期待している様子。

④ 何事に対してもやる気が起こらない様子。

問五 傍線部④「過敏型自己愛という補助線はかなり有用なものとなるだろう」とありますが、それはどのようなことですか。最も適当なものを次の中から選びなさい。解答番号は【19】

① 過敏型自己愛を分析することは、彼らの苦しみを和らげる手助けになるということ。

② 過敏型自己愛という事例は、小説作品の登場人物を生み出すヒントになるということ。

③ 過敏型自己愛の病理を考察することは、心の複雑さを考える手がかりになるということ。

④ 過敏型自己愛の内向的な性格は、自らの病理性を隠蔽するのに役立つということ。

問六 傍線部⑤「斜めの位置に自分の立ち位置を確保したい」とありますが、それはどのようなことですか。最も適当なものを次の中から選びなさい。解答番号は【20】

① 過敏型自己愛の人間は、一般的で分かりやすい優れた資質は自分には無いことを知っているが、それでも自分を特別視しているため、普通とは違った観点から自分の価値を探そうとしているということ。

② 過敏型自己愛の人間は、賞賛され特別扱いされるためなら、たとえ自分が本当に望んでいることを我慢してでも、他者が評価してくれそうな自分を演じることに徹しているということ。

③ 過敏型自己愛の人間は、人には伝えられない悩みを隠して生きているため、誰にでも分かりやすい価値ではなく、自分のことを理解してくれる者が認めてくれる価値を追求しているということ。

④ 過敏型自己愛の人間は、自分が思ったとおりに評価されないのは他人のせいだと考えるため、世間とは距離を置きながら、これまでには存在しなかった価値を見つけようと模索しているということ。

問七 次の文章は、文中の【Ⅰ】～【Ⅴ】のどこに入りますか。最も適当な箇所を後の中から選びなさい。解答番号は【21】

> そんな心残りがいつも彼らをぐらつかせる。

① 【Ⅰ】　② 【Ⅱ】　③ 【Ⅲ】
④ 【Ⅳ】　⑤ 【Ⅴ】

問八 本文における筆者の立場を説明したものとして、最も適当なものを次の中から選びなさい。解答番号は【22】

① 普段は控え目な態度を取る一方で、同じ悩みを抱える者に対しては攻撃的になりかねない過敏型自己愛の人間に対して、自分を特別扱いするのをやめ、普通の枠に収まることを筆者は勧めている。

② 人と違ったり目立ったりすることが嫌われる日本社会では、他人からの攻撃を避けるため人は内向的な性格になりやすく、

めにどうするか。彼らは同類の人間には敏感である。すぐにそうした存在を嗅《か》ぎつける。そこで一緒に悩みを分かち合うかといえばそんなことにはならない。慰め合わずに、むしろ近親憎悪的なものを覚える。同じ穴の貉《むじな》に過ぎない相手を憎んだり、仄《ほの》めかしによる攻撃を仕掛けたり、からかったりせずにはいられなくなる。それは共食いに近いｅイトナみだろう。

隠れナルシストたちは、弱々しげな表情を垣間見せるくせに共食いをしかねない獰猛《どうもう》さを秘めている。といって「普通」の人たちといれば、ますます自分を持て余していく。

（春日武彦『自己愛な人たち』より）

※スペクトル　情報や信号を成分の強弱に従って配列したもの。

※習作　練習のために作った作品。

問一　二重傍線部ａ～ｅと同一の漢字を使うものはどれですか。適当なものを後の中からそれぞれ選びなさい。

ａ　ケン虚　解答番号は【11】

①　役職をケン業する　②　北極ケンに棲息する

③　ケン賞に応募する　④　ケン遜を美徳とする

ｂ　免ジョ　解答番号は【12】

①　斜面をジョ行する

②　対象からジョ外する

③　出来事をジョ述する

④　順ジョを遵守する

ｃ　ツクロって　解答番号は【13】

①　屋根を修ゼンする

②　班ごとに配ゼンする

③　ゼン校生徒に伝える

④　平ゼンを装う

ｄ　ダン念　解答番号は【14】

①　ダン結を強める

②　算ダンを企てる

③　寒ダン差が激しい

④　東西に分ダンされる

ｅ　イトナみ　解答番号は【15】

①　エイ誉を手にする

②　エイ生面に気をつける

③　深夜までエイ業する

④　エイ響を受ける

問二　傍線部①「二つの極があってそれを結ぶスペクトルのどこかに位置する、という考え方」とありますが、それはどのようなことですか。最も適当なものを次の中から選びなさい。解答番号は【16】

①　目立ちたがり屋であるという点では共通するが、「分を弁える」性質の強いものを誇大型、弱いものを過敏型と分類することができるということ。

②　他人からの目を気にするという点では共通するが、失敗し傷つくことを恐れる度合いの強いものを過敏型、弱いものを誇大型に分類することができるということ。

③　自己愛が強いことの原因は、精神医学者や心理学者の間にも二つの見解があり、目立ちたいという欲求によるものだという考えが誇大型、栄光への強い欲求によるものが過敏型だということ。

④　自己愛が強いことの原因は基本的には同じだが、その人物がどんな生活を送っているかによって分類され、社会的成功を修めたものが誇大型、修めていないものが過敏型だということ。

問三　傍線部②「そんな顚末を夢想しそうな気配」とありますが、それはどのようなことですか。最も適当なものを次の中から選びなさい。解答番号は【17】

①　失敗して人から軽んじられることを避けるため、積極的な行動は取らないものの、本当は人から高く評価されることを望ん

スポットライトを浴びずにはいられないというのは、なるほど分かりやすい。

　ところがパラドックスめいたことに、自己愛が強い「からこそむしろ」醜態を見せたり失敗することを恐れ、結果として臆病かつ引っ込み性、内向的になることもある。それが過敏型自己愛で、彼らの(あたかも)控え目な態度は、決してａケン虚とか「分を弁《わきま》える」といった性質に根差しているわけではない。成功や栄光に対する人一倍の貪欲さを裏返したに過ぎない。いくぶん誇張してみるなら、友人が勝手に自分の書いた※習作を文学賞へ応募してしまい、その結果見事に受賞して大型新人登場と騒がれる——②そんな顛末を夢想しそうな気配がある。自分では決して腰を上げないくせに。

　彼らは露骨な自己主張をしない代わりに、他人の目を気にする。自分が他人にどう映っているか、蔑まれていないか、馬鹿にされていないか、自分の「本当の」素晴らしさにちゃんと気付いてくれているか。そういったことに常にアンテナを立てているのである。いわば《隠れナルシスト》と言えようか。

　我が国では、どうも過敏型自己愛が多いようで、これは「空気を読む」ことが重んじられる文化であるとか出しゃばりは嫌われるといった伝統と関係するのだろう(その他、うわべだけは平等主義を標榜《ひょうぼう》するくせに実態はコネやダブルスタンダードが通用するウエットな構造で世間が成り立っているとか、理由はいくらでも挙げられる)。過敏型はその病的繊細さのために自滅しやすい。適応障害とか解離症状などに陥りがちで、また「うつ」や引きこもり、対人恐怖などにも直結しやすい。【Ⅰ】

　過敏型自己愛は、その名称とは裏腹にびっくりするような鈍感さを見せることがある。自分は本来もっと賞賛され特別扱いされるべき人間だという思いがあるから、こういったことは許されて当たり前、こんなことは免ｂジョされて当然と考えて、呆れるほど図々しい行いや他人の心を踏みにじる言動を示すことがあるのだ。さらに彼らは、成功や栄誉を熱望しているもののそのイメージをはっきりと具体的に思い描いていることは少ない。ただ漠然と、薔薇《ばら》色のシーンを期待しているだけのことが多い。【Ⅱ】

　するとその帰結として、今現在が「何となく」不満であると同時に、望んでいるものもまた「何となく」曖昧ということになり、畢《ひっ》竟《きょう》、精神生活そのものが不確実で取りとめなくなってくる。空虚かつ無気力と言い換えても良いだろう。過敏、鈍感、空虚といったものが共存するところに病理が立ち上がって来る。吉行理恵の作品の主人公にも、③そのようなトーンは少なからず認められるのではないか。【Ⅲ】

　心の奇妙さといったものを考える際、④過敏型自己愛という補助線はかなり有用なものとなるだろう。

　さきほど述べた過敏型自己愛ないしは《隠れナルシスト》は、だからといって心の病や社会不適応に陥るとは限らない。むしろ、どうにか表面をｃツクロって破綻《はたん》せずに生活を送っていることのほうが多いだろう。いや、彼らは多かれ少なかれ自分の精神の病理性を自覚し、それを隠蔽《いんぺい》することに全力を注ぐ。彼らは自分のことを恥ずかしいと感じている。奇妙な話ではあるが、彼らは自分を特別と思いたがっていると同時に、「普通」になりたがっている。普通で月並みで無難であることの気楽さに憧れる。普通でないことを恥じている。【Ⅳ】

　結局は未練がましさなのである。自己愛を満足させてくれるだけの才能や美貌《びぼう》や人望や強運を持ち合わせていないことはちゃんと分かっている。ならば素直にそれを認めて「普通」の枠に収まればいい。だがそれは自分の可能性をｄダン念することのように思える。自分の顔は擦れ違った人が振り返るような美しさでないことは分かっている。しかし不細工とは思いたくない。個性的とか味があるとか、せめてそういった⑤斜めの位置に自分の立ち位置を確保したい。【Ⅴ】

　自分の未練がましさを隠したがっているものの、それは苦しい。精神科医にだって打ち明けたくない。そうなると苦痛を和らげるた

二〇二二年度 日本大学鶴ヶ丘高等学校

【国語】（六〇分）〈満点：一〇〇点〉

一 次の各問いに答えなさい。

問一 「成セキ」の「セキ」の漢字と部首が同じものを次の中から一つ選びなさい。解答番号は【1】

① 往フク ② メン密
③ 原コウ ④ キャ立

問二 「余計な心配をすること」という意味の熟語を次の中から一つ選びなさい。解答番号は【2】

① 矛盾 ② 蛇足《だそく》 ③ 白眉《はくび》 ④ 杞憂《きゆう》

問三 読み方の誤っているものを次の中から一つ選びなさい。解答番号は【3】

① 月極（げっきょく） ② 老舗（しにせ）
③ 名残（なごり） ④ 進捗（しんちょく）

問四 類義語の組み合わせとして誤っているものを次の中から一つ選びなさい。解答番号は【4】

① 模倣―独創 ② 倹約―質素
③ 慢心―自負 ④ 不屈―忍耐

問五 「実際には起こり得ないような空想」という意味の三字熟語を次の中から一つ選びなさい。解答番号は【5】

① 天邪鬼《あまのじゃく》 ② 破天荒
③ 白昼夢 ④ 未曽有《みぞう》

問六 外来語とその意味の組み合わせとして正しいものを次の中から一つ選びなさい。解答番号は【6】

① ネガティブ―積極的
② エゴイズム―利己主義
③ シリアス―自堕落
④ ユートピア―時代錯誤

問七 「友達の家から帰る」の「の」と同じ用法のものを次の中から一つ選びなさい。解答番号は【7】

① 新しいのが欲しい。
② 私が会長の山田です。
③ 天気の良い日に出かける。
④ 黒板の文字が見えない。

問八 敬語とその種類の組み合わせとして正しいものを次の中から一つ選びなさい。解答番号は【8】

① いただく―「食べる」の尊敬語
② 拝見する―「見る」の尊敬語
③ 承る―「受ける」の謙譲語
④ おっしゃる―「言う」の謙譲語

問九 冬の季語を次の中から一つ選びなさい。解答番号は【9】

① 山滴る ② 山笑う
③ 山眠る ④ 山粧《よそお》う

問十 萩原朔太郎の詩集を次の中から一つ選びなさい。解答番号は【10】

① 『抒情小曲集』 ② 『月に吠える』
③ 『道程』 ④ 『春と修羅』

二 次の文章を読んで、後の問いに答えなさい。

自己愛には二種類ある、といった考え方が近年の精神医学や心理学では一般的となっている。いや、①二つの極があってそれを結ぶ※スペクトルのどこかに位置する、という考え方である。ひとつの極は誇大型、もうひとつの極は過敏型と呼ばれる。

誇大型自己愛とは、尊大なオレ様主義で目立ちたがり屋、他人のことなんか目に入らないといったタイプで、いくぶん躁《そう》的なトーンを帯びている。いかにも芸能界や政界に多数棲息《せいそく》していそうだし、ワンマン社長なども当てはまるかもしれない。自己愛が強いゆえに、

英語解答

1 【1】…③　【2】…③　【3】…②

【4】…②　【5】…③　【6】…④

2 【7】　②　【8】　③　【9】　②

【10】　②　【11】　④　【12】　②

3 イ　【13】…⑦　【14】…②

ロ　【15】…④　【16】…③

ハ　【17】…⑦　【18】…③

ニ　【19】…⑥　【20】…⑦

ホ　【21】…③　【22】…②

ヘ　【23】…⑥　【24】…①

4 【25】　④　【26】　⑦　【27】　⑥

【28】　①　【29】　⑤　【30】　②

【31】　③

5 【32】　②　【33】　②　【34】　①

【35】　①　【36】　②　【37】　②

【38】　②　【39】　②　【40】　①

【41】　②

6 【42】　③　【43】　①　【44】　③

【45】　③　【46】　②

1〔放送問題〕解説省略

2〔適語(句)選択〕

【7】'If＋主語＋動詞の過去形…, 主語＋助動詞の過去形＋動詞の原形….' の形で「もし～なら，…だろうに」と '現在の事実と反対の事柄' を表す仮定法過去の文。また，「～を広げる」は broaden。broad は「広い」という意味の形容詞。　read[ri:d]－read[red]－read[red]　「彼女が１年間で100冊の本を読めば，きっと彼女は自分の世界を広げるだろうに」

【8】since this morning「今朝から(ずっと)」から，現在完了の文になるとわかる。'have/has been＋～ing' の形で「ずっと～している」の意味を表す現在完了進行形である。　A：ああ，もう１時半だ。今朝からずっと台所の掃除をしているよ。疲れたな。／B：そうね。休憩をとって私と昼食を食べに行かない？／A：いいね！　行こう！

【9】these ice cream flavors「これらのアイスクリームの味」とある。このような限定された数の中から選ぶ場合は Which を使う。直後の one は flavor の代わりとなる代名詞。　A：これらのアイスクリームの味でどの味が食べたいですか？／B：うーん。ミントチョコレートをください。

【10】主語の These cats は「世話をされる」ものなので 'be動詞＋過去分詞' の受け身にする。take care of など動詞句の受け身形は，過去分詞の後ろにその動詞句を構成する語(句)をそのままの順で置くことに注意。なお，to不定詞の受け身形は 'to be＋過去分詞' の形になる。　「このネコたちは飼い主が車で迎えに戻るまで世話されなければならない」

【11】後ろに形容詞をとることができるのは sound のみ。'sound＋形容詞' で「～に聞こえる，～に思われる」の意味。　「あなたの旅行の計画はおもしろそうです」

【12】前後の mountain と top に mountain's top という '所有' の関係が成り立つ。所有格の関係代名詞は whose。whose の先行詞は '人' でも '物' でもかまわない。　「頂上が雪に覆われたあの山を見て」

3〔整序結合〕

イ．「～ほど…ない」は 'not as … as ～' で表せる。この表現で '数' に関して述べる場合は as 以下が‘as many＋名詞の複数形＋as ～’と，many の後に名詞がくることに注意。 I don't have as many comics as Jonathan.

ロ. Do you know で始め，「どの電車に乗ればいいのか」は‘which＋名詞＋to不定詞’の形で表せる。‘疑問詞＋to不定詞’の形のうち，what と which については後に名詞を伴うこともあるので注意。「大阪へ」は for Osaka。 Do you know which train to take for Osaka?

ハ.「隣に座っている男性」は現在分詞の形容詞的用法を使い，‘名詞＋現在分詞＋その他の語句’の形で表せる。「～の隣に」は next to ～。「食べていました」は過去進行形‘was/were＋～ing’で表す。 The man sitting next to me was eating a bento on the train.

ニ.「～と戦う」は fight against ～で表せる。fought は fight の過去形(fight－fought－fought)。「電車内の乗客を守るために」は to不定詞の副詞的用法を使って表す。 They fought against the strong demons to save the passengers on the train.

ホ.「～だと(私に)教えてくれます」は‘tell＋人(＋that) ～’の形にする。ここでは接続詞 that が省略された形。「全力を尽くすことが大切だ」は形式主語‘it's ～ to …’の形式主語構文で表す。「全力を尽くす」は do ～'s best。 He tells me it's important to do my best.

ヘ.「～なので」は because ～で表せる。because ～は文の前半にも後半にも置くことができるが，ここでは後者。because は接続詞なので後には‘主語＋動詞…’が続く。 I didn't go to the movie because I was tired.

4〔対話文完成―適語句・適文選択〕

≪全訳≫❶A：よし。今日は家の掃除をする必要があるな。❷B：うん，お父さん。何をしようと思っているの？❸A：そうだな，浴室の戸棚のドアを修理するのを手伝ってくれるかな。❹B：いいよ，それから庭の掃除をすべきだよ。石がたくさんありすぎるんだ。❺A：そのとおりだね。それから，台所は十分に掃除しないと。床には掃除機をかけて，階段はごしごし洗う必要がある…❻B：ちょっと待ってよ，お父さん。それは1日で取り組むには多すぎるよ。計画を立てないと。❼A：ああ，お前の言うとおりだな。本当に先走っていたよ。それじゃあ，お前は最初に何がしたいんだ？❽B：ええと…正直なところ，1日中手伝えたらうれしいんだけど，宿題があるし，それに…❾A：ああ，今日は他に何かあるのか？ 何があるんだ？ 友達にでも会うのか？❿B：そんな感じ…実は，今夜はデートなんだ。学校の女の子のジェニーを知ってるよね？ 彼女と僕は映画を見に出かけるんだよ。⓫A：わかった。じゃあ，今日はどれくらいやってくれる？ 数時間やってくれれば本当にありがたいんだけどな。⓬B：心配ないよ，お父さん。午後4時前に終われば，シャワーを浴びて出かけるのに十分な時間があるから。⓭A：わかった。まず一番難しいことから始めよう。浴室のドアは壊れて2か月になるな。⓮B：わかったよ，お父さん。ドライバーと他のいくつかの道具を走って取ってくるね。⓯A：いいね。お前がそうする間，ここに座ってコーヒーを飲んでいるよ。⓰B：何だって?! そんなの不公平だよ。僕たちは協力して仕事をしないと。

＜解説＞【25】直前に助動詞の could があるので，動詞の原形を含む選択肢を検討する。④にある hand は「手助け」の意味。I could use a hand. は「助けがあればありがたい」という意味の仮定法の表現。 【26】ここも直前に助動詞 should があるので，動詞の原形を含む選択肢を検討する。take a shot at ～で「～をやってみる」の意味。 【27】直前で息子はこの日に何か予定があることをほのめかしている。それを察した父親は何か別の予定があるのかと尋ねたのである。また，空所前のyou've got(≒you have)から，目的語となる名詞や代名詞が続くと考えれば，それだけで正解にたどりつける。go onは「起こる」の意味。 (類例) What's going on?「何が起こっているんだ？」

【28】直前にあるbe動詞のareから，現在進行形の文だと考えられる。head outは「出かける」，catch a movieは「映画を見る」の意味。　【29】as long as ～は「～するかぎり」という意味の接続詞。weの後には動詞が続く。文脈から「4時までに終わるかぎり」という意味になると推測でき，それに近い意味がありそうな選択肢を選ぶ。wrap up ～で「～を終わりにする」という意味。

【30】I'llから動詞の原形を含む選択肢を検討する。空所後のthe screwdriver「ドライバー」から，「ドライバーを取りに行く」という内容になると考えられる。grabは「つかむ」という意味。

【31】空所には文が入る。息子がドライバーを取ってくる間，父親はコーヒーを飲みながら座っていると言ったのを聞いた息子の発言である。

5〔長文読解―内容真偽―物語〕

≪全訳≫❶再び海の近くに明かりが見える。ワンダラー(放浪するもの)が近づいているのはわかっている。❷家の中は暗い。明かりは全て消した。ワンダラーが私を見たら，私は安全ではないとわかっている。❸私は生涯海辺に住んできた。私の町は小さく，20軒ほどの家と，数軒の店しかない。唯一のガソリンスタンドは9時に閉まるし，食料品店は週に数日しか営業していない。オーナーのマクレガーさんはもう老人で，奥さんが亡くなってからは，以前ほど働くことができない。❹明かりがビーチに沿って動いているのが見える。❺父はワンダラーについて私に警告していた。「決して彼らに近づくな」と彼はよく言ったものだった。彼らがビーチを歩いてくるのを見ると，私たちは全ての明かりを消し，ドアに鍵をかけ，地下室に隠れた。「彼らは悪いやつらだ。彼らが何をしているのかは誰にもわからないし，誰も彼らには決して近づかない。そのことを覚えておけ，ジョン」と父は私に言ったものだった。❻私は48歳のときから20年，ワンダラーを見ていなかった。でも今，彼らはここにいるのだ。彼らは何をしているのだろうか。❼彼らが最後に町に来たのは，ハリケーンの最中だった。風が強く吹いていて，嵐で木々が曲がっていた。ランタンを持った人たちが一列になり，嵐の中をゆっくりと歩いていて，私は寝室の窓から，彼らがビーチをゆっくり歩いていくのを，ライトが見えなくなるまでじっと見ていた。❽今夜，私は彼らがいったい何者なのかを調べるつもりだ。❾私は重い油布製のレインコートを着て家を出る。恐れてはいるが，どうしても知らなければならないのだ。❿遠くにある明かりを追いかけながら，私は小さな砂の丘を登る。今夜も嵐で，風や雨のために視界が悪く，音も聞こえにくいが，突然私は何かを耳にする。それは歌だ。ワンダラーは歩きながら歌っているのだ。その歌は私が今まで聞いたことがあるものではない。それはゆっくりとしていて，悲しげだ。⓫約30人からなるこれらの人々を数える。私は近づく，見つからないように気をつけながら。でも彼らの顔が見えるくらいまで近づこうとしている。⓬10分後，私はグループの前に立ち，後ろを見るために振り返る。彼らのランタンの明かりに照らされると，彼らは皆とても白い肌で，暗い黒い目をしていることがわかる。彼らは悲しげに見え，彼らの口の動きが止まることはない。彼らはゆっくりとした奇妙な歌を歌うのをやめないのだ。私はこれまで彼らを間近に見たことが一度もなかった。彼らは人間らしくは見えないが，危険にも見えないのだ。⓭私はビーチを歩き続けているが，まだ彼らがここで何をしているのか理解できない。どうしてこんなに寒く風の強い夜に人が外に出てくるのだろうか。⓮私は自分が向かっている場所を見ておらず，木の根につまずく。私は小さな丘を転げ落ち，ちょうどワンダラーの前にいる。**15**彼らは私を見る。彼らは立ち止まり，全員が頭を上げて私を見る。彼らは歌うのをやめて，私は今，恐れている。**16**彼らの黒い目から憎しみがにじみ出てくるのが感じられたが，彼らは攻撃しない。彼らはただ波の方を向き，海の中へと歩き始める。どういうわけか彼らについていきたい気持ちになるが，もしそうしたら，何かとても悪いことが起こるとわかる。私は彼らが１人ずつ，水が彼らの頭を覆うまで，どんどん深い方に歩いていくのをじっと見ている。**17**私は恐怖で震えながら砂の上に横たわっている。全てのワンダラーは立ち去った。彼らは水中にいるが，私には深い海の中へと歩いていくときの彼らの明かりがまだ見える。**18**私は日が昇るまで同じ場所にいる。私はワンダラーが来たとき，二度と家を出ないことを心に誓う。

＜解説＞【32】「男性は海の近くにある大都市に住んでいる」…×　第３段落第２文参照。ジョンは20軒ほどしか家がない小さな町に住んでいる。　【33】「男性の父親は彼に，たとえ他の人がそうしても，ワンダラーには近づかないように言った」…×　第５段落終わりから２文目に no one ever goes near them とある。　【34】「物語では，男性は60代だ」…○　第６段落第１文に48歳のときから20年間ワンダラーを見ていないとある。つまりジョンは68歳である。　【35】「ジョンが最後にワンダラーを見たときも天気は悪かった」…○　第７段落第１文に一致する。　【36】「ワンダラーは歩いているとき音を立てない」…×　第10段落第４文参照。ワンダラーは歩きながら歌を歌っている。　【37】「ジョンがワンダラーを初めて間近に見ているとき，彼らのことを恐れている」…×　第12段落最終文に they don't look dangerous either とある。　【38】「ジョンはワンダラーの間近に行きたいと思っているので彼らの前に飛び出る」…×　第14段落参照。ジョンは木の根につまずいて転び，偶然ワンダラーの目の前に出ていくことになった。　【39】「ワンダラーはジョンを見ると，彼を憎らしく思ったので攻撃する」…×　第16段落第１文参照。ワンダラーはジョンを攻撃しなかった。　【40】「ワンダラーは海の中へと歩いていき，ジョンは彼らについていきたいと思う」…○　第16段落第２，３文の内容に一致する。feel like ～ing で「～したい気分だ」という意味。　【41】「ワンダラーが立ち去るとすぐに，ジョンは恐れているので家に走って帰る」…×　第17，18段落参照。ジョンはワンダラーが立ち去った後も日の出まで同じ場所にとどまった。

6〔長文読解総合―スピーチ〕

≪全訳≫**1**こんにちは，皆さん。私の名前はヘンリー・ゼブロウスキーです。本日の司会を務めます。第15回火災に関する年次大会へようこそいらっしゃいました。最初の演説者はエリ・ボスニック氏です。**2**ありがとう，ゼブロウスキーさん。従来，私たちのほとんどは，火事が発生した後に火事を止める必要性を重視してきました。より良い消防車を調達し，消防士に彼らの装備をより良く使う方法を訓練し，消防士のためにさらに多くの装備を調達します。しかし，私はそんなことをする必要はないと思っています。**3**私はここで全ての火事を消そうとする必要がないと言っているのではありません。火は野生生物に大きな問題を引き起こし，煙はアレルギーを持つ人々に害を与え，熱は道路を溶かす可能性があります。しかし，本日の私のスピーチでは，家を守るということについて話したいと思います。**4**火がある人の家から20メートルの距離にまで近づいても，その家に全く害を及ぼさないことがあるのをご存じでしたか？　火が大きな問題なのではありません。燃えさしが問題なのです。燃えさしは，燃えている木や葉の小さなかけらで，空中を舞い，その後人々の家の屋根や，開いている窓やドアの内側に届きます。すると，これが家の中で火を起こし，家は焼け落ちます。人々の家の屋根が木ではなくコンクリートになり，火事のときに全ての窓とドアをしっかりと閉めれば，ほとんどの家は燃えないのです。**5**もう１つの問題は，ここカリフォルニアでは，私たちが消火する火事が，毎年500件を超えているということです。私たちは火を燃えたままにはしません。これは，森林にある全ての枯れ木が毎年燃やされるわけではないことを意味します。むしろ，その木は増え続けています。だから，大きな火事が起こると，地面に残された全ての木のせいでとても大きな火事となるのです。小さな火事が大きな火事にならないように，私たちはこれらの火事の大半を毎年燃えさせなければならないのです。**6**ありがとうございました。それでは，何か質問はありますでしょうか？

【42】＜内容一致＞「この文章はおそらく(　　)からのものである」―③「専門的な人々の会議」　第１段落第３文および第２段落第３文参照。第１段落第３文のconferenceは「(大規模な)会議」の意味。on Firesとあるので火災に関する会議だとわかる。また第２段落第３文のWe get better fire trucks, train our firefighters ...から，会議の参加者は消防に関わる人だと判断できる。

【43】＜英問英答＞「第３段落で，ボスニック氏は何が火事を消すもっともな理由だと考えているか」―①「煙で困っている人々を助けること」　第３段落第２文参照。火が野生生物にとって問題なこと，煙がアレルギーを持つ人々に有害なこと，熱が道路を溶かすことが火事を消す理由として挙げられている。

【44】＜英問英答＞「演説者はなぜ家が火事で燃えると言っているか」―③「家の屋根が木製だから」　第４段落最終文参照。演説者は家の屋根が木ではなくコンクリートで窓や扉をしっかり閉めていれば家は燃えないと言っている。言い換えれば屋根が木であれば燃えてしまうということ。

【45】＜単語の意味＞「第４段落で，どれがembersという語の意味に最も近いか」―③「小さな燃えているもの」　第４段落第３文参照。Embers are the small pieces of burning wood or leaves ...とある。

【46】＜英問英答＞「燃えさせた方がよい火事があるのはなぜか」―②「小さな火事があれば，大きな火事が起こらないから」　第５段落参照。小さな火事をそのまま燃えさせることで森の枯れ木の増加を抑え，結果として大規模な火災になるのを防ぐことができる。

2022年度／日本大学鶴ヶ丘高等学校

数学解答

1 (1) 1　(2) 【2】…1　【3】…2
(3) 【4】…3　【5】…1　【6】…2
(4) 【7】…2　【8】…1
(5) 【9】…1　【10】…2　【11】…4
(6) 【12】…3　【13】…0　【14】…0

2 (1) 【15】…2　【16】…4
(2) 【17】…3　【18】…2　【19】…9
【20】…2

3 (1) 【21】…7　【22】…2　(2) 1
(3) 【24】…1　【25】…5　【26】…2

4 (1) 【27】…1　【28】…8　【29】…0
(2) 【30】…4　【31】…5　【32】…4

5 (1) 【33】…2　【34】…5
(2) 【35】…1　【36】…4　【37】…1
【38】…6　【39】…9

1 〔独立小問集合題〕

(1)＜数の計算＞$0.5=\frac{1}{2}$，$0.25=\frac{1}{4}$，$0.75=\frac{3}{4}$だから，与式$=\left\{\frac{1}{2}\div\frac{1}{4}-\left(-\frac{3}{4}\right)^2\right\}\times\left(1-\frac{3}{23}-\frac{4}{23}\right)=\left(\frac{1}{2}\times\frac{4}{1}-\frac{9}{16}\right)\times\left(\frac{23}{23}-\frac{3}{23}-\frac{4}{23}\right)=\left(2-\frac{9}{16}\right)\times\frac{16}{23}=\left(\frac{32}{16}-\frac{9}{16}\right)\times\frac{16}{23}=\frac{23}{16}\times\frac{16}{23}=1$となる。

(2)＜数の計算＞与式$=x(x+6)+16$と変形する。これに$x=\sqrt{5}-3$を代入して，与式$=(\sqrt{5}-3)(\sqrt{5}-3+6)+16=(\sqrt{5}-3)(\sqrt{5}+3)+16=5-9+16=12$である。

(3)＜連立方程式―解の利用＞$2ax+y=20$……①，$-ax+2by=2$……②とする。①，②の連立方程式の解が$x=2$，$y=8$だから，解を①に代入して，$2a\times2+8=20$，$4a+8=20$，$4a=12$より，$a=3$となる。また，②に代入して，$-a\times2+2b\times8=2$，$-2a+16b=2$，$-a+8b=1$となる。$a=3$だから，$-3+8b=1$，$8b=4$より，$b=\frac{1}{2}$である。

(4)＜数の性質＞$\sqrt{\frac{48}{7}n}$が自然数となるとき，$\frac{48}{7}n$は自然数の2乗となる。$\sqrt{\frac{48}{7}n}=\sqrt{\frac{2^4\times3\times n}{7}}$だから，これが自然数となる最も小さい自然数$n$は，$\frac{2^4\times3\times n}{7}=2^4\times3^2$となる自然数である。よって，$\frac{n}{7}=3$より，$n=21$となる。

(5)＜平面図形―角度＞右図で，線分BDと線分CAの交点をEとする。AB＝DCであり，$\overset{\frown}{\mathrm{BC}}$，$\overset{\frown}{\mathrm{AD}}$に対する円周角より，∠BAE＝∠CDE，∠ABE＝∠DCEだから，△ABE≡△DCEとなる。これより，BE＝CE，EA＝EDだから，BE＋ED＝CE＋EAとなる。よって，BD＝CAとなる。線分BDは円Oの直径だから，線分CAも円Oの直径であり，点Eは点Oと一致する。したがって，△DCEはED＝ECの二等辺三角形だから，∠EDC＝∠ECD＝28°より，∠CED＝180°－∠ECD－∠EDC＝180°－28°－28°＝124°となり，∠x＝∠CED＝124°である。

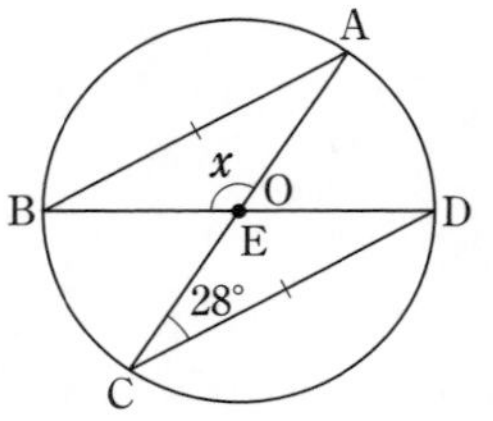

(6)＜一次方程式の応用＞5％の食塩水をxgを加えるとする。9％の食塩水100gに含まれる食塩の量は$100\times\frac{9}{100}=9$(g)，5％の食塩水xgに含まれる食塩の量は$x\times\frac{5}{100}=\frac{1}{20}x$(g)である。また，2つの食塩水を混ぜると，6％の食塩水は$100+x$gできるから，含まれる食塩の量は，$(100+x)\times\frac{6}{100}=6+\frac{3}{50}x$(g)と表せる。よって，食塩の量について，$9+\frac{1}{20}x=6+\frac{3}{50}x$が成り立つ。これを解くと，

$900+5x=600+6x$，$x=300$ となるから，5%の食塩水は300g 加えればよい。

2〔関数—関数 $y=ax^2$ と一次関数のグラフ〕

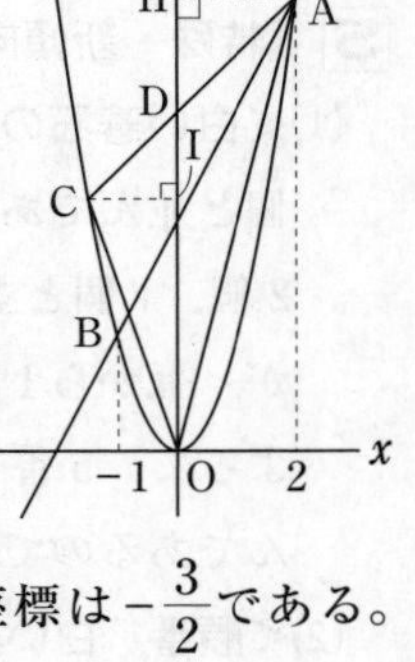

(1)＜直線の式＞右図で，2点A，Bは関数 $y=2x^2$ のグラフ上の点で，点Aの x 座標は2だから，$y=2\times2^2=8$ より，A(2，8)となり，点Bの x 座標は -1 だから，$y=2\times(-1)^2=2$ より，B(-1，2)である。よって，直線ABの傾きは $\dfrac{8-2}{2-(-1)}=2$ だから，その式は $y=2x+b$ とおけ，点Aを通ることより，$8=2\times2+b$，$b=4$ となる。したがって，直線ABの式は $y=2x+4$ である。

(2)＜点の座標＞右図で，2点A，Cから y 軸にそれぞれ垂線AH，CIを引く。点Aの x 座標が2より，AH＝2である。△DCO，△ADOの底辺をODと見ると，底辺が共通なので，$\triangle DCO=\dfrac{3}{4}\triangle ADO$ より，△DCOの高さは△ADOの高さの $\dfrac{3}{4}$ 倍となる。よって，$CI=\dfrac{3}{4}AH=\dfrac{3}{4}\times2=\dfrac{3}{2}$ となるので，点Cの x 座標は $-\dfrac{3}{2}$ である。点Cは関数 $y=2x^2$ のグラフ上にあるから，$y=2\times\left(-\dfrac{3}{2}\right)^2=\dfrac{9}{2}$ より，$B\left(-\dfrac{3}{2},\ \dfrac{9}{2}\right)$ である。

3〔平面図形—正五角形〕

《基本方針の決定》(3)　三角形の相似を利用する。

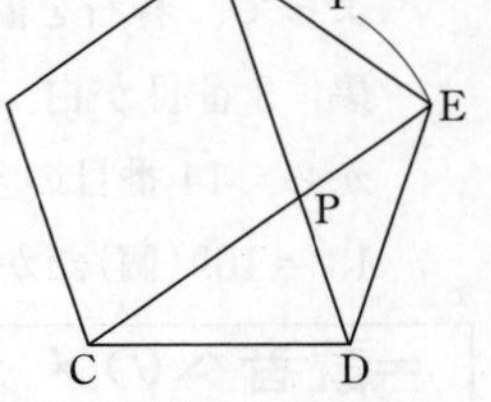

(1)＜角度＞右図で，正五角形の内角の和は $180^\circ\times(5-2)=540^\circ$ だから，$\angle BCD=\angle CDE=540^\circ\div5=108^\circ$ である。△DCEはDC＝DE＝1の二等辺三角形だから，$\angle DCE=(180^\circ-\angle CDE)\div2=(180^\circ-108^\circ)\div2=36^\circ$ である。よって，$\angle BCE=\angle BCD-\angle DCE=108^\circ-36^\circ=72^\circ$ となる。

(2)＜長さ＞右図で，△EAD≡△DCEだから，$\angle EAP=\angle DCE=36^\circ$ である。また，$\angle AED=\angle CDE=108^\circ$，$\angle DEC=\angle DCE=36^\circ$ だから，$\angle AEP=\angle AED-\angle DEC=108^\circ-36^\circ=72^\circ$ となる。よって，△AEPで，$\angle APE=180^\circ-\angle EAP-\angle AEP=180^\circ-36^\circ-72^\circ=72^\circ$ となり，∠AEP＝∠APEだから，△AEPは二等辺三角形である。したがって，AP＝AE＝1である。

(3)＜長さ—相似＞右上図で，PD＝x とする。$\angle EAD=\angle PED=36^\circ$，∠ADE＝∠EDPより，2組の角がそれぞれ等しいので，△EAD∽△PEDである。よって，ED：PD＝AD：EDである。AD＝AP＋PD＝$1+x$ だから，$1:x=(1+x):1$ が成り立ち，これを解くと，$x(1+x)=1\times1$，$x^2+x-1=0$ より，$x=\dfrac{-1\pm\sqrt{1^2-4\times1\times(-1)}}{2\times1}=\dfrac{-1\pm\sqrt{5}}{2}$ となる。PD＜EDより，$0<x<1$ だから，$x=\dfrac{-1+\sqrt{5}}{2}$ であり，$PD=\dfrac{-1+\sqrt{5}}{2}$ である。

4〔空間図形—直方体〕

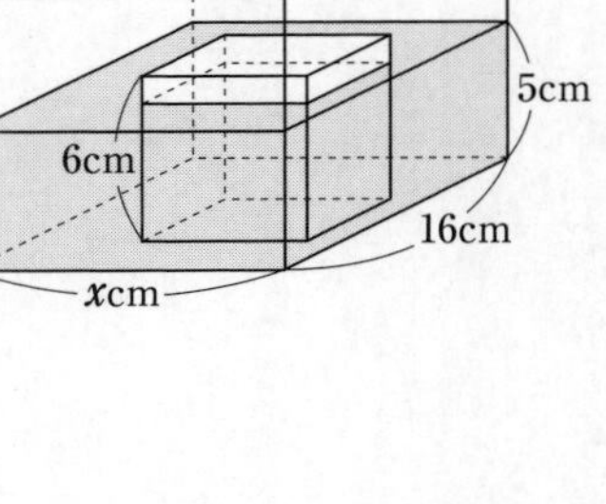

(1)＜体積＞右図で，1辺が6cmの立方体の金属のかたまりは，水の深さが5cmになったことから，高さ5cmまでの部分が水に沈んでいる。よって，沈んでいる部分の体積は，$6\times6\times5=180$(cm³)である。

(2)＜長さ＞水そうには初め深さ4cmのところまで水が入っているから，水の体積は，$x\times16\times4=64x$ と表せる。また，右図で，水の体積は，縦，横が $x$cm，16cm，高さが 5cm の直方体の体積から，金属のかたまりで水に沈んでいる部分の体積をひいて求められる。(1)より，金属のかたまりで水に沈んでいる部分の体積は 180cm^3 だから，水の体積は $x\times16\times5-180=80x-180$ と表せる。よって，$64x=80x-180$ が成り立つ。これを解くと，$16x=180$ より，$x=\dfrac{45}{4}$(cm)である。

5 〔特殊・新傾向問題―規則性〕

(1)＜白い碁石の個数＞1番目は，白い碁石が1個ある。2番目は，黒い碁石が，上から1個，2個，1個と並んであり，白い碁石は1番目と変わらない。3番目は，白い碁石が，上から1個，2個，3個，2個，1個と並んであり，黒い碁石は2番目と変わらない。同様に考えると，4番目は，黒い碁石が，上から1個，2個，3個，4個，3個，2個，1個と並んであり，白い碁石は3番目と変わらない。よって，5番目は，白い碁石が，上から1個，2個，3個，4個，5個，4個，3個，2個，1個と並んであるので，白い碁石は $1+2+3+4+5+4+3+2+1=25$(個)ある。

(2)＜順番，白い碁石の個数＞1番目の白い碁石は $1=1^2$(個)，2番目の黒い碁石は $1+2+1=4=2^2$(個)，3番目の白い碁石は $1+2+3+2+1=9=3^2$(個)，4番目の黒い碁石は $1+2+3+4+3+2+1=16=4^2$(個)，5番目の白い碁石は $25=5^2$(個)と表せるので，n 番目の多い方の色の碁石は n^2 個と表せる。白い碁石，黒い碁石は 200 個ずつあるので，多い方の色の碁石の個数が，200 個以下で最大になるときを考える。$14^2=196$，$15^2=225$ だから，多い方の色の碁石が最大になるのは，14 番目である。よって，碁石を置くことができるのは 14 番目までである。多い方の碁石は，1番目が白，2番目が黒，3番目が白，4番目が黒，5番目が白より，奇数番目は白い碁石，偶数番目は黒い碁石であるから，14 番目の多い方の碁石は黒であり，白い碁石は 13 番目と同じである。13 番目の白い碁石は $13^2=169$(個)だから，14 番目の白い碁石は 169 個となる。

＝読者へのメッセージ＝

3では正五角形が登場しました。正五角形の1辺の長さと対角線の長さの比は $1:\dfrac{1+\sqrt{5}}{2}$ で，約 $1:1.6$ です。この比は黄金比といわれ，最も美しい比とされています。

国語解答

一　問一 ②　問二 ④　問三 ①
問四 ①　問五 ③　問六 ②
問七 ④　問八 ③　問九 ③
問十 ②

二　問一 a…④　b…②　c…①　d…④
e…③
問二 ②　問三 ①　問四 ④
問五 ③　問六 ①　問七 ⑤
問八 ②

三　問一 a…①　b…④　c…③
問二 ④　問三 ①　問四 ③
問五 ③　問六 ②　問七 ①
問八 ④　問九 ③　問十 ②

四　問一 a…②　b…④　c…①　d…②
問二 ①　問三 ③　問四 ②
問五 ③　問六 ③　問七 ③
問八 ④　問九 ②

一〔国語の知識〕

問一＜漢字の知識＞「成績」と書く。①は「往復」，②は「綿密」，③は「原稿」，④は「脚立」。「績」と「綿」は「糸(いとへん)」，「復」は「彳(ぎょうにんべん)」，「稿」は「禾(のぎへん)」，「脚」は「月(にくづき)」。

問二＜故事成語＞「矛盾」は，つじつまが合わないこと。「蛇足」は，つけ加える必要のないもののこと。「白眉」は，多くの中で最も優れているもののこと。

問三＜漢字＞「月極」は，「つきぎめ」と読み，一か月単位で契約すること。

問四＜語句＞「模倣」は，まねること。「独創」は，自分の発想でつくり出すことで，「模倣」の対義語。

問五＜語句＞「天邪鬼」は，ひねくれ者のこと。「破天荒」は，今まで誰も成しえなかったことを初めて行うこと。「未曾有」は，今まで一度もなかったこと。

問六＜語句＞「ネガティブ」は，否定的であるさま。また，消極的なさま。「シリアス」は，真面目なさま。また，深刻なさま。「ユートピア」は，理想郷。

問七＜品詞＞「友達の家」と「黒板の文字」の「の」は，連体修飾語をつくる格助詞。「新しいのが」の「の」は，体言の代用となる格助詞。「会長の山田です」の「の」は，同格を表す格助詞。「天気の良い日に」の「の」は，主格を表す格助詞。

問八＜敬語＞「いただく」は，「食べる」「飲む」や「もらう」の謙譲語。「拝見する」は，「見る」の謙譲語。「おっしゃる」は，「言う」の尊敬語。

問九＜俳句の技法＞「山眠る」は，冬山の静まり返った様子を表す冬の季語。「山笑う」は，春山の草木が芽吹いて，明るい様子を表す春の季語。「山滴る」は，夏山の木々や葉が青々として，その葉から水がしたたるみずみずしい様子を表す夏の季語。「山粧う」は，秋山が紅葉によって色づく様子を表す秋の季語。

問十＜文学史＞『月に吠える』は，大正6(1917)年に発表された萩原朔太郎の詩集。『抒情小曲集』は，大正7(1918)年に発表された室生犀星の詩集。『道程』は，大正3(1914)年に発表された高村光太郎の詩集。『春と修羅』は，大正13(1924)年に発表された宮沢賢治の詩集。

二〔論説文の読解―教育・心理学的分野―心理〕出典；春日武彦『自己愛な人たち』「変装する自己愛」。

≪本文の概要≫近年の精神医学や心理学では，自己愛には誇大型と過敏型の二種類があり，この二つが極となって結ぶスペクトルのどこかに位置するという考え方が，一般的になっている。誇大型自己愛は，目立ちたがり屋で他人のことは目に入らないタイプであるが，その自己愛の強さゆえに失敗を恐れ，結果として臆病かつ内向的になることもあるのが，過敏型自己愛である。いわば「隠れナルシスト」といえよう。日本では，周囲との同調を重んじる文化や出しゃばりは嫌われるといった伝統から，過敏型自己愛が多い。過敏型自己愛の人は，その病的繊細さのために自滅しやすい一方で，自分は本来，特別扱いされるべきだと考え，図々しい行いや他人の心を踏みにじる言動を示すことがある。彼らの多くは，自己愛を満足させるだけの才能が自分にはないことを自覚していても，特別な存在でありたいという未練を断ち切れない。しかも，彼らは，自分の未練がましさを周囲に隠しながら生活するのは苦しいが，同類の人間と慰め合うこともできない。むしろ，過敏型自己愛の人は，他者をからかうなどの共食いをしかねない獰猛さを秘めて，自分を持て余していく。

問一＜漢字＞ａ．「謙虚」と書く。①は「兼業」，②は「北極圏」，③は「懸賞」。　ｂ．「免除」と書く。①は「徐行」，③は「叙述」，④は「順序」。　ｃ．「繕って」と書く。②は「配膳」，③は「全校」，④は「平然」。　ｄ．「断念」と書く。①は「団結」，②は「算段」，③は「寒暖」。　ｅ．「営み」と書く。①は「栄誉」，②は「衛生」，④は「影響」。

問二＜文章内容＞他人からの評価を意識することから始まる自己愛には二つの極があり，一つは，自己愛が強いゆえに，他人に自分の失敗を見せることを強く恐れる過敏型，もう一つは失敗を見せることへの恐れが弱く，自分を尊大に見せる誇大型で，自己愛は，その間のどこかに位置づけられる。

問三＜文章内容＞過敏型自己愛の人は，失敗を恐れて自分からコンクールなどに応募するような積極的な行動は取らないが，受け身のまま受賞して注目されるような，「自分の『本当の』素晴らしさ」に気づいてもらうことを望んでいる。

問四＜指示語＞現状を「『何となく』不満」に感じると同時に，望むものも「『何となく』曖昧」になり，「空虚かつ無気力」な精神状態が，吉行理恵の作品の主人公に認められる。

問五＜表現＞過敏型自己愛という精神を考えることは，人の繊細な心の動きを理解するための方法として，役立つと思われる。

問六＜文章内容＞過敏型自己愛の人は，「自己愛を満足させてくれるだけの」才能などがないことを自覚していても，「個性的とか味があるとか」といった自分に何かしらの価値を見出し，特別な自分であろうとするのである。

問七＜文脈＞せめて「個性的とか味があるとか」といった位置にでも「自分の立ち位置を確保したい」という「心残り」が，過敏型自己愛の人の「『普通』の枠に収まればいい」という考えを「ぐらつかせる」のである。過敏型自己愛の人は，そんな「未練がましさを隠したがっている」が，「それは苦しい」のである。

問八＜要旨＞醜態や失敗を見せることを恐れ，内向的になることもある過敏型自己愛の人が日本人に多いのは，日本の「『空気を読む』ことが重んじられる文化」や「出しゃばりは嫌われるといった伝統」が影響していると考えられる。

三　〔小説の読解〕出典；向田邦子『ビリケン』（『男どき女どき』所収）。

問一＜語句＞ａ．「御用になる」は，犯罪者として捕まる，という意味。　ｂ．「かたがつく」は，決着がつく，物事の処理が終わる，という意味。　c.「内聞」は，表沙汰にしないこと。

問二＜表現＞神保堂のおやじから説教されている最中も他のことを考えてしまうほど，石黒が万引きについて罪悪感を抱いていない様子が，表されている。

問三＜心情＞石黒は，神保堂の主人に叱られている姿を「同じ年格好の学生に見られた」ことを「恥」と感じたのである。

問四＜文章内容＞ビリケンは「日記」をつけていた。石黒は，ビリケンの「日記」によって，三十年前の自分が犯した万引事件が明るみに出るのではないかと思い，気が気でなく，歩く速度が遅くなったのである。

問五＜文章内容＞石黒は，「金にも女にも綺麗」，つまり金銭面でも女性関係でも汚点となるようなところがなく，真面目に生きてきた。その自負を支えに，石黒は，これまで女房や長男に対して堂々と接していた。

問六＜心情＞石黒は，「三十年前の万引事件」が明るみに出ることを恐れ，「この土地」を離れることにしたが，いつまでもビリケンの日記の存在におびえる状態を何とか解消したいと思ったのである。

問七＜表現技法＞「油雑巾で拭いたように」や「蜂屋柿のように」のように，「ようだ〔な・に〕」や「ごとし」などの語を用いて直接に比較してたとえる技法を「直喩」という。「倒置法」は，言葉の順序を普通とは逆にして語勢を強める技法。「体言止め」は，最後の句や文末を体言で終わらせ，余韻を生じさせる技法。「擬人法」は，人間以外のものを人間に見立てて表す技法。「対句」は，形式が同じで意義の対応する二つの句を並べて用いる技法。

問八＜慣用句＞「耳を疑う」は，思いがけないことを聞き，聞き間違いではないかと思う，という意味。

問九＜心情＞石黒は，ビリケンが自分のことを覚えていなかったと知って一度は安心したものの，ビリケンの息子から自分について「日記には書いて」あったと聞き，驚きとともに再び不安に駆られたのである。

問十＜表現＞ビリケンが石黒の「素性を知らない」であだ名をつけていたことがわかったところで，店のカウンターの女の様子が描かれることで，石黒が，ビリケンの日記を通して自分の過去が明らかになる心配がないことがわかり，周りを見ることのできる平常心を取り戻せたことが表されている。

四〔古文の読解―歴史物語〕出典；『大鏡』。

≪現代語訳≫姫君は，村上天皇の御代の宣耀殿の女御(芳子様)で，その容貌は美しく，愛らしくていらっしゃった。(女御が)御所へ参内《さんだい》なさるといって，お車にお乗りになると，ご自身(のお体)は(車内に)お乗りになったが，御髪の先の方が，母屋の柱のもとにおありになる(ほど長かった)。(御髪の)一筋を陸奥紙に置いたところ，少しも(白い)すき間が見えなかったと申し伝えているようです。(女御の)御目尻が少し下がっていらっしゃるのが，ますますかわいらしくていらっしゃるのを，帝は，たいそうご寵愛なさって，このようにおっしゃられたとかいうことだ。

現世でも死後の世においても，必ず(二人が離れることなく)比翼の鳥となろう。

(その和歌の)返答(として)，女御(がよんだ歌)

秋になると(木の)葉でさえも(色が変わるように，飽きがくると前に言った言葉も変わるものですが，あなたの言葉が)変わらないならば，私も必ず連理の枝となって(ともにおり)ましょう。「(この女御が)『古今和歌集』を暗記していらっしゃる」とお聞きになって，帝は，試しに本を隠して，女御にはお見せにならないで，「やまとうたは」とある(序文)をはじめとして，初句の言葉をおっしゃっては，(続きを)お尋ねになると，(女御は)言い違いなさることは，詞書においても和歌においてもなかった。このようなこと(がある)と，(女御の)父の大臣がお聞きになって，ご束帯を身につけ，手を洗い(清める)などして，ほうぼうの寺に読経などをお頼みになり，(ご自分でも)一心にご祈願なさっていらっしゃいました。

問一．a＜古語＞「かたち」は，ここでは顔かたち，姿のこと。　b＜古語＞「内」は，宮中，内裏のこと。　c＜古語＞「返し」は，ここではよみかけられた歌に対する返事。　d＜現代語訳＞「たがふ」は，間違える，という意味。

問二＜古典文法＞「すき見えずとぞ」の「ぞ」が係助詞なので，係り結びの法則により，文末の「める」は，連体形である。「見しか」の「しか」は，「昔こそ」の「こそ」が係助詞なので，係り結びの法則により，已然形である。

問三＜古文の内容理解＞「かく」は，このように，という意味。帝は，芳子をたいそうご寵愛なさって，この世でも死後の世でも，比翼の鳥のように離れることなく，夫婦となりたいとおっしゃられたとかいうことである。

問四＜和歌の内容理解＞Xの和歌が，白楽天の漢詩「長恨歌」の「比翼の鳥」をふまえ，「羽をかはせる鳥」と夫婦の強い愛情が，よまれていたので，Yの和歌も，同じ「長恨歌」の「連理の枝」を表す「かはせる枝」という表現を用いて，その愛情に答える内容になっている。

問五＜古文の内容理解＞「うかぶ」は，暗記する，暗唱する，という意味。帝は，芳子が『古今和歌集』を暗記なさっていると，お聞きになっていたのである。

問六＜古文の内容理解＞「かかること」は，このようなこと。父の大臣は，帝が本を隠して芳子に『古今和歌集』の詞書きや歌を尋ねていることがあるとお聞きになった。

問七＜歴史的仮名遣い＞語頭以外のハ行は，現代仮名遣いでは原則として「わいうえお」になるので，「問はせ」は「問わせ」，「たまひける」は「たまいける」になる。「やまとうたは」の「は」は，助詞。

問八＜古文の内容理解＞芳子は，容貌も髪も美しいだけでなく，漢詩や和歌の教養も備えていたので，帝から寵愛を受けるにふさわしい人物であったと考えられる。

問九＜文学史＞『万葉集』は，奈良時代に成立した，現存する日本最古の和歌集。『徒然草』は，鎌倉時代末期に兼好法師が記した随筆。『平家物語』は，鎌倉時代前期に成立した軍記物語。『とはずがたり』は，鎌倉時代後期に後深草院二条が記した日記。

2021年度 日本大学鶴ヶ丘高等学校

【英　語】（60分）〈満点：100点〉

1　［放送問題］ リスニングテストはPart 1とPart 2の２つの部分に分かれています。

Part 1　Part 1は【１】〜【４】までの４つの話を聞き，その内容について１つずつ質問が出されます。質問に対する答えとして最も適当なものを，それぞれ①〜④の中から１つ選んで，マークしなさい。話と質問は２度読まれます。途中でメモを取ってもかまいません。

【１】

①

②

③

④

【２】

①
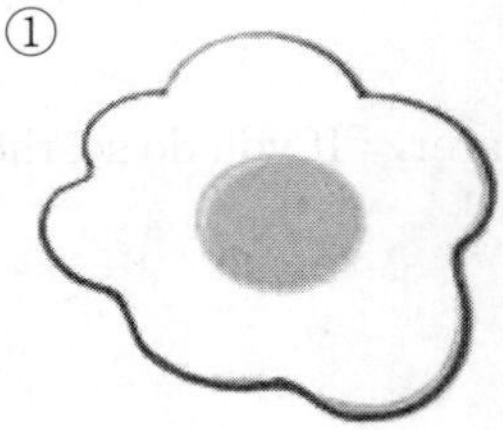

②

③

④
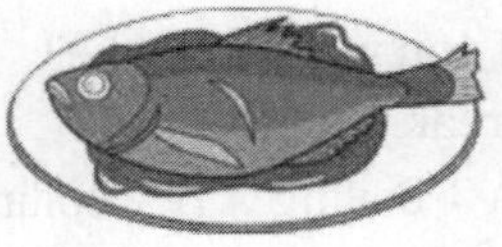

【３】

①

②

③

④
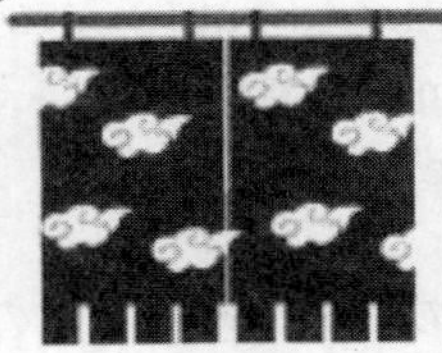

【４】

①
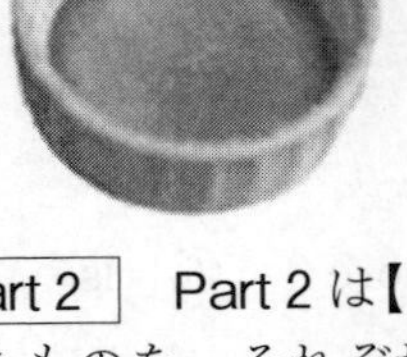

②

③

④

Part 2　Part 2は【５】と【６】の２問です。長めの話を１つ聞き，【５】と【６】の答えとして最も適当なものを，それぞれ①〜④の中から１つ選んで，マークしなさい。話と質問は２度読まれます。途中でメモを取ってもかまいません。

【５】

①　People who can't see　　②　People who can't hear

③　People who can't walk　　④　All people

【6】

①

②

③

④

※＜**放送問題原稿**＞は英語の問題の終わりに付けてあります。

2　次の【7】～【12】の各文の空所に当てはまるものとして，最も適当な語(句)をそれぞれ①～④の中から1つ選んで，マークしなさい。

【7】 I (　　) my parents about my plan to study abroad yesterday.

① spoke　② told　③ talked　④ said

【8】 Are you hungry?　Let's stop (　　) something at that hamburger restaurant.

① to eat　② eat　③ eating　④ have eaten

【9】 You should not run everywhere so quickly, (　　) you will get tired.

① and　② but　③ or　④ until

【10】 If you want to make (A) eggs, be careful not to put them in (B) water.　If you do so, they will break easily.

① A：boiling　B：boiling　② A：boiling　B：boiled

③ A：boiled　B：boiled　④ A：boiled　B：boiling

【11】 Ken (　　) a homestay for three weeks when he was in Brisbane.

① is doing　② does　③ did　④ has done

【12】 I want to put (　　　) in the dish because it has no taste.

① something sugar　② many black pepper

③ a few soy sauce　④ a little salt

3　次のイ～ヘの英文中の〔　〕内の語群について，日本文の内容に合うように並べ替えなさい。解答は【13】～【24】のそれぞれに当てはまる番号をマークしなさい。ただし，文頭に来る語も小文字から始まっています。

イ　その本は難しすぎてケイトには理解できなかった。

The〔① too　② understand　③ Kate to　④ is　⑤ for　⑥ book　⑦ difficult〕.

The〔(　　)(【13】)(　　)(　　)(【14】)(　　)(　　)〕.

ロ　この店にあるどの時計も，この時計よりも高くはない。

No〔① this shop　② than　③ other　④ expensive　⑤ more　⑥ is　⑦ watch in〕this one.

No〔(【15】)(　　)(　　)(　　)(　　)(【16】)(　　)〕this one.

ハ　その二つの部屋の間にあるドアは閉じられてはいたが，カギはかけられていなかった。

A door between〔① but　② rooms　③ not　④ locked　⑤ the two　⑥ was　⑦ closed,〕.

A door between〔(　　)(【17】)(　　)(　　)(　　)(【18】)(　　)〕.

ニ　車が急に止まってしまった。どこかエンジンの調子が悪いに違いない。

This car has suddenly stopped. 〔① there　② something　③ must　④ wrong　⑤ be　⑥ with　⑦ the engine〕.

This car has suddenly stopped. 〔(　　)(【19】)(　　)(　　)(　　)(【20】)(　　)〕.

ホ　この時計は私の友だちが誕生日にくれたんだ。

〔① of　② me　③ my　④ gave　⑤ one　⑥ this watch　⑦ friends〕 on my birthday.

〔(　　)(【21】)(　　)(　　)(　　)(【22】)(　　)〕on my birthday.

ヘ　明日何が起こるか，誰が分かるのでしょうか。

〔① happen　② knows　③ tomorrow　④ what　⑤ who　⑥ will〕?

〔(　　)(【23】)(　　)(　　)(【24】)(　　)〕?

4　次の対話文を読んで，文中の【25】～【31】の空所に入れるのに最も適当な表現を，後の①～⑦の中から１つ選んで，マークしなさい。ただし，同一の表現を２度用いず，すべての表現を使うこと。文頭に来る語も小文字から始まっています。

A : Hi, welcome to Barstucks. How may I help you?

B : (　【25】　) I could have a cup of coffee and a large chocolate doughnut.

A : Sure thing, will there be anything else?

B : Well, I'm meeting a friend in about half an hour. If I buy a coffee now, do you think that it will still be warm when he gets here?

A : (　【26】　). Do you have a hot-and-cold cup with you?

B : No, I don't. Do you sell them here? I have always wanted one.

A : Actually, we do. I have them (　【27】　) if you want one.

B : Well, as long as you have one in blue, I would be happy to buy it.

A : Hmmm, I'm sorry (　【28】　). We are down to only green, pink, and brown.

B : OK, just give me the brown one. I'm sure that my friend will like that color.

A : Oh, this is a purchase for your friend. I didn't realize that. Would you like it gift wrapped?

B : No thanks, just fill it with hot coffee and (　【29】　).

A : (　【30】　), ma'am. Your total comes to £21.35. How would you like to pay?

B : Do (　【31】　)? I don't have any cash on me today.

A : Sure thing. Just sign here, please. And have a great day.

① stored under the counter
② you take plastic
③ I was wondering if
④ you are out of luck
⑤ throw it on my bill
⑥ that's hard to say
⑦ right you are

5 次の英文を読んで，後の【32】～【41】の各英文が本文の内容と一致しているものには①，異なっているものには②をマークしなさい。

Juan Eduardo was in trouble. The huge red dragon standing in front of him was about to attack again and all that Juan had to fight with was a small sword, a few rocks, and his magic spells. The dragon pulled back its head and breathed fire at Juan. Juan jumped to his left and hid behind a wall. He could almost feel the heat of the fire around him. The dragon jumped into the air and started to fly toward Juan. Picking up a rock, Juan threw it as hard as he could at the dragon. He hit the dragon in the eye. The dragon, not able to see, crashed into a wall and fell to the ground. Juan quickly ran over to it and stabbed the dragon in the heart, killing it instantly. He had won!

Suddenly, he heard cheers and clapping from everyone watching the fight. He took off his headphones and breathed deeply. You see, Juan was an esports gamer, someone who makes money by competing in video games, and this was the semi-finals of the World Magic Tournament. Even though Juan was only nine years old, he had beaten all the other gamers in South America and would now go on to the finals. If he won there, he would not only be the World Champion, but also would win one million dollars. His dream was coming true. Juan put his headphones back on and thanked all of the people watching. A few on-line reporters interviewed him about his victory. After that Juan turned off his computer and walked to the window. He looked out at his city of Santiago from his twenty-first floor bedroom and smiled. Nothing could stop him. It was three a.m.

Suddenly, his room started to shake. At first he thought it was one of the many earthquakes that his city experienced every year, but this one was different. It felt bigger than usual. Juan saw the street lights below him swinging back and forth and all of the cars came to a stop. His building was shaking now, too. Juan stepped back from the window just as he heard a cracking sound below him. His window broke and the next thing he knew was that he was falling down, down towards the earth, just like the dragon he had so recently beaten. Then everything went black.

When he woke up, he found he was in a small space under a lot of rocks. Those rocks had been his home moments ago. He could hear people calling from all around him. Some people were hurt, but others were looking for survivors. Juan called out for help, but with all of the noise, he knew that no one could hear him. So, he stopped yelling and just waited. He thought about his gaming. He had been in difficult situations before. This was just another problem to solve.

He decided to wait until the sun came up. After several hours, he saw light coming through a small hole above him. He pushed and pulled until he climbed up enough to get his hand out and into the air. Now he shouted and waved until he felt someone grab his arm. He felt himself lifted up and out, and found that the person who had rescued him was his mother. He gave her a giant hug and started crying. Just then, his father ran up and hugged them, too. They had all survived.

Juan and his parents looked out at their city. Almost all of the buildings were gone, including their apartment, but they were alive.

Drying his eyes on his shirt, Juan's heart hardened. His family now had nothing. His father's job was gone, and they were homeless. Juan made a promise to himself, "I will find another computer. I will win the World Championships. I will save my family." Juan stared into the rising sun. Nothing would stop him. And nothing did.

【32】 At the beginning of the story, Juan was fighting a huge red dragon in a game.

【33】 Juan beat the dragon in the fight by throwing a rock at it and then stabbing it.

【34】 People were watching the fight that Juan was having with the dragon.
【35】 Even though Juan was only a teenager, he was making money as a gamer.
【36】 Juan was living in a small house in Santiago, South America.
【37】 It was dark outside when the earthquake hit Juan's home.
【38】 Juan's home fell down because of the dragon attacking.
【39】 When Juan realized that he was in a bad situation, he kept yelling until someone found him.
【40】 Juan was rescued by his mother and his father.
【41】 Eventually, Juan won the World Championships.

6　次の文章を読み，後の問い【42】～【46】の答えとして最も適当なものを，それぞれ①～④から1つ選んで，マークしなさい。

Good afternoon, everyone, please sit down.　Welcome to your first class on meteorology, the study of weather.　I am your professor, Dr. Mudrooroo.　We will cover everything from how weather is formed, to types of weather, to how we know what the weather will be like tomorrow.

As this is our first day, I want to start out with some fun weather systems and so we are going to talk about typhoons.　As you may know, *we* call them typhoons, but in other parts of the world they have different names.　If large storms in a circle shape form in the North Atlantic or Northeast Pacific Ocean, we call them hurricanes.　If they form in the Northwest Pacific, where we live, they are called typhoons.　Those that are in the South Pacific or the Indian Ocean are called cyclones.

These storms can be incredibly strong.　They can knock out power to cities, cause water to rise and cover farms and buildings, and leave thousands homeless.　In Japan, these storms are watched by the government and given numbers.　The fourth typhoon of Heisei 14 would be called Typhoon 1404, but most Japanese would usually just call it Typhoon 4.

In almost every other country, like ours, these storms are given names.　The Americans, for example, name their hurricanes with names in order of the alphabet.　So, hurricane Diane would be the fourth hurricane of the year, and hurricane George would be hurricane number 7.

One of the more interesting things about these storms is the way that they spin.　Any storms that form in the south move the same way as a clock does, but spin counter-clockwise in the north.　OK, please open your books to page 6, and let's start.

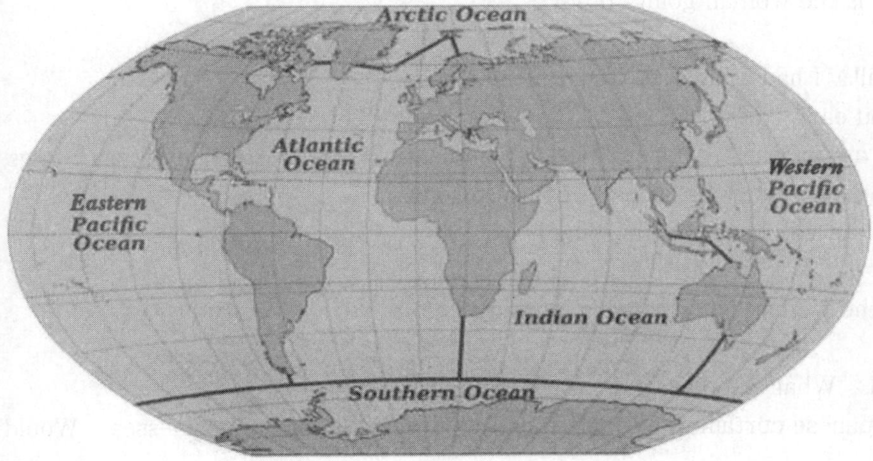

【42】 This is most likely :
① A television program　② A talk between friends
③ A university class　④ A newspaper article

【43】 In what country does this speech most likely take place ?
① The USA　② Japan　③ Korea　④ Australia

【44】 If there was a big round storm that started near India, it would be called :
① A willy-willy　② A hurricane
③ A typhoon　④ A cyclone

【45】 If there was hurricane number 11 in the United States, which of the names below would it be ?
① Katrina　② Stephen　③ David　④ Louise

【46】 If one of these large storms hit New Zealand,
① it would be turning from right to left.
② it would be turning from left to right.
③ it would not be turning at all.
④ it would be turning both left and right.

＜放送問題原稿＞

これからリスニングテストを始めます。リスニングテストは Part 1 と Part 2 の２つの部分に分かれています。

Part 1　Part 1 は【１】～【４】までの４つの話を聞き，その内容について１つずつ質問が出されます。質問に対する答えとして最も適当なものを，それぞれ①～④の中から１つ選んで，マークしなさい。話と質問は２度読まれます。途中でメモを取ってもかまいません。

【１】
F : Hey Jeff, come have a look at these pictures. I'm going to buy a new car.
M : Wow, Lisa ! Which one are you going to get ?
F : I haven't completely decided yet. I was thinking about getting a big car to take my family around in, but I think I want something faster.
M : Well, the small one is cute. But the sports car might be the best for you.
F : Yeah, I think I'll get one of those ! The one without its lights on.
QUESTION―Which car is the woman going to buy ?

【２】
F : Woof . . . I am so full. I had a big breakfast this morning.
M : Really, what did you eat ?
F : Well, I usually have a Japanese breakfast―rice, fish, and natto―or a Western breakfast―eggs, bacon, and toast. But with every breakfast, I eat miso soup.
M : So which breakfast did you have this morning ?
F : A Western one.
QUESTION―What did the woman NOT eat this morning ?

【３】
M : These are beautiful. What are they ?
F : They are *noren*, Japanese curtains. We use them for decoration or for businesses. Would you like to buy one ?

M： I like them all, can you tell me about them ?

F： Sure. The first one on the left is for Japanese baths, the two next to it are for restaurants, and the last one is just a cute design.

M： Hmmm. . . . Well I like the restaurant ones. I'll buy both of them.

F： OK, that will be 3000 yen.

M： Oh no, I don't have enough money. I'll just take the one with the pictures on it.

QUESTION—Which *noren* will the man buy ?

【4】

Rhonda was a little girl who loved to eat. I mean we ALL love to eat, but Rhonda really loved it. From the time she was born, she would eat anything she could find. She would pick up old food from the floor and put it in her mouth. She would eat food from other people's plates. She would even try to eat things that were not food, like bottle caps and pens. However, one day she found something that she would not eat—broccoli. She just didn't like it. Her mother and father were happy. They started putting broccoli on everything that they had—on the floor, in every dish, everywhere. Soon Rhonda stopped eating so much. But Rhonda changed. Now she only eats things with broccoli in them.

QUESTION—What does Rhonda eat now ?

Part 2　Part 2は【5】と【6】の２問です。長めの話を１つ聞き，【5】と【6】の答えとして最も適当なものを，それぞれ①～④の中から１つ選んで，マークしなさい。話と質問は２度読まれます。途中でメモを取ってもかまいません。では始めます。

【5】【6】

Because the Olympics and Paralympics are coming to Japan, there has been a great deal of interest in Universal Design. Universal Design is the idea that places, products, and signs should be easy to use for everyone. Therefore, people who can't see or hear or walk, should be able to use things as easily as people who can. Some examples of good Universal Design signs are those that use pictures, have only one or two words on them, have simple pictures, and have pictures big enough to see by people who have trouble seeing. Look around you. There are Universal Design signs everywhere.

QUESTION【5】—Who is Universal Design for ?

QUESTION【6】—Which is NOT a good Universal Design sign ?

【数　学】（60分）〈満点：100点〉

（注意）(1) 分数の形で解答が求められているときは，それ以上約分できない分数で答えること。

(2) 定規・コンパス・分度器・計算機を使用してはいけない。

(3) 問題の図は正確なものではない。

1 次の【1】，【2】，……，【17】の一つ一つには，それぞれ0～9までの一つの数字が当てはまる。それらを【1】，【2】，……，【17】で示される解答欄に順次マークしなさい。

(1) $12.5\times536\times4\times0.8\times0.25=$【1】【2】【3】【4】

(2) 連続する3つの自然数のそれぞれを2乗した和が434になるとき，連続する3つの自然数のうち中央の数は【5】【6】である。

(3) $x=5\sqrt{3}+2\sqrt{5}$，$y=2\sqrt{3}$ のとき，$x^2-5xy+4y^2$ の値は $-$【7】である。

(4) 3つのさいころA，B，Cを同時に投げるとき，出る目の和が7以下となる確率は $\dfrac{\text{【8】【9】}}{\text{【10】【11】【12】}}$ である。

(5) 下の図において，点Oは円の中心で，3点A，B，Cは円Oの周上にある。このとき，弧ABの短い方の長さは $\dfrac{\text{【13】}}{\text{【14】}}\pi$ である。ただし，π は円周率とする。

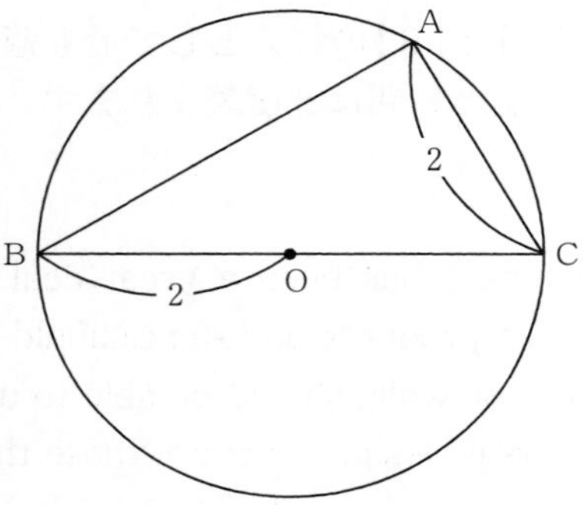

(6) 直線 $y=-ax+2$ と関数 $y=-\dfrac{1}{x}$ のグラフが2点A，Bで交わっている。点Aの x 座標が1のとき，$a=$【15】である。

(7) ある人が自転車を購入し，支払いは全部で7回の分割払いとした。購入時の1回目に総額の $\dfrac{1}{4}$ を支払い，2回目以降は均等に支払うことにした。2回目以降の1回分の支払額は，支払い総額の $\dfrac{\text{【16】}}{\text{【17】}}$ にあたる。ただし，利子はかからないものとする。

2 次の【18】，【19】の一つ一つには，それぞれ0～9までの一つの数字が当てはまる。それらを【18】，【19】で示される解答欄に順次マークしなさい。

2次方程式 $x^2+40x+76=k$（ただし，k は素数）の解が2つとも整数となるとき，$k=$【18】【19】である。

3　次の【20】，【21】，……，【27】の一つ一つには，それぞれ0～9までの一つの数字が当てはまる。それらを【20】，【21】，……，【27】で示される解答欄に順次マークしなさい。

パソコンのキーボードのQ，W，E，R，Tを右図のようにQ，W，E，R，T，R，E，W，Q，W，E，……と1文字ずつ繰り返し入力していく。

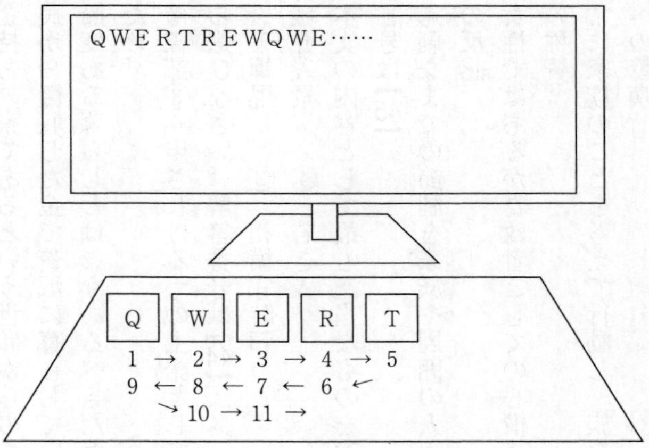

このとき，次の問いに答えなさい。

(1)　21文字目に入力する文字は【20】である。【20】に入る文字を次の1～5から1つ選びなさい。

1．Q
2．W
3．E
4．R
5．T

(2)　1回目にWを入力するのは2文字目，2回目にWを入力するのは8文字目である。10回目にWを入力するのは【21】【22】文字目で，11回目にWを入力するのは【23】【24】文字目である。

(3)　200回目にWを入力するのは，【25】【26】【27】文字目である。

4　次の【28】，【29】，……，【33】の一つ一つには，それぞれ0～9までの一つの数字が当てはまる。それらを【28】，【29】，……，【33】で示される解答欄に順次マークしなさい。

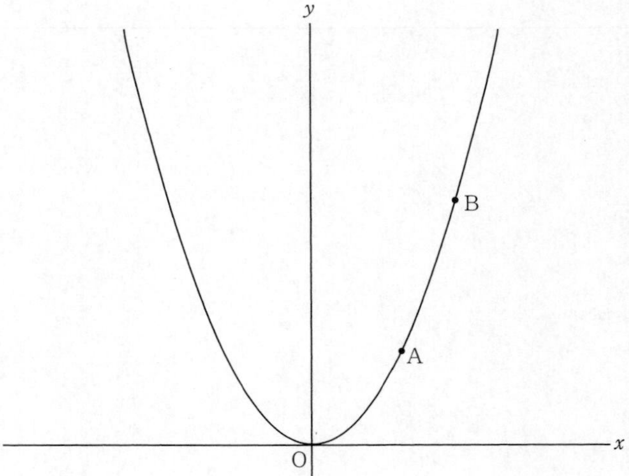

関数$y=kx^2$上に2点A(3, 6)，B(6, 24)がある。このとき，$k=\frac{\text{【28】}}{\text{【29】}}$である。

y軸上に点Cをとる。AC+BCの長さが最も短くなるとき，点Cの座標は(0, 【30】【31】)である。

点Cの座標が(0, 【30】【31】)のとき，△ABCの面積は【32】【33】である。

問三　傍線部①「さやうの事」が指す内容として最も適当なものを次の中から選びなさい。解答番号は【41】

① 破れた着物を繕うこと　② 小刀を研ぐこと
③ 障子を修理すること　④ 仏道に通じていること

問四　傍線部Ⅰ「なほ」Ⅱ「す」Ⅲ「なれ」の品詞名の組み合わせとして最も適当なものを次の中から選びなさい。解答番号は【42】

① Ⅰ　副詞　Ⅱ　助詞　Ⅲ　助動詞
② Ⅰ　副詞　Ⅱ　動詞　Ⅲ　助動詞
③ Ⅰ　助詞　Ⅱ　助詞　Ⅲ　動詞
④ Ⅰ　助詞　Ⅱ　動詞　Ⅲ　動詞

問五　傍線部②「わざとかくてあるべきなり」とありますが、その理由として最も適当なものを次の中から選びなさい。解答番号は【43】

① 為政者としてあるべき心構えを子に身をもって教育するため。
② 金持ちの家であるという世間からのやっかみの目を欺くため。
③ 民から徴収した金で贅沢《ぜいたく》に暮らしていることを隠すため。
④ 節度ある暮らしとはこうあるべきだと、兄に見せて気付かせるため。

問六　傍線部③「申されける」の主語として最も適当なものを次の中から選びなさい。解答番号は【44】

① 松下禅尼　② 相模守時頼
③ 城介義景　④ 若き人

問七　本文の内容として最も適当なものを次の中から選びなさい。解答番号は【45】

① 過剰なまでの節制を家族や周囲の人々にまで常に求める禅尼への反感。
② 女性ではあるが為政者としての心構えをわきまえている禅尼への称賛。
③ 常に家族のことを考えて行動し一族を繁栄に導いた禅尼の胆力への驚嘆。
④ 出家したのちは常に仏に仕える心を忘れず行動する禅尼の信仰心への敬意。

問八　『徒然草』と同じジャンルの作品を次から一つ選びなさい。解答番号は【46】

① 源氏物語　② 太平記
③ 枕草子　④ 十訓抄

その魂を弔うために小説を書いているのだということ。

② 救えなかった小作人たちの怨みが、書きたくもない作品を書かなければならない運命に筆者を誘ってくるということ。

③ 地主階級として小作人たちを虐げてきたことへの後悔が頭を離れず、自分の作品に影響を及ぼしているということ。

④ 小作人や地主の波乱に満ちた運命から感じ取った世の中の不合理が、自身の執筆動機になっているということ。

四 次の文章は『徒然草』の一節である。よく読んで、後の問いに答えなさい。

※相模守時頼《さがみのかみときより》の母は、※松下禅尼《まつしたのぜんに》とぞ申し X 。守《かみ》を※入れ申さるる事ありけるに、すすけたる明《あか》り障子《さうじ》の破ればかりを、禅尼手づから、小刀して※切りまはしつつ張られければ、兄《せうと》の※城《じやうの》介義景《すけよしかげ》、その日の※けいめいして候《さうら》ひけるが、「給はりて、なにがし男《をのこ》に張らせ候はん。①さやうの事に心得たる者に候ふ」と申されければ、「その男、尼が※細工にaよもまさり侍らじ」とて、Ⅰなほ、一間づつ張られけるを、義景、「皆を張り替へ候はんは、はるかにたやすく候ふべし。まだらに候ふもb見苦しくや」と重ねて申されければ、「尼も、後は※さはさはと張りかへんと思へども、今日ばかりは、②わざとかくてあるべきなり。物は破れたる所ばかりを修理《しゆり》して用ゐる事ぞと、若き人に見ならはせて、c心づけんためなり」と③申されける、いとdありがたかりけり。

世を治むる道、倹約を本とⅡす。女性Ⅲなれども聖人の心にかよへり。天下を保つ程の人を、子にて持たれける、誠に、※ただ人にはあらざりけるとぞ。

注 ※相模守時頼…北条時頼。鎌倉幕府第五代の執権。
※松下禅尼…時頼の母。早く夫に死別して出家した。
※入れ申さるる…招き入れる。招待する。
※切りまはしつつ…あちらこちらを切る意。
※城介義景…松下禅尼の兄。
※けいめい…奔走する。精出して勤める意。
※細工…細かい手仕事。
※さはさはと…さっぱりと。
※ただ人…凡人。なみの人。

問一 二重傍線部a～dの口語訳として、最も適当なものを後の中からそれぞれ選びなさい。

a「よもまさり侍らじ」解答番号は【36】

① もしかすると勝っているのでしょうか
② けっして勝ってはいないはずです
③ 本当に勝っているのでしょうか
④ まさか勝ってはいないでしょう

b「見苦しくや」解答番号は【37】

① 見苦しくはございませんか
② 見苦しいと困ります
③ 見苦しいはずがあろうか
④ 見苦しくあってはならない

c「心づけんためなり」解答番号は【38】

① 気付かせるためなのです
② 気にしてあげるためです
③ 気に病んでいるためです
④ 気配りをするためです

d「ありがたかりけり」解答番号は【39】

① 奇異なことであった
② かたじけないことであった
③ 感謝すべきことであった
④ 立派なことであった

問二 空欄 X に入る語として最も適当なものを次の中から選びなさい。解答番号は【40】

① けら ② けり ③ ける ④ けれ

ぜですか。最も適当なものを次の中から選びなさい。解答番号は【29】

① 都会の人である「私」は抜いたばかりの野菜を口にしたこともないと知り、農業も知らない私を蔑んでいたから。
② 自分の境遇は憐れまれるようなものではなく、プライドを持って生きているのだということを示そうとしたから。
③ 少女雑誌や物語に憧れる思いもあるが、田舎では健康的な体を大切にすることが一番の誇りだと伝えたかったから。
④ 畑からひっこ抜いた蕪菁を噛み砕くことで、逆境にも負けない強さで生きる姿を見せて安心させたかったから。

問六 傍線部④「彼女の眼にふと、ひとひらの慈悲に似たたゆたいが浮かんだ」とありますが、それはなぜですか。最も適当なものを次の中から選びなさい。解答番号は【30】

① 打ちひしがれた私の姿をみて、どんな相手であっても人を傷つけることは正しいことではなく、和解しようと考えたから。
② 打ちひしがれた私の姿をみて、同情してきたことへの報復は十分果たせたのだと感じ、わだかまりがなくなったから。
③ 打ちひしがれた私の姿をみて、「私」の行為が安易な同情というよりは自分のことを思っての行為であると気づいたから。
④ 打ちひしがれた私の姿をみて、自分の境遇に対しては「私」には何の責任もなく、怒りをぶつけるべきではないと感じたから。

問七 傍線部⑤「土からひき抜いたばかりの蕪菁の肉の甘い香ぐわしさを生まれて初めて知った」とありますが、ここでの私の心情の説明として最も適当なものを次の中から選びなさい。解答番号は【31】

① 少女によって今までの自分の生き方を否定されたように感じ憤る気持ち。
② 自らの境遇を受け入れて強く生きる少女の生命力に惹きつけられる気持ち。
③ 私を拒絶するように見えた少女の温かい気持ちに触れてとまどう気持ち。
④ 貧しい少女の生活をどうすることもできない無力さを感じ絶望する気持ち。

問八 傍線部⑥「そして私はある日、思い立って、川瀬氏を訪ねて昔の話を聞いたことがある」とありますが、それはなぜですか。最も適当なものを次の中から選びなさい。解答番号は【32】

① 田舎で長く暮らしたことで小作人の人々の生活を身近に感じ、農業に興味を持つようになったから。
② 小作争議の話を聞いて、平和であったはずの木崎村でなぜそのような事件が起きたのかと興味を持ったから。
③ 母が話してくれた木崎村小作争議の真相を知り、川瀬氏とともに小作人の人々の境遇を改善したいと考えたから。
④ 伯母の家にいた数か月で経験した出来事から、格差に苦しんだ小作人の人々の苦労や歴史を知ろうと考えたから。

問九 傍線部⑦「有島武郎」は白樺派の小説家です。その代表作として適当でないものを次の中から一つ選びなさい。解答番号は【33】

① 『カインの末裔』　② 『或る女』
③ 『明暗』　④ 『生れ出づる悩み』

問十 空欄 Y に当てはまるものとして、最も適当なものを次の中から選びなさい。解答番号は【34】

① 真逆さまに墜落する夕陽
② 泣きわめく赤ん坊
③ 耳をつんざくような雷鳴
④ 貧しさを生きた小作人たちの姿

問十一 傍線部⑧「亡霊たちがしのびよって私の筆を動かしてくれている」とありますが、それはどういうことですか。最も適当なものを次の中から選びなさい。解答番号は【35】

① 小作争議で亡くなっていった多くの農民たちに思いをはせ、

むしろ旗を押し立て鍬《すき》や鎌をふり上げた小作人たちにとり囲まれた地主は、母の生家の縁続きの家であった。

地主たちの面影は、ある意味で私にとっては近しい。戦前、ハーバード大学に留学して、長く外国に住み、外人のように見えた人や、墜落する夕陽の中でいつも本を読んでいた文学好きな青年や女道楽の末、脳病に冒された男などがいた。

それらの人びとに、蕪菁を土からひき抜いて与えた娘の影が重なる。彼らの亡霊にとりまかれて、私は背中を小突かれているような気が長いことしていた。

更に二十年後、文学作品を発表できる場をやっと持つようになった私は、彼らをそれぞれに形を変えて、「ふなくい虫」や「浦島草」に登場させた。

書いているとき、⑧亡霊たちがしのびよって私の筆を動かしてくれているように感じた。

注 ※蕪菁…かぶの別名。根菜類の一つ。

※木崎村小作争議…新潟県北蒲原郡木崎村（現・新潟市北区）を中心とする地域で起こった小作争議。

問一 二重傍線部a～cの本文における意味として最も適当なものを後の中からそれぞれ一つ選びなさい。

a 「息のかかった」 解答番号は【23】

① 信頼を得た ② 支配下にある
③ 力の及ばない ④ 付き合いが長い

b 「一瞥をくれた」 解答番号は【24】

① 軽蔑の眼差しを向けた ② ちらっと見た
③ 少し目配せした ④ じっと見つめた

c 「往年の」 解答番号は【25】

① 数年間続いた ② かつて滅び去った
③ 既に亡くなった ④ 過去に名をはせた

問二 傍線部①「不可解なためらいを含んだ皮肉な差別」とありますが、なぜ「私」はそのような扱いを受けたと考えられますか。最も適当なものを次の中から選びなさい。解答番号は【26】

① 都会から来た「私」は地主と小作人の両方の立場に属するような存在で曖昧な立場であるため、どう扱ってよいのか分からなかったから。

② 都会から来た「私」は地主と縁続きであり身分としては高い立場であったが、小作人と同様に貧しい生活をしていたため、同情されていたから。

③ 都会から来た「私」は土地も持たず生産力を持たないため、地方の共同体においては価値を持たないものとして差別の対象になったから。

④ 都会から来た「私」は地域社会の中で憧れられる存在であったものの、仲間として受け入れられず敬遠されており、よそ者と位置づけられていたから。

問三 空欄 X に当てはまるものとして、最も適当なものを次の中から選びなさい。解答番号は【27】

① 牧歌的 ② 因習的
③ 退廃的 ④ 現代的

問四 傍線部②「彼女は蔑んだ笑いを浮かべて言った」とありますが、ここでの彼女の心情の説明として最も適当なものを次の中から選びなさい。解答番号は【28】

① 学校に行くことができなくなった自分に向けられた憐れみをはねつける気持ち。

② 雑誌を初めて目にして嬉しそうにしている世間知らずの私に同情する気持ち。

③ いまだに子供じみた物語に夢中になっている私の幼さを馬鹿にする気持ち。

④ 自分を慰めようと雑誌を持ってきてくれた私の優しさに内心感謝する気持ち。

問五 傍線部③「彼女は光った美しい歯で音を立てて真白な蕪菁を噛み砕きながら、私を見下ろしていた」とありますが、それはなが、そのうち彼らの家庭の内情を知るに従い、そんなロマンチックな感情は吹き消されて、暗いじめじめしたものになった。

小学校の五年生であった私たちはそろそろ上級学校のことを考える時期だったが、女学校に進むらしく思われるのは、全校で級長である地主の娘と、私とその他のほんの一、二の者で、村の中流の自作農の娘たちは高等科に進むらしかった。小学校六年の上に更に二年の、今で言えば中学に当る制度があったのだ。

更に小学校でも高学年になると五十人のクラスのうち数人はいつの間にか登校しなくなり、そのうち、村内のどこかの家で子守に雇われ、一日中背中に赤ん坊を背負っている姿が見られた。

教室から姿を消したそうした級友は、登校、下校の道などで同級生に逢うと、初めのうちは目をそらして顔を伏せるが、そのうち、どこか挑むような険しい眼つきで旧友たちを見据えるようになるか、不貞腐《ふて》れた投げやりで無表情なまなざしになるかのいずれかであって、その悲しみは私の胸を突き刺した。

私は彼女たちと言葉を交したいと思ったが、彼女たちは私をわざと無視して不機嫌な声で背中の赤ん坊にやつ当りし、小石を足で蹴ってそっぽを向いた。

私は彼女の呑《の》み下している言葉に怯《おび》え、自分のかかえている言葉が、彼女にとって何ひとつ意味を持たないことを思い知らされた。私は彼女と学校の休み時間に手毬《てまり》や縄跳びをした仲だったのに。

私は母から買い与えられていた少女雑誌や物語の本が、学校に行けなくなった彼女をもしかして慰めることができるのではないかというように夢想し、うろうろと彼女のまわりにつきまとって、彼女がそれを読んでみる気がないかと気を惹《ひ》いてみたのだが、②彼女は蔑んだ笑いを浮かべて言った。「おらには読んでもわからね」

そして傍らの畠《はたけ》から※蕪菁《かぶら》を一本ひきぬき、袖口で泥を拭い、器用に前歯でぺっぺっと皮をむき、それをかじりながら夕焼の空を見上げて呟《つぶや》いた。「甘ごうて、うまい!」

③彼女は光った美しい歯で音を立てて真白な蕪菁を噛《か》み砕きながら、私を見下ろしていた。

少女雑誌の表紙にb一瞥《いちべつ》をくれた彼女の「おらには読んでもわからね」という呟きは、私の脳髄に打ち下ろされた強烈な拒絶の一撃であった。打ちひしがれた私を見て、④彼女の眼にふと、ひとひらの慈悲に似たたゆたいが浮かんだ。

彼女は身をかがめて私にも蕪菁を抜いてくれた。私は彼女の真似をして泥を払い、その真白なみずみずしい根のふくらみに歯を立ててみた。そして⑤土からひき抜いたばかりの蕪菁の肉の甘い香ぐわしさを生まれて初めて知ったのである。

伯母の家にはほんの数か月しかいなかったが、その数か月は私の少女時代の感受性に深く喰いこんで先の折れた錐《きり》の先になった。折れた錐の先は血管に深く喰い込んで残り、噴き出した錆《さび》が私の血の中に浮き沈みしている。

それから十年余り経って大学時代の或る夏休み、母が、大正末期から昭和の初めにかけて起った日本全国の人びとの眼をそばだたせた※木崎村小作争議のことについて語ってくれ、そのときの農民の指導者であった川瀬新蔵という人が父の患家にいると教えてくれた。⑥そして私はある日、思い立って、川瀬氏を訪ねて昔の話を聞いたことがある。

川瀬氏は、そのときもう六十ぐらいだったと思うが、この挫折したc往年の闘士は、言葉少なに争議のときの思い出話をしてくれた。農民学校というものが開かれ、小作人の児童たちは村の学校に登校するのを拒否した。

川瀬氏は争議の詳細な記録を自筆で残していたが、小作人たちに多額の支援金を寄せた人たちの名簿に、⑦有島武郎の名が見えた。

川瀬氏らが夢みて果せなかった農地解放は、武器を持っている占領軍の手で行われた。あの戦後のインフレーションの中で、農地を失った地主たちの姿は、[Y]に似ていた。何世代にも亙《わた》って自分で働いて食べる術をついぞ知らなかった地主たちの中には、お乳母日傘で育ち、施療院で死んだ母の幼な馴染みもいた。

あったから。

② 当時の社会では多種多様な考え方が生まれ衝突しており、それをまとめるために大学は本質的に変わらない価値を探すことを目的に成立したから。

③ 様々な文化を持つ集団の中での混乱を避け、幸福な社会を目指す上では道徳という観念が必要であり、教育機関として大学が成立したから。

④ 中世から大学間の競争を生き残った大学には、学問とは国家や産業の役に立って初めて意味があると見なす能率主義が浸透したから。

問七 傍線部⑤「国民的な通念」とありますが、それはどのようなことですか。最も適当なものを次の中から選びなさい。解答番号は【21】

① 国や国民の要請に応え、学生を国家や経済活動に役に立つ人物に仕立て上げるのが大学の目的であるという考え方。

② コミュニケーション能力を高め、学生が有意義な人生を送るための機関として大学が存在するという考え方。

③ 留学や海外経験を通じて、グローバルな価値を体現する学生を育て上げるのが大学の務めであるという考え方。

④ 短期的な経済効果ではなく、長期的かつ広い意味での社会的な効果を期待して学問を追究することが大学の使命であるという考え方。

問八 この文章の内容として、最も適当なものを次の中から選びなさい。解答番号は【22】

① 大学は名のある賞を受賞するための機関ではなく、国民国家に貢献するためのものであり、国立でも私立でも同一である。

② 大学は人類に貢献する共通の価値を探究する場所であり、国家や産業との橋渡しになる存在である。

③ 大学が普遍的な価値ばかりを追い求めてしまえば、何かの職業に就くためだけの存在になってしまうと考えられる。

④ 大学がグローバルな視点を有している理由は、もともと異なる社会を統合しより良い社会を目指したことに端を発している。

三

次の文章を読んで、後の問いに答えなさい。

私は小学生の時、父が海外勤務の間、母の生家である伯母の家にいたことがあるが、その数か月は、都会育ちの私には見るもの聞くものすべてショッキングな経験であった。

そこには、どんな形にしろ、たてまえの上ですら、人間の平等はなかった。厳然たる階級、生まれながらの身分があり、学校の教室での子供たちの呼び方すらはっきりとした区別があった。

クラスでただ一人、地主の娘だけが「お前《め》さま」と呼ばれ、あとは「お前」とか「汝《んな》」とか呼ばれた。私は母の出身地とは言え、父は他国者でしかも土地を持たない都会人なので「あんた」と呼ばれた。これは、一種とってつけたような、①不可解なためらいを含んだ皮肉な差別であった。

都会のサラリーマンとは彼らの眼にはいったい何であったのか。それは没落した小地主のなれの果てであり、他人を縛りつける農地を持たない無力さでは、小作人の部類に属する。

各クラスの級長は地主の子供たちときまっていた。村長はその父親であった。なぜなら村中が彼の小作人か番頭か差配めいた多かれ少なかれ彼の a息のかかった者たちだったからだ。

私は子供心に世の不合理を思い知らされ、考えこまないわけにはいかなかった。

子供たちの服装も食べものにも、あまりにも大きな差があり過ぎた。昭和十年代に日本の小学児童たちは都会では一人残らず洋服だったが、ここでは大半が野良着に似た着物で、当時四大節と呼ばれた祝日と式日にはそのうち何人かは袴《はかま》を着用していた。

だが大半はほとんど着のみ着のままの木綿の縞《しま》か絣《かすり》の着物に裸足かせいぜい藁草履《わらぞうり》といったものだった。都会っ子の私にはこうした風俗はもの珍しくもあり、最初は［X］なものさえ感じはした

③ 修学旅行をマン喫する。
④ 風邪はマン病のもと。

c 一チ　解答番号は【13】

① チ密な計画を立てる。
② チ水工事を行う。
③ チ命的なミスをおかした。
④ エアコンを設チする。

d フン出　解答番号は【14】

① 鍵をフン失する。
② 火山がフン火する。
③ 試合に興フンする。
④ いじめにフン慨する。

e 斉ショウ　解答番号は【15】

① 相手を過ショウ評価する。
② 愛ショウを募集する。
③ 絵画を鑑ショウする。
④ 論語を暗ショウする。

問二　傍線部①「寺脇氏の意見と同様の立場」とありますが、それはどのような立場ですか。最も適当なものを次の中から選びなさい。解答番号は【16】

① 社会的な有用性とは関係なく、文系の知は必要であるという立場。
② 文系の知は理系と同様、実社会の役に立つものであると考える立場。
③ 理系や文系という分類は、役に立つということに無関係だという立場。
④ 文系の知にも、長期的に見れば経済効果が期待できると考える立場。

問三　傍線部②「『文系』は、『理系』の有用性にスパイスを添える」とありますが、それはどのようなことですか。最も適当なものを次の中から選びなさい。解答番号は【17】

① 「理系」の学問は必要で「文系」の学問を不要と考えることは、今後の社会活動に悪影響をもたらすということ。
② 文系の学問には、理系の学問によって生み出された知を社会に広く浸透させ、役立てる効果があるということ。
③ 役に立つかどうかという尺度で判断すれば、理系の知を学ぶ価値が結果的により際立ってしまうということ。
④ 文系の知と理系の知はそれぞれ異なる性質を持つがゆえに、お互いを引き立てあう関係にあるということ。

問四　傍線部③「何重にも間違っています」とありますが、それはなぜですか。最も適当なものを次の中から選びなさい。解答番号は【18】

① 国立大学が優秀な学生を輩出しても国に貢献しないのであれば、税金の使われ方としてはふさわしくないから。
② 国立大学は税金によって資金を賄うため国民に奉仕すべき組織であるが、研究内容まで国に干渉されるのは不当だから。
③ 大学は普遍的な価値に奉仕すべき組織であり、税金を払う主体ではない国に対しては説明責任の義務すらないから。
④ 大学は世界各国に貢献していくべき組織であり、自国民だけの利益や幸福を追求するのは間違っているから。

問五　次の一文「どう考えても、『税金によって賄われているのだから、国家に奉仕すべきだ』という話にはなりません。」は、文中の【Ⅰ】～【Ⅳ】のどこに入るものか。最も適当なものを次の中から選びなさい。解答番号は【19】

① 【Ⅰ】　② 【Ⅱ】　③ 【Ⅲ】　④ 【Ⅳ】

問六　傍線部④「学問そのものを目的とするという機関であったわけでもない」とありますが、それはなぜですか。最も適当なものを次の中から選びなさい。解答番号は【20】

① 大学は本来神のために役に立つ機関として成立しており、人間の生活に役立つか否かは、その成立過程においては二の次で

ル賞は結果であって目的ではあり得ません。大学は、オリンピック選手養成機関のような組織とは根本的に異なるのです。様々な世界的な賞を得、名声を博するような人が大学から出てくるとしても、そうしたことを目的に大学はあるのでは絶対にありません。【Ⅲ】

同様のことは、私立大学にも当てはまります。私立大学にとって、学生からの授業料収入は大学予算の重要な部分を占めますが、だからといって私立大学が授業料を払っている学生やその保護者の願望や要請だけを聞いて教育し、成績をつけていたら、その大学の教育研究はだんだん劣化していくでしょう。もちろん、いずれの場合でも学生や保護者への説明責任が大学にはあるのですが、説明責任を負うことと奉仕することとは違います。【Ⅳ】

つまり、大学は一般企業や商店とそこが根本的に異なるのであって、大学の目的、価値は国に従順な学生を育てることでも、学生を、その父母の期待をそのまま具現したような若者に仕立て上げることでもありません。大学は、保護者や国民に対して学生たちを立派に育てる義務を負っていますが、その「立派さ」の基準は、保護者や一般の国民が通念として考えているものと一チするとは限らないし、通念に従うべきでもないのです。

ここで重要なのは、そもそも「役に立つ」とは、単に国家や産業界のためだけに「役に立つ」ことだとは限らないことです。国民国家や近代的企業よりもはるかに古い歴史を持つ大学は、国や産業界に奉仕するために生まれた機関ではありません。その一方で、大学はその成立当初から自己目的的に、④学問そのものを目的とするという機関であったわけでもないのです。大学が、何かのために「役に立つ」ことは、この機関の成立の要件の一つでした。当初、それは神のために「役に立つ」（神学）ことや、人々の健康のために「役に立つ」（医学）ことであったでしょう。しかし、もう少し一般化すれば、大学は、人類や地球社会の普遍的な価値のために奉仕する知の制度として発達してきたのです。

すでに拙著『大学とは何か』（岩波新書、二〇一一年）で詳論しましたが、一二、一三世紀の西欧で、キリスト教的な秩序のもとに大学が生まれます。当時、中世都市の全ヨーロッパ的ネットワークとして拡大した西欧中世社会において、異なる価値がぶつかり合うなかで「普遍的な価値とは何か」が問われたからです。そこで価値の普遍性を探究していく機関が、キリスト教社会にも、近代社会にも必要でした。だからこそ八〇〇年以上にわたり大学が存続してきたわけで、この普遍性は人類的なものです。大学が普遍的な価値の探究に向かうことが、めぐりめぐって人々のためにもなるという考え方を、ヨーロッパは受け入れてきたのです。

人類的な価値とは、今日ではグローバルな価値ということになりますから、大学はグローバルな価値と国民社会を媒介していく役割を担います。いわばメディアです。単純に政府や国民に従う役割ではあり得ません。人類性とか普遍性、グローバル性は、大学にとって根本的なものです。つまり大学は、今日的な用語で言うならば、何よりも「グローバルなエクセレンス（優秀なこと、長所）の実現」に奉仕しなければなりません。たとえ国に批判的で、⑤国民的な通念とは対立しても、真にクリエイティブに地球的な価値を創造していくことができる研究者や実践家を育てることが、大学の社会に対する意味ある責任の果たし方なのです。

問一　二重傍線部a〜eと同一の漢字を使うものはどれですか。適当なものを後の中からそれぞれ一つ選びなさい。

a　ヨウ護　解答番号は【11】

① 彼はヨウ領のいい男だ。
② 抑ヨウをつけて歌う。
③ 充分な栄ヨウをとる。
④ 対立候補をヨウ立する。

b　マン画　解答番号は【12】

① 注意が散マンになる。
② 手柄を自マンする。

とを、全国の大学の先生が言うべきです。

広田　大学が「経済」の道具ではない、というのはまったくその通りですよ。私が言いたいのは、人文・社会系に「経済効果」を求めるのはおかしいが、短期的には別として、長期的には、そうした「効果」はちゃんとあるんだと。

寺脇　しかし、マン画論でも、フランス文学でもインド哲学でもいいけど、こういうものは「経済効果」の話ではないんですよ、という認識を社会で広めていかないと。（中略）

広田　いや、哲学なんかこそ、実は新しいアイデアの宝庫なんです。現象の本質を抽象的な概念で論理的に考えるわけですから。長い目で見れば、そうした思索こそが、新しいアイデアを生み出す。そういう意味では、「経済効果」から見ても、ちゃんと意味はある。

両氏の立場は、「文系の知は大切である」「短期的な経済効果で文系の知の価値を測るべきでない」という点では一cチしていますが、そもそも文系の知に社会的効果があるべきかどうかについては、際立った立場の違いが見られます。寺脇氏が「経済効果などとはまったく関係なく、文系の知の価値を認めるべきだ」と言うのに対し、広田氏は「文系の知にも長期的かつ広い意味での社会的な効果は十分にあるし、そのことをちゃんと示していくべきだ」と考えています。

一連の文科省「通知」への批判で、①寺脇氏の意見と同様の立場から、「社会に『役に立つ』ことは、大学ではなく職業訓練校に求めるべきだ」という類いの議論もかなり見られました。しかし、大学の学問は本当に、社会的有用性から離れ、研究をする人間にとって「本質的な」価値があればいいというようなものなのでしょうか――。私は、それは違うと思います。

つまり、「文系は役に立たないから不要だ」という意見に反対するために、「文系は役に立たないけれども価値がある」という対立軸を立てるのでは、「理系は役に立つから価値がある」という議論に対抗できません。それでは②「文系」は、「理系」の有用性にスパイスを添えるという程度の立場しか主張できないのです。むしろ、広田氏が主張したように、文系の知こそが長く広い未来のために「役立つ」ものであるべきで、実際に「役に立つ」のだということを、もっともっと社会に示していかなければならないのです。

ただ、知識人の間に比較的広く見られる「役に立つ」ことへのこうした反発には、ちょうど文科省「通知」への批判がdフン出する直前、安倍首相が国立大学での国旗掲揚、国歌斉eショウについて「（国立大が）税金によって賄《まかな》われているということに鑑みれば、言わば新教育基本法の方針にのっとって正しく実施されるべき」（四月九日、参議院予算委員会）と語った統制的態度への反発も含まれているのではないでしょうか。これは要するに、「国立大学には国が金を出してあげているのだから、国のために役に立つべき」という主張です。【Ⅰ】

この主張は、③何重にも間違っています。なぜならまず、国の税金はそもそも国民に由来するもので、税金への義務ということならば、国民への説明責任になります。つまり、国立大学は、それぞれどのような方針に基づいて学生を選抜し、教育し、社会に送り出しているのかを国民に対して説明する責任を負っている――これが、そもそもの税金の拠出者である国民に対して国立大学が負っている義務になります。【Ⅱ】

しかも、ここでの問題はそれだけではありません。というのも、私が今、あえて「説明責任」という言葉を使ったように、国立大学は、国民からの税金によって賄われているとしても、国民の願望や要請の実現のために奉仕する組織ではないのです。たとえば、多くの日本国民が、日本人学者にノーベル賞を取ってほしいと願望している。だから国立大学が、一人でも多く日本人がノーベル賞を得られるようにその大学の研究体制を組み替えるとなったら、これは本末転倒も甚《はなは》だしいことになります。大学にとって、たとえばノーベ

二〇二一年度 日本大学鶴ヶ丘高等学校

【国語】（六〇分）〈満点：一〇〇点〉

一 次の各問いに答えなさい。

問一 「（　）に衣《きぬ》着せぬもの言い」の空欄に入る漢字を次の中から一つ選びなさい。解答番号は【1】

① 目 ② 鼻 ③ 耳 ④ 歯

問二 「深海」と熟語の組み立てが同じものを次の中から一つ選びなさい。解答番号は【2】

① 端的 ② 濃淡 ③ 曇天《どんてん》 ④ 克服

問三 対義語の組み合わせとして正しいものを次の中から一つ選びなさい。解答番号は【3】

① 鋭敏─緊張 ② 栄転─左遷 ③ 拝受─習得 ④ 生産─資源

問四 「湯桶読み」にあたるものを次の中から一つ選びなさい。解答番号は【4】

① 空虚 ② 雨傘 ③ 場所 ④ 矛盾

問五 外来語とその意味の組み合わせとして誤っているものを次の中から一つ選びなさい。解答番号は【5】

① ヒエラルキー─階層
② コントロール─制御
③ バイアス─欲望
④ カオス─無秩序

問六 「邪魔をする」という意味の語を次の中から一つ選びなさい。解答番号は【6】

① 水を差す ② 水入らず
③ 水に流す ④ 水をあける

問七 「彼の起床時刻は六時らしい」の「らしい」と用法が同じものを次の中から一つ選びなさい。解答番号は【7】

① 来週は台風が来るらしい。
② 春らしい爽やかな朝。
③ ほこらしい様子だ。
④ その発想はいかにも彼女らしい。

問八 次の短歌で用いられている表現技法を次の中から一つ選びなさい。解答番号は【8】

▽立ち別れいなばの山の峰に生ふるまつとし聞かば今帰り来む

① 枕詞 ② 倒置法
③ 掛詞 ④ 擬人法

問九 次の俳句の季節として正しいものを次の中から一つ選びなさい。解答番号は【9】

▽五月雨を集めて早し最上川

① 春 ② 夏 ③ 秋 ④ 冬

問十 志賀直哉の小説を次の中から一つ選びなさい。解答番号は【10】

① 『伊豆の踊子』 ② 『暗夜行路』
③ 『トロッコ』 ④ 『人間失格』

二 次の文章を読んで、後の問いに答えなさい。

今回の「文系学部廃止」論に対する反論でも、「文系は役に立たないが、役に立たないものも大切なのだ」と主張して文系の知をaヨウ護しようとする議論が目立ちました。その一つの例として、『週刊金曜日』（二〇一五年八月二一日号）に掲載された寺脇研《てらわきけん》氏（京都造形芸術大学教授）と広田照幸《ひろたてるゆき》氏（日本大学教授）の対談「大学はカネ儲《もう》けのためにあるのではない！」を一部紹介しましょう。

寺脇　私自身、はっきり断言できますよ。「私が大学で教えているbマン画論や映画論なんて、何の役にも立っていません」と。「経済効果」なんていうのも、「関係ありません」って。同じこ

英語解答

1　【１】…④　【２】…④　【３】…②
　【４】…②　【５】…④　【６】…③

2　【７】　②　【８】　①　【９】　③
　【10】　④　【11】　③　【12】　④

3　イ　【13】…④　【14】…⑤
　ロ　【15】…③　【16】…④
　ハ　【17】…②　【18】…③
　ニ　【19】…③　【20】…⑥
　ホ　【21】…①　【22】…②
　ヘ　【23】…②　【24】…①

4　【25】　③　【26】　⑥　【27】　①
　【28】　④　【29】　⑤　【30】　⑦
　【31】　②

5　【32】　①　【33】　①　【34】　①
　【35】　②　【36】　②　【37】　①
　【38】　②　【39】　②　【40】　②
　【41】　①

6　【42】　③　【43】　③　【44】　④
　【45】　①　【46】　②

1〔放送問題〕解説省略

2〔適語(句)選択〕

【７】‘人’を目的語としてとれるのはtold(tell－told－told)だけ。「私は昨日両親に海外に留学する計画について話した」

【８】stopは直後にto不定詞が続く場合(stop to ～ の形)は「～するために立ち止まる」，動名詞(～ing)が続く場合(stop ～ingの形)は「～するのをやめる」という意味になる。ここでは文の意味から，前者を選ぶ。　「おなかがすいた？　一休みしてあのハンバーガー店で何か食べよう」

【９】命令文や，must，shouldなどを含む文の後に続くorは「さもないと」という意味を表す。‘命令文, or ～’「…しなさい。さもないと～」に準じる形。　*cf.* ‘命令文, and ～’「…しなさい。そうすれば～」　「そんなに急いであちこちを走らないで。さもないと疲れてしまうよ」

【10】boilingは「沸騰している」という意味を表す現在分詞。boiledは「ゆでられた」という意味を表す過去分詞。　boiled egg「ゆで卵」　boiling water「熱湯」　「ゆで卵をつくりたいなら，卵を沸騰した湯に入れないように気をつけて。そうすると，すぐに割れてしまうよ」

【11】文後半のwhen以下より過去の内容だとわかる。　do－did－done　「ケンはブリスベンにいたとき，３週間ホームステイをした」

【12】sugar，pepper，sauce，saltは全て‘数えられない名詞’。manyやfewは‘数えられない名詞’には使えないので②，③は不適切。①はsome sugarとなれば正しい。　「料理に味がしないので塩を少し入れたい」

3〔整序結合〕

イ．「～すぎて…には―できない」は‘too ～ for … to ―’で表せる。主語はThe book。　The book is too difficult for Kate to understand.

ロ．「どの…も～より―でない」は，‘No other＋単数名詞＋is＋比較級＋than ～’の形で表すことができる。「この店にあるどの時計」なのでNo other watchの後にin this shopを続ける。　No other watch in this shop is more expensive than this one.

ハ．主語の「その二つの部屋の間にあるドア」はA door between the two rooms。「閉じられていた」は‘be動詞＋過去分詞’の受け身でwas closedとし，残りをbut not lockedと続ける。　A door between the two rooms was closed, but not locked.

ニ.「どこか～の調子が悪い」は，There is something wrong with ～ で表せる。ここでは「～に違いない」なので，is ではなく must be を用いる。 There must be something wrong with the engine.

ホ.「友だちが私にこの時計をくれた」と読み換え，‘give＋人＋物’「〈人〉に〈物〉をあげる」の形で表す。語群に of，one，friends とあるので，主語の「私の友だち」は one of my friends「私の友だちの1人」とする。 One of my friends gave me this watch on my birthday.

へ.「誰が分かるのでしょうか」をまず Who knows とし，know の目的語となる「明日何が起こるか」を間接疑問で表すが，疑問詞 what が主語になるので，what will happen tomorrow と‘疑問詞(主語)＋動詞…’の語順になる。 Who knows what will happen tomorrow?

4 〔対話文完成―適語句選択〕

≪全訳≫❶A：こんにちは，バースタックスへようこそ。ご注文をお伺いしましょうか？❷B：コーヒーを１杯と大きいチョコレートドーナツをお願いできますか。❸A：かしこまりました。他に何かございますか？❹B：あの，あと30分ぐらいで友達と待ち合わせなんです。今コーヒーを買ったら，彼がここに来たときにまだ温かいと思いますか？❺A：それは何とも申し上げられません。温冷〔保温〕カップをお持ちですか？❻B：いいえ，持っていません。ここで売っていますか？ ずっと欲しいと思っていたんです。❼A：実はあるんですよ。ご希望でしたら，カウンターの下にしまってありますので。❽B：ええと，青いのがあれば，喜んで買います。❾A：うーん，申し訳ありませんが，運が悪かったです。在庫は緑，ピンク，茶色だけです。❿B：わかりました，茶色いのをください。友達はその色を気に入ると思うので。⓫A：ああ，これはお友達のために購入なさるのですね。わかっていませんでした。ギフト用のラッピングをいたしましょうか？⓬B：いいえ，けっこうです，ホットコーヒーをいっぱいに入れて，私の代金に含めてください。⓭A：承知しました，お客様。合計で21ポンド35ペンスです。お支払いはどのようになさいますか？⓮B：クレジットカードは扱っていますか？ 今日は現金を全然持っていないもので。⓯A：かしこまりました。こちらにサインをお願いします。では，よい１日を。

＜解説＞【25】カフェのレジで，店員に注文を尋ねられた客の言葉。I was wondering if I could ～ で，とてもていねいな‘依頼’の表現になる。 【26】前後の流れから，店員は即答できなかったと考えられるので「何ともわからない，言いにくい」という意味の⑥を選ぶ。 【27】直前の them は温冷カップを指す。客に売っているかと尋ねられ，売っていると答えていることから，カウンターの下にあると考えられる。‘have＋目的語＋過去分詞’「～を…させる，してもらう」の形。この stored は「～を保管する」という意味の動詞の過去分詞。 【28】客は青いカップを買いたいと言ったが，店員は「申し訳ありません」と謝っているので，青いものがなかったとわかる。そのようなときにかける言葉となるのは you are out of luck「運が悪い，ついていない」。 【29】前後の流れから，友達用に買うカップ代も自分で払うという内容になると考えられる。throw「投げる」，bill「請求書，勘定」の意味から，友達用のカップの代金も自分の勘定につけて，といった意味を推測する。 【30】客の依頼を受けた店員の返答。Right you are. は相手の依頼などに対して，「わかった，承知した」という意味。 【31】支払いの方法をきかれた客の言葉。この plastic は「クレジットカード」という意味を表すが，前後の流れから推測できる。

5 〔長文読解―内容真偽―物語〕

≪全訳≫❶ホアン・エドゥアルドは大変なことになっていた。目の前に立っている巨大な赤い竜が，今にも再び襲いかかろうとしていて，ホアンが戦いに使えるものといったら，小さな剣と数個の石，それに魔法の呪文だけだった。竜は頭を後ろに引くと，ホアンめがけて火を吐いた。ホアンは左に跳んで，壁の後ろに隠れた。もう少しで自分の周りの炎の熱さが感じられるところだった。竜は空中にジャンプし，ホアンに向かって飛び始めた。石を拾うと，ホアンはそれをできるだけ強く竜に投げつけた。彼は竜の目に命中させた。目が見えなくなった竜は大きな音を立てて壁にぶつかって，地面に倒れた。ホアンは急いでその上に駆け上がると，竜の心臓を突き刺して，あっという間に殺した。彼は勝利したのだ！❷突然，その戦いを見ているみんなからの歓声と拍手が聞こえた。彼はヘッドホンをはずして，深呼吸をした。そう，ホアンはｅスポーツ・ゲーマー，つまりテレビゲームで競うことでお金を稼ぐ人であり，今回はワールド・マジック・トーナメントの準決勝だったのだ。ホアンはわずか９歳だったが，南米の他のゲーマーを全て打ち負かして，これから決勝に進もうとしていた。そこで勝てば，世界チャンピオンになるだけでなく，100万ドルの賞金も勝ち取ることになるのだ。彼の夢がかなおうとしていた。ホアンは再びヘッドホンを装着すると，見ている全ての人にお礼を言った。数人のオンライン・レポーターが彼に勝利についてインタビューした。その後，ホアンはコンピュータを消して，窓の方へ行った。21階の自分の寝室からサンティアゴの町を眺め，ほほ笑んだ。何も彼を止めることはできなかった。午前３時になっていた。❸突然，彼の部屋が揺れ出した。最初彼は，その町が毎年経験する数多くの地震の１つだと思ったのだが，これは違った。いつもより大きく感じられたのだ。ホアンは眼下の街灯が前後に揺れ，全ての車が止まっているのが見えた。彼の家の建物もそのとき揺れていた。下の方でバリバリいう音が聞こえたとき，ホアンは窓から後ずさりした。窓が割れ，次に彼にわかったことは，まるでついさっき倒した竜のように，自分が地球に向かってどんどん落ちているということだった。そして，何もかもが真っ黒になった。❹目を覚ますと，彼は自分がたくさんの石の下の狭い空間にいるのがわかった。それらの石は，ついさっきまでは彼の自宅だった。周り中から，人々の叫び声が聞こえた。その中にはけがを負っている人たちもいたが，生存者を捜している人たちもいた。ホアンは助けを求めて叫んだが，あらゆる音のために，彼の声は誰にも聞こえないことがわかった。それで，彼は大声で叫ぶのをやめ，ただ待った。彼は自分のゲームのことを考えた。以前はずっと困難な状況にいた。これも解決すべき問題の１つにすぎなかった。❺彼は太陽が昇るのを待つことにした。数時間後，頭上の小さな穴から光がさすのが見えた。手を外に出して空中に上げられるほどに登るまで，押したり引いたりした。そして誰かが彼の腕をつかむのを感じるまで，叫んだり手を振ったりした。彼は自分が引っ張り上げられて外に出されるのを感じ，それから救出してくれたのが母親だと知った。彼は母親に強く抱きついて，泣き出した。ちょうどそのとき，父親も駆け寄ってきて，彼らを抱きしめた。皆無事だった。❻ホアンと両親は町を見渡した。彼らのアパートも含め，ほとんど全ての建物がなくなっていたが，彼らは生きていた。❼シャツで涙を拭きながら，ホアンの心は強く固まった。彼の一家には，もはや何もなかった。父親の仕事はなくなり，彼らはホームレスになった。ホアンは自分に約束した。「僕はまたコンピュータを見つけるぞ。世界選手権で優勝するぞ。僕が家族を救うんだ」　ホアンは昇る太陽をじっと見つめた。何も彼を止めはしないだろう。そして何も彼を止めはしなかった。

＜**解説**＞**【32】**「物語の冒頭，ホアンはゲームの中で巨大な赤い竜と戦っていた」…○　第１段落～第２段落第３文に一致する。　**【33】**「ホアンは戦いの中で竜めがけて石を投げつけ，それから竜を刺して打ち負かした」…○　第１段落後半に一致する。　**【34】**「人々は，ホアンが竜と繰り広げていた戦いを見ていた」…○　第２段落第１文に一致する。　**【35】**「ホアンはまだ10代の少年だったが，ゲーマーとしてお金を稼いでいた」…×　第２段落第４文参照。ホアンは９歳である。teenager は一般に teen がつく年齢，すなわち thirteen「13歳」から nineteen「19歳」を指す。
【36】「ホアンは南米サンティアゴの小さな家に住んでいた」…×　第２段落の終わりから３文目およ

び第６段落第２文参照。21階建て以上の大きなマンションに住んでいた。　**【37】**「地震がホアンの家を襲ったとき，外は暗かった」…○　第２段落最終文～第３段落参照。地震が起きたのは午前３時である。　**【38】**「ホアンの家は竜の攻撃のせいで倒壊した」…×　**【39】**「ホアンは自分がひどい状況にあるとわかって，誰かが見つけてくれるまで大声で叫び続けた」…×　第４段落第５，６文参照。最初は叫んだが，声がかき消されてしまうので，叫ぶのはやめた。　**【40】**「ホアンは母親と父親によって救出された」…×　第５段落第５文参照。助け出してくれたのは母親。　**【41】**「結局は，ホアンは世界選手権で優勝した」…○　第７段落後半参照。ホアンは世界選手権で優勝すると決意し，最後に「何も彼を止めはしなかった」とある。これは，彼がその意志を貫いて世界選手権で優勝した，ということだと考えられる。

6 〔長文読解総合―スピーチ〕

≪全訳≫ ❶こんにちは，皆さん，どうぞ座ってください。天気の学問，気象学の最初の授業にようこそ。私が担任教授のムドルールー博士です。ここでは，天気はどのようにして形成されるのかから，天気のタイプや，明日の天気の様子をどうやって知るかまで，あらゆることをカバーしていきます。❷今回は初日ですので，おもしろい天気のシステムから始めたいと思い，台風について話すことにしましょう。ご存じのように，私たちはそれを台風と呼びますが，世界の別の地域には異なる名前があります。北大西洋や太平洋の北東部で円形の大型の嵐が発生した場合，それはハリケーンと言います。私たちが住んでいる太平洋北西部に発生すれば，それは台風と呼ばれます。南太平洋やインド洋で発生したものはサイクロンと呼ばれます。❸これらの嵐は信じられないほど強くなることがあります。都市を停電させ，洪水を起こして農地や建物を水浸しにし，何千人もの人をホームレスにしてしまう。日本では，こういった嵐は政府によって観察され，番号がつけられます。平成14年の４番目の台風は，台風1404号と呼ばれるものですが，たいていの日本人は普通，台風４号と呼んでいます。❹ほとんどの国では，私たちと同様に，これらの嵐に名前をつけています。例えばアメリカ人は，ハリケーンにアルファベット順に名前をつけます。つまり，ハリケーン・ダイアンはその年の４番目のハリケーンだし，ハリケーン・ジョージなら７番のハリケーンということになるわけです。❺これらの嵐について，さらに興味深いことの１つは回転の仕方です。南半球で発生した嵐はどれも，時計の動きと同じ方向に回りますが，北半球では反時計回りに回転するのです。さて，教科書の６ページを開いてください。では始めましょう。

【42】＜内容一致＞「これはおそらく（　　）である」―③「大学の授業」　第１段落第２，３文参照。class「授業」や professor「教授」といった単語から判断できる。

【43】＜英問英答＞「このスピーチはどの国で行われている可能性が最も高いか」―③「韓国」　太平洋北西部に位置する国（第２段落第４文）なので日本か韓国に絞られる。また，第４段落第１文より，台風に名前をつけている国であることがわかるので，番号をつける日本ではない。

【44】＜内容一致＞「インドの近くで発生した大きな丸い嵐があれば，それは（　　）と呼ばれる」―④「サイクロン」　第２段落最終文参照。

【45】＜英問英答＞「アメリカで11番のハリケーンがあれば，それは以下のどの名前になるか」―①「カトリーナ」　第４段落第２文参照。アルファベット順に名づけられるので，11番目はＫで始まる。

【46】＜内容一致＞「こういった大きな嵐の１つがニュージーランドを襲ったら，（　　）」―②「それは左から右へ回転するだろう」　第５段落第２文参照。南半球では時計回り，つまり左から右に回転する。

数学解答

1 (1)【1】…5　【2】…3　【3】…6　【4】…0
(2)【5】…1　【6】…2　(3)　7
(4)【8】…3　【9】…5　【10】…2　【11】…1　【12】…6
(5)【13】…4　【14】…3　(6)　3
(7)【16】…1　【17】…8

2【18】…3　【19】…7

3 (1)　5
(2)【21】…4　【22】…0　【23】…4　【24】…2
(3)【25】…8　【26】…0　【27】…0

4【28】…2　【29】…3　【30】…1　【31】…2　【32】…3　【33】…6

1〔独立小問集合題〕

(1)＜**数の計算**＞与式＝$536\times(12.5\times0.8)\times(4\times0.25)=536\times10\times1=5360$

(2)＜**二次方程式の応用**＞連続する3つの自然数のうち，中央の数をxとすると，連続する3つの自然数は，$x-1$，x，$x+1$と表せる。3つの自然数のそれぞれの2乗の和が434だから，$(x-1)^2+x^2+(x+1)^2=434$が成り立つ。これを解くと，$x^2-2x+1+x^2+x^2+2x+1=434$より，$3x^2=432$，$x^2=144$　$\therefore x=\pm12$　$x-1\geqq1$より，$x\geqq2$だから，$x=12$となり，中央の数は12である。

(3)＜**式の値**＞与式＝$(x-y)(x-4y)$と因数分解できる。$x-y=(5\sqrt{3}+2\sqrt{5})-2\sqrt{3}=3\sqrt{3}+2\sqrt{5}$，$x-4y=(5\sqrt{3}+2\sqrt{5})-4\times2\sqrt{3}=5\sqrt{3}+2\sqrt{5}-8\sqrt{3}=-3\sqrt{3}+2\sqrt{5}$だから，与式＝$(3\sqrt{3}+2\sqrt{5})(-3\sqrt{3}+2\sqrt{5})=(2\sqrt{5}+3\sqrt{3})(2\sqrt{5}-3\sqrt{3})=(2\sqrt{5})^2-(3\sqrt{3})^2=20-27=-7$となる。

(4)＜**確率—さいころ**＞3つのさいころA，B，Cを同時に投げるとき，それぞれ6通りの目の出方があるから，目の出方は全部で$6\times6\times6=216$(通り)ある。このうち，出る目の和が7以下となるのは，さいころAの出る目が1のとき，(B，C)＝(1，1)，(1，2)，(1，3)，(1，4)，(1，5)，(2，1)，(2，2)，(2，3)，(2，4)，(3，1)，(3，2)，(3，3)，(4，1)，(4，2)，(5，1)の15通りある。さいころAの出る目が2のとき，(B，C)＝(1，1)，(1，2)，(1，3)，(1，4)，(2，1)，(2，2)，(2，3)，(3，1)，(3，2)，(4，1)の10通りある。さいころAの出る目が3のとき，(B，C)＝(1，1)，(1，2)，(1，3)，(2，1)，(2，2)，(3，1)の6通りある。以下同様にして，さいころAの出る目が4のとき3通り，5のとき1通りあり，6のときはない。よって，出る目の和が7以下となるのは$15+10+6+3+1=35$(通り)だから，求める確率は$\dfrac{35}{216}$である。

(5)＜**図形—長さ**＞右図1で，2点O，Aを結ぶ。OA＝OC＝OB＝2より，OA＝OC＝ACとなるから，△AOCは正三角形である。よって，$\angle\mathrm{AOC}=60^\circ$であり，$\angle\mathrm{AOB}=180^\circ-\angle\mathrm{AOC}=180^\circ-60^\circ=120^\circ$となるから，$\overset{\frown}{\mathrm{AB}}=2\pi\times2\times\dfrac{120^\circ}{360^\circ}=\dfrac{4}{3}\pi$である。

図1

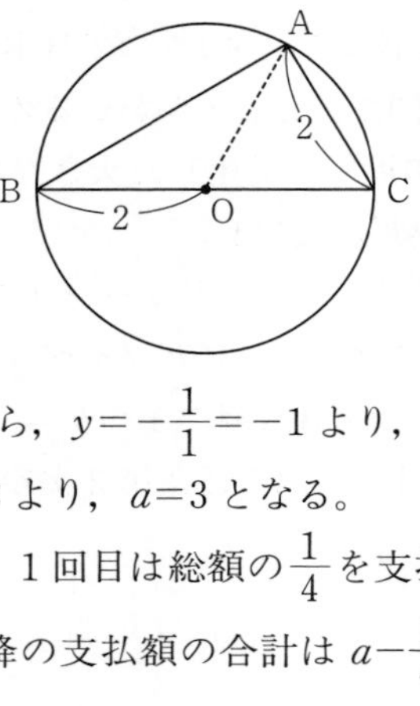

図2

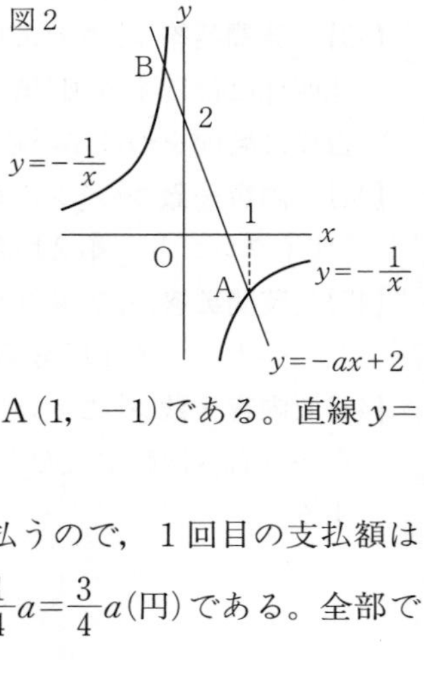

(6)＜**関数—aの値**＞右図2で，点Aは関数$y=-\dfrac{1}{x}$のグラフ上にあり，x座標が1だから，$y=-\dfrac{1}{1}=-1$より，A(1，−1)である。直線$y=-ax+2$は点Aを通るから，$-1=-a\times1+2$より，$a=3$となる。

(7)＜**文字式の利用**＞支払い総額をa円とする。1回目は総額の$\dfrac{1}{4}$を支払うので，1回目の支払額は$a\times\dfrac{1}{4}=\dfrac{1}{4}a$(円)である。よって，2回目以降の支払額の合計は$a-\dfrac{1}{4}a=\dfrac{3}{4}a$(円)である。全部で

7回の分割払いなので，残り6回で$\frac{3}{4}a$円を支払うことになる。2回目以降は均等なので，2回目以降の1回分の支払額は$\frac{3}{4}a\times\frac{1}{6}=\frac{1}{8}a$(円)となり，支払い総額の$\frac{1}{8}$に当たる。

2〔**方程式―二次方程式の応用**〕

二次方程式の左辺を因数分解すると，$(x+2)(x+38)=k$となる。解が整数より，xは整数だから，$x+2$，$x+38$も整数である。また，$x+2<x+38$だから，kが素数より，(i)$x+2=1$，$x+38=k$，または，(ii)$x+38=-1$，$x+2=-k$が考えられる。(i)のとき，$x=-1$となり，$-1+38=k$より，$k=37$となる。(ii)のとき，$x=-39$となり，$-39+2=-k$より，$k=37$となる。ともにkが素数となり，適するから，$k=37$である。

3〔**特殊・新傾向問題―規則性**〕

⑴＜**規則性**＞入力する文字は，Q，W，E，R，T，R，E，Wの8個の文字の繰り返しとなる。$21\div8=2$あまり5より，21文字目は，この8個の文字を2回繰り返して入力した後の5個目である。繰り返される8個の文字の5個目はTなので，21文字目はTである。

⑵＜**規則性**＞繰り返される8個の文字を1回入力するとき，Wは2回入力する。$10\div2=5$だから，10回目にWを入力するのは，繰り返される8個の文字を5回目に入力したときである。その2個目が9回目のWであり，最後が10回目のWとなる。よって，10回目にWを入力するのは$8\times5=40$(文字目)である。これより，41文字目がQ，42文字目がWとなるので，11回目にWを入力するのは42文字目である。

⑶＜**規則性**＞⑵と同様に考えると，$200\div2=100$より，200回目にWを入力するのは，繰り返される8個の文字を100回目に入力したときである。その最後が200回目のWであるから，200回目にWを入力するのは，$8\times100=800$(文字目)である。

4〔**関数―関数 $y=ax^2$ と直線**〕

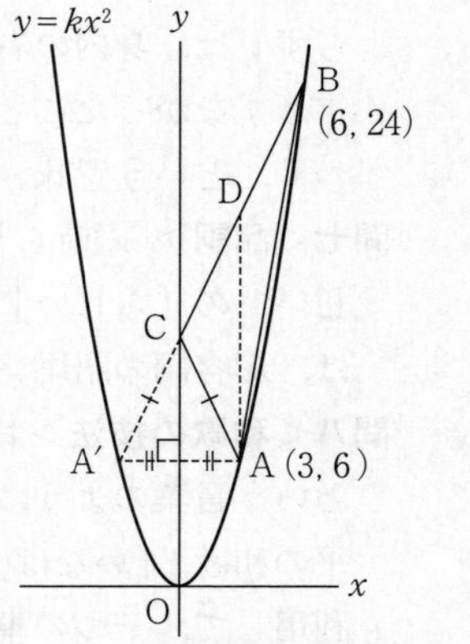

右図で，A(3, 6)が関数$y=kx^2$のグラフ上にあるから，$6=k\times3^2$が成り立ち，$k=\frac{2}{3}$となる。次に，y軸について点Aと対称な点をA′とすると，A′(−3, 6)となる。AC＝A′CだからAC＋BC＝A′C＋BCであり，AC＋BCの長さが最も短くなるとき，A′C＋BCの長さが最も短くなる。このとき，3点A′，C，Bは一直線上に並ぶ。A′(−3, 6)，B(6, 24)より，直線A′Bの傾きは$\frac{24-6}{6-(-3)}=2$だから，その式は$y=2x+b$とおける。点A′を通るから，$6=2\times(-3)+b$，$b=12$となり，切片が12だから，C(0, 12)である。AA′はx軸に平行だから，AA′$=3-(-3)=6$である。これを底辺とすると，2点B，Aのy座標より，△ABA′の高さは$24-6=18$となり，2点C，Aのy座標より，△ACA′の高さは$12-6=6$となる。よって，△ABC＝△ABA′−△ACA′$=\frac{1}{2}\times6\times18-\frac{1}{2}\times6\times6=36$である。

2021年度／日本大学鶴ヶ丘高等学校

国語解答

一　問一　④　問二　③　問三　②
問四　③　問五　③　問六　①
問七　①　問八　③　問九　②
問十　②

二　問一　a…④　b…①　c…③　d…②
e…④
問二　①　問三　③　問四　③
問五　②　問六　②　問七　①
問八　②

三　問一　a…②　b…②　c…④
問二　①　問三　①　問四　①
問五　②　問六　③　問七　②
問八　④　問九　③　問十　①
問十一　④

四　問一　a…④　b…①　c…①　d…④
問二　③　問三　③　問四　②
問五　①　問六　①　問七　②
問八　③

一〔国語の知識〕

問一＜慣用句＞「歯に衣着せぬ」は，相手に遠慮せず，率直にものを言う，という意味。

問二＜熟語の構成＞「深海」「曇天」は，いずれも上の漢字が下の漢字を修飾する熟語。「端的」は，下の漢字が接尾語の熟語。「濃淡」「克服」は，反対の意味の漢字を重ねた熟語。

問三＜語句＞「栄転」は，高い地位を得て転任すること。「左遷」は，それまでより低い地位に落とすこと。

問四＜漢字＞湯桶読みは，上の漢字を訓読み，下の漢字を音読みにする熟語の読み方。「空虚」「矛盾」はともに，音読みと音読みを重ねた熟語，「雨傘」は訓読みと訓読みを重ねた熟語。

問五＜語句＞「バイアス」は，偏りや偏向，思い込みや先入観を持って物事をみること。

問六＜慣用句＞「水を差す」は，うまくいっている間柄の邪魔をして不調にする，という意味。「水入らず」は，身内の者だけで他人を交えない，という意味。「水に流す」は，過去のことをとやかく言わずなかったことにする，という意味。「水をあける」は，競っている両者の間にかなりの差がつく，という意味。

問七＜品詞＞「六時らしい」「来るらしい」の「らしい」は，推定を表す助動詞。「春らしい」「彼女らしい」の「らしい」は，いかにもふさわしいという状態を表す接尾語。「ほこらしい」の「らしい」は，形容詞の語尾。

問八＜和歌の技法＞お別れして因幡《いなば》の国に私は行くが，その因幡の山の峰に生えている松の，まつという言葉のように私を待つという言葉を聞いたら，すぐに帰ってくるつもりです，という在原行平の和歌。「いなば」は，往《い》ぬと因幡の掛詞，「まつ」は，松と待つの掛詞。掛詞は，同音異義語を利用して，一つの単語に二つ以上の意味を持たせる和歌の表現技法。

問九＜俳句の技法＞「五月雨」は，陰暦五月頃降り続く長雨のことで，夏の季語。

問十＜文学史＞『暗夜行路』は，大正10(1921)年から昭和12(1937)年にかけて発表された志賀直哉の長編小説。『伊豆の踊子』は，大正15(1926)年発表の川端康成の小説，『トロッコ』は，大正11(1922)年発表の芥川龍之介の短編小説，『人間失格』は，昭和23(1948)年発表の太宰治の小説。

二〔論説文の読解―社会学的分野―現代社会〕出典；吉見俊哉『「文系学部廃止」の衝撃』。

≪本文の概要≫大学の学問は，社会的有用性から離れ，研究する人にとって本質的な価値があればいいのだろうか。国立大学は，税金で賄われているが，国民の願望や要請の実現のために奉仕する機関ではない。私立大学も，授業料を払っている学生や保護者の願望や要請を実現するために，教育を行うわけではない。大学の目的や価値は，国に従順な学生，父母の期待をそのまま具現したような若者を育てることではない。そもそも役に立つとは，国家や産業界のためだけに役に立つこととは限らない。中世ヨーロッパで，大学は，人類や地球社会の普遍的な価値のために奉仕する知の制度として発達してきた。さまざまな価値観がぶつかり合う中で，普遍的な価値とは何かを探究していく機関として大学は必要だったし，それが巡り巡って人々のためになると考えられてきたのである。大学は，グローバルな価値と国民社会を媒介していく役割を担うのであり，単純に政府や国民に従うのではない。真にクリエイティブに地球的な価値を創造していくことができる研究者や実践家を育てることが，大学の，社会に対する意味ある責任の果たし方なのである。

問一＜漢字＞ a．「擁護」と書く。①は「要領」，②は「抑揚」，③は「栄養」。　b．「漫画」と書く。②は「自慢」，③は「満喫」，④は「万病」。　c．「一致」と書く。①は「緻密」，②は「治水」，④は「設置」。　d．「噴出」と書く。①は「紛失」，③は「興奮」，④は「憤慨」。　e．「斉唱」と書く。①は「過小」，②は「愛称」，③は「鑑賞」。

問二＜文章内容＞ 寺脇氏は，「経済効果などとはまったく関係なく，文系の知の価値を認めるべきだ」と語った。

問三＜文章内容＞「文系は役に立たないから不要だ」という意見に対して，「役に立たないけれども価値がある」と反論すれば，「役立つ」かどうかという点を評価の基準とすることになる。「役立つ」という基準で議論すれば，文系はやはり理系の有用性には劣るという結果を招いてしまうのである。

問四＜文章内容＞ 第一に，「国立大学には国が金を出してあげている」という主張は間違いである。「国の税金はそもそも国民に由来するもの」で，大学が説明責任を持つ相手は，税金の拠出者である国民であって国ではない。そのうえ，国立大学は，「国民からの税金によって賄われているとしても，国民の願望や要請の実現のために奉仕する組織ではない」のである。大学は，「人類や地球社会の普遍的な価値のために奉仕する知の制度」なのである。

問五＜文脈＞「国の税金はそもそも国民に由来するもの」であり，国立大学が説明責任を持つ相手は，税金の拠出者である国民である。「国立大学には国が金を出してあげているのだから，国のために役立つべき」という主張は，どう考えても間違いなのである。

問六＜文章内容＞ 西欧中世社会において，「異なる価値がぶつかり合うなかで『普遍的な価値とは何か』が問われた」ことで，「価値の普遍性を探究していく機関」が必要とされ，大学は，「人類や地球社会の普遍的な価値のために奉仕する知の制度」として発達してきたのである。

問七＜文章内容＞ 国や保護者は，大学に，「国家や産業界のため」に役に立つこと，国に従順で「父母の期待をそのまま具現したような若者に仕立て上げること」を期待しがちである。大学は，保護者や国民に対して学生たちを立派に育て上げる義務を負っているが，それは単純に政府や国民に従うことではない。人類性や普遍性，グローバルな価値を創造していく人材を育てることが，大学の社会に対する責任の果たし方なのである。

問八＜要旨＞ 大学は，名のある賞を受賞するための機関ではないし，国民国家に貢献するための機関でもない(①…×)。大学は，異なる価値がぶつかり合うなかで，人類や地球社会の普遍的な価値のために奉仕する知の制度として発達してきたのであり，社会の統合を目的とするわけではない(④…×)。大学は，価値の普遍性を探究していく機関であり，グローバルな価値と国民社会を媒介していく役割を担う(②…○)。国家や産業界に役立つ人材を育てる場所だという社会的な通念とは対立しても，真にクリエイティブに地球的な価値を創造していくことができる研究者や実践家を育てることが，大学の社会に対する責任の果たし方なのである(③…×)。

三 〔小説の読解〕出典；大庭みな子『蕪菁』（『舞へ舞へ蝸牛』所収）。

問一．a＜慣用句＞「息がかかる」は，有力者の影響や支配の下にある，という意味。村中の者が，村長の小作人や番頭などで，村長の支配の下に置かれていたのである。　b＜語句＞「一瞥」は，ちらりと見ること。学校に行けなくなった遊び仲間は，私が持っていった少女雑誌の表紙を，ちらりと見ただけだったのである。　c＜語句＞「往年の」は，かつて盛んだったさま。かつて農民の指導者として小作争議を率いたことで広く知られた川瀬氏を「私」は訪ねて，思い出話を聞いたのである。

問二＜文章内容＞都会のサラリーマンの娘である「私」は，「没落した小地主のなれの果て」であり，「農地を持たない無力さでは，小作人の部類に属する」存在でもあった。村の子どもたちにとって，「私」は，地主とも小作人ともつかぬ不可解な階級の存在だったのである。

問三＜表現＞都会の小学校では一人残らず洋服を着ている時代に，ここの子どもたちの「着のみ着のままの木綿の縞か絣の着物に裸足《はだし》かせいぜい藁草履」という姿は，はじめ，素朴なものに見え，ロマンチックな感情を「私」に与えたのである。「牧歌的」は，牧歌のように素朴なさま。

問四＜心情＞教室から姿を消した級友は，かつての同級生の「私」が彼女を「慰めることができるのではないかというように夢想」していることを見抜いていた。彼女は，慰めやあわれみを拒絶し，好意を受けつけようとはしなかったのである。

問五＜文章内容＞少女雑誌や物語の本が級友を慰めるのではないか，とつきまとう「私」に対して，彼女はきっぱりとした拒絶の態度に出た。「真白な蕪菁を光った美しい歯で嚙み砕き」ながら「私」を見下ろす彼女は，あわれみなど受けぬという拒絶と強い誇りを表していたのである。

問六＜文章内容＞「脳髄に打ち下ろされた強烈な拒絶の一撃」に打ちひしがれた「私」を見て，彼女は，何とか自分を慰めようと必死になっていた「私」の思いを知り，少しためらったのである。

問七＜心情＞「私」にとって，「土からひき抜いたばかりの蕪菁の肉の甘い香ぐわしさ」は，目の前の少女の，あわれみを受けつけないような，誇り高いたくましさを表すものであった。「私」はそのたくましさに強く感銘を受けたのである。

問八＜文章内容＞伯母の家にいた数か月の間，「私」は，「子供心に世の不合理を思い知らされ」た。地主の子どもとそうでない者たちとでは，服装にも食べ物にも，あまりにも大きな差がありすぎた。級友の中にはいつの間にか登校しなくなり，子守に雇われる者もいた。その経験は，「私の少女時代の感受性に深く喰いこんで先の折れた錐の先になった」のである。「私」は，小作争議の指導者を訪ね，世の不合理と闘った農民たちの歴史を学ぼうとしたのである。

問九＜文学史＞有島武郎は，「白樺」の同人。人間愛にあふれた作風で貧しい労働者階級に深い同情を示した。『カインの末裔』『或る女』『生れ出づる悩み』『一房の葡萄』などを著した。『明暗』は，夏目漱石の小説。

問十＜文章内容＞戦後の農地開放で農地を失ったのは，「何世代にも亙って自分で働いて食べる術をついぞ知らなかった地主たち」であった。恵まれた生活を保証されていた彼らがインフレーションの中で農地を失った姿は，「真逆さまに墜落する夕陽」をイメージさせるものだったのである。

問十一＜文章内容＞少女時代見た「厳然たる階級」に苦しめられる級友たちの姿や，戦後突然農地を失って困窮した地主たちの姿などが，「私」にとっての執筆動機になっているのである。

四 〔古文の読解―随筆〕出典；兼好法師『徒然草』百八十四段。

≪現代語訳≫相模守時頼の母は，松下禅尼と申し上げ〈た〉。相模守を招待申し上げることがあったとき，すすけた障子の破れた所だけを，禅尼が自分の手で，小刀を使ってあちらこちら切っては（新しく）

張っていらっしゃったので，禅尼の兄の城介義景という，その日奔走しておそばに仕えていた方が，「(その仕事はこちらに)いただいて，誰か下男に張らせましょう。そのような仕事をよく心得ている者でございます」と申し上げなさったところ，(禅尼が)「その男は，私の細かい手仕事よりまさか勝ってはいないでしょう」と，やはり，一ますずつ張っていらっしゃるのを，義景は，「全て張り替えましたら，ずっと簡単でしょう。まだらになっていますのも見苦しくはございませんか」と重ねて申し上げなさったところ，「私も，後でさっぱりと張り替えようと思うけれど，今日だけは，わざとこのようにしておくのがよいのです。物は破れた所だけを修理して使うのだと，若い人に見習わせて，気づかせるためなのです」とおっしゃったのは，とても立派なことであった。

世の中を治める道は，倹約が基本である。女性であるけれども聖人の心に通じている。天下を治めるほどの人を，子に持っていらっしゃる(禅尼は)，まさに，凡人ではなかったのだ(，と言われている)。

問一＜現代語訳＞ａ．「よも」は副詞で，下に打ち消しの言葉を伴い，まさか～でない，という意味を表す。「じ」は，打ち消しの推量を表す助動詞。その男の仕事が私の細かい手仕事にまさか勝ることはないでしょう，と禅尼は言ったのである。　ｂ．「見苦しく」は形容詞「見苦し」の連用形。「や」は，疑問を表す終助詞。まだらに張られた障子は見苦しくはありませんか，と義景は言ったのである。　ｃ．「心づく」は，気づかせる，という意味のカ行下二段活用動詞。「なり」は，断定を表す助動詞。禅尼は，息子の時頼に気づかせるためにわざと障子を一部だけ張り替えているのだ，と答えたのである。　ｄ．「ありがたかり」は，形容詞「ありがたし」の連用形で，めったにないほど優れている，という意味。「けり」は詠嘆を表す助動詞。

問二＜古典文法＞係り結びの法則により，文中に「ぞ」などの係助詞があると，文末は連体形で結ぶ。過去の助動詞「けり」の連体形は，「ける」。

問三＜古文の内容理解＞禅尼が障子を張り替えているのを見て，義景は，障子を修理するようなことをよく心得ている下男にやらせましょう，と言ったのである。

問四＜古典文法＞Ⅰ．「なほ」は副詞で，用言「張られける」を修飾する。禅尼は，義景に止められても，依然として障子の修理をやめなかったのである。　Ⅱ．「す」は，するという意味を持つサ行変格活用動詞。　Ⅲ．「なれ」は，断定の助動詞「なり」の已然形。作者は，女性であるけれども，聖人の心を持っている，と禅尼を称賛しているのである。

問五＜古文の内容理解＞禅尼は，息子に，世を治める基本は倹約だと示すために，わざと一部だけ障子を張り替えたのである。

問六＜古文の内容理解＞障子を一部だけ修理することを疑問に思う義景に対して，禅尼は，破れた所だけを修繕して使うのだと息子に教えようとわざとしていることなのだ，と答えたのである。

問七＜古文の内容理解＞作者は，禅尼の行動と言葉を，女性であるが聖人の心に通じている，と称賛している。世を治める道をよく知っており，息子に伝えようとした禅尼の心構えを，作者はめったにない立派なことだとほめたたえているのである。

問八＜文学史＞『徒然草』は，兼好法師によって著された鎌倉時代の随筆。『枕草子』は，清少納言によって著された平安時代の随筆。『源氏物語』は，紫式部によって著された平安時代の物語。『太平記』は，室町時代の軍記物語。『十訓抄』は，鎌倉時代の説話。

2020年度 日本大学鶴ヶ丘高等学校

【英　語】（60分）〈満点：100点〉

1　［放送問題］ リスニングテストはPart 1とPart 2の２つの部分に分かれています。

Part 1　Part 1は【１】～【４】までの４つの話を聞き，その内容について１つずつ質問が出されます。質問に対する答えとして最も適当なものを，それぞれ①～④の中から１つ選んで，マークしなさい。話と質問は２度読まれます。途中でメモを取ってもかまいません。

【１】

①
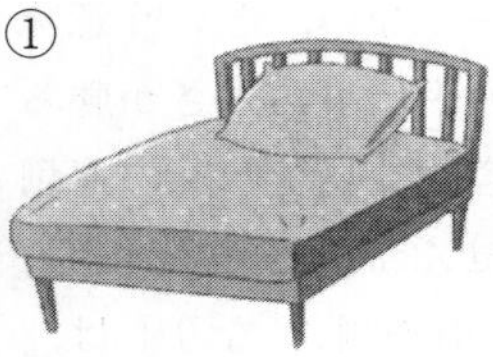

②

③

④

【２】

①
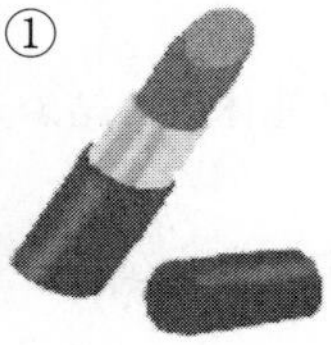

②

③
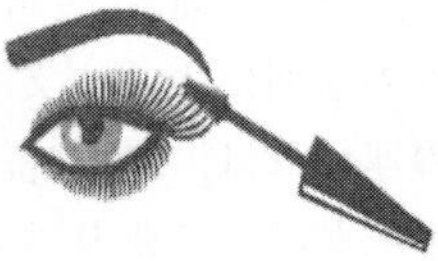

④

【３】

①
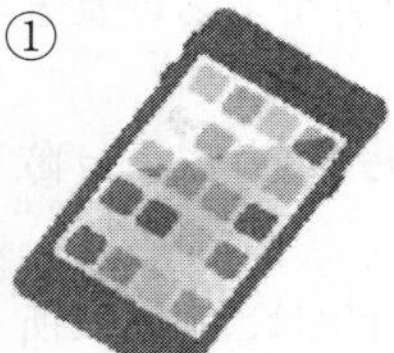

②

③

④

【４】

①

②

③
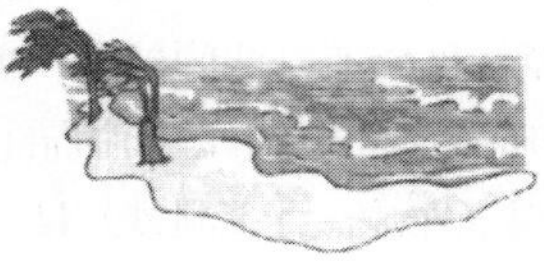

④

Part 2　Part 2は【5】と【6】の2問です。長めの話を1つ聞き，【5】と【6】の答えとして最も適当なものを，それぞれ①～④の中から1つ選んで，マークしなさい。話と質問は2度読まれます。途中でメモを取ってもかまいません。

【5】
① 1632　② 1362　③ 1934　④ No answer

【6】
① A and D　② B and C　③ A and C　④ No answer

※**＜放送問題原稿＞**は英語の問題の終わりに付けてあります。

2

次の【7】～【12】の各文の空所に当てはまるものとして，最も適当な語(句)をそれぞれ①～④の中から1つ選んで，マークしなさい。

【7】 I usually get up at 6 o'clock ( ).
① every days　② everyday　③ every day　④ the every day

【8】 There ( ) for you to learn before you graduate from high school.
① is much things　② is many things
③ are much things　④ are many things

【9】 A : Do you have any plans for next weekend? I'm going to the beach with Mike.
B : ( ) I'm sorry that I can't join you.
① I hope so.　② I hope not.　③ I'm afraid so.　④ I'm afraid not.

【10】 Gabrielle made her daughter ( ) ballet every week, but they didn't become so interested in dance.
① practice　② practicing　③ practiced　④ be practiced

【11】 Canada is the second ( ) country after Russia.
① larger　② large　③ enlarge　④ largest

【12】 Will he ( ) any classes tomorrow?
① has　② had　③ have　④ having

3

次のイ～ヘの英文中の〔 〕内の語(句)を，日本文の内容に合うように並べ替えなさい。解答は【13】～【24】のそれぞれに当てはまる番号をマークしなさい。ただし，文頭に来る語も小文字から始まっています。

イ　あのテニス選手はなんて背が高いのだろう。
〔① is　② tennis　③ tall　④ that　⑤ how　⑥ player〕!
〔( )( )(【13】)( )( )(【14】)〕!

ロ　誰も来ないうちにパーティーの準備をしよう。
〔① the party　② let's　③ anybody　④ prepare　⑤ before　⑥ for　⑦ comes〕.
〔( )( )( )(【15】)( )(【16】)( )〕.

ハ　Edwards教授に会う必要がある生徒は，キングスカレッジにある彼のオフィスを訪れることができます。
〔① visit　② needing　③ see　④ to　⑤ may　⑥ Professor Edwards　⑦ students〕 his office at King's College.
〔( )(【17】)( )( )(【18】)( )( )〕 his office at King's College.

ニ　私が滞在しているアパートの持ち主(貸主)の婦人がCandyです。

〔① I　② am　③ in is　④ whose　⑤ the woman　⑥ staying　⑦ apartment〕Candy.

〔(　　)(【19】)(　　)(　　)(　　)(【20】)(　　)〕Candy.

ホ　私が宿題をするのを手伝ってくださいませんか。

〔① you　② me　③ would　④ helping　⑤ with　⑥ mind　⑦ my〕homework?

〔(　　)(　　)(　　)(【21】)(　　)(【22】)(　　)〕homework?

へ　たったの一日で彼を許すなんて私には難しい。

〔① difficult for　② me　③ forgive　④ is　⑤ it　⑥ to　⑦ him〕in just a day.

〔(　　)(　　)(【23】)(　　)(　　)(【24】)(　　)〕in just a day.

4　次の対話文を読んで，文中の【25】～【31】の空所に入れるのに最も適当な表現を，後の①～⑦の中から１つ選んで，マークしなさい。ただし，同一の表現を２度用いず，すべての表現を使うこと。

A : Hello, Mr. Winston, may I come in?

B : Sure, Natsuki. Please, have a seat and put your bag over there.

A : Thanks, it feels good (【25】). My feet are killing me.

B : So, how can I help you this afternoon?

A : Well, I (【26】), but I have been thinking about going to a university overseas.

B : I see . . . that is a big step. Did you have any particular country in mind?

A : I don't really (【27】) yet, but I am thinking about either the USA or Australia.

B : I know more about the USA than Australia, so why don't we start there? Why do you want to study abroad?

A : You know my sister went to a university in Arkansas, right? I kind of want to (【28】).

B : Ahhh, I see. So you are also looking for a university in the countryside?

A : No way! I am a city girl (【29】). I was thinking about New York University or UCLA.

B : Well, that would be a change of pace from your sister's university. However, those universities are a bit harder to get in, and they are also (【30】) in terms of price.

A : Don't worry, my parents have promised to pay for half of wherever I go, and as for the other . . . I'll just get a part-time job.

B : Ok, if you're sure. Just make sure you don't (【31】).

① through and through
② to take a load off
③ have a concrete idea
④ bite off more than you can chew
⑤ off the scale
⑥ don't quite know where to begin
⑦ follow in her footsteps

5　次の英文を読んで，後の【32】～【41】の各英文が本文の内容と一致しているものには①，異なっているものには②をマークしなさい。

The Indians of the southern United States are a mysterious people. They have stayed apart from the rest of the country more than the other tribes have. The Navaho, Utes, and Paiutes remain separate nations with their own laws, customs, and legends.

I grew up around them. Born in 1923 in New Mexico, on the edge of a Navaho area, I learned to respect their quiet and hidden ways. My father was a rancher with about 500 head of cattle and at least twice as many sheep. We employed several Navaho on our farm as cowboys and sheep herders to take care of the animals and bring them to be butchered for steaks or sheared for their wool when the time came. The story I am about to tell you is one I have never told anyone in my more than ninety years on this earth. It scares me to even think about it today.

When I was young, my mother fell ill and was near death. She had some disease that made her cough up blood and she couldn't even get out of bed. My father called in the local doctor, and when he couldn't help her, my father drove my mother the 300 miles to Albuquerque to see a specialist. After two weeks of medical tests, the doctors in the big city were also unable to explain what was wrong with her, but said that she would probably die within the month. My father was heartbroken and returned to our home with little hope.

As we sat around my mother's bed wondering what to do, one of the Navaho cowboys entered and asked to speak with my father. He told him that his tribe had powerful medicine that might help my mother and that if he wanted, they could take my mother to see the tribe's healer.

We had heard many stories of the power of these people, but we had also heard other things—that the medicine was magic, that the medicine might change a person's character, and that the healers were actually skinwalkers. Skinwalkers were magical creatures that could change their shape and become other people or even animals. Though we were scared, we decided to go to see the medicine woman because we had to save my mother.

That night, we all got in my father's Ford pickup truck and drove into the Navaho lands. It was very dark that night, with no moon and only the light of the stars to guide us. As he was driving, my father suddenly turned the wheel of the car sharply and I felt a bump against the side of the truck. My father said we hit a wolf and he got out to see if it was still alive. He thought he had killed it, but when he tried to find it, it was not there.

We continued on our way to the medicine woman's house. She saw my mother and started to sing in a low voice and put some strange plant on my mother's chest. We left and returned home. It was a miracle. My mother recovered and lived for another 45 years in perfect health.

What I remember most about that time was not my mother being healed, but the quiet man sitting in the corner of the healer's house. He was a thin man who was covered in blood and had a broken leg. No one talked to him or even looked at him, but he stared at my father with total hate in his eyes. Those eyes were not the eyes of a human, but were yellow and long, like an animal. I realized at that moment who this man was. He was the wolf my father had hit with his truck. This was the first time I met a skinwalker, but it would not be the last.

【32】 This story takes place in India.

【33】 The man telling the story is a member of an Indian tribe.

【34】 The man's father owned more than 1,000 animals.

【35】 The mother had a disease which many doctors could not understand.
【36】 One of the people who worked for the man's father offered to help him.
【37】 Skinwalkers can change into many forms including birds.
【38】 The man's father hit and killed a wolf when he was driving to see a healer.
【39】 The man who healed the man's mother did it with songs and plants.
【40】 The quiet man in the room where his mother was healed was a skinwalker.
【41】 The man has seen skinwalkers more than once.

6 次の文章を読み，後の問い【42】～【46】の答えとして最も適当なものを，それぞれ①～④から1つ選んで，その番号をマークしなさい。

"When in Rome, do as the Romans do" goes the expression, but do you know what it really means ? A long time ago—roughly 2,000 years ago—Rome was the most powerful city in the Western world. When people from the countryside travelled to Rome, they had to do things like the Romans did. They had to eat in the Roman style, speak in a Roman accent, and even bathe like the Romans did. This was considered polite and the right thing to do. Today, we still follow this rule of adopting the customs of the countries we visit.

If we, as Japanese people, travelled back in time to the Roman era, how comfortable do you think we would find the bathing customs of the Romans ? Well, some things would be familiar to us : the baths were public, men and women washed separately, and you needed to clean yourself before entering the hot water. However, other things would be less familiar.

Romans used their baths as both a gymnasium and a business meeting place. Men would sometimes go there and stay all day. They would start with a workout—wrestling, weight-lifting, or something quite like yoga. All of this was done in the nude !

They would then go to the baths to relax. Unlike us, the Romans did not take a shower to clean themselves, instead they covered themselves in olive oil and had a slave scrape the oil and dirt off their bodies with a curved stick called a strigil. They would then enter the baths and start their business day.

The nicest baths were reserved for the upper class businessmen and politicians, who did most of their business deals in the baths. The lower classes also enjoyed bathing, but for them it was a much more modest affair. In the lower class baths, business was rarely done, and the customers could only spare about an hour out of their busy lives to enjoy the waters.

The Romans were often unhappy because foreigners did not follow the rules of the baths. Some might forget to use oil on their bodies before the baths, others would just wash themselves off with water, and still others would enter the baths with oil still on them. Speaking loudly and interrupting someone doing business was also considered a major social mistake. That said, the worst thing of all to the Romans was those foreigners who wore clothes when they exercised.

Do you think you would make a mistake if you were there ? If so, then give a thought to the poor foreigner in Japan. The man who doesn't know to shower before getting in the bath ; the woman who wears a bathing suit to the *onsen*. Like you, they just don't know what to do.

【42】 "When in Rome, do as the Romans do" means you should
① be like the Romans were in Italy.
② keep other countries' rules and traditions at all times.

③ be nice to Roman people.
④ follow the rules of any country you are in.

【43】 Which of the following Roman bathing customs is NOT mentioned in the article ?
① Cleaning before bathing
② Not taking a shower
③ Having separate areas for men and women
④ Paying to get into the baths

【44】 A strigil was
① dirty oil from a person's body.
② a slave who helped people in the baths.
③ a stick.
④ a kind of bath.

【45】 What was the thing that Romans most disliked foreigners doing in the baths ?
① Bathing in a swimsuit ② Exercising with clothes on
③ Not cleaning before a bath ④ Using the wrong kind of oil

【46】 The person giving this speech is most likely
① a Roman. ② an American.
③ a Japanese. ④ a European.

＜放送問題原稿＞

これからリスニングテストを始めます。リスニングテストはPart 1とPart 2の2つの部分に分かれています。

Part 1 Part 1は【1】～【4】までの4つの話を聞き，その内容について1つずつ質問が出されます。質問に対する答えとして最も適当なものを，それぞれ①～④の中から1つ選んで，マークしなさい。話と質問は2度読まれます。途中でメモを取ってもかまいません。

【1】
F： Come on in, glad you could make it.
M： So this is your new house, I like it.
F： Yeah, it is nice but I haven't furnished it completely yet. I have places to sit, and things to cook with, but I still need to buy a few other things.
M： Do you have any place to sleep ?
F： Of course, I sleep on the couch.
QUESTION—What does the woman NOT have in her house ?

【2】
F： Bob, can you hand me my make-up ? I need to get ready to go.
M： What do you want ? You've got so much here.
F： Well, I have already done my eyes and my face, I just need make-up for my lips.
M： Ohhh, OK, here you are.
QUESTION—What does the woman want ?

【3】
M： Grandma, tell us about what it was like when you were young.
F： Well, Charlie, when I was a very young girl, we had to make our own entertainment. There

was no internet, computers, and while we had phones, there were none we could walk around with, so we played outside every day until dusk.

M : Wow, couldn't you even watch television ?

F : Well, there were televisions at that time, but not in my hometown.

M : Wow, I guess I would be outside playing too.

QUESTION—What did she have when she was young ?

【4】

Kuka was lonely. The little dragon had been out playing in the woods with his parents, but he heard a waterfall in the distance and wanted to go and see it. He flew in the direction of the sound of the water, but it was farther away than he expected. When he got there he saw that it was gorgeous. He flew in and out of the water and chased the insects around the small pools. It was like heaven for him. However, it soon got dark and Kuka realized he was lost. He tried to call out for his papa, but his voice was small and weak. He sat down on a rock and cried. At that moment, he heard a roar in the sky and a bright fire lit up the whole area. Kuka looked up and saw his dad— He was safe.

QUESTION—What was NOT mentioned in the story ?

Part 2 Part 2 は【5】と【6】の２問です。長めの話を１つ聞き，【5】と【6】の答えとして最も適当なものを，それぞれ①～④の中から１つ選んで，マークしなさい。話と質問は２度読まれます。途中でメモを取ってもかまいません。

【5】【6】

The Taj Mahal is probably the best known landmark in India along with the Red Fort and the Agra Palace. Construction on the building started in 1632 and was originally planned to be a pair of buildings. The one that stands today is white and holds the body of the wife of the Mughal. The unbuilt one was supposed to be black and would have held his body after he passed away. However, because of both economic factors and a lack of interest by his son, the other building was never built.

QUESTION 5 —When did the black building start being built ?

QUESTION 6 —What two reasons did that other building not get built for ?

A No money　B No time　C No interest　D Not enough people

これでリスニングテストは終わりです。引き続き，残りの問題に取り組んでください。

【数　学】（60分）〈満点：100点〉

（注意）(1)　分数の形で解答が求められているときは，それ以上約分できない分数で答えること。

(2)　定規・コンパスを使用してはいけない。

(3)　問題の図は正確なものではない。

1　次の【1】，【2】，……，【12】の一つ一つには，それぞれ０～９までの一つの数字が当てはまる。それらを【1】，【2】，……，【12】で示される解答欄に順次マークしなさい。

(1)　$(-0.75)^2 \div \dfrac{\text{【1】}}{\text{【2】}} \times \left(\dfrac{2}{3}\right)^3 + \dfrac{1}{6} = 1$

(2)　$x = 4 - 3\sqrt{2}$，$y = \sqrt{2} - 1$ のとき，$x^2 + 6xy + 10y^2 + 2y + 1 =$【3】である。

(3)　下の図について，$\angle x =$【4】【5】【6】°である。

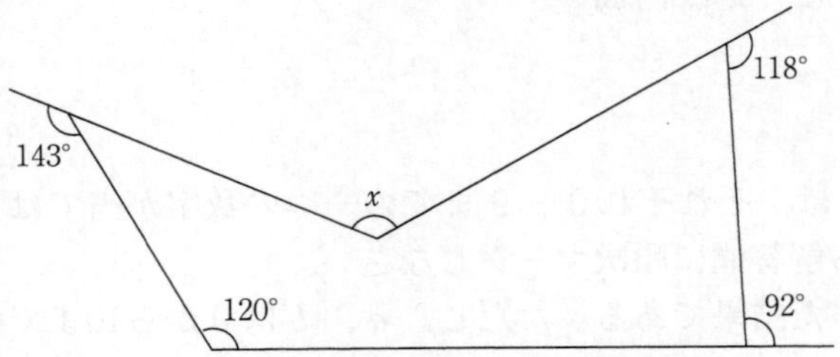

(4)　あるクラブでバスを１台借りて遠足に行くことにした。バスを借りる代金として，１人4000円ずつ集めると3000円余るが，１人3600円ずつ集めると4200円不足する。このとき，このクラブの人数は【7】【8】人である。

(5)　５％の食塩水 x g と15％の食塩水 y g を混ぜると11％の食塩水が得られた。このとき，x と y の最も簡単な整数の比は，$x : y =$【9】：【10】である。

(6)　大小２個のさいころを同時に投げるとき，大きいさいころと小さいさいころの出る目の数をそれぞれ a，b とする。このとき，$\sqrt{ab}$ が整数になる確率は $\dfrac{\text{【11】}}{\text{【12】}}$ である。

2　次の【13】，【14】，……，【17】の一つ一つには，それぞれ０～９までの一つの数字が当てはまる。それらを【13】，【14】，……，【17】で示される解答欄に順次マークしなさい。

関数 $y = x^2$ のグラフ上に x 座標がそれぞれ４，-2 である２点A，Bがある。

(1)　直線ABの方程式は $y =$【13】$x +$【14】である。

(2)　直線ABと y 軸との交点をPとする。このとき，△OPBの面積は【15】である。

(3)　関数 $y = x^2$ のグラフ上を動く点Qがある。△OPBの面積と△OQBの面積が等しくなるのは，点Qの x 座標が $-$【16】と【17】のときである。

3　次の【18】，【19】，……，【24】の一つ一つには，それぞれ0～9までの一つの数字が当てはまる。それらを【18】，【19】，……，【24】で示される解答欄に順次マークしなさい。

半径3の円Oにおいて，ABは直径である。図のように線分ABと線分CDの交点をPとする。また，弦CEは直径ABと垂直に交わる。

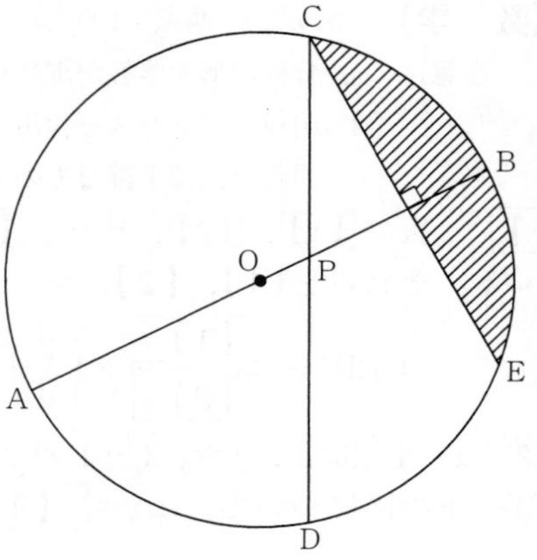

(1)　OP＝1，CP＝$\dfrac{7}{3}$のとき，PD＝$\dfrac{\text{【18】【19】}}{\text{【20】}}$である。

(2)　CE＝$3\sqrt{3}$のとき，図の斜線部分の面積は，

【21】$\pi-\dfrac{\text{【22】}\sqrt{\text{【23】}}}{\text{【24】}}$である。ただし，$\pi$は円周率とする。

4　次の【25】，【26】，……，【31】の一つ一つには，それぞれ0～9までの一つの数字が当てはまる。それらを【25】，【26】，……，【31】で示される解答欄に順次マークしなさい。

下の表は，20人で10点満点の英単語テストを行った結果である。ただし，a，bは0から10までの整数である。次の問いに答えなさい。

(1)　$a=8$，$b=7$のとき，得点の平均値は【25】.【26】点である。

(2)　$a=b$のとき，得点の最頻値が6点となるa，bの組は全部で【27】組ある。

(3)　得点の平均値が4.6点，中央値が4.5点，最頻値がただ1つ6点だけであるとき，得点aは【28】点，得点bは【29】点である。

ただし，a，bは$a \leqq b$を満たす整数とする。

(4)　得点の中央値が5点となるa，bの組は全部で【30】【31】組ある。

名前	A	B	C	D	E	F	G	H	I	J	K	L	M	N	O	P	Q	R	S	T
得点	a	b	4	5	7	3	2	8	6	5	2	10	3	4	5	6	1	6	4	6

a 「たがへること」 解答番号は【37】

① 相違していること ② 比較していること
③ 関連していること ④ 類似していること

b 「なはばかりそ」 解答番号は【38】

① 口にしてはいけない ② 遠慮してはならない
③ 考えを改めるべきだ ④ 早く立ち去るべきだ

c 「誤りもなどかなからん」 解答番号は【39】

① 誤りは正すべきだ ② 誤りは決してない
③ 誤りは指摘しない ④ 誤りはあるはずだ

d 「あまたの手」 解答番号は【40】

① 世間に求められる期待 ② 歴史に埋もれた学説
③ 多くの学者による研究 ④ 他の学者からの賛同

e 「かしこくはあれど」 解答番号は【41】

① すばらしいことではあるが
② 理想に近いことではあるが
③ 礼儀正しいことではあるが
④ おそれ多いことではあるが

問二 傍線部①「『いとあるまじきこと。』と思ふ」とあるが、その理由として最も適当なものを次の中から選びなさい。解答番号は【42】

① 弟子が先生を上回るのは珍しいと考えたから。
② 礼節をわきまえない行動であると考えたから。
③ 古典の解釈は非常に困難であると考えたから。
④ 有力な学説を覆す可能性があると考えたから。

問三 傍線部②「いとたふとき教へ」の品詞名の組み合わせとして最も適当なものを次の中から選びなさい。解答番号は【43】

① いと―副詞 たふとき―形容詞 教へ―名詞
② いと―副詞 たふとき―形容動詞 教へ―動詞
③ いと―連体詞 たふとき―形容詞 教へ―名詞
④ いと―連体詞 たふとき―形容動詞 教へ―動詞

問四 空欄 X と Y に当てはまる語の組み合わせとして最も適当なものを次の中から選びなさい。解答番号は【44】

① X―我 Y―師 ② X―道 Y―師
③ X―師 Y―道 ④ X―師 Y―我

問五 本文の主題として最も適当なものを次の中から選びなさい。解答番号は【45】

① 古い習わしを重んじるべきであるということ。
② 学説を慌てて発表すべきではないということ。
③ 先を見据える力を持つべきであるということ。
④ 先生の学説に執着すべきではないということ。

問六 『玉勝間』は江戸時代に書かれた随筆である。随筆に属する作品を次の中から一つ選びなさい。解答番号は【46】

① 徒然草 ② 十訓抄
③ 山家集 ④ 万葉集

④　武田君がずっと家族のことで苦しんできたことを、一番近くにいたのに気づけなかった自分自身に絶望し、何も言えなくなっている。

問十　傍線部⑨「その瞬間、胸の中で、真っ白な光が散った」とありますが、ここでの私の心情の説明として最も適当なものを次の中から選びなさい。解答番号は【35】

①　自分を責めている武田君に対して救いの言葉をかけることで、同じように姉の自殺を自分のせいだと決めつけ責めていた自分に気づくことができた。

②　武田君が自分と同じように長い間苦しんできたことに対して同情することによって、姉を失った喪失感や悲しみがとめどなく押し寄せてきた。

③　武田君を慰めるための言葉が思いつかずに悩んでいたが、そのためにちょうど良い言葉が見つかり、ほっと安心することができた。

④　落ち込んでいる武田君を見ていると悩んでいた姉の姿が思い起こされ、姉の自殺の原因が自分にあったことに気づいてしまった。

問十一　傍線部⑩「もらうのではなく、あげることで、救われることもあるなんて」とありますが、それはどのようなことですか。最も適当なものを次の中から選びなさい。解答番号は【36】

①　武田君との会話を通して、姉の死の原因を理解することができたということ。

②　姉の存在を忘れることで、自己否定してきた自分からようやく解放されたということ。

③　他者にかけた言葉で、自分自身も苦悩から解放されたことに気づいたということ。

④　他者に施すことこそ大切であり、これからも続けていきたいと決心したということ。

四　次の文章は『玉勝間』の一節である。よく読んで、後の問いに答えなさい。

おのれ古典《いにしへぶみ》を説くに、師の説とaたがへること多く、師の説の悪《わろ》きことあるをば、わきまへ言ふことも多かるを、①「いとあるまじきこと。」と思ふ人※多かめれど、これすなはち我が師の心にて、常に教へられしは、「後によき考への出で来たらんには、必ずしも師の説にたがふとて、bなはばかりそ。」となん教へられし。こは②いとたふとき教へにて、我が師の、世にすぐれたまへる一つなり。おほかたいにしへを考ふること、さらに一人二人の力もて、ことごとく明らめ尽くすべくもあらず。また、※よき人の説ならんからに、多くの中には、c誤りもなどかなからん。必ず悪きことも混じらではえあらず。そのおのが心には、「今はいにしへの意《こころ》ことごとく明らかなり、これをおきては、あるべくもあらず。」と思ひ定めたることも、思ひのほかに、また人の異なるよき考へも出で来るわざなり。dあまたの手を経《ふ》るままに、さきざきの考への上を、※なほよく考へきはむるからに、次々に詳しくなりもてゆくわざなれば、師の説なりとて、必ずなづみ守るべきにもあらず。よきあしきを言はず、ひたぶるに古きを守るは、学問の道には、言ふかひなきわざなり。

また、おのが師などの悪きことを言ひ表すは、いともeかしこくはあれど、それも言はざれば、世の学者その説に惑ひて、長くよきを知る期《ご》なし。師の説なりとして、悪きを知りながら、言はず包み隠して、よさまに繕《つくろ》ひをらんは、ただ X をのみたふとみて、 Y をば思はざるなり。

注　※多かめれど…多いようだが。

※よき人の説ならんからに…優れた学者の説であるからといっても。

※なほよく考へきはむるからに…さらによく研究するので。

問一　二重傍線部a〜eの解釈として最も適当なものを、後の中からそれぞれ選びなさい。

く受験に対する焦燥感や武田君への叶わぬ思いに対する辛さが見え隠れしている。

④ 受験や仲間との別れが控えているという現実を忘れようとむやみにはしゃいでいるが、本当は不安に押しつぶされそうになっている。

問六 傍線部⑤「とっさに二人で顔を見合わせて、すぐにそらした」とありますが、ここでの二人の心情の説明として最も適当なものを次の中から選びなさい。解答番号は【31】

① また話せるようになったとはいえ、一度気まずい関係になった相手と二人きりになるのはきまりが悪く、どうしてよいかわからなくなっている。

② 普段から遠慮がちな二人は意識的に話すこともせず、気まずい雰囲気になっていることを感じてしまい、お互いに緊張が高まっている。

③ 以前に仲たがいしてしまい、関係がこじれていた相手だったため、あからさまな嫌悪感を示し、一刻も早くこの場を立ち去ろうとしている。

④ 普段は恋心を隠しながら接している相手と二人きりになってしまえば、好意に気づかれてしまうのでないかと思い、ごまかそうとしている。

問七 傍線部⑥「非常階段の緑色が目に飛び込んできた」とありますが、それはなぜですか。最も適当なものを次の中から選びなさい。解答番号は【32】

① 好意を持っている武田君の前では緊張してじっとしていられず、二人きりで話をする状況から解放されるきっかけを求めていたから。

② 武田君の話から彼女との間に距離があるように感じて、どう返事をしてよいかわからず、状況を打開するようなものを無意識に探していたから。

③ 偶然にも非常階段が点灯する時刻に重なり、急に点いた緑色の明かりに目を引かれて、興味をそちらに奪われてしまったから。

④ にぎやかな場所では自分の思いを伝えられずにいたが、二人きりになれる非常階段でなら告白できると考え、あたりを見回していたから。

問八 傍線部⑦「なにかが喉に詰まっているような沈黙だった」とありますが、ここでの彼の心情の説明として最も適当なものを次の中から選びなさい。解答番号は【33】

① いつも自分をわかってくれる「私」に心の中に抱えた悩みを話したいと思っていたが、いざ心配されるとかえって遠慮して、言いたいことが言えなくなっている。

② 武田君は自分がかっこ悪くて弱い人間であると感じており、気を抜くと泣いてしまいそうな状況であったが、「私」の前では何としてでも強い自分を見せたいと考えている。

③ 弱いところをさらけ出すこともなく強がって生きてきたがもう限界であり、今すぐにでも「私」に気持ちを吐き出したいと思っている。

④ 弱い自分の姿を見せても受け止めてくれる「私」の優しさに触れたことで、他人には言えなかった悩みを打ち明けたい気持ちがこみ上げてくるのをぐっと抑えている。

問九 傍線部⑧「私はコンクリートに膝をついたまま、言葉をなくしていた」とありますが、ここでの私の心情の説明として最も適当なものを次の中から選びなさい。解答番号は【34】

① 武田君の悩みは深いことを察したが、これ以上個人的な事情に踏み込むべきではないため、あえて言葉を発しないようにしている。

② 武田君が自分の行動を責めるので、何かしてあげたいと強く感じてはいるものの、かける言葉が見つからずにいる。

③ 武田君の家庭の事情に触れたものの、何が問題の本質なのか見当がつかず、一生懸命に思いを巡らせ答えを探している。

が、友人関係は続いている。

問一　二重傍線部a・bの本文における意味として最も適当なものを後の中からそれぞれ選びなさい。

a「屈託なく」　解答番号は【25】

①　包み隠すことなく　②　何の憂いもなく

③　あどけなく　④　落ち着きなく

b「さばさば」　解答番号は【26】

①　あっさりした様子　②　しっかりした様子

③　ちゃっかりした様子　④　うっかりした様子

問二　傍線部①「私はこめかみを流れる汗を拭うこともせずに、彼女の横顔を見つめていた」とありますが、ここでの私の状況の説明として最も適当なものを次の中から選びなさい。解答番号は【27】

①　突然の見知らぬ女性の訪問に驚き、姉の遺影を見つめる彼女がどのような人物なのかと強い関心で頭がいっぱいになっている。

②　見知らぬ女性が姉の遺影に手を合わせている姿を見つめながら、なんとなく不吉な予感がして冷や汗が止まらなくなっている。

③　汗を拭くことも忘れるほどの夏の暑さに参ってしまい、呆然として何も頭に浮かべることができなくなっている。

④　突然あらわれた見知らぬ女性が本当に姉を知る人物なのか疑わしく、手掛かりは無いかと外見から探っている。

問三　傍線部②「首を横に振った」とありますが、ここでの私の心情の説明として最も適当なものを次の中から選びなさい。解答番号は【28】

①　姉とはそれほど親しくなかった豊島さんが、涙声になるまで姉を想ってくれることはありがたいが、姉が死んでしまったことに悔やみ続ける必要はないと考えている。

②　姉との接点があまりなかったにも関わらずここまで来て手を合わせてくれた豊島さんに感謝の思いを抱き、遠慮なくいつでも訪ねてほしいと思っている。

③　姉と親しかったわけではないのに差し出がましい行動をしてしまったと言葉を詰まらせる豊島さんに配慮しつつ、姉が死んでしまったことをやるせなく感じている。

④　姉に憧れを抱いていた豊島さんに対して、姉が満たされた生活を送っていたように見えたかもしれないが、現実には異なっていたことを伝えようとしている。

問四　傍線部③「多枝ちゃんは、短いため息をつくと、苦笑した」とありますが、ここでの多枝ちゃんの心情の説明として最も適当なものを次の中から選びなさい。解答番号は【29】

①　いつも一緒にいる多枝の思いにも気づかずに、無邪気に他の女の子へ好意を向ける武田君の鈍感さを腹立たしく思っている。

②　家族思いの女の子に惹かれる武田君の実直な性格を理解し好意を抱きながらも、何もできないでいる自分を情けなく感じている。

③　武田君に対して表向きは嫌悪感を示しながらも、心の中ではどうしても素直になれない自分に対する焦りを感じている。

④　武田君に恋人ができたという事実を素直に受け入れて、自分自身も前向きに新しい恋に進もうと決意している。

問五　傍線部④「笑っている合間に、気を緩めると、なんだか泣きそうにさえなった」とありますが、ここでの私の心情の説明として最も適当なものを次の中から選びなさい。解答番号は【30】

①　仲間との楽しい時間によって受験のプレッシャーから逃れられてはいるが、家に帰ればまた現実と向き合わねばならず、途方に暮れている。

②　受験と卒業を控えて寂しくなる前にみんなで集まって遊んでいるが、同じ時を楽しめる仲間の大切さに気づき、涙が出そうになっている。

③　気の合う仲間との楽しい時間を満喫しつつも、刻一刻と近づ

武田君が突然しゃがみ込んだので、私はびっくりして、どうしたの、と訊いた。
「ごめん。じつは俺、高いの、ダメで」
「そうだったのっ、ごめんね。すぐ戻ろう」
彼は下を向いたまま、大丈夫、と片手をあげた。
それからふいに
「前埜さんは、優しいね」
と言った。
「いつも俺、かっこ悪いところばかり見せてたのに」
ちっともそんな印象を持っていなかった私は
「そんなことないよ」
と否定した。
彼はなにも答えなかった。⑦なにかが喉に詰まっているような沈黙だった。
私はそっとしゃがみ込んで、向き合うと
「武田君、なにかあった？」
と慎重に尋ねた。
しばらく間があってから、彼は顔を伏せたまま答えた。
「じつは、うちの母親が病気になって。先月、手術したんだ」
途端に胸がぎゅっとして、大変だったね、と告げた。家族を失う悲しみが、生々しくよみがえってきた。
「その後の、経過は？」
「幸い、順調。でも、ずっと無理してきたんだと思って。父親が死んでから、母親に一生懸命育ててもらって。でも俺は、どうしても新しい親父と仲良くできなかったから。俺のせいで、うちの母親は、新しい家庭で安心して幸せになれなかった」
⑧私はコンクリートに膝をついたまま、言葉をなくしていた。
武田君はいつだって、強くなろうとしていた。どこか無理しているくらいに。
おそるおそる手を伸ばして、彼の頭をそっと抱き寄せた。
びっくりしたように息を詰めた彼に、私は呟いた。
「それは、武田君のせいじゃないよ」
⑨その瞬間、胸の中で、真っ白な光が散った。
お姉ちゃんが自殺する三日前、私たちは同じバイトの面接を受けていた。
二人とも好きなケーキ屋が、近所に新しく支店を出してオープニングスタッフを募集していたのだ。
それを伝えたら、お姉ちゃんは久しぶりに乗り気になった。二人で働けたらいいね、と言い合って、一緒に受けることになった。
翌日の夕方に、結果を告げる電話がかかってきた。
私だけが採用で、お姉ちゃんは不採用だった。
それを知ったお姉ちゃんは、良かったじゃん、と笑って、すぐに暗い部屋に引っ込んだ。
そのときの淋しそうな後ろ姿を、一生忘れない。
私がバイトに誘わなければ。面接に行かなければ。そのせいで、お姉ちゃんは死んだ。
あれから、ずっと自分を責めて、誰にも言えなかった。
私は、武田君を抱きながら、もう一度、くり返した。
「武田君の、せいじゃない」
彼が顔を上げた。大きな手が伸びてきて、頭の上にぽんと置かれた。
「ありがとな」
苦しかった時間の終わりを、感じた。
誰かに言って欲しかった言葉。⑩もらうのではなく、あげることで、救われることもあるなんて。
夜の街はいっそうにぎわい、二台の携帯電話がふるえていたけど、私たちはうずくまったまま、それぞれの想いを重ねた。

注　※武田君…思いがすれ違い、望と恋人として付き合うことはなかったしなくていいからか、急に肩の力が抜けて、気が楽になった。
動物ものの映画を見て泣いたという話を聞いて
「武田君って、けっこう単純だよね」
とからかえるくらいに、いつの間にか、打ちとけていた。
寒くなる頃には、高校の授業もなくなって、ほとんど一日中、家で勉強した。
夕方近くになると、暖房を強くしても足元から冷えてくるので、分厚い靴下を履いてセーターを着込んで、熱いコーヒーを入れた。白く霞《かす》んだ窓の外を見ながら、コーヒーを飲んだ。消しゴムのカスが、セーターの袖口からぽろぽろと落ちた。
多枝ちゃんからメールが来たのは十二月二十三日の夜だった。
『クリスマスぐらい息抜きしない？　25日の夕方から、クラスのみんなでカラオケに行って、その後、ご飯食べようー。』
ひさしぶりの遊びの誘いに心がはしゃいで、行く、とすぐに返事をした。

新宿にある食べ放題の店内は、大にぎわいだった。
ピザやパスタやケーキが山ほどお皿に盛られては、あっという間に消えていく。
もうお腹いっぱいだと思っても
「望、カルボナーラのパスタ、美味しかったよ」
と教えられたら、ついつい取りに行ってしまう。
みんなで競い合うように食べながら、ちょっとした冗談にも笑い転げた。受験と卒業間近の高揚感が、よけいに今を楽しもうという連帯感を生んでいた。④笑っている合間に、気を緩めると、なんだか泣きそうにさえなった。
会計を済ませると、エレベーターにみんながどっと押し寄せたので、当たり前だけど、全員は乗れなかった。
同時に遠慮して降りたのは、私と武田君だった。
ドアが閉まると、⑤とっさに二人で顔を見合わせて、すぐにそらした。
取り残された私たちは、静かになったフロアで、エレベーターが戻ってくるのを待った。
「時間、かかってるね」
と武田君が階数ランプを見上げながら、呟いた。
「そうだね」
と私も頷いた。それから思い出して、尋ねた。
「今日、クリスマスだけど、彼女とは約束してなかったの？」
「クリスマスは、毎年、家族と過ごすからって」
と武田君は言った。
「前埜《まえの》さんは、大丈夫だった？」
私は、うちは昨日ケーキ食べたから、と言った。武田君がちょっとだけ淋しそうに、そっか、と笑ったので、少し気にかかった。
「イヴに、デートとかはしたの？」
「うん。飯食いに行ったよ。家の人に頼まれ事してるからって、すぐに帰ったけど。むこうはすごい家族仲が良くて、俺は正直、入り込めないな、て思うときがある」
上手く言葉が出ずに、困って視線を泳がせたら、⑥非常階段の緑色が目に飛び込んできた。
「階段があるから、そこから、下りちゃおうか」
気まずさを振り切るように言って、ドアを開けたら、急に強い風が吹き抜けて、びっくりした。
「外階段だったんだ。て、すごい、夜景がきれい！」
私は黒い手すりにつかまって、地上を見下ろした。
クリスマスのイルミネーションが、街中に広がっていた。
凍える真冬の夜を、色鮮やかに映し出し、通行人や車や電車の往来が、くっきりと見渡せた。
「ほんとだ……すげえな」
武田君もやって来て、圧倒されたように、言った。
地上から夜空へと視線を移す。星々が、かすかにふるえていた。

たウェイトレス姿の真希さんに声をかけて、一緒に写真を撮ってもらったくらいで。あとは、ほとんど話したことはなくて」

彼女が鞄《かばん》から、手帳を取り出した。

一枚の写真が目の前に差し出された。私は、ああ、と短く頷いた。

髪に白いリボンを結んで、エプロンを着けたお姉ちゃんがピースサインをして、a屈託なく笑っていた。となりには、今よりもちょっとふっくらした豊島さんが、照れ臭そうに微笑んでいる。

望、今日、学校で文化祭だったんだけどさ。すごい、女子高みたいだよね。女の子に写真頼まれちゃった。

「自殺」の話を聞いたときには、頭の中が真っ白になりました。私なんて、全然、親しかったわけでもないのに、こんな言い方、おこがましいと思います。でも、つらくて」

彼女が涙声になりながら、言葉を切った。私は②首を横に振った。お姉ちゃんはなんてもったいないことをしたのだろう、と強烈に悔やむ気持ちでいっぱいになりながら。

こんなに想ってくれている人がいたのに。

お姉ちゃんを取りまく世界は変わらず眩《まぶ》しかったのに。

「ありがとうございます。姉も、きっと嬉しかったと思います」

今度は、私から深々と頭を下げた。

家族のアルバムを持ってくると、彼女はとても嬉しそうに一枚一枚の写真を見ていた。

豊島さんをマンションの下まで見送ってから、私は戻って、台所で西瓜の皮を捨てた。

流しのゴミ箱に、二人分の緑色の皮。幼い頃、お姉ちゃんと競い合って食べた日のように。

夏休みが終わったら、※武田君に、彼女ができていた。

正門へ向かう並木道を、二人で歩いて登校する姿を見た。

二人が喋っているのを、私は少し離れたところから見ていた。すらっと脚が長くて、ショートヘアの、かっこいい感じの女の子だった。

残暑の厳しい光の中で、軽く着崩した武田君のワイシャツの感じが生々しくて、ちょっとだけ妬《や》けた。

昼休みに、教室でお弁当を広げながら、多枝ちゃんに話を訊いた。

「D組の子だよ。夏期講習が一緒だったんだって。一度、一緒に遊んだけど、良い子だったよ。bさばさばしてて。親が共働きで、病気のおばあちゃんがいるから、あの子が介護してて、普段はあんま会えないらしいけど」

私はおにぎりを口に運びながら、一つ一つの言葉に納得して、頷いた。

「あんなにがんばってる子は珍しいから、少しでも役に立ちたいんだって」

私が思わず、少女漫画みたいだね、と呟くと

「ねー。アホだよね。ほんと、武田のことは分かりすぎて、嫌になる」

③多枝ちゃんは、短いため息をつくと、苦笑した。

私は軽く笑ってから、そうだね、と言った。やっぱり多枝ちゃんは、武田君のことが好きなんだろうな、と心の中で呟きながら。

色々分かってて大事にしているから、私みたいに簡単に壊してしまったりしないで、なに一つ変えようとしないで、見守り続けてる。

「それにしても、ついこの前まで二年だったのに、卒業まで、あっという間だね」

「えーっ。望って、意外とのんきだね。私なんて、大学に合格できるかどうかが心配で、卒業のことなんて考えられないのに」

彼女が嫌そうに顔をしかめたので、私も真顔になって、たしかに、と同意した。

武田君とは、多枝ちゃんを挟んで、また少しずつ喋るようになった。付き合っている彼女がいると思うと、なにかを期待したり緊張

② 文章は二つの部分に分けられており、前半ではコペルニクスのように世界観を二分して価値を再転換する重要性について語られている。後半では自身の成長のためには不断の努力を積み重ねることが必要だと説いている。

③ 文章は二つの部分に分けられており、前半では既存の知識や常識にとらわれず主体的に判断することの重要性について語られている。後半ではアインシュタインの言葉を引用し人間の成長の二通りの在り方を示している。

④ 文章は二つの部分に分けられており、前半では物事を自分の頭で考え、解釈することの重要性について語られている。後半では成長の道筋としては急激な成長よりも緩やかな成長の方が身につきやすいと述べている。

三　次の文章は、島本理生の小説『きよしこの夜』の一節である。冒頭は、高校三年生の望が自宅で勉強している場面である。よく読んで後の問いに答えなさい。

夏休みになると、夏期講習が始まって、たしかに泊まりで遊んでいる余裕なんてなかった。

昼間、ダイニングテーブルで、一人、必死に問題集を解いていた。扇風機を最強にしていたけど、それでも暑さに耐えかねて、私は椅子から立ち上がった。

西瓜《すいか》を切っていたときに、インターホンが鳴った。

あわてて手を拭いてから、はい、と受話器越しに答えると、返事はなかった。

いたずらかと思い、怖くなっていたとき

「あの」

という、か細い声が聞こえた。

「はい」

「突然すみません。私、真希さんの、高校の後輩で。豊島波子といいます」

私は玄関へ走っていって、ドアを開けた。

ショートヘアの女の人が、顔を汗だくにして、両手いっぱいに向日葵《ひまわり》を抱いていた。

彼女はあわてたように、頭を下げた。

「妹の、望です」

「豊島です。いきなりすみません。連絡先が分からなかったけど、このマンションに住んでることは、同級生に教えてもらってたので。葬儀も、身内の方だけだったので。せめて真希先輩に、お線香をあげられたらと、ずっと思っていたんです」

とても必死な口調だった。

私は、どうぞ、と中へ招き入れた。

彼女は、部屋に入ると、力が抜けたように仏壇の前に座り込んだ。目を大きく開いて、遺影に見入っていた。

①私はこめかみを流れる汗を拭うこともせずに、彼女の横顔を見つめていた。

豊島さんはお線香を手向《たむ》けると、じっと手を合わせた。

それから、ふっとこちらを向いて

「ありがとうございます」

と深々と頭を下げた。

お焼香が終わると、私は台所で、西瓜をしゃりしゃりと切って、運んだ。

彼女とダイニングテーブル越しに向かい合い、花瓶に挿した向日葵を眺めながら、冷たい西瓜を齧《かじ》った。

豊島さんは、喉が渇いてて、と呟《つぶや》くと、西瓜を小さく齧った。

片頬にえくぼができて、可愛い人だな、と思った。

「姉とは、生前、親しかったんですか？」

彼女は西瓜をお皿に置きながら、首を横に振った。

「私が一方的に憧れてたんです。入学して間もない頃に廊下で見かけて、綺麗な人だなって。文化祭の日に、クラスで喫茶店をしていり回されて心を揺さぶられる必要はないから。

④　人生において起こる様々な出来事はその場で「勝ち」や「負け」に二分できるものではなく、それが自分の幸福につながるかどうかは後になるまでわからないから。

問五　傍線部④「メディアにも責任の一端があると思います」とありますが、それはなぜですか。最も適当なものを次の中から選びなさい。解答番号は【20】

①　日本のメディアは安直な二項対立に基づく報道を繰り返している先進諸国のメディアの一部に過ぎず、問題があったとしても、その責任は限定的だと考えられるから。

②　先進国によって支配されたメディアが情報を意図的にねじ曲げたり、偏った報道を行ったりすることによって、大衆を誤った認識へと扇動させてしまっているから。

③　メディアが世の中の関心事や流行ばかりを追い求め、ものごとの本質に迫るような報道をしてこなかったことによって、人々が単純な二項対立で世界をとらえる傾向を助長したから。

④　メディアが視聴率のとれるバラエティ番組などばかりに偏って、ニュース番組の報道などを控えてしまった結果、人々に正しい情報が行き渡らなくなってしまったから。

問六　傍線部⑤「『人生とは自転車に乗るようなものだ。倒れずにバランスをとろうと思ったら、こぎ続けなければならない』」とありますが、この文章が引用されたことによる効果として最も適当なものを次の中から選びなさい。解答番号は【21】

①　成長に関する筆者の考え方の一つを説明する上で、アインシュタインの言葉を用いることにより、具体的なイメージを読者に与えて説得力を持たせる効果がある。

②　徐々に能力が上がっていく例を具体的に示すために、アインシュタインの言葉を引用することで、習得にはある程度の助言が必要であることを表す効果がある。

③　人生において断続的に努力をしていきたいという筆者の考えを読者に伝える上で、アインシュタインの言葉がその主張の説得力を増大させる効果がある。

④　人生に対するアインシュタインの言葉を用いることによって、これまでの文章で述べられてきた筆者の考え方を総括し、抽象的に表現する効果がある。

問七　傍線部⑥「ごく自然に体が浮いて苦もなく泳いでいた」とありますが、それはなぜですか。最も適当なものを次の中から選びなさい。解答番号は【22】

①　体をとにかく動かしているうちに少しずつ体の使い方を身につけていき、泳ぎ方を覚えていくことができたから。

②　どうしても泳ぐことができず、向いていないとあきらめた時こそ全身の力が抜け、自然と泳ぐ感触をつかむことができたから。

③　泳げるようになっていたことがあまりに嬉しかったため、いつ泳げるようになったか理解できないほど興奮していたから。

④　やみくもに体を動かしているうちに、水の中での体の使い方が急につかめるようになり、泳ぐ感覚を身につけることができたから。

問八　空欄［X］に当てはまるものとして、最も適当なものを次の中から選びなさい。解答番号は【23】

①　計画通りに行動する

②　つまずきを明確にする

③　苦手を意識的に克服する

④　違う角度からアプローチする

問九　この文章の論の展開の説明として、最も適当なものを次の中から選びなさい。解答番号は【24】

①　文章は二つの部分に分けられており、前半では企業の中で誇りをもって仕事をすることの重要性について語られている。後半ではアインシュタインの言葉を引用し知識を身につける道筋についての考え方を示している。

b　分セキ　解答番号は【12】
① 奇セキが起こる。
② 異物を排セキする。
③ 自セキの念に駆られる。
④ 人工透セキを受ける。

c　変カン　解答番号は【13】
① 欠カンが見つかる。
② 利益をカン元する。
③ 贈り物を交カンする。
④ 証人をカン問する。

d　カ程　解答番号は【14】
① 作物を出カする。
② カ度に反応する。
③ 工場をカ動させる。
④ カ作に選ばれる。

e　タイ化　解答番号は【15】
① 害虫を撃タイする。
② 経済が停タイする。
③ タイ望の春が訪れる。
④ タイ輪の花を咲かせる。

f　方サク　解答番号は【16】
① 湖畔を散サクする。
② 夢と現実が交サクする。
③ サク酸を使用する。
④ 余分な空白をサク除する。

問二　傍線部①「大転換」とありますが、それはどのようなことですか。最も適当なものを次の中から選びなさい。解答番号は【17】
① コペルニクスが天体を地道に研究したことによって、「天動説と地動説」が本当は対立し矛盾する関係にあることを発見し、世に知らしめたということ。
② コペルニクスが提唱した地動説によって比較することの重要性が人々に広く信じられ、二項対立という新たな物事の考え方が生まれたということ。
③ コペルニクスが地動説を提唱したことによって、それまで人類が長く信じてきた聖書に基づく世界観が唯一のものではないと考えるようになったということ。
④ コペルニクスが数理的に立証した地動説が教会の強大な権力を揺るがし、今までの人々の考え方が根底から覆されるようになったということ。

問三　傍線部②「単なる言葉遊びからくる安直な分類に過ぎません」とありますが、それはどのようなことですか。最も適当なものを次の中から選びなさい。解答番号は【18】
① 今の社会における二項対立は言葉によって世界を二つに分類するだけのものであり、事物の特徴に基づいて行われる本質的な分類にはなっていないということ。
② 今の社会には知的エネルギーが投入されたことで多種多様な価値観が生まれたが、複雑であるため、人々にとってわかりやすい形式の二項対立であらわすほかないということ。
③ 今の社会で主流となっている二項対立は一見するとわかりやすいと思われるが、本質的には複雑で難解なものであり、正しい意味で使われていないことが問題であるということ。
④ 今の社会で身近に用いられている二項対立は、本質的には意味をなさない便宜的なものであり、新しいものの見方に気づかせてくれるような本来の二項対立とは異なるということ。

問四　傍線部③「誰かが決めた『勝ち負け』に一喜一憂することが、いかにバカバカしいことかに気付くはずです」とありますが、それはなぜですか。最も適当なものを次の中から選びなさい。解答番号は【19】
① 他人によって定められた見せかけの評価よりも、自分が今どのように感じているかという幸福度の方が、「勝ち負け」の人生においてはるかに重要であるから。
② 幸福であるかどうかは客観的に判断できるものではなく主観的に判断するものであり、独善的に決めた基準だけで測っていくべきであるから。
③ 自分が幸福であるかどうかは自分の価値観に基づいて考えるべきことであり、「勝ち負け」という世間一般の価値基準に振

子的跳躍（quantum leap＝クオンタム・リープ）」と呼ばれます。量子的跳躍というのは物理現象の一つで、量子が一瞬にしてその状態を変えることです。これを人生という d カ程にあてはめれば「非連続的な躍進」ということになるでしょう。

たとえば、はじめて泳げるようになった時のことを思い出してください。最初からすいすい泳げた人は、それほど多くはいないと思います。手足をばたつかせて沈みそうになり、水を飲んだりアップアップしながら、なかなか泳げるようにならない。「自分はカナヅチなのかな」と自信をなくしはじめたある日、ふと気が付くと、⑥ごく自然に体が浮いて苦もなく泳いでいた、という経験を持っているのは、私一人ではないでしょう。

このように、「量子的跳躍」としての成長は一挙にステージが上がるため、誰の目にもわかりやすいものです。

私にとって最初の「量子的跳躍」は、旭硝子を辞めてオックスフォード大学に行ったことで実体験しました。その後も、オックスフォード大学→バッテル研究所→ルノー公団→エア・リキード→ＣＶＡと転身をする人生のプロセスにおいて、そのたびに自分自身にとっての成長を手に入れてこられたように思っています。

一方、日々の勉強や仕事を通じての成長は、量子的跳躍と比べると非常にゆるやかな上昇曲線のため、自分自身で手ごたえを実感できないことが多いものです。自分では成長しているつもりでも、実際にはいつの間にか下降曲線をたどって e タイ化している可能性さえあります。

ところで、下降線をたどらないための歯止めとなる方 f サクがあります。それは「　X　」ということです。これを習慣化すれば日々の成長が実感できるようになり、やる気を高める原動力にもなります。

たとえば、高校に入ってから数学が苦手になってしまった人は、つまずいた時期までさかのぼって、苦手と思うようになった原因を徹底的に探索してみるのです。その原因が見えてきたら、その原因となっているポイントについて、使ってきた教科書や参考書以外の解説書をいろいろ探して入手する。同じポイントの解説でも、習ったのとは違ったアプローチや、わかりやすい記述というものに出会ったところで、それまでの迷いが嘘のように氷解することがあるものです。そうやって、つまずいたところを自力で克服し、基礎的な問題がひととおり解けるようにする。これを続けて、「基礎問題ならとりあえず解ける」状態をキープしていけば、学年でトップにはなれなくても、「普通に数学ができる」レベルにはなれるはずです。

世界史や日本史が苦手な人なら、歴史小説やテレビの歴史番組など、教科書の勉強とはちょっと違った角度からアプローチしてみる。小説やテレビ番組には史実と違う部分もありますが、それをきっかけにして歴史に興味が持てれば、教科書や参考書を読む時に内容が頭に入りやすくなり、そのぶん理解力も向上します。

私自身について言えば、以前は契約書を読みこなすのが苦痛でした。そこで、「面白くない」「好きじゃない」とはっきり自覚したうえで、過酷な労働を課すかのごとく、かなり意識的に契約書を読み込むようにしたところ、今では速読しても要諦《ようてい》を外さないようになりました。

ただし、こうした成果はすぐに得られるものではなく、こつこつと努力を続けていくことが大事です。

（今北純一『自分力を高める』による）

注　※コペルニクス…ポーランドの天文学者、聖職者。
※ケプラー…ドイツの天文学者。
※ニュートン…イングランドの天文学者。
※アインシュタイン…ドイツの理論物理学者。

問一　二重傍線部ａ～ｆと同一の漢字を使うものはどれですか。最も適当なものを後の中からそれぞれ一つ選びなさい。

ａ　所トク　解答番号は【**11**】

①　原因をトク定する。　②　トク点を数える。

③　重トクな病にかかる。　④　犯人を隠トクする。

どちらが正しいか、という問題を超越して、それぞれの陣営からものすごく大きな知的エネルギーが投入されて、歴史に残る成果が生まれます。

　みなさんの周囲を見回すと、「理系と文系」「草食系と肉食系」「勝ち組と負け組」のような二項対立がたくさんあるでしょう。でも、今の社会でもてはやされている二項対立は、②単なる言葉遊びからくる安直な分類に過ぎません。そこからは、「天動説と地動説」が歴史に残したような大変革や新しい価値は、何も生まれません。

　ものごとを単純に二分して論じるやり方は、一見わかりやすそうですが、「わかりやすい」と思われるものには、たいていはウソやごまかしがひそんでいるから気を付けてください。

　たとえば、「勝ち組」と「負け組」を決める基準は、いったいなんなのでしょう。一流大学から一流企業へ入った人が「勝ち組」だというのなら、その「一流」を決める基準とはなんなのか？　年収で勝ち負けが決まるというのなら、いくら以上が「勝ち」なのか？「勝ち」は永久に続くのか？

　大企業に入っても仕事にやりがいを見出せない人がいる一方で、中小企業の中で誇りを持って生き生きと仕事をしている人がいる。年収が少なくても楽しく暮らしている人がいる一方で、何億もの所aトクがあっても不満な人がいる。結局、自分の幸福は他人との比較ではなく、自分自身の判断で決まるものなのです。

　こう考えていくと、③誰かが決めた「勝ち負け」に一喜一憂することが、いかにバカバカしいことかに気付くはずです。

　安直な二項対立がまかり通っているのは、④メディアにも責任の一端があると思います。大衆迎合型のメディアの無責任さは先進国に共通するものですが、特に日本の状況はひどい。本当に大事な話は抜け落ち、三面記事的なニュースや面白おかしく視聴率が取れるような話ばかりがまき散らされています。

　ですから、新聞記事やテレビのニュースを見る時には、まず疑ってかかるようにしましょう。報道内容をうのみにせず、できる範囲でいいから自分で情報を集め、わからないことは調べて、あくまでも自分の頭で分bセキするクセをつけるようにするのです。そうしないと、その時その時の流行に振り回されて、ものごとの本質を見逃してしまいます。

　ニュースに限らずなにごとに対しても、「本当かな？」「それはおかしいんじゃないかな」と、疑ってみることが大事です。固定観念や既成概念を取り払ってものごとを観察し、自分の頭で解釈し、知恵に変cカンしていくことこそが、本当の知性なのです。

　私は、成長というものには二通りの道筋があると思っています。

　一つは、日々の勉強や仕事を続ける中で、徐々に能力が上がっていくことです。連続的にレベルが上がっていくゆるやかな曲線のイメージで、乗り物にたとえれば、自転車で長い距離を走るようなものです。

　自転車といえば、※アインシュタインが興味深い言葉を残しています。

⑤「人生とは自転車に乗るようなものだ。倒れずにバランスをとろうと思ったら、こぎ続けなければならない」

　実際にアインシュタインは、よく自転車をこいでいたそうです。そしてある夜、走っている自転車と止まっている自転車の発している光が同じスピードだということに気付いて、相対性理論を思いついた、というエピソードもあります。

　このエピソードが本当かどうかはわかりませんが、とてもいい話だと思いますし、私の人生観にもぴったりです。

　私は自分の人生において、とにかく自転車をこぎ続けていきたい。暗闇の中を走るような心細さを感じても、しっかりとペダルを踏み込み、ヘッドライトの明かりを照らして、新しい発見を続けていきたいという成長願望を持っています。

　もう一つの成長の道筋は、何か本質的な変化が起こることによって、一気に能力のステージが上がってしまうもので、比喩的に「量

二〇二〇年度　日本大学鶴ヶ丘高等学校

【国　語】（六〇分）〈満点：一〇〇点〉

一　次の各問いに答えなさい。

問一　「肝に（　）じて忘れないようにする。」の空欄に入る漢字を次の中から一つ選びなさい。解答番号は【1】

①　命　②　明　③　盟　④　銘

問二　「人造」と熟語の組み立てが同じものを次の中から一つ選びなさい。解答番号は【2】

①　未明　②　頭痛　③　求人　④　行進

問三　「普通」の類義語を次の中から一つ選びなさい。解答番号は【3】

①　一般　②　単純　③　流通　④　特殊

問四　「重箱読み」にあたるものを次の中から一つ選びなさい。解答番号は【4】

①　包丁　②　料理　③　家庭　④　台所

問五　外来語とその意味の組み合わせとして誤っているものを次の中から一つ選びなさい。解答番号は【5】

①　マクロ―巨視的

②　コミュニティ―意思疎通

③　マジョリティ―多数派

④　モチベーション―動機

問六　「彼の無茶なお願いに閉口した」の「閉口した」の意味を次の中から一つ選びなさい。解答番号は【6】

①　無視をした　②　がっかりした

③　困り果てた　④　悩み抜いた

問七　「選挙で決まる。」の「で」と同じ用法のものを次の中から一つ選びなさい。解答番号は【7】

①　三日で終わらせる。

②　新幹線で大阪に行く。

③　花粉で目がかゆい。

④　このイスは木で作られている。

問八　次の短歌で用いられている表現技法を次の中から一つ選びなさい。解答番号は【8】

金色のちひさき鳥のかたちして銀杏ちるなり夕日の岡に

①　倒置法　②　体言止め

③　掛詞　④　擬人法

問九　次の俳句の季節として正しいものを次の中から一つ選びなさい。解答番号は【9】

流氷や宗谷の門《と》波《なみ》荒れやまず

①　春　②　夏　③　秋　④　冬

問十　島崎藤村の小説を次の中から一つ選びなさい。解答番号は【10】

①　細雪　②　雪国　③　金色夜叉　④　破戒

二　次の文章を読んで、後の問いに答えなさい。

一六世紀前半に※コペルニクスが唱えた地動説は、聖書の天地創造説話に基づく天動説をとっていた教会や思想界に大きな衝撃を与えました。

地動説を数理的に立証して現在の太陽系構造を確立するには、一七世紀の※ケプラーや※ニュートンの登場を待たなければなりませんでしたが、コペルニクスの地動説は、それまで人類が長く信じ込んでいた宇宙観や世界観に、①大転換をもたらしたのです。

この「天動説と地動説」のように、二つの概念が対立や矛盾の関係にあることを、「二項対立」といいます。「精神と肉体」「主観と客観」なども二項対立です。

二項対立は、ものごとを単純化してとらえるには便利なやり方です。また、「天動説と地動説」のようにスケールが大きな対立では、

2020年度／日本大学鶴ヶ丘高等学校

英語解答

1 【1】 ①　【2】 ①　【3】 ③
【4】 ③　【5】 ④　【6】 ③

2 【7】 ③　【8】 ④　【9】 ③
【10】 ①　【11】 ④　【12】 ③

3 イ　【13】…④　【14】…①
ロ　【15】…①　【16】…③
ハ　【17】…②　【18】…⑥
ニ　【19】…④　【20】…⑥
ホ　【21】…④　【22】…⑤
ヘ　【23】…①　【24】…③

4 【25】 ②　【26】 ⑥　【27】 ③
【28】 ⑦　【29】 ①　【30】 ⑤
【31】 ④

5 【32】 ②　【33】 ②　【34】 ①
【35】 ①　【36】 ①　【37】 ①
【38】 ②　【39】 ②　【40】 ①
【41】 ①

6 【42】 ④　【43】 ④　【44】 ③
【45】 ②　【46】 ③

1〔放送問題〕解説省略

2〔適語(句)・適文選択〕

【7】「毎日」という場合はevery dayと2語で表す。everydayは「毎日の」という意味の形容詞。「私は毎日たいてい6時に起きる」

【8】thingsは‘数えられる名詞’なので，「たくさんの」はmanyで表す。複数形に対応するbe動詞として，areが適切。　「高校を卒業する前にあなたが学ぶべきことはたくさんある」

【9】A：次の週末予定はある？　マイクと浜辺に行くんだ。／B：残念ながら，予定があると思う。申し訳ないけど，一緒に行けないな。∥空所の直後で「申し訳ない」と謝っているので，I'm afraid ～「残念ながら～」が適切。so「そう」は予定があることを指している。

【10】‘make＋人＋動詞の原形’で「〈人〉に～させる」。　「ガブリエルは毎週，娘にバレエを練習させたが，2人ともダンスにはあまり興味が持てなかった」

【11】‘the second＋形容詞の最上級’で「2番目に～」を表せる。　「カナダはロシアに次いで2番目に大きな国だ」

【12】willの後にくる動詞は原形。疑問文なので，willが主語の前にきている。　「彼は明日，授業があるだろうか？」

3〔整序結合〕

イ．「なんて～だろう！」は‘How＋形容詞〔副詞〕＋主語＋動詞…!’で表せる。　How tall that tennis player is!

ロ．「～の準備をする」はprepare for ～。「誰も来ないうちに」は「誰かが来る前に」と考えて，before anybody comesと表す。　Let's prepare for the party before anybody comes.

ハ．Students may visit his office「生徒は彼のオフィスを訪れることができます」が文の骨組み。‘need to＋動詞の原形’で「～する必要がある」。「Edwards教授に会う必要がある」は現在分詞の形容詞的用法を用いてneeding to see Professor Edwardsとまとめ，Studentsの後に置いてこれを修飾する形にする。　Students needing to see Professor Edwards may visit his office at King's College.

ニ．The woman is Candy「婦人がCandyだ」が文の骨組み。「私が滞在しているアパートの持ち主(貸主)の」の部分は，まずI am staying in「私が滞在している」というまとまりをつくる。このまとまりとThe womanをつなげる語句として，「～の」という‘所有’の意味を持つ関係代名詞を用いたwhose apartment「(彼女の)アパート」を間に置けばよい。 The woman whose apartment I am staying in is Candy.

ホ.「～してくださいませんか？」はWould you mind ～ing?,「〈人〉の～を手伝う」は‘help＋人＋with ～’で表せる。 Would you mind helping me with my homework?

へ.‘It is ～ for … to ―’「…が〔…にとって〕―するのは～だ」の形で表す。 It is difficult for me to forgive him in just a day.

4〔対話文完成―適語句選択〕

≪全訳≫❶A：こんにちは，ウィンストンさん。入ってもよろしいでしょうか？❷B：もちろんだよ，ナツキ。ここに座って，かばんをそこに置いて。❸A：ありがとうございます，座ると楽ですね。足が棒のようです。❹B：それで，今日の午後のご用件は何かな？❺A：えーっと，どこから始めればよいか全くわかりませんが，海外の大学へ行くことを考えているんです。❻B：なるほど…それは大きな一歩だね。特にこの国というのは決めたの？❼A：まだ本当に具体的な考えではないんですが，アメリカかオーストラリアを考えています。❽B：私はオーストラリアよりアメリカの方がよく知っているから，そちらから始めようか。君はなぜ留学したいの？❾A：私の姉がアーカンサス州の大学へ行ったのはご存じですよね？ 彼女の歩んだ道を歩みたいっていう感じです。❿B：ああ，なるほど。じゃあ，君も地方の大学を探しているのかな？⓫A：とんでもない！ 私は生粋の都会っ子です。ニューヨーク大学かUCLAを考えていました。⓬B：そうか，君のお姉さんの大学とは調子が違うだろうね。でも，それらの大学は入るのが少し難しいし，お金もすごくかかるよ。⓭A：大丈夫です，私がどこへ行っても両親が半分出すと約束してくれましたし，もう半分については…とにかくアルバイトを見つけます。⓮B：そういうことなら，わかった。無理はしないようにね。

【25】itの内容にあたる語がその前に示されていないことから，‘it ～ to＋動詞の原形’「…するのは～だ」の形だと判断できる。 take a load off「座る，くつろぐ」 【26】主語のIに続くので，動詞がくる。第8段落でBが「そちらから始めようか」と提案しているので，Aは「どこから始めればよいかわからない」と言ったのだと推測できる。 【27】前にI don'tがあることから，動詞の原形がくる。2つのどちらかにしようと考えている，という内容が続くことから，まだ具体的な考えはないけれど，という流れになる③が適する。 concrete「具体的な，明確な」 【28】want toに続く部分なので，動詞の原形がくる。直前の文で姉のことを話題にし，Bも姉と同じような進路に進むのかと尋ねている。 follow in ～'s footsteps「～の歩んだ道を歩む，～の先例にならう」

【29】空所の語句がなくても文が成立しているので，単独で修飾語となる語句が入る。through and throughで「全く，すっかり」。 【30】be off the scaleで「計り知れない，途方もない」。BはAが希望する大学の学費が高いことを心配しているのである。 【31】you don'tの後なので，動詞の原形がくる。最後にBがAにするアドバイスとして，「無理はするな」となる④が適切。 bite off more than you can chew「無理をする，背のびする」

5〔長文読解―内容真偽―物語〕

≪全訳≫❶アメリカ南部のインディアンは，謎めいた人々だ。彼らは他の部族以上に，その国の他の部分から離れた所にいる。ナバホ族，ユート族，パイユート族は現在も，独自の法，慣習，伝説を持つ，別個の民族なのだ。❷私は彼らの周りで育った。1923年にニューメキシコ州のナバホ地域に接した所で生まれた私は，彼らのひっそりとした秘密の風習に敬意を抱くようになった。父は約500頭の牛と，少なくともその倍の羊を飼う牧場主だった。私たちは牧場で家畜の世話をし，それらを育て，時がきたらステーキ用に食肉処理をしたり毛を刈ったりする牛飼いや羊飼いとして，ナバホ人を何人か雇っていた。私が話そうとしている話は，私がこの世に生まれて90年を超す間，誰にも話したことがないものだ。いまだに，それを考えるだけでも恐ろしい。❸若い頃，母が病気になり，死の間際だった。彼女は血を吐く病気で，ベッドから出ることもできなかった。父は地元の医者を呼んだが，彼は彼女を助けることができず，父は母を300マイル離れたアルバカーキへ車で連れていき，専門医に診せた。２週間の検査の後，大都市の医者たちも，彼女のどこが悪いのか説明できず，おそらく１か月以内に死ぬだろうと言った。父は悲しみに打ちひしがれて，ほとんど望みも持たない状態で帰宅した。❹私たちが母のベッドの周りに座り，どうするべきかと考えていると，ナバホ人の牛飼いの１人が入ってきて，父と話をさせてくれと頼んだ。彼は父に，自分の部族には母を助けられるかもしれない強力な薬があり，もし望むなら，部族の治療師に会いに母を連れていくことができると言った。❺私たちはこの人たちの力について多くの話を聞いていたが，また他のことも聞いていた――その薬とは魔法のことで，人の性格を変えてしまうかもしれず，治療師とは実はスキンウォーカーだというのだ。スキンウォーカーとは，自分の姿形を変えて別の人物や動物にさえ変身することのできる，魔法の生き物だ。私たちは怖かったが，母を救わなければならなかったので，その女まじない師に会いに行くことにした。❻その晩，私たちはみんなで父のフォードの小型トラックに乗り込み，ナバホ人の土地へと車を走らせた。その晩はとても暗く，月も出ておらず，私たちを案内してくれたのは星の光だけだった。運転中，突然，父が急ハンドルを切り，私はトラックの横に何かがぶつかったのを感じた。父はオオカミをはねたと言い，まだ生きているかどうか確かめるため外に出た。彼はオオカミをひき殺してしまったと思っていたが，捜そうとしても，オオカミはそこにはいなかった。❼私たちは女まじない師の家へ向かった。彼女は母を見ると，低い声で歌い始め，変わった植物を母の胸の上に置いた。私たちはそこを離れ，家に戻った。奇跡が起きた。母は回復し，完全に健康な状態でさらに45年生きた。❽そのときのことで一番覚えているのは，母が治療してもらっていたことではなく，もの静かな男が治療師の家の隅に座っていたことだ。痩せた男で，血まみれで足を骨折していた。誰も彼に話しかけず，彼を見ることさえしなかったが，彼は憎しみを込めた目でじっと父を見ていた。その目は人間の目ではなく，動物のように黄色くて長かった。私はその瞬間，この男が誰なのかがわかった。父がトラックでひいてしまったオオカミだ。私がスキンウォーカーに会ったのはこれが初めてだったが，これが最後にはならなかった。

【32】「この話の舞台はインドだ」…×　第１，２段落参照。インドではなくアメリカ南部である。

【33】「この話をしている男性は，インディアンの部族の１人だ」…×　第２段落第１，２文参照。

【34】「男性の父親は，1,000頭を超す家畜を飼っていた」…○　第２段落第３文に一致する。

【35】「母親は多くの医者にはわからない病気だった」…○　第３段落最後から２文目に一致する。

【36】「男性の父親のもとで働いていた人たちのうちの１人が，父親の手助けをすることを申し出た」…○　第４段落に一致する。　【37】「スキンウォーカーは，鳥を含む多くの形態に変化できる」…○　第５段落第２文に一致する。　【38】「男性の父親は，治療師に会いに車を走らせているとき，オオカミをひき殺した」…×　父親がはねたオオカミが死んだかどうかは，この文章からは読み取れない。　【39】「男性の母親を治療した男は，歌と植物を使って治療を行った」…×　第７段落第２文参照。治療師は女性だった。　【40】「母親が治療を受けていた部屋にいたもの静かな男は，スキンウォーカーだった」…○　最終段落に一致する。　【41】「男性は複数回，スキンウォーカーを見

たことがある」…○　最終段落最終文に一致する。

6〔長文読解総合―説明文〕

≪全訳≫❶「ローマにいるときはローマ人のするようにせよ」ということわざがあるが，本当はどういう意味なのかわかるだろうか。昔――ざっと２千年前――ローマは西洋世界で最強の都市だった。田舎の人々がローマへ旅行するとき，彼らはローマ人がするようなことをしなければならなかった。彼らはローマ式の食事をし，ローマ人のアクセントで話し，ローマ人がするように入浴さえした。これが礼儀正しく，やるべき正しいことだと考えられていた。今日，私たちは今でも，訪れる国の慣習を採用するというこのルールに従っている。❷もし，私たちが日本人としてローマ時代に戻ったら，ローマ人の入浴習慣をどれほど快適だと思うだろうか。まあ，いくつかのことは，私たちにはなじみがあるだろう。風呂は公共のもので，男湯と女湯があり，お湯につかる前に体を洗う必要があった。しかし，あまりなじみのないこともあるだろう。❸ローマ人は風呂を体育館，そして仕事の会議の場の両方として使った。男性はときどきそこへ行き，１日中いたものだ。彼らは運動から――レスリング，ウエイトリフティング，そしてまるでヨガのようなものから始めた。これらは全て裸で行われた。❹彼らはそれから，リラックスするために浴槽へ行った。私たちとは違い，ローマ人は体をきれいにするのにシャワーを使わず，代わりにオリーブオイルを体に塗り，奴隷に，ストリギル(あか擦り器)と呼ばれる曲がった棒を使ってオイルと汚れを落とさせた。それから彼らはお湯につかり，その日の仕事を始めた。❺最良の風呂は，上流階級のビジネスマンや政治家たちのために予約され，彼らは風呂で仕事のほとんどを行った。下の階級の人たちも風呂を楽しんだが，彼らにとって，それはずっとつつましいものだった。下の階級の風呂では仕事はめったに行われず，客は忙しい生活から離れて湯を楽しむのに約１時間しか割くことができなかった。❻外国人は風呂のルールに従わないので，ローマ人たちは不満に思うことがよくあった。入浴の前に体にオイルを使うのを忘れる者やお湯で体を洗い流すだけの者も，さらには，オイルをつけたままで湯につかる者もいた。大声で話すことや，誰かが仕事をするのをじゃますることも，大変な社会的過ちだと考えられていた。とはいえ，ローマ人にとって何よりも最悪なのは，運動するときに服を着ている外国人だった。❼君がその場にいたら，自分は過ちを犯すと思うだろうか。もしそうなら，日本にいるかわいそうな外国人のことを考えてみよう。湯船につかる前にシャワーを浴びることを知らない男性や，水着を着て温泉に来る女性などだ。あなたと同じように，彼らはただどうすればいいかわからないだけなのだ。

【42】＜内容一致＞「『ローマにいるときはローマ人のするようにせよ』とは，あなたは(　　)べきだという意味だ」―④「あなたがいる国のルールに従う」　第１段落第３～５文参照。

【43】＜英問英答＞「次のローマ人の入浴習慣のうち，記事で述べられていないのはどれか」―④「風呂に入るのにお金を払う」　①，③は第２段落第２文，②は第４段落第２文に記述がある。

【44】＜内容一致＞「ストリギルは(　　)だった」―③「棒」　第４段落第２文参照。

【45】＜英問英答＞「ローマ人が，外国人が風呂でするのを最も嫌ったことは何か」―②「服を着たまま運動すること」　第６段落最終文参照。

【46】＜内容一致＞「このスピーチをしている人はたぶん(　　)だろう」―③「日本人」　第２段落第１文参照。

2020年度／日本大学鶴ヶ丘高等学校

数学解答

1 (1) 【1】…1　【2】…5　(2)　3
(3) 【4】…1　【5】…2　【6】…7
(4) 【7】…1　【8】…8
(5) 【9】…2　【10】…3
(6) 【11】…2　【12】…9

2 (1) 【13】…2　【14】…8　(2)　8
(3) 【16】…4　【17】…2

3 (1) 【18】…2　【19】…4　【20】…7
(2) 【21】…3　【22】…9　【23】…3
【24】…4

4 (1) 【25】…5　【26】…1　(2)　9
(3) 【28】…2　【29】…3
(4) 【30】…9　【31】…6

1 〔独立小問集合題〕

(1)＜数の計算＞求める分数の値を x とすると，$(-0.75)^2\div x\times\left(\frac{2}{3}\right)^3+\frac{1}{6}=1$，$\left(-\frac{3}{4}\right)^2\times\frac{1}{x}\times\frac{8}{27}+\frac{1}{6}=1$，$\frac{9}{16}\times\frac{1}{x}\times\frac{8}{27}+\frac{1}{6}=1$，$\frac{1}{6x}+\frac{1}{6}=1$，$\frac{1}{6x}=\frac{5}{6}$となり，逆数をとって，$6x=\frac{6}{5}$，$x=\frac{1}{5}$である。

(2)＜式の値＞与式$=x^2+6xy+9y^2+y^2+2y+1=(x+3y)^2+(y+1)^2$である。$x+3y=(4-3\sqrt{2})+3(\sqrt{2}-1)=4-3\sqrt{2}+3\sqrt{2}-3=1$，$y+1=\sqrt{2}-1+1=\sqrt{2}$だから，与式$=1^2+(\sqrt{2})^2=1+2=3$となる。

(3)＜図形―角度＞右図のように，6点A～Fを定め，直線AEと直線BCの交点をPとする。△ABPで内角と外角の関係より，∠APB＝∠FAB－∠ABP＝143°－120°＝23°となる。四角形EPCDで外角の和は360°だから，∠x＝360°－(23°＋92°＋118°)＝360°－233°＝127°である。

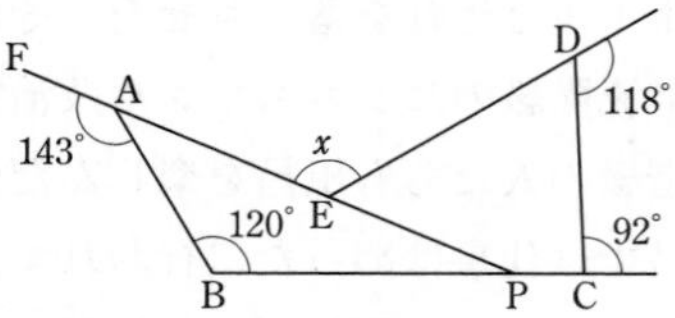

(4)＜一次方程式の応用＞クラブの人数を x 人とする。バスを借りるのに1人4000円ずつ集めると3000円余るから，バスを借りる代金は$4000x-3000$円と表せる。また，1人3600円ずつ集めると4200円不足するから，バスを借りる代金は$3600x+4200$円とも表せる。よって，$4000x-3000=3600x+4200$が成り立つ。これを解くと，$400x=7200$　$\therefore x=18$　したがって，クラブの人数は18人である。

(5)＜文字式の利用―濃度＞5%の食塩水 xg に含まれる食塩の量は$x\times\frac{5}{100}=\frac{1}{20}x$(g)，15%の食塩水 yg に含まれる食塩の量は$y\times\frac{15}{100}=\frac{3}{20}y$(g)だから，2つの食塩水を混ぜてできる食塩水に含まれる食塩の量は$\frac{1}{20}x+\frac{3}{20}y$gと表せる。また，食塩水の量は$x+y$gとなる。この食塩水の濃度が11%だから，含まれる食塩の量について，$\frac{1}{20}x+\frac{3}{20}y=(x+y)\times\frac{11}{100}$が成り立つ。これを y について解くと，$5x+15y=11(x+y)$，$5x+15y=11x+11y$，$4y=6x$，$y=\frac{3}{2}x$となるので，$x:y=x:\frac{3}{2}x=2:3$である。

(6)＜確率―さいころ＞さいころの目の出方は6通りあるから，大小2個のさいころを同時に投げるときの目の出方は全部で6×6＝36(通り)あり，a，bの組は36通りある。このうち，$\sqrt{ab}$が整数になるのはabが整数の2乗になるとき，つまり$ab=1$，4，9，16，25，36になるときで，$(a,\ b)=(1,\ 1)$，$(1,\ 4)$，$(2,\ 2)$，$(3,\ 3)$，$(4,\ 1)$，$(4,\ 4)$，$(5,\ 5)$，$(6,\ 6)$の8通りある。よって，求める確率は$\frac{8}{36}=\frac{2}{9}$である。

2 〔関数―関数 $y=ax^2$ と直線〕

≪基本方針の決定≫(3)　OB∥PQとなる。

(1)＜直線の式＞右図で，2点A，Bは関数 $y=x^2$ のグラフ上にあり，x 座標がそれぞれ4，−2だから，$y=4^2=16$，$y=(-2)^2=4$ より，A(4, 16)，B(−2, 4)である。よって，直線ABの傾きは $\frac{16-4}{4-(-2)}=2$ だから，その式は $y=2x+b$ とおける。この直線が点Aを通るから，$16=2\times4+b$，$b=8$ となり，直線ABの式は $y=2x+8$ である。

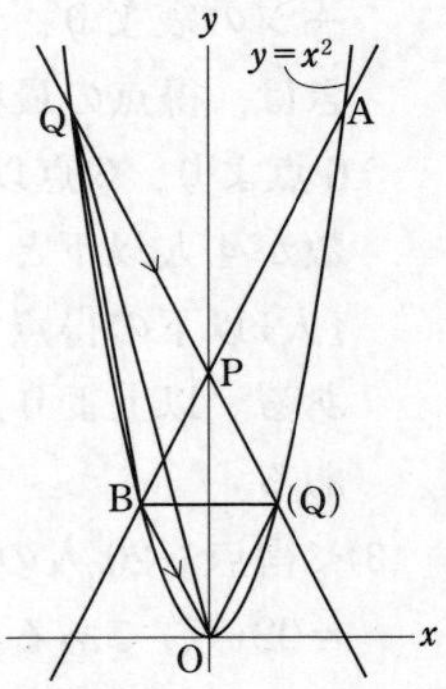

(2)＜面積＞右図で，(1)より，直線ABの切片が8だから，P(0, 8)であり，OP＝8である。また，点Bの x 座標は−2なので，辺OPを底辺としたときの△OPBの高さは2となる。よって，$\triangle OPB=\frac{1}{2}\times8\times2=8$ である。

(3)＜面積＞右図で，△OPB，△OQBの底辺をOBと見ると，△OPB＝△OQBより，この2つの三角形の高さは等しくなる。よって，OB∥PQとなる。B(−2, 4)より，直線OBの傾きは $\frac{0-4}{0-(-2)}=-2$ だから，直線PQの傾きは−2である。P(0, 8)より切片は8だから，直線PQの式は $y=-2x+8$ である。よって，点Qは関数 $y=x^2$ のグラフと直線 $y=-2x+8$ の交点だから，$x^2=-2x+8$ より，$x^2+2x-8=0$，$(x+4)(x-2)=0$　$\therefore x=-4,\ 2$　したがって，点Qの x 座標は−4と2である。

3 〔平面図形―円と三角形〕

≪基本方針の決定≫(1)　相似な三角形をつくる。　(2)　おうぎ形の面積から三角形の面積をひいて求められる。

(1)＜長さ―相似＞右図1で，点Aと点D，点Bと点Cをそれぞれ結ぶ。$\overset{\frown}{BD}$ に対する円周角より，∠DAP＝∠BCPであり，対頂角より，∠APD＝∠CPBだから，△ADP∽△CBPである。相似な図形の対応する辺の比は等しいので，PD：PB＝PA：PCとなる。PA＝1＋3＝4，PB＝3−1＝2だから，PD：2＝4：$\frac{7}{3}$ が成り立ち，$\frac{7}{3}$PD＝2×4より，PD＝$\frac{24}{7}$ となる。

図1

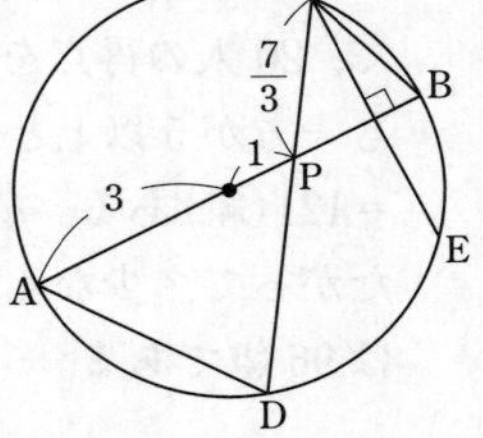

(2)＜面積―三平方の定理＞右下図2で，点Oと点C，点Eをそれぞれ結ぶと，斜線部分の面積は，おうぎ形OCEの面積から△OCEの面積をひいて求められる。直径ABと弦CEの交点をHとする。OB⊥CEより，$CH=EH=\frac{1}{2}CE=\frac{1}{2}\times3\sqrt{3}=\frac{3\sqrt{3}}{2}$ である。△OCHで三平方の定理を用いると，$OH=\sqrt{OC^2-CH^2}=\sqrt{3^2-\left(\frac{3\sqrt{3}}{2}\right)^2}=\sqrt{\frac{9}{4}}=\frac{3}{2}$ となる。よって，△OCHは3辺の比が $OH:OC:CH=\frac{3}{2}:3:\frac{3\sqrt{3}}{2}=1:2:\sqrt{3}$ となるから，∠COH＝60°である。∠EOH＝∠COH＝60°より，∠COE＝2∠COH＝2×60°＝120°となる。したがって，斜線部分の面積は，〔おうぎ形OCE〕−△OCE＝$\pi\times3^2\times\frac{120^\circ}{360^\circ}-\frac{1}{2}\times3\sqrt{3}\times\frac{3}{2}=3\pi-\frac{9\sqrt{3}}{4}$ である。

図2

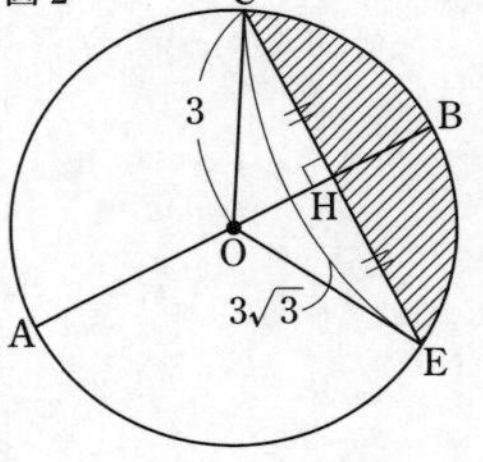

4 〔資料の活用〕

(1)＜平均値＞A，B以外の18人の得点をまとめると次ページの表のようになる。A，Bを除く18人の得点の合計は，1×1＋2×2＋3×2＋4×3＋5×3＋6×4＋7×1＋8×1＋10×1＝87(点)である。よって，$a=8$，$b=7$ のとき，20人の得点の合計は87＋8＋7＝102(点)だから，得点の平均値は102÷20＝5.1(点)である。

(2)＜得点の組＞最頻値が6点となるので，6点の人数が一番多くなるような a，b の組を考える。次ページの表より，18 人の得点は，6 点が 4 人で一番多いので，$a=b=6$ のときは，得点の最頻値は 6 点となる。a，b が 6 でないとき，得点の最頻値が 6 点より，6 点以外の得点の人数は全て 4 人以下となる。A，B を加えて人数が 4 人以下となるので，このようになる得点は，右表で人数が $4-2=2$ (人)以下の得点であり，0 点，1 点，2 点，3 点，7 点，8 点，9 点，10 点である。以上より，a，b の組は，$a=b=0$，1，2，3，6，7，8，9，10 の 9 組ある。

得点(点)	人数(人)
0	0
1	1
2	2
3	2
4	3
5	3
6	4
7	1
8	1
9	0
10	1
合計	18

(3)＜得点＞20 人の得点の平均値が 4.6 点より，20 人の得点の合計は $4.6\times20=92$(点)である。よって，(1)より，$a+b+87=92$ が成り立ち，$a+b=5$ となる。中央値が 4.5 点より，20 人の得点を小さい順に並べたときの 10 番目と 11 番目の平均が 4.5 点となる。4 点，5 点がいるので，10 番目が 4 点，11 番目が 5 点である。これより，20 人のうち，4 点以下は 10 人である。上表より，A，B 以外の 18 人の中で 4 点以下は $0+1+2+2+3=8$(人)だから，a，b はともに 4 以下となる。$a\leqq b\leqq4$，$a+b=5$ より，a，b の組は，$(a,\ b)=(1,\ 4)$，$(2,\ 3)$ が考えられる。$(a,\ b)=(1,\ 4)$ のとき，4 点と 6 点がともに 4 人となるから，最頻値は 6 点だけにならない。$(a,\ b)=(2,\ 3)$ のとき，最頻値は 6 点だけである。したがって，$a=2$，$b=3$ である。

(4)＜得点の組＞20 人の得点の中央値が 5 点より，20 人の得点を小さい順に並べたときの，10 番目と 11 番目の平均が 5 点となる。これより，10 番目と 11 番目の得点はともに 5 点である。(3)より，A，B を除く 18 人の中で，4 点以下が 8 人であり，右上表より，5 点以下は $8+3=11$(人)である。よって，20 人の得点を小さい順に並べたときに 10 番目，11 番目がともに 5 点となる a，b は，少なくとも一方が 5 以上となる。a，b のとりうる値はそれぞれ 11 通りあるから，a，b の組は全部で $11\times11=121$(組)ある。a，b がともに 4 以下となるときは，それぞれ 5 通りより，$5\times5=25$(組)ある。したがって，少なくとも一方が 5 以上となる a，b の組は $121-25=96$(組)となり，求める a，b の組は 96 組である。

2020年度／日本大学鶴ヶ丘高等学校

国語解答

一　問一　④　問二　②　問三　①
問四　④　問五　②　問六　③
問七　②　問八　①　問九　①
問十　④

二　問一　a…②　b…④　c…③　d…②
e…①　f…①
問二　③　問三　④　問四　③
問五　③　問六　①　問七　④
問八　③　問九　③

三　問一　a…②　b…①　問二　①
問三　③　問四　②　問五　④
問六　①　問七　②　問八　④
問九　②　問十　①　問十一　③

四　問一　a…①　b…②　c…④　d…③
e…④
問二　②　問三　①　問四　③
問五　④　問六　①

一〔国語の知識〕

問一＜慣用句＞「肝に銘じる」は，心に刻みつけて忘れない，という意味。

問二＜熟語の構成＞「人造」と「頭痛」は，上の漢字と下の漢字が主語述語の関係である熟語。「未明」は，上の漢字が下の漢字を打ち消している熟語。「求人」は，下の漢字が上の漢字の目的語となっている熟語。「行進」は，上の漢字と下の漢字が似た意味の関係の熟語。

問三＜語句＞「普通」は，特に変わっていなくて，ごくありふれていること。「一般」は，ありふれていて当たり前であること。

問四＜漢字＞「重箱読み」とは，上の漢字を音読み，下の漢字を訓読みにする熟語の読み方。「台所」は「ダイどころ」で重箱読み。その他は，上の漢字も下の漢字も音読み。

問五＜語句＞「コミュニティ」は，共同社会，共同体のこと。

問六＜語句＞「閉口する」は，手に負えなくて困る，という意味。

問七＜品詞＞「選挙で決まる」と「新幹線で大阪に行く」の「で」は，いずれも方法手段を表す格助詞。「三日で終わらせる」の「で」は，期限を表す格助詞。「花粉で目がかゆい」の「で」は，原因を表す格助詞。「木で作られている」の「で」は，材料原料を表す格助詞。

問八＜短歌の技法＞第四句「銀杏ちるなり」と，結句「夕日の岡に」が，倒置になっている。

問九＜俳句の技法＞「流氷」は，春の季語。

問十＜文学史＞『破戒』は，島崎藤村の小説。『細雪』は，谷崎潤一郎の小説。『雪国』は，川端康成の小説。『金色夜叉』は，尾崎紅葉の小説。

二〔論説文の読解―哲学的分野―哲学〕出典；今北純一『自分力を高める』。

≪本文の概要≫二つの概念が対立や矛盾の関係にあることを，「二項対立」という。今の社会でもてはやされている二項対立は，単なる言葉遊びからくる安直な分類で，一見わかりやすそうだが，うそやごまかしが潜んでおり，「天動説と地動説」のような歴史に残る大変革や新しい価値観を生むことはない。大衆迎合型のメディアが無責任にまき散らす報道内容をうのみにせず，自分で情報を集め，分析する癖をつけなければ，その時々の流行に振り回されて，物事の本質を見逃してしまう。何事においても，固定観念や既成概念を取り払って観察し，自分の頭で解釈し，知恵に変換していくことが本当の知性である。成長には，徐々に連続的にレベルが上がっていく道筋と，本質的な変化が起こることによって一気に能力のステージが上がる非連続的な躍進との二種類がある。躍進としての成長は，一気にステージが上がるので誰の目にもわかりやすいが，日々の緩やかな成長は，自分自身で手応えを実感しにくく，成長しているつもりでも実際は下降曲線をたどっていることもある。苦手を意識的に克服することが下降線の歯止めになり，日々の成長の実感とやる気を高める原動力にもなる。

問一＜漢字＞a．「所得」と書く。①は「特定」，③は「重篤」，④は「隠匿」。　b．「分析」と書く。①は「奇跡」，②は「排斥」，③は「自責」。　c．「変換」と書く。①は「欠陥」，②は「還元」，④は「喚問」。　d．「過程」と書く。①は「出荷」，③は「稼動」，④は「佳作」。　e．「退化」と書く。②は「停滞」，③は「待望」，④は「大輪」。　f．「方策」と書く。②は「交錯」，③は「酢酸」，④は「削除」。

問二＜文章内容＞「コペルニクスの地動説」は，「聖書の天地創造説話に基づく天動説」という「それまで人類が長く信じ込んでいた宇宙観や世界観」に，大きな衝撃を与えた。

問三＜文章内容＞「今の社会でもてはやされている二項対立」は，「大衆迎合型のメディア」が無責任にまき散らしたものが多く，「大変革や新しい価値」などの「歴史に残る成果」を何も生み出さない，「ものごとの本質を見逃」させるものである。

問四＜文章内容＞「自分の幸福は他人との比較ではなく，自分自身の判断で決まるもの」なので，他人が決めた，明確でもない「『勝ち組』と『負け組』を決める基準」によって，喜んだり悲しんだりする必要はない。だから，それに振り回されるのは，「バカバカしい」のである。

問五＜文章内容＞「大衆迎合型のメディア」は，「三面記事的なニュースや面白おかしく視聴率が取れるような話ばかり」を，「その時その時の流行」で無責任にまき散らし，「ものごとの本質を見逃してしま」う単純な二項対立で大衆が物事をとらえる性質の基盤をつくってきたので，「安直な二項対立がまかり通っている」ことには，メディアにも責任があるのである。

問六＜文章内容＞「成長というもの」のあり方の一つの道筋として，「日々の勉強や仕事を続ける中で，徐々に能力が上がっていくこと」という抽象的でわかりにくい内容を，「私」は，「自転車で長い距離を走るようなもの」という具体的なイメージで説明してわかりやすくした。そこへ，さらに，自転車はこぎ続けなければ倒れるというアインシュタインの人生訓を引用して，日々たゆまず勉強や仕事を続けなければ成長はないという考えに，説得力を持たせている。

問七＜文章内容＞「何か本質的な変化」が起きて「一挙にステージが上がる」という特徴を持つ「量子的跳躍」を「はじめて泳げるようになった時」を例に説明すると，ある瞬間を境に急に泳ぎ方がわかって泳げるようになった，ということになる。

問八＜文章内容＞「下降線をたどらないための歯止めとなる方策」として，「数学が苦手」な人は「つまずいた時期までさかのぼって，苦手と思うようになった原因を徹底的に探索してみる」こと，「世界史や日本史が苦手な人」は「教科書の勉強とはちょっと違った角度からアプローチしてみる」こと，「契約書を読みこなすのが苦痛」だった「私」が「かなり意識的に契約書を読み込むようにした」ことなど，苦手を意識的に克服する例が挙げられている。

問九＜要旨＞前半では，自分で情報を集めて分析する癖をつけ，何事においても固定観念や既成概念を取り払って観察し，自分の頭で解釈し，知恵に変換していくことで，物事の本質をとらえていくことの大切さが述べられ，後半では，アインシュタインの言葉を引用して，徐々に連続的に緩やかにレベルが上がっていく道筋と，本質的な変化が起こることによって一気に能力のステージが上がる非連続的な躍進という，成長の道筋の二通りのあり方が説明されている。

三〔小説の読解〕出典；島本理生『きよしこの夜』。

問一＜語句＞a．「屈託ない」は，心配事がなくさっぱりした様子。　b．「さばさば」は，物事にこだわらずあっさりした様子。

問二＜文章内容＞いきなり訪ねてきて「真希先輩に，お線香をあげ」たいと言う豊島と名乗った女の人を，望は，家の中に招き入れたものの，彼女がどういう人なのかわからず，「こめかみを流れる汗」を拭くことも忘れて，「力が抜けたように仏壇の前に座り込」み，「目を大きく開いて，遺影に見入」る彼女の横顔を，関心を持って見つめた。

問三＜心情＞親しかったわけでもないのに，自殺の話を聞いたときに「頭の中が真っ白に」なったなどという言い方を「おこがましいと」思うと言う豊島さんの言葉を，望は，首を横に振って，そんなことはないと否定する心遣いを見せながら，「こんなに想ってくれている人がいたのに」自殺なんかした「お姉ちゃんはなんてもったいないことをしたのだろう」と，「強烈に悔やむ気持ちでいっぱいに」なった。

問四＜心情＞多枝ちゃんは，祖母の介護などで「がんばってる子」のために「少しでも役に立ちたい」という武田君の思いを，「色々分かってて大事に」しつつも，自分も「武田君のことが好き」だった。だから彼女は，「なに一つ変えようとしないで，見守り続け」ているだけの自分を情けなく思い，「アホだよね」とため息をついて自嘲気味に笑った。「アホだよね」は，「少女漫画みたい」な武田君のことを言いながら，多枝ちゃんが自分自身のことを言った言葉でもある。

問五＜心情＞「クリスマスぐらい息抜きしない？」という「ひさしぶりの遊びの誘いに心がはしゃいで」クラスの集まりに参加した望は，受験と卒業間近の高揚感が生む「今を楽しもうという連帯感」の中で，「みんなで競い合うように食べながら，ちょっとした冗談にも笑い転げ」るようにむやみにはしゃいだが，笑いながらも，ふと気を緩めると，受験と卒業という現実が迫ってきて，不安のあまり「泣きそう」になったのである。

問六＜心情＞「武田君とは，多枝ちゃんを挟んで，また少しずつ喋るようになった」のだが，「多枝ちゃん」もいなくて，二人きりになってしまうと，お互いやはりどこかぎこちなくなり，目を合わせられなかったのである。

問七＜文章内容＞クリスマスを彼女と過ごせない武田君が「ちょっとだけ淋しそう」に笑い，彼女のことを「むこうはすごい家族仲が良くて，俺は正直，入り込めないな，て思うときがある」と語る。望は，それに何と返事をしてよいかわからず，言葉が出なかったが，そこで「困って」何となく周りを見回すと，非常階段を示す緑色のサインを見つけたので，非常階段から下りようと武田君に声をかけた。

問八＜心情＞高い所が苦手な自分に優しく接してくれる望に，武田君は，「いつも俺，かっこ悪いところばかり見せてた」のに，「前埜さんは，優しいね」と言った。武田君は，望になら，母親の病気のことなど誰にも言えない悩みを打ち明けられそうに思いながらも，望に「武田君，なにかあった？」ときかれるまで，自分からは言えずに，打ち明けたい気持ちを抑え込もうとしていたのである。

問九＜心情＞母親が手術するほどの病気になるまで無理してきたのは，「俺のせい」で母親が「新しい家庭で安心して幸せになれなかった」からだ，と自分を責めている武田君に，かける慰めの言葉がない望は，「言葉をなくし」て，武田君の前にしゃがみ込んだ姿勢のままでいた。

問十＜心情＞母親の病気は「俺のせい」だと自分を責める武田君を抱き寄せ，「武田君のせいじゃないよ」と言ったとき，望は，自分自身も姉の自殺について，「私がバイトに誘わなければ。面接に行かなければ。そのせいで，お姉ちゃんは死んだ」と「ずっと自分を責めて，誰にも言えなかった」ことに気づいた。その気づきの瞬間が，「胸の中で，真っ白な光が散った」と表現されている。

問十一＜文章内容＞姉の自殺は自分のせいだと「自分を責めて」いた望は，本当は，望のせいではないと「誰かに言って欲しかった」のである。その思いを「誰にも言えなかった」望は，姉の自殺以来，ずっと一人で苦悩に耐えてきたが，あなたのせいではないという言葉を自分が誰かに「あげる」ことで，自分がその言葉を「もらう」のと同じだけ「救われ」て，「苦しかった時間」の終わることもあるということを知ったのである。

四〔古文の読解―随筆〕出典；本居宣長『玉勝間』二の巻，四六。

≪現代語訳≫私が古典を解釈するにあたって，師の説と相違していることが多く，師の説の良くないところがあるのを，理路整然と正して言うことも多いのを，「たいそうあってはならないことだ」と思う人が多いようだが，これはつまり私の師の教えであって，(師に)いつも教えられたことは，「(私の学説の)後で(もっと)良い考えが出てきたとしたら，必ずしも師の説と違うからといって，遠慮してはならない」と教えられた。これはたいそう尊い教えであって，私の師が，本当に優れていらっしゃる(ことの)一つである。／だいたい古典を考えることは，全く一人か二人の力でもって，何もかも全部解明し尽くすことはできるはずもない。また，優れた学者の説であるからといっても，多く(の学説)の中には，誤りもどうしてないだろうか(，いや，誤りはあるはずだ)。必ず良くないことも混じらないではあることができない。その学者自身の気持ちでは，「もはや古典の意味は全て明解だ，私の考え以外には，(正しい考えは)あるはずもない」と思い決めたことでも，意外に，また他人の異なる良い考えも出てくるものだ。(学問とは)多くの学者による研究を経ていくうちに，前々の考えの上を，さらによく研究するので，次々に詳しくなっていくものだから，師の説だからといって，必ず拘泥し守るのが良いのではない。良い悪いを無視して，ひたすらに古い説を守るのは，学問の道では，どうしようもないことだ。／また，自分の師などの良くないことをはっきり言うのは，たいそうおそれ多いことではあるが，それも言わなければ，世の学者がその説に迷って，長く良い説を知る機会がない。師の説だからということで，良くないことを知っているのに，言わないで隠蔽して，良いように言い繕っているとしたらそのようなことは，ただ師だけを尊んで，(学問の)道のことは考えていないのだ。

問一＜現代語訳＞a.「たがふ」は，「違ふ」で，相違する，という意味。　b.「な～そ」は，禁止を表し，～しないでくれ，という意味。「はばかる」は，遠慮する，という意味。　c.「などか」は，反語を表し，どうして～か，いや，～ではない，という意味。「誤りもなどかなからん」は，誤りもどうしてないだろうか，いや，ないはずはない，誤りはあるはずだ，という意味。
d.「あまたの」は，多くの，という意味。　e.「かしこし」は，おそれ多い，という意味。

問二＜古文の内容理解＞弟子である作者が，先生の学説の良くない点を指摘することが多いのを，先生に対して失礼だ，弟子としての礼節をわきまえていないものとして，たいそうあってはならないことだ，という人が多いようなのである。

問三＜古典文法＞「いと」は，副詞で，たいそう，とても，という意味。「たふとき」は，ク活用形容詞「たふとし」の連体形。「教へ」は，ハ行下二段活用動詞「教ふ」の連用形からの転成名詞。

問四＜古文の内容理解＞師の説だからということで，それが間違っているのを知っているのに，言わないで隠蔽して，正しいように言い繕っているとしたら，それは，ただ師だけを尊敬していて，学問の道がより良く開かれていくことは考えていないのである。

問五＜古文の内容理解＞全文を通じて，「師の説なりとて，必ずなづみ守るべきにもあらず」ということが主張されている。学問の道においては，師の学説だからといっても，それが間違っていれば執着して守ってはならず，正しい学説が世に広まるように間違いを指摘し，より研究を深めていかなければならないのである。

問六＜文学史＞『徒然草』は，鎌倉時代に成立した兼好法師の随筆。『十訓抄』は，鎌倉時代に成立した説話集。『山家集』は，鎌倉時代に成立した西行の私家集。『万葉集』は，奈良時代に成立した，現存する日本最古の和歌集。

2019年度 日本大学鶴ヶ丘高等学校

【英　語】（60分）〈満点：100点〉

1　［放送問題］ リスニングテストはPart 1とPart 2の2つの部分に分かれています。

Part 1　Part 1は【1】～【4】までの4つの対話を聞き，その内容について1つずつ質問が出されます。質問に対する答えとして最も適当なものを，それぞれ①～④の中から1つ選んで，マークしなさい。対話と質問は2度読まれます。

【1】

①

②

③

④

【2】

①

②

③

④

【3】

①

②

③

④

【4】

①

②

③
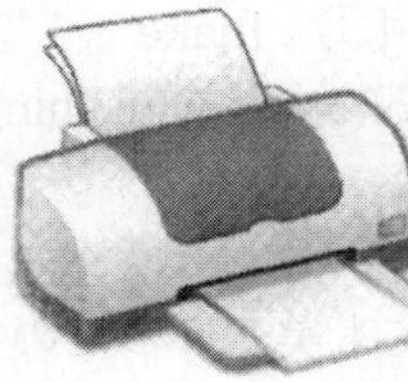
④
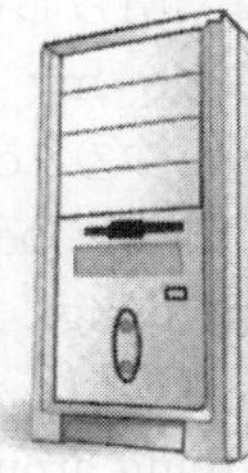

Part 2　Part 2 は【５】と【６】の２問です。長めの英文を１つ聞き，【５】と【６】の答えとして最も適当なものを，それぞれ①～④の中から１つ選んで，マークしなさい。英文と質問は２度読まれます。

【５】

①　1996　　②　2001　　③　2006　　④　2009

【６】

①　Always mean　　　　②　Always nice

③　Mean at first, nice later　　④　Nice at first, mean later

※＜**放送問題原稿**＞は英語の問題の終わりに付けてあります。

2　次の【７】～【12】の各文の空所に当てはまるものとして，最も適当な語(句)をそれぞれ①～④の中から１つ選んで，マークしなさい。

【７】　A：　Hi Mike, what did you do last weekend？

　　B：　I（　　　）to the library to read a book.

①　go　②　goed　③　went　④　gone

【８】　He said that the number of high school students（　　　）to study abroad was increasing.

①　wanting　②　wanted　③　want　④　wants

【９】　I was suddenly spoken（　　　）a foreigner at the station.

①　to　②　by　③　to by　④　by for

【10】　A：　How are you and the children getting on in the new house？

　　B：　Oh, we love（　A　）.　It's so much bigger than the old（　B　）.

①　A：one　B：one　　②　A：it　B：one

③　A：it　B：it　　④　A：one　B：it

【11】　She is good at asking questions, and knows（　　　）.

①　a lot information　　②　lots of information

③　many informations　　④　a lot of informations

【12】　Mt. Fuji is higher than（　　　）other mountain in Japan.

①　all　②　any　③　some　④　no

3　次のイ～ハの英文中の〔　〕内の語群について，日本文の内容に合うように並べ替えなさい。解答は【13】～【24】のそれぞれに当てはまる番号をマークしなさい。ただし，文頭に来る語も小文字から始まっています。

イ　どんな本をお読みになりたいのですか。

〔①　to　②　you　③　book　④　what　⑤　like　⑥　read　⑦　would〕？

〔（　　　）（　　　）（【13】）（　　　）（　　　）（【14】）（　　　）〕？

ロ　世界は素晴らしいものに溢れていると子どもたちに感じさせるために，私は全力を尽くす。

I will do my best to〔①　make　②　feel　③　is　④　full　⑤　the world　⑥　that　⑦　children〕of wonderful things.

I will do my best to〔（　　　）（　　　）（　　　）（【15】）（　　　）（【16】）（　　　）〕of wonderful things.

ハ　私の周りの何もかもがとても美しかったので，本当に幸せだった。

Everything around me〔①　truly happy　②　I　③　beautiful　④　was　⑤　so　⑥　was　⑦　that〕.

Everything around me〔(　　　)(【17】)(　　　)(　　　)(【18】)(　　　)(　　　)〕.

ニ　あなたは何の科目を勉強するのが大変ですか。

〔① which　② you　③ it　④ is　⑤ hard for　⑥ to study　⑦ subject〕?

〔(　　　)(【19】)(　　　)(　　　)(　　　)(【20】)(　　　)〕?

ホ　好きなことをしているとき，人は時間が過ぎたことに気づかないことが時々ある。

Sometimes people don't〔① they are doing　② time　③ when　④ has passed　⑤ they like　⑥ realize　⑦ that　⑧ what〕.

Sometimes people don't〔(　　　)(　　　)(【21】)(　　　)(　　　)(　　　)(【22】)(　　　)〕.

ヘ　お姉ちゃんと同じくらい頑張って勉強するように，母は私に言った。**【1語不要】**

My mother〔① as　② me　③ said　④ as　⑤ to　⑥ hard　⑦ told　⑧ study〕my sister.

My mother〔(　　　)(【23】)(　　　)(　　　)(　　　)(【24】)(　　　)〕my sister.

4　次の対話文を読んで，文中の【25】〜【31】の空所に入れるのに最も適当な表現を，後の①〜⑦の中から1つ選んで，マークしなさい。ただし，同一の表現を2度用いず，すべての表現を使うこと。

A : So, how much do you think it'll take to fix the roof?

B : Honestly, not too sure. I can give you (　【25】　), but it's not going to be firm.

A : Ok, hit me with the worst you've got. It can't be worse than my floor bill.

B : Hmm, OK. Well, with the water damage and the (　【26】　). I'd put it at about 20,000.

A : Twenty thousand?!? That's insane. I could do it myself at that price.

B : Well, there are cheaper outfits out there, but most of them are just cowboys. No real workmanship.

A : You might be right, but still. . . That much money will (　【27】　) my vacation plans. I'll have (　【28】　), and that's no way to go to Europe.

B : You are planning to go to Europe?

A : Yeah, it's supposed (　【29】　), but we may have to delay it yet again. We were planning on going to Germany and Poland.

B : Well, I never like to be (　【30】　) if I can help it. What say we come to an understanding?

A : Great, what do you suggest?

B : How about some kind of deferred payment? How long have you been married?

A : Geeze, about 4 years.

B : OK, I'll give you a break. You have that long to pay me back for the work.

A : Really? You are (　【31】　). Seriously, thanks!

① put a real crimp in　② a real stand-up guy
③ various and sundry other work　④ a ballpark number
⑤ to be a belated honeymoon　⑥ to go on the cheap
⑦ the bearer of bad news

5 次の英文を読んで，後の【32】～【41】の各英文が本文の内容と一致しているものには①，異なっているものには②をマークしなさい。

The old woman looked around the shop. "Glasses," she thought to herself, "I've nothing but glasses here." Years ago, the shop and the town had been full of life and energy. The town had gone from a small group of buildings on the edge of the American desert, to a medium-sized city of 3,000 people. One Horse, the town's somewhat amusing name, was given to it by Thomas Donner, the man who first settled here. He had come west seeking gold and adventure. He was bound for California, but the crossing of the Wabash mountains and then the Great Salt Wastes had sapped his energy and he abandoned his goal of a life along the Pacific Ocean.

The story goes that, as he stood on the edge of the Salt Wastes, thinking how hard the crossing would be, he heard the bubbling of water. Turning around, he saw a small spring coming out of the ground behind him where his horse had just stepped. He tasted the water, and finding it sweet, he decided to simply stop and camp for the night. The next day the winds had started up again and the Salt Wastes looked less passable than ever. For a week Thom was stuck there in his small tent with only the little bit of food that he had brought with him. When the winds finally stopped, he did not have enough supplies to continue his journey. He tied up his horse and went into the Salt Wastes, looking for supplies that had been abandoned by other travelers. What he found amazed him. Not very far into the Wastes were beds, chests, wagons . . . supplies of all kinds abandoned by people who were too weak to keep carrying them on their way west. Thom picked up as many things as he could carry and brought them back to his camp. He built a small house with a store front attached to it using the wood from other people's wagons and sold the supplies he had found to other travelers before they crossed the Salt Wastes.

Over time, One Horse grew from a few houses to a small village. Originally based on selling items recovered from the Salt Wastes, the economy changed to cattle ranching. The real increase in the town's population happened when the railroad came. One Horse got its own station and the beef cows were shipped all over the US. Thom Donner was mayor of the town for twenty-three years and lived long enough to be able to take a train to see California and the Pacific—a journey that he had halted so many years before.

However, the prosperity of the town did not last. In the middle of the 20th century came the highways, and passengers stopped taking trains. The young went off to war and after seeing the wide world, One Horse no longer held any attraction for them. The cowboys died off and the cattle were either eaten or left to run wild. And now, with the coming of the 21st century less than three years away, Barbara, the great-granddaughter of Thom Donner, was the only one left in the town. She stood looking at the dusty glasses in the shop window and sighed. She left her shop for the last time and locked the door behind her. She stepped into her small Nissan pickup truck and drove down the road into the sunset. One Horse was now finished. The wind whistled through the empty streets and abandoned buildings that the desert would soon take back.

【32】 At first, Thom wanted to live near the sea

【33】 The old woman is a relative of the man who started the town

【34】 The town was started because it had water and was a good place to raise cattle

【35】 The first house was built from other people's wood

【36】 Thomas sold many kinds of goods from his store

【37】 The biggest reason for the growth of the town was trains coming to town
【38】 Thom Donner never saw the ocean
【39】 One Horse was located near a forest
【40】 Roads were one thing that killed the town of One Horse
【41】 Only one person now lives in One Horse

6 次の文章を読んで，後の問い【42】～【46】の答えとして最も適当なものを，それぞれ１つ選んで，その番号をマークしなさい。

Have you ever seen the pyramids？ What about the Sphinx？ Well, if you know anything about Egypt you can probably easily call these to mind. But I don't want to talk about those today. What I want to talk about is the paintings inside them. You know, those strange people with animal heads and human bodies. For me, the strangest things about them are not the weird creatures, but the fact that everything looks flat. In fact, all art was like this for the first several thousand years of humankind.

The first change to art came with oblique projection which took an object and tried to make it look 3D. This was the first art style that put things in front of each other, but it still didn't look real, because everything looked the same size no matter how far away it was. You can see this kind of art on many Japanese folding screens, or *byobu*.

The next development looks a bit like a step back in time, because things start to look really strange again. In Medieval art they kept the same style of projection that was seen before, but they made things and people different sizes depending on how important they thought they were. So in this case, a king would be bigger than all the buildings around him, because he was more important.

Finally, we come to modern looking art. This is created by the use of perspective. An artist chooses a vanishing point—the point where all lines in the picture go to—and the painting focuses on that one spot. The first person to do this was an Italian painter named Filippo Brunelleschi. His paintings were not only 3D but they were the first ones to look like the real world.

I hope you have enjoyed reading this article. Now boys and girls, go out and paint your world！

【42】 This passage is most likely from
① a talk to children by a teacher.
② a radio address to a kindergarten.
③ a magazine.
④ a presentation to the class by a student.

【43】 If you see a painting of a man, a horse, and a house next to each other, and in the painting the man was bigger than the house, this would probably be an example of ______.
① Medieval art.
② Flat art.
③ Egyptian art.
④ 3D art.

【44】 Please put the following pictures in order from the oldest to newest styles.

A

B

C

D

① C→B→D→A　　② D→A→B→C
③ C→D→B→A　　④ A→D→C→B
⑤ A→C→D→B　　⑥ B→A→C→D

【45】 The first person to make art that looks like the real world was from
① Italy.　　② Spain.
③ Egypt.　　④ Egyptian.

【46】 The word vanishing in the fourth paragraph is closest in meaning to
① perspective.　　② painting.
③ disappearing.　　④ spot.

＜放送問題原稿＞

これよりリスニングテストをはじめます。リスニングテストはPart 1とPart 2の2つの部分に分かれています。

Part 1　Part 1は【1】～【4】までの4つの対話を聞き，その内容について1つずつ質問が出されます。質問に対する答えとして最も適当なものを，それぞれ①～④の中から1つ選んで，マークしなさい。対話と質問は2度読まれます。

【1】

Question　1

F：Hey, Mac.　Get something to move these boxes.
M：They look pretty big.　What should I use？
F：Well, it's not a building, so you don't need to use the full crane.
M：How about this？　I can easily drive it.
F：Hunh？　No, you need to pick the boxes up, not just pull them.
Question―Which vehicle will Mac use？

【2】

Question　2

M： I love this TV program.　It's Superfamily, right？

F： Yeah, I love it too.　Who is your favourite character？

M： I think the dad, Laser Man, is so cool, and his wife is great as well.

F： Yeah, the little girl, Hammer-chan is really funny.

M： But I think my favourite one is Sweet-boy, their son.

F： Mmmm . . . I like him, but Sweet-boy is not their son！　He's a cookie！

Question―Which character did they NOT talk about？

【3】

Question　3

F： Garcon, oh Garcon . . . may I get something to drink？

M： Certainly, ma'am.　What would you like？

F： Well, as it is quite cold today, how about something hot？

M： My apologies ma'am, but we only offer cold drinks after a meal . . . or warm soup.

F： Very well, I'll have the coffee then.

Question―Which drink will the woman take？

【4】

Question　4

F： How can I build my own computer？

M： If you would like to build a computer from scratch, you will need a few important things. First, of course, you need the computer itself.　It is the box that looks like a bookshelf.　Next you will need a monitor, like a TV, and a keyboard.　You might want to have a printer, but it is not necessary.

Question―What do you NOT need to build your own computer？

Part 2　Part 2は【5】と【6】の2問です。長めの英文を1つ聞き，【5】と【6】の答えとして最も適当なものを，それぞれ①～④の中から1つ選んで，マークしなさい。英文と質問は2度読まれます。

【5】【6】

Questions　5&6

F： Good morning everyone, I want to tell you about my favourite comic book, Dogs and Cats.　It is a long series of stories written by the amazing author Simba Silphani.　He started writing these stories right after the turn of the last century and has put out one a year, every year, since then.　In book 19, the newest of them, Silphani has the main characters, Ren and Stimpy, going into space.　While there, they meet several aliens and go on a picnic with them.　But soon they realize that the aliens are not friendly at all, but have brought them there to eat them.　After many adventures Ren and Stimpy escape and get safely back to Earth.　I hope you will all read and enjoy these books.

Question 5―In what year was the Dogs and Cats comic first published？

Question 6―Which best describes the aliens that Ren and Stimpy met？

これでリスニングテストは終わりです。引き続き，残りの問題に進んでください。

【数　学】 (60分) 〈満点：100点〉

(注意) (1) 分数の形で解答が求められているときは，それ以上約分できない分数で答えること。
(2) 定規・コンパスを使用してはいけない。
(3) 問題の図は正確なものではない。

1 次の【1】，【2】，……，【12】の一つ一つには，それぞれ０～９までの一つの数字が当てはまる。それらを【１】，【２】，……，【12】で示される解答欄に順次マークしなさい。

(1) $\left(-\frac{3}{4}ab^3\right)^2 \div \left(-\frac{3}{2}a^2b^3\right)^3 \times \frac{9}{4}a^6b^7 = -\frac{\text{【1】}}{\text{【2】}}a^{\text{【3】}}b^{\text{【4】}}$

(2) 関数 $y=2x^2$ について，x の変域が $-2 \leqq x \leqq 3$ のとき，y の変域は
【5】 $\leqq y \leqq$ 【6】【7】 である。

(3) 右の図について，$l /\!/ m$ のとき，$\angle x$ の大きさは 【8】【9】° である。

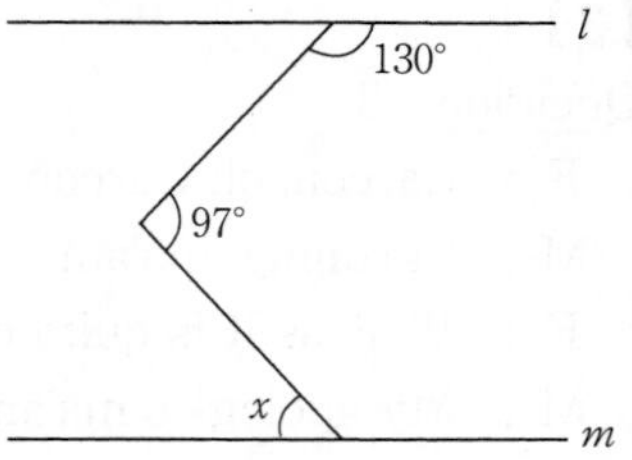

(4) $\frac{2310}{n}$ が素数となるような自然数 n は全部で 【10】 個である。

(5) $x=-2+\sqrt{2}$ のとき，$x^3+4x^2+4x+4=$ 【11】$\sqrt{\text{【12】}}$ である。

2 次の【13】，【14】，……，【17】の一つ一つには，それぞれ０～９までの一つの数字が当てはまる。それらを【13】，【14】，……，【17】で示される解答欄に順次マークしなさい。

右の度数分布表は，あるクラスの生徒40人が受けた小テストの得点をまとめたものである。次の問いに答えなさい。

得点(点)	人数(人)
1	3
2	2
3	x
4	9
5	4
6	7
7	y
8	2
9	3
10	2
計	40

(1) $x=1$，$y=7$ のとき，得点の最頻値(モード)は 【13】 点である。

(2) 得点の平均値が5.1点となるとき，$x=$ 【14】，$y=$ 【15】 である。

(3) 得点の中央値(メジアン)が５点となるのは，得点が３点であった生徒の人数が 【16】 人以上 【17】 人以下のときである。

3 次の【18】，【19】，……，【23】の一つ一つには，それぞれ０～９までの一つの数字が当てはまる。それらを【18】，【19】，……，【23】で示される解答欄に順次マークしなさい。

さいころを３回投げて出る目の数の積を計算するとき，次の問いに答えなさい。

(1) その積が奇数になるような目の出方は 【18】【19】 通りある。

(2) その積が３の倍数になる確率は $\frac{\text{【20】【21】}}{\text{【22】【23】}}$ である。

4　次の【24】，【25】，【26】，【27】の一つ一つには，それぞれ０～９までの一つの数字が当てはまる。それらを【24】，【25】，【26】，【27】で示される解答欄に順次マークしなさい。

右の図において，①，②の放物線はそれぞれ$y=2x^2$，$y=-x^2$である。直線l，mは，ともに点C$(-2,\ 0)$を通り，①，②とそれぞれ点A，Bで交わる。点A，Bのx座標はともに２である。直線l，mと①，②の交点のうち，点A，B以外の点をそれぞれ点D，Eとする。また，点Pが直線l上を点Aから点Cに向かって一定の速さで移動し，４秒後に点Cに到達する。このとき，直線OPをnとし，直線nと直線mの交点をQとする。

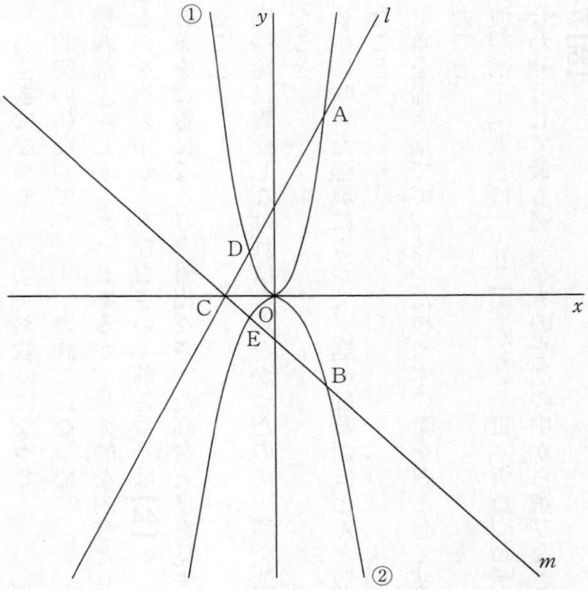

(1)　３秒後の直線nの方程式は$y=-$【24】xである。

(2)　(1)のとき，△OEQの面積は【25】である。

(3)　(1)のとき，△OAPをx軸の周りに，１回転させたときにできる立体の体積は【26】【27】πである。（ただし，円周率はπとする。）

5　次の【28】，【29】，……，【33】の一つ一つには，それぞれ０～９までの一つの数字が当てはまる。それらを【28】，【29】，……，【33】で示される解答欄に順次マークしなさい。

４点A$(2,\ 0)$，B$(4,\ 0)$，C$(5,\ \sqrt{3})$，D$(3,\ \sqrt{3})$とする。四角形ABCDを点Aを中心として反時計まわりに60°回転させたとき，点Dの移動後の座標D′は$(\text{【28】},\ \sqrt{\text{【29】}})$である。

また，移動後の四角形に対して，その四角形の面積を２等分する直線のうち，点$(-2,\ 0)$を通る直線の方程式は，$y=\dfrac{\sqrt{\text{【30】}}}{\text{【31】}}x+\dfrac{\sqrt{\text{【32】}}}{\text{【33】}}$である。

問一　二重傍線部a～eの口語訳として、最も適当なものを後の中からそれぞれ選びなさい。

a「あきだらせ給はず」　解答番号は【39】

①　葉が紅色に変化しない。　②　満足なさらない。

③　お休みにならない。　④　紅葉の時期にならない。

b「風すさまじかりけるあした」　解答番号は【40】

①　風が強く吹いた昼　②　風が冷たかった朝

③　風が心地よかった昼　④　風が騒がしかった朝

c「あなあさまし」　解答番号は【41】

①　ああとんでもない。　②　もうどうしようもない。

③　酔いを醒ましなさい。　④　いったいどうしたのか。

d「逆鱗」　解答番号は【42】

①　天皇のお嘆き　②　天皇のお怒り

③　天皇のお情け　④　天皇のお出まし

e「うちゑませ給ひて」　解答番号は【43】

①　お泣きになって　②　お歌いになって

③　お笑いになって　④　お許しになって

問二　傍線部①「しかしか」とあるが、具体的な内容として最も適当なものを次の中から選びなさい。解答番号は【44】

①　紅葉をご覧になろうと外出なさった高倉天皇を見失ってしまったこと。

②　庭掃除に専念しなければならなかったのに、酒を飲んでしまったこと。

③　夜中に吹いた強風によって、庭の紅葉がほとんど散ってしまったこと。

④　紅葉を掃き捨てて、残った枝や木の葉を薪として使ってしまったこと。

問三　波線部Ⅰ「大きに」・Ⅱ「なかり」・Ⅲ「御たづね」の品詞の組み合わせとして最も適当なものを次の中から選びなさい。解答番号は【45】

①　Ⅰ―形容動詞　Ⅱ―形容詞　Ⅲ―名詞

②　Ⅰ―形容詞　Ⅱ―副詞　Ⅲ―名詞

③　Ⅰ―形容詞　Ⅱ―形容詞　Ⅲ―動詞

④　Ⅰ―形容動詞　Ⅱ―副詞　Ⅲ―動詞

問四　傍線部②「君」・③「わが身」が指す人物の組み合わせとして最も適当なものを次の中から選びなさい。解答番号は【46】

①　君―高倉天皇　わが身―殿守のとものみやづこ

②　君―殿守のとものみやづこ　わが身―高倉天皇

③　君―高倉天皇　わが身―奉行の蔵人

④　君―殿守のとものみやづこ　わが身―奉行の蔵人

問五　傍線部④「あへて勅勘なかりけり」とあるが、その理由として最も適当なものを次の中から選びなさい。解答番号は【47】

①　奉行の蔵人よりも優れた漢詩を作り上げた下級役人を、天皇は教養のある人物だと感心なさったから。

②　漢詩の一節の通りに紅葉を燃やして酒を温めた下級役人を、天皇は風流な人物だと感心なさったから。

③　下級役人を助けようと奮闘していた奉行の蔵人を、天皇は思いやりのある人物だと感心なさったから。

④　下級役人の大きな失敗に落ち着いて対応した奉行の蔵人を、天皇は賢明な人物だと感心なさったから。

問六　この話の主題として最も適当なものを次の中から選びなさい。解答番号は【48】

①　高倉天皇の優雅で寛容な御心

②　高倉天皇ゆかりの紅葉の魅力

③　奉行の蔵人の知恵と見事な機転

④　下級役人の表現力と教養の深さ

問七　『平家物語』は鎌倉時代に成立した軍記物語である。軍記物語に属する作品を、次の中から一つ選びなさい。解答番号は【49】

①　おらが春　②　徒然草

③　伊勢物語　④　太平記

③母さんの死を思い出すとつらくなるので思い出の場所を避けるように努めてきたが、少し大人になった陽太には母さんの話ができるように思ったから。

④母さんの不在をより実感してしまう思い出の場所を避けてきたが、陽太や犬とともに歩くことで安心感が生まれ、前向きな気もちになれたから。

問十　傍線部⑨「父さんは何もいわなかった」とありますが、ここでの父さんの心情の説明として最も適当なものを次の中から選びなさい。解答番号は【37】

①陽太に「父さん」と呼びかけられ、慣れない距離感になんとなく気まずい思いを感じている。

②陽太がせっかく「父さん」と呼んでくれたのに、恥ずかしいのでやめてほしいとは言えないでいる。

③陽太が初めて「父さん」と呼んでくれたことに、泣きそうになるくらいのうれしさを感じている。

④陽太が本当の父親ではない自分を気づかって「父さん」と呼んだことに、申し訳なさを感じている。

問十一　傍線部⑩「でも、こわくはなかった」とありますが、それはなぜですか。最も適当なものを次の中から選びなさい。解答番号は【38】

①犬を連れて歩くことで動物から学ぶこともあると感じ、人と動物が共に生きる社会を作ろうと思ったから。

②犬を連れて父さんと歩くことで家族のつながりを実感し、どんなことにでも向き合っていけると思ったから。

③暗い道ではあったが、そばにいる犬が元気よく先導してくれることで楽しい気もちが沸き上がってきたから。

④家族はもろく壊れやすいものであることを再認識したことで、新たな一歩を踏み出していけると思ったから。

四　次の文章は『平家物語』の一節で、高倉天皇が即位されて間もない頃の話である。よく読んで、後の問いに答えなさい。

御在位のはじめつかた、御年十歳ばかりにもならせ給ひけん、あまりに紅葉をあいせさせ給ひて、北の陣に小山をつかせ、はじ、かへでのいろうつくしうもみぢたるを植ゑさせて、紅葉の山となづけて、終日に叡覧《えいらん》あるになほ a あきだらせ給はず。しかるをある夜、※野分《のわき》はしたなうふいて、紅葉みな吹きちらし、落葉頗《すこぶ》る狼籍《らうぜき》なり。※殿守《とのもり》のとものみやづこ朝ぎよめすとて是をことごとくはきすててんげり。のこれる枝散れる木葉をかきあつめて、b 風すさまじかりけるあしたなれば、縫殿《ぬひどの》の陣にて、酒あたためてたべける薪《たきぎ》にこそしてんげれ。※奉行の蔵人、行幸より先にといそぎゆいてみるに跡かたなし。「いかに」と問へば①しかしかといふ。蔵人 Ⅰ 大きにおどろき、「c あなあさまし。②君のさしも執しおぼしめされつる紅葉を、かやうにしけるあさましさよ。知らず、なんぢ等、只今禁獄《きんごく》流罪《るざい》にも及び、③わが身もいかなる d 逆鱗にかあづからんずらん」となげくところに、主上いとどしく※よるのおとどを出でさせ給ひもあへず、かしこへ行幸なつて紅葉を叡覧なるに、Ⅱ なかりければ、「いかに」と Ⅲ 御たづねあるに、蔵人奏《そう》すべき方《かた》はなし。ありのままに奏聞《そうもん》す。※天気ことに御心よげに e うちゑませ給ひて、「『※林間煖レ酒焼ニ紅葉一』といふ詩の心をば、それらにはたがをしへけるぞや。やさしうも仕りける物かな」とて、かへつて叡感《えいかん》に預つしうへは、④あへて勅勘なかりけり。

注
※野分…秋のはじめに吹く暴風。
※殿守のとものみやづこ…宮中の庭の掃除などをつかさどる下級役人。
※奉行の蔵人…紅葉の山の世話係の蔵人。
※よるのおとど…天皇のご寝所。
※天気…天皇のご機嫌。
※林間煖レ酒焼ニ紅葉一…「林間に酒を煖《あたた》めて紅葉を焼《た》く」唐の詩人である白居易《はくきょい》の漢詩の一節。

づかせてくれたということ。

② たとえ短い一生だったとしても懸命に生きていれば、思わぬ災害にあうことも幸福にあうこともあると気づくことができたということ。

③ 今を何の打算もなく一生懸命に生きている犬を見て、母さんを亡くした悲しみにとらわれず生きることが大切だと気づくことができたということ。

④ ただ長く生きることよりも命をどう全うしたかが重要であるならば、母さんの人生も悪いものではないということに気づかせてくれたということ。

問六 傍線部⑤「小さな今日子ちゃんに会うことができるなら、聞いてみたかった」とありますが、それはなぜですか。最も適当なものを次の中から選びなさい。解答番号は【33】

① 犬と歩いたことでぼくには多くの思いがけない出会いがあったが、子どもの頃の母さんにも同じようにいろいろなことがあったのだということを確認したかったから。

② 犬を連れて散歩したことでいろいろと不便を感じることがあったが、母さんが犬を飼っていた時には何を考えていたのかということを知りたくなったから。

③ 犬といっしょに行動しながら多くの人に出会い様々な話をするうちに、母さんのことが懐かしく思い出され、母さんが生きていた頃に戻りたいと強く思ったから。

④ 犬と歩いたことで犬に関することわざが頭に浮かんできたが、文学好きであった母さんが子どもの頃はどんなことわざに関心を持っていたのか興味を持ったから。

問七 傍線部⑥「陽太はうれしかったけど、ちょっと緊張した」とありますが、ここでの陽太の心情の説明として最も適当なものを次の中から選びなさい。解答番号は【34】

① 陽太とナオは普段はいっしょに出かけることもない疎遠な関係なので、突然のさそいを楽しみに思いながらも、距離をはかれずに戸惑っている。

② 普段は陽太をさそい出すことはしないナオの提案を楽しみに思いながらも、何か重大なことをつげられるのではないかとつい身構えてしまっている。

③ ナオが意を決して何か好ましくないことを伝えようとしていることに陽太は気づき、不安を覚えながらも何を言われるのか興味を抱いている。

④ 現在生活している環境にようやく慣れてきたところであるのに、ナオから再び引越しをつげられるのではないかと急に不安が押し寄せている。

問八 傍線部⑦「ナオは目を細めて道路を見た」とありますが、ここでのナオの心情の説明として最も適当なものを次の中から選びなさい。解答番号は【35】

① 母さんとの思い出の場所を訪れ、当時の緊張と自分を受け入れてもらえた幸せな気もちを懐かしく思い出している。

② 母さんと仲直りをしたバス停を訪れたことで当時の温かな気もちを思い出し、できればその頃に戻りたいと思っている。

③ 母さんがむかえに来てくれた場所に立つとその時の喜びが思い出されるが、同時に母さんがいない喪失感も覚えている。

④ 母さんの死が思い出されて胸がしめつけられたが、陽太に心配をさせないように必死に冷静さを保とうとしている。

問九 傍線部⑧「でも歩いているうちに、なんとなくふと、歩ける気がしたんだ」とありますが、それはなぜですか。最も適当なものを次の中から選びなさい。解答番号は【36】

① 母さんとの思い出がつまった場所を極力通らないようにしていたが、いざ歩くと思い出を客観視できている自分に気づき、乗り越えられると感じたから。

② 若くして亡くなった母さんの思い出につながるものを極力避けてきたが、つらかった過去を忘れ去ることで気もちを新たにすることができたから。

を後の中からそれぞれ選びなさい。

a「町角」　解答番号は【26】

①　町のなか　②　町のはずれ
③　となりの町　④　知らない町

b「なじみのない」　解答番号は【27】

①　不親切な　②　不案内な
③　不都合な　④　不可解な

c「ささいな」　解答番号は【28】

①　ふがいない　②　やるせない
③　めったにない　④　たわいない

問二　傍線部①「ふたつは正反対の気もちだったが、どちらも心に残った」とありますが、それはどのようなことですか。最も適当なものを次の中から選びなさい。解答番号は【29】

①　母さんのメモに書かれていたのは、過ぎた物事を忘れていくことへの罪の意識であり、普段は母の存在を忘れていることに対して申し訳なさを感じているということ。

②　母さんの書き残したメモは難しく何のことか良く分からず困ったけれども、母さんと自分とがつながっているという気もちになり、うれしさも感じているということ。

③　母さんの残したメモに書かれている言葉を見ると、亡くなった母を身近に感じてうれしく思うと同時に、実際には母がいないことへのさみしさも感じているということ。

④　母さんのメモは言葉や内容が難解で読みづらく苦慮するものの、書かれた文字は母さんの優しい人柄があらわれているようで心が和むように感じているということ。

問三　傍線部②「おばさんは目を細めて、おじいちゃんのプードルを見た」とありますが、ここでのおばさんの心情の説明として最も適当なものを次の中から選びなさい。解答番号は【30】

①　犬の寿命の短いことに同情している陽太の純粋な言葉を聞き、率直な言い方に驚きを隠せなかったが、陽太の素直さを愛らしく思っている。

②　犬が長く生きられないことをかわいそうだという陽太の言葉を聞いて少し不愉快に感じたが、最後まで家族として大切にしたいと思っている。

③　犬の一生が短いことを憐れむ陽太の言葉を受けながらも、あれこれ考えることなく現在の一瞬一瞬を精一杯生きる犬を愛しく思っている。

④　他の犬のように限られた寿命を自由奔放に生きるようなことはせず、どんな時においても飼い主に対して忠実に従う犬を誇らしく思っている。

問四　傍線部③「同情をかくしたような目で同じことをいう人はきらいだった」とありますが、それはなぜですか。最も適当なものを次の中から選びなさい。解答番号は【31】

①　母さんのことなどまったく気にもしていなかったのに、若くして亡くなったことに今さら同情するそぶりを見せる人が許せなかったから。

②　母さんが若くして亡くなったことに対して、母さんのことをよく知らない人が不幸だと決めつけてくることを不愉快に思ったから。

③　母さんが早くに亡くなったことで苦労しているわけでもないのに、残された自分や家族が同情されるのは納得がいかなかったから。

④　母さんが亡くなってしまったことは周知の事実であるが、その原因がガンであったということは家族以外に知られたくなかったから。

問五　傍線部④「大切なことを考えるきっかけをくれた」とありますが、それはどのようなことですか。最も適当なものを次の中から選びなさい。解答番号は【32】

①　母さんを失った悲しみから目をそらすのではなく、母さんと過ごした日々を思い出すことが供養につながるということに気

だ。奈良にくるなんてひとこともいわずにきたから、会ってくれないかも、と心配だった。でも母さんは喜んでくれて、ここまでむかえにきてくれたんだ」

⑦ナオは目を細めて道路を見た。

「あの日、ぼくが勇気を出してここに立たなかったら、今日という日はなかったかもしれないな。でもね、母さんが亡くなったあとは、ここに立つことも、いま通った道を歩くことも、なんだかこわくてできなかったんだ。いろいろと思い出してしまってね」

陽太は自分がまだ生まれるまえの時代の、若者だったナオと母さんの姿を、道路の上に思い浮かべてみた。ナオと母さんがふたりでここを歩いたとき、母さんは陽太と同じように、「ナオ」と呼んでいたのだろうか。

「……あとからわかったことなんだけどね、母さんもじつは、この道にこだわりのようなものを持っていたんだ。ときどき通ることはあっても、なるべくさけていたらしい。

母さんの飼っていた犬が、駐車場でひかれたことは知っているだろ？　その駐車場が、この道の途中にあったんだ。いまは家が立っているけど」

「母さんも思い出しちゃうから、歩けなかったの？」

陽太はフレンチブルドッグの背中を見ながらいった。

「あのね、ぼくも似たようなことがあるよ。受験に落ちた中学のまえを通りたくなくてさ。くやしくて、思い出したくなかったんだ。でも、こいつがそっちのほうに歩いていったから、イヤだなと思いながら、うしろをついていった。校門のまえを通るときは緊張したけど、通りすぎたら、思っていたよりもなんともなかった」

陽太の先輩になったかもしれなかった女子中学生が、フレンチブルにほほえみかけながら通りすぎた。あの人と同じ学校に行けていたらな、とも思ったけど、もうあのときのくやしかった自分はいなかった。

ナオはいった。

「ひとりだったら、ここを歩けなかっただろうな。家を出たときは、ここにくるつもりじゃなかったんだ。ちょっと風に吹かれてみたかっただけだった。⑧でも歩いているうちに、なんとなくふと、歩ける気がしたんだ。これでべつの思い出にぬりかえられたよ。母さんもあのとき、ここでぼくと会ったことで、この場所に新しい思い出を作った。ぼくらも今日、新しい思い出のタネをこの道に植えたんだな」

「ねえ、母さんはナオのことをなんて呼んでたの？」

「ナオ、だよ。でも、なんで？」

「やっぱり」

「やっぱりって？」

「まえもいったけど、中学生になったら、父さんって呼ぼうと思ってた。でもちょっと無理しているというか、なれない感じがして、いいにくかった。だけどいま、そう呼ぶのが自然だって、初めて思った。なんか、ちょっとうまくいえないけど、とにかく、ぼくはナオを父さんって呼びたくなった。……父さん」

陽太は父さんを見あげた。

父さんは陽太の肩をとんとたたき、目をしばたたかせてうなずいた。

何かいうのかなと思ったけど、⑨父さんは何もいわなかった。

フレンチブルドッグが、陽太と父さんの顔を交互に見ていた。

「いくか」陽太はブルに声をかけた。

フレンチブルドッグはうなずくようにまえを見ると、歩きだした。おしりをふって歩く姿は楽しそうだ。道路は明かりが少なくて、車が通ったあとは暗くなる。⑩でも、こわくはなかった。陽太は胸をはり、リードを持って歩いた。父さんがとなりを歩いている。

ぼくらはひとつのむれだ。陽太は力強くそう思った。

（西田俊也『ハルと歩いた』による）

注　※遠藤周作…日本の小説家。

問一　二重傍線部ａ～ｃの本文における意味として最も適当なもの

陽太はガンがにくかった。その言葉を口にしたくもなかった。母さんの読んだ本にその言葉が出てきたときには、母さんはこいつのせいで命をなくすことを知らないで読んでいたのかと思うと、ガンという字を切りとりたくなった。

母さんの命が短かった、と親戚の人がいうのはしかたない。でも、③同情をかくしたような目で同じことをいう人はきらいだった。短いことのどこが悪いのか。そりゃ、生きていてほしかった。なんでそんなに早く、といつも思った。でも短い命でも、母さんの人生はいいものだったと思いたかった。

犬の寿命や、犬はいつもいまだけを懸命に生きている、という話をおばさんから聞いたあと、陽太は母さんの人生の短さを初めてすなおに受け止められるような気がした。長さじゃない。一生懸命生きたかどうかが大切なのだ。

犬の名前は知っていても、飼い主であるあのおばさんの名前は知らない。どこに住んでいるかも知らない。でも、あのおばさんのひとことは、④大切なことを考えるきっかけをくれた。

そういえば、犬も歩けば棒にあたる、ということわざがあった。何かをすれば、思わぬ災害にあうこともあれば、幸福にあうこともある、という意味だ。

ぼくも迷い犬と歩いたら、たくさんの人やできごとにあった。a町角で、犬がいなければぜったいに話さなかったような人たちと出会って、話をした。いままでにないような経験ばかりだ。

子どもだったころの母さんは、犬といっしょに歩いて、どんなことを感じ、何を知ったのだろうか。

⑤小さな今日子ちゃんに会うことができるなら、聞いてみたかった。

夕はんのあとナオが、フレンチブルドッグといっしょに散歩にいかないか、と陽太をさそった。

ナオがそんなことをいうのは初めてだ。⑥陽太はうれしかったけど、ちょっと緊張した。ナオが何か特別なことをいおうとしているのが、わかったからだ。

奈良への引越しをつげられたのも、日曜の夜に外でごはんを食べたあとだった。

仕事のことだろうか。それとも、川島さんを泣かせたことがばれたのだろうか。

「そんなに道路の匂いをかいで、いい匂いがするのか」「おまえはかわいいおしりをしてるなあ」「車には気をつけろよ。あぶないぞ」

ナオはずっとフレンチブルドッグに話しかけている。

陽太はブルのかわりに、「いい匂いがするんだよ」「おしりばっかり見ないでよ、はずかしいよ」「いつもちゃんと信号を守ってるよ」と返事をした。

もし、まだ言葉が話せないくらい小さな弟か妹がいて、三人でいっしょに歩いたら、こんなふうに話をするのだろうか。

近所を二十分ほど歩いたあと、バス停を通りすぎて、家のある通りの角までもどってきた。そのまま家に帰るんだろうと思ったのに、ナオはバス通りを進み、次のバス停まで歩いていった。

バス停に着くと、ナオはそこから、歩いてきた道をふり返ってしばらく見ていた。陽太にはあまりbなじみのない道だ。このバス停で降りたことも、乗ったこともなかった。

「このバス停から家のほうを見るのは、二十年ぶりくらいだよ」とナオはいった。

「母さんと出会ったのが大学生のときだった、という話は、いつかしただろ。そのころ、cささいなことでケンカをしたことがあったんだ。謝ろうと思って、春休みに東京から初めて、ここ、奈良にきた。そのときバス停をまちがえてね。ひとつ乗りこして、ここで降りてしまったんだ」

ナオは道路の反対がわにあるたばこ屋の看板を指さした。店はとっくの昔に閉店していて、古い看板だけが残っていた。

「あそこに公衆電話があってね。どきどきしながら、電話をしたんという夢を持つようになり、子育てが一段落したらとりかかるつもりでいたらしい。

陽太も本が好きだ。

母さんの読んだ本には、ときどきメモがはさまっていた。気に入った文章を書きうつしたメモだ。けっしてうまい字ではないけど、やさしい字だ。

『沈黙』という※遠藤周作の小説にはさまれていたメモには、こんな文章が書きうつされていた。

『罪は、普通考えられるように、盗んだり、嘘言《うそ》をついたりすることではなかった。罪とは人がもう一人の人間の人生の上を通過しながら、自分がそこに残した痕跡を忘れることだった。』

本の内容はかんたんではなかったし、母さんが写した文もやはりむずかしかったけど、この文を読むとなぜか、気もちがらくになるような気がした。言葉にならない軽い痛みのようなものも感じた。①ふたつは正反対の気もちだったが、どちらも心に残った。陽太はこの文が好きだった。

本を開くと、母さんと自分がつながっているという気もちになり、ふたりのあいだにある時間を超えられるような感じがした。

母さんがこの本を読んでいたのは、いくつのときだったのだろうか。

そういえば、フレンチブルドッグに話しかけてくる人たちは、犬の名前のほかに、年齢もよく聞いてきた。

「迷い犬なら、年はわからないわね。うちのコはもうおじいちゃんなの。十三歳のおじいちゃんよ」

そのおばさんがつれていたプードルは、かわいい顔をした身の軽そうな犬で、年よりには見えなかった。

陽太は思わずいった。「ぼくとひとつしかちがわないのに、おじいちゃんなんですか？」

「八歳をすぎたらシニアよ。いろんな数え方があるみたいだけど、犬は最初の一年半で人間の二十歳になって、三年で二十八歳。それからは一年に四歳ずつ年をとる、というふうにもいわれているの。だからうちのコは六十八歳。わたしとだいたい同じや」

犬や猫の寿命が人間より短いのは知っていたけど、具体的にはどれくらいなのか、陽太はそれまで知らなかった。

「二十年生きる犬なんて、めったにいないの。長くて十五年くらいね。おどろいた？」

「ええ。十年とか二十年とかいうと、いまのぼくは長いと思うけど、自分の命がそれだけで終わると思ったら、とっても短いなって……」

人間なら、大人になるまえに死んでしまうようなものだ。自分の心のなかにとどめておこうと思ったのに、陽太はついプードルを同情の目で見て、いってしまった。

「犬って、かわいそうですね」

②おばさんは目を細めて、おじいちゃんのプードルを見た。

「かわいそう？　ちがうよ。毎日一生懸命よ。わたしみたいに死ぬまでにあれをしよう、死んだあとにたくわえを残しておこう、とか思ってへんし、死ぬのがこわいとも思ってない。すぎたことをくよくよしたりもしない。犬はいつだって、いまを生きている。いつだっていまだけを、力のかぎり生きてるのよ。見ならわんとあかんと、いつも思う」

フレンチブルドッグは毛づやや表情、そして元気さから見て、まだ若いだろう、とおばさんはいってくれた。

母さんの飼っていた犬が死んだときと、同じくらいの年なのかもしれない。

陽太の母さんは三十二歳で亡くなった。親戚の人たちは、早すぎたね、若かったのに、と集まるたびにいっていた。陽太のクラスには、母親のいない生徒はほかにもいた。でも、病死でひとり親になった生徒は陽太だけだ。

母さんは冬の寒い日に、ガンで亡くなったという。病室の窓から外を見て春を待ち、桜が咲く日を楽しみにしていた、と聞かされた。

すが、それはどのようなことですか。最も適当なものを次の中から選びなさい。解答番号は【22】

① 豊かでぜい沢な暮らしが当たり前になっている現代の日本では、これ以上に手に入れたいものがなくなってしまったため、自由に生きることを求めるようになったということ。

② 高度経済成長を経て豊かな社会となった日本では、新しいものを手に入れたいという気持ちは既に満たされたため、人びとは自分らしく生きることを求めるようになったということ。

③ 豊かな社会となった日本で暮らす若者は、その豊かさを多くの人にも分け与えることを目指し、自分をさらに高めてくれる心理的な成長を求めるようになったということ。

④ 高度経済成長によって生活の水準が向上すると、より便利で効率の良い技術を活用し、精神的にも肉体的にも理想の自分を作り上げることを求めるようになったということ。

問八 傍線部⑦「『無限性の病』」とありますが、それはどのようなことですか。最も適当なものを次の中から選びなさい。解答番号は【23】

① 現代の若者は他者との関係の中で発見すべき個性を、関わりを絶って自らの閉じた世界の中にだけ求めるため、いつまでも見つけられずさまよっているということ。

② 個性とは他人よりも優れたところを強調すべきものであるため、常に一番になることを求めざるを得なくなり、どこまでも競争を続けなければならなくなるということ。

③ 個性とは本来他者が見つけるものであるため、自分だけにしかないものを求めたところでそのようなものは存在せず、満たされない思いがどこまでも続くということ。

④ 現代の若者たちの多くは、たとえ個性を見つけたとしても、他人から客観的に評価される機会がないため、いつまでも満足することのない状態になっているということ。

問九 本文の内容の説明として最も適当なものを次の中から選びなさい。解答番号は【24】

① 個性的であることを社会から求められる現代の若者は、本来は他人との相違から見出される個性を自己の内面から探そうとして、満たされない状態が続いてしまっている。それは近代化の終了した変化のない生活の中で、歴史感覚を持たなくなったからである。

② 経済成長が一段落して安定した社会で暮らす現代の子どもたちは、変化のない生活の中で「個性的な自分」を示すことでしか自己主張ができなくなっている。それはスポーツ報道の過剰演出を起因とする感動ノイローゼの影響を強く受けているからである。

③ 現代の若者は個性的に生きることに価値を置くあまり、社会や長い歴史の中で自分が存在するという観点を見失い、自己中心的に物事をとらえている。物質的な欲望を経済成長によって満たした現在、精神的な安定を求めて、海外での生活に関心を向けている。

④ 自分より優れた他者の存在を知ることで、より個性的であらねばならないという焦燥感を抱えている現代の若者は、さまざまな努力を重ね個性を追い求める。しかし、それにより人間関係において不和を引き起こしており、自己肯定感が満たされない状況が続いている。

問十 空欄[A]、[B]に当てはまる語句の組み合わせとして最も適当なものを次の中から選びなさい。解答番号は【25】

① A―抽象　B―具体　② A―絶対　B―相対
③ A―具体　B―抽象　④ A―相対　B―絶対
⑤ A―積極　B―消極　⑥ A―消極　B―積極

三

次の文章を読んで、後の問いに答えなさい。

母さんのいた部屋には、本がたくさんあった。母さんは、小学生のときいつも作文をほめられていたせいもあって、小説を書きたい

る社会性を持った人間が生みだされることもあるということ。

② 自分が個性的な存在であることを周りの人びとに認めてもらいたいという思考回路は、誰もが生まれながらにして持つものでありながら、社会的な価値観に影響されやすいものでもあるということ。

③ 現代の子どもたちが他者とは異なる自らの個性を必死に求める一方で、いずれはその個性を否定し、協調的な姿勢を身につけて社会に参入することが若者には求められているということ。

④ 他人との違いを示すことと他者と協調することとは対極にありながら、人びとが自分の個性を探し求めるのは、個性というものを期待する現代社会からの要望に応えようとするものであるということ。

問四 傍線部③「彼らは、まさしく『世界の中心』を生きているのです」とありますが、それはなぜですか。最も適当なものを次の中から選びなさい。解答番号は【19】

① 大きな変動のない世界に生きる若い人びとは、過去の積み重ねの上に現在が存在するという感覚に乏しく、目の前の現実だけしかとらえられないから。

② 近代化の一段落した社会しか知らない若い世代は、安定した自己の価値観に守られているので、自分こそが正しいという考え方にとらわれやすいから。

③ 日本が高度経済成長を遂げ、世界に注目されるほどの豊かな社会を築き上げてきたことで、日本の若者が他国の若者よりも自信に満ちているから。

④ 技術の発展によって簡単にリアリティを感じられるようになった若い人びとは、世界のすべてがあたかも目の前で展開されるように感じてしまうから。

問五 傍線部④「『病状』の大規模な連鎖」とありますが、それはどのようなことですか。最も適当なものを次の中から選びなさい。解答番号は【20】

① 近年のスポーツ・イベントにおいて、メディアが仕掛けた過剰な演出によって試合の判定が行われ、観客に病的な感動を引き起こさせてしまったということ。

② オリンピックの後はワールドカップであるというように、次から次へとイベントが用意されることによって、国民の興味を引くスポーツが画一的になっているということ。

③ 観客の異常なまでの感動への期待に応えるために、メディアが過剰な演出を用意するということが、近年のスポーツ・イベントにおいて次々と起こっているということ。

④ メディアによって準備されたさまざまなスポーツ・イベントにおいて起こる感動は、時や場所を越えて人から人へと伝わっていくということ。

問六 傍線部⑤「当時のイベントは、たんなる時の節目ではなく、新しい世界への扉でもありえました」とありますが、それはなぜですか。最も適当なものを次の中から選びなさい。解答番号は【21】

① オリンピックや万国博覧会は海外の最先端の技術によって運営されていたため、外国への憧れを強めるきっかけになったから。

② 高度経済成長期の日本では、さまざまなイベントが開催されるたびに、物心両面にわたってさらに豊かになることが期待できたから。

③ 高度経済成長期の日本人は華やかなイベントがあるたびに感動しながらも、経済発展よりも大切なものがあると気づきはじめたから。

④ 当時の貧しかった日本で行われたイベントは、予想を超える感動を人びとにもたらし、一時でも生活の苦しさを忘れさせてくれたから。

問七 傍線部⑥「すでに飽和してしまった物質的な欲望が、個性の探求という新たな欲望によって代替されはじめている」とありまの欲望についてこう述べています。「情念の欲求するものそれ自体がはじめからｆジュウ足を不可能にしている。激しくかきたてられる渇望は、獲得された成果がなんであろうと、つねにそれをふみこえてしまう。……したがって、渇望を充たすものがないまま、その心の苛立ちは、それ自体やすらぎもなく永久に続く」と。彼は、このような状態を、絶えざる焦燥感がもたらす⑦「無限性の病」と呼びました。

いまの若者たちは、自らの個性の発現について、この「無限性の病」にかかっているかのようです。「個性的であること」へと休みなく駆り立てられ、つねに強迫神経症的な不安におののいています。内閉的な個性志向とは、自らの内発性に重きをおく欲望であるはずなのに、その欲望は、内発的な欲求から切り離されて他律化し、社会的に駆動させられているのです。

したがって、「自分らしさ」の実現という目標には、定められた目標を達成できないという欲求不満とは違って、最終のゴールがありません。むしろ目標を追いかければ追いかけるほど、そのゴールもさらにレベルアップして無限に後退していきます。こうして、個性への欲望を際限なく肥大化させる悪循環のような文化規範のメカニズムが、現在の日本には作動しているのです。

（土井隆義『「個性」を煽られる子どもたち　親密圏の変容を考える』による）

注　※ＳＭＡＰ…日本の男性アイドルグループ。

問一　二重傍線部ａ～ｆと同一の漢字を使うものはどれですか。適当なものを後の中からそれぞれ一つ選びなさい。

ａ　セン在　解答番号は【11】
① セン水艦で探査を行う。　② 代表にセン出される。
③ セン天的な能力がある。　④ 右方向にセン回する。

ｂ　セツ実　解答番号は【12】
① 経費をセツ約する。　② その由来には諸セツある。
③ 懇セツ丁寧な指導。　④ 彼と直セツ話をしたい。

ｃ　ヨウ易　解答番号は【13】
① 内心の動ヨウを隠す。　② 失敗をヨウ認する。
③ 教室を借ヨウする。　④ ヨウ少期の思い出。

ｄ　傾トウ　解答番号は【14】
① 会社がトウ産する。
② 一トウの象を見た。
③ トウ率のとれたチーム。
④ 試合トウ日の予定を決める。

ｅ　余ユウ　解答番号は【15】
① 父の武ユウ伝。　② ユウ大な自然。
③ 富ユウな生活。　④ 試合でユウ勝する。

ｆ　ジュウ足　解答番号は【16】
① ジュウ役を任される。　② 携帯電話をジュウ電する。
③ 高速道路のジュウ滞。　④ 居ジュウ地を記入する。

問二　傍線部①「『個性的であること』は、彼らのあいだではもはや社会規範の一つと化している」とありますが、それはどのようなことですか。最も適当なものを次の中から選びなさい。解答番号は【17】

① 現代の子どもたちは、自分の夢を強く追い求めることが正しいという社会的理念のもと生活しているということ。
② 現代の子どもたちは、他者とは異なる存在であることを社会から強く求められているように感じているということ。
③ 現代の子どもたちは、それぞれの個性を発揮することをルールとし、大人とは違う若者の社会を形成しているということ。
④ 現代の子どもたちは、他者と異なることをするのは人間の生き方としてふさわしくないと教え込まれているということ。

問三　傍線部②「個性化もまた社会化の産物」とありますが、それはどのようなことですか。最も適当なものを次の中から選びなさい。解答番号は【18】

① 個性的であろうとすることと規則を守り行動しようとすることの両立は大変困難であるが、まれに両方を兼ねることのでき

リアリティを見出す感性は、等身大の関係性に限定されず、社会という超越的な実在に対してリアリティを感じさせる想像力の源となってきたのですが、昨今の歴史感覚の欠如によって、その想像力も失われつつあるのだといえます。

今回のアテネ・オリンピックもしかり、数年前のサッカー・ワールドカップもしかりですが、近年の日本人はさまざまなスポーツ・イベントに対して、あたかもそこが「世界の中心」であるかのように、神経症的に一瞬の感動を追い求める傾向を強めています。文芸評論家の渡部は、昨今のスポーツ報道の過剰演出を嘆いて、その背景に観客の感動ノイローゼがあるのではないかと指摘しています。本来感動とは、「たえず予期をこえた不意の事件としてのみ生起するものの別称に他ならぬ」はずですが、現在は、「事前に予定された幸福のごとく待ち受ける者たちの反復神経症的な虚無に向けて、『演出』の限りをつくすこと、スポーツを介した観客とテレビとのこの結託」が、スポーツ報道の過剰な演出を支えているというのです。彼は、近年のスポーツ・イベントの周囲には、このような④「病状」の大規模な連鎖が絶えず見受けられると述べています。

オリンピックにせよ、ワールドカップにせよ、いまの日本ではもはや「終わりなき日常」に根ざしたイベントと化しています。それらのイベントの前後で、世界はなんら変わらないからです。現在は、あらゆるものが予期化され、未来も現在とさほど変わらぬまま続いていくものと思えてしまいます。人びとは、お祭り騒ぎの後には、以前とまったく変わらない生活が舞い戻ってくるであろうことを確実に予感しているのです。新しくフロンティアを開拓する感動は、なかなか味わえないことをすでに知っているのです。だから、これらのイベントのなかに、強迫神経症的に一瞬の感動を追い求めようとするのです。

かつて貧しさを克服しつつあった時代、たとえば東京オリンピックや札幌オリンピック、さらには大阪万国博のときはそうではありませんでした。まだ、開拓すべきフロンティアがそこかしこに存在しえていたからです。それらのイベントの開催後には、開催前とは何かまったく違った世界が訪れるのではないかという期待を抱くことができました。その意味で、⑤当時のイベントは、たんなる時の節目ではなく、新しい世界への扉でもありえました。だから、そこには感動ノイローゼも存在しなかったのです。日々の生活そのものが、予期しえない出来事の連続であり、感動の素材はそこにいくらでも転がっていたからです。

昨今のスポーツ・イベントで見受けられるこの「感動」志向は、私たちが自己の内面的世界へと執着しはじめたことの表れの一つです。かつての貧しさが克服され、自己の内面的世界へと関心を向ける余eユウが生まれてきたにもかかわらず、そのときにはすでに感動の素材は現実の世界から消え去っていたのです。その意味で、感動ノイローゼは、感動の素材を見失った内面的世界に広がった現象といえるのではないでしょうか。

私たち日本人は、第二次大戦後の高度経済成長路線を邁進《まいしん》し、世界にもまれに見る豊かな社会を築き上げてきました。その結果、現在の日本では、物質的な欲望はほぼ飽和状態に達しています。そして、私たちは、物質的な欲望に代わって、「自分らしさ」の発現へとそのまなざしを変えはじめています。⑥すでに飽和してしまった物質的な欲望が、個性の探求という新たな欲望によって代替されはじめているのです。

しかし、現代の若者たちの多くに見受けられる内閉的な個性志向は、おそらく満足の域に達することはありえないでしょう。個性とは本来は［A］的なものであるはずなのに、内閉化した世界ではそれが［B］的なものとして感受されているからです。しかも、その欲求は内閉的に高められていくので、自らの分限を知るための社会的な視座がそこには存在しません。準拠点がないので、個性への欲望だけが無限に肥大しつづけることになるのです。

かつて、社会学者のデュルケムは、社会的に煽られる一方の人間の多くに共有された社会的なパーソナリティの特性にまでなっています。換言すれば、①「個性的であること」は、彼らのあいだではもはや社会規範の一つと化しているのです。

個性化と社会化は、それぞれ異化の側面と同化の側面をさす概念として、一般には対称的に用いられています。すなわち、個性化とは、「自分らしさ」を発揮すること、自分の持ち味を生かして他者とは異なる独自な存在として自己実現をめざすことであるのに対して、社会化とは、他者と共通の規範意識を身につけること、周囲の人びとと協調的な生活を送るために社会の一員として適切な価値観を身につけることだといわれています。

しかし、「個性的であることは素晴らしいことだ」との想いを、かつての社会とは異なって、現代では多くの人びとが共有しているのだとしたら、それはまぎれもなく社会現象の一つであり、したがってその想いは社会化の産物にほかならないといえます。「個性的であらねばならない」という規範がまず社会の側にあって、それを内面化させられているからこそ、そうなりたいと人びとはｂセツ実に願うようになるのです。

人間は、本来的に社会的な存在です。じつは、②個性化もまた社会化の産物であり、その様式の一つにすぎません。子どもたちは、「生来的な個性をもった自分」という自意識を、生まれながらに抱いているのではなく、むしろ社会生活のなかで期待され、獲得していくのです。その意味では、いささか逆説めいた言い方になりますが、社会化に対して彼らがリアリティを感じていないのは、内閉的な感受性を強調するようなかたちで、現在の社会化が進んでいるからなのです。現代の子どもたちは、「自分らしさ」の根源を、そのオンリー・ワンの根拠を、自らの内面世界へと探求していくように、ほかならぬ社会から煽られています。皮肉にも、社会化に意義を認めないようなその新たな社会規範に、否応なく拘束され社会化されているのです。

個性的な存在たることに価値を見出そうとする近年の傾向は、現在の日本に見受けられる歴史感覚の欠如と密接に関わっています。かつて、日々刻々と社会環境の変動していく近代化の過程では強力に自覚されていた歴史感覚が、昨今は急速に失われてきています。そして、過去の歴史と対話ができないということは、過去の無数の物語のうえに現在が成り立っているという事実に気づく契機を持ち合わせていないということでもあるのです。

社会が大きく変動を繰り返していれば、人びとはそこに歴史性をｃヨウ易に見出すことができます。時間の経過とともに、世界の構造がどんどん変わっていくからです。しかし、近代化のとりあえず終了した現代に生まれ育った若い人びとは、社会がすでに変動をやめてしまった時代を生きているため、自分たちのこの世界が大きな歴史の一コマにすぎず、その背後には膨大な物語が堆積していることを実感できないのです。彼らにとっては、現在のこの世界だけがリアリティをともなった世界のすべてとなっています。③彼らは、まさしく「世界の中心」を生きているのです。

このように考えるなら、昨今の若者たちの特徴である自己の内面的世界への傾ｄトウは、彼らの歴史感覚の欠如の反映であるということができます。歴史に対する想像力の欠如は、いわば社会に対するリアリティの衰退でもあるからです。社会に対するリアリティとは、社会が実在していることについての手触りのようなものです。その感覚が衰退してきているということは、等身大の関係をこえた超越的なものに対するリアリティを見失ってきているということでもあるのです。

したがって、若い人びとのあいだで、公共圏における一般的な他者との関係が成り立ちにくくなっているという事態は、じつは前章で述べたような親密圏の重さの増大のみに由来しているわけではありません。そもそも、公共圏における関係性を支えるための共通基盤がそこに存在しえなくなっているという側面もあるのです。これまで、自分たちの生きる世界に限定されず、歴史的なものに対して

二〇一九年度
日本大学鶴ヶ丘高等学校

【国　語】（六〇分）〈満点：一〇〇点〉

一

次の各問いに答えなさい。

問一　「基ジュン」の「ジュン」の漢字と部首が同じものを次の中から一つ選びなさい。解答番号は【1】

①　午　②　隼　③　雑　④　溝

問二　「厄介」の意味を次の中から一つ選びなさい。解答番号は【2】

①　不吉　②　災難　③　面倒　④　紹介

問三　対義語の組み合わせとして誤っているものを次の中から一つ選びなさい。解答番号は【3】

①　質疑―応答　②　勧善―懲悪
③　優柔―不断　④　形式―内容

問四　読み方の誤っているものを次の中から一つ選びなさい。解答番号は【4】

①　欠伸(のび)　②　胡坐(あぐら)
③　気質(かたぎ)　④　長閑(のどか)

問五　外来語とその意味の組み合わせとして正しいものを次の中から一つ選びなさい。解答番号は【5】

①　カオス―複雑　②　シニカル―虚無的な
③　シンボル―象徴　④　パトス―信頼

問六　「精神、身体がしっかりした」という意味の表現を次の中から一つ選びなさい。解答番号は【6】

①　筋金入り　②　鉄面皮
③　鉄は熱いうちに打て　④　寸鉄、人を刺す

問七　「彼の発言は確かなことらしい」の「らしい」と同じ用法のものを次の中から一つ選びなさい。解答番号は【7】

①　どうも彼女はうそつきらしい。
②　男らしい態度だと言えよう。
③　わざとらしいことをするな。
④　彼女は憎らしいことを言う。

問八　秋の季語を次の中から一つ選びなさい。解答番号は【8】

①　麦踏　②　風鈴　③　七夕　④　足袋

問九　「神」にかかる枕詞を次の中から一つ選びなさい。解答番号は【9】

①　あをによし　②　たらちねの
③　ちはやぶる　④　ひさかたの

問十　森鷗外の作品として適当でないものを次の中から一つ選びなさい。解答番号は【10】

①　雁　②　青年　③　舞姫　④　草枕

二

次の文章を読んで、後の問いに答えなさい。

二〇〇三年、「一人一人違う種を持つ……一つとして同じものはないから……もともと特別なOnly one」と歌う※SMAPの『世界に一つだけの花』が大ヒットしました。これは、「そのままの存在でいいんだよ」という癒やしの歌のようにも聞こえますが、見方を変えれば、どこにも「特別なOnly one」を見出せない自分には価値がないかのように思わせる煽《あお》りの歌ともいえます。

現代の子どもたちは、「個性的な自分」の実感をすでに得ているというよりも、むしろ何とかして個性的でありたいと願い、そうあらねばならないと焦っているのが実情でしょう。いまの平凡な自分は「本当の自分」ではない、「本当の自分」はもっと輝いているはずだ、彼らは、なんとかそう思い込もうと躍起になっています。

個性的な存在たることに究極の価値を置くこのような社会的圧力の下で、彼らは、自己の深淵に隠されているはずのaセン在的な可能性や適性を見出そうとあせり、絶えざる焦燥感へと駆り立てられています。その結果、個性に対するこのような強い志向性は、彼ら

2019年度／日本大学鶴ヶ丘高等学校

英語解答

1　【1】②　【2】①　【3】④
　【4】③　【5】②　【6】④

2　【7】③　【8】①　【9】③
　【10】②　【11】②　【12】②

3　イ　【13】…⑦　【14】…①
　ロ　【15】…⑥　【16】…③
　ハ　【17】…⑤　【18】…②
　ニ　【19】…⑦　【20】…②
　ホ　【21】…②　【22】…⑧
　ヘ　【23】…②　【24】…⑥

4　【25】④　【26】③　【27】①
　【28】⑥　【29】⑤　【30】⑦
　【31】②

5　【32】①　【33】①　【34】②
　【35】①　【36】①　【37】①
　【38】②　【39】②　【40】①
　【41】②

6　【42】③　【43】①　【44】④
　【45】①　【46】③

1〔放送問題〕解説省略

2〔適語（句）選択〕

【7】A：やあ，マイク。先週末は何をしたの？／B：図書館へ本を読みに行ったよ。//did you ～？と過去にしたことをきかれているので，過去形で答える。 go－went－gone

【8】（　）to study abroad は high school students を修飾する部分。「留学したがっている」という意味になる現在分詞の wanting が適切。このように，分詞で始まる2語以上の語句が名詞を修飾するときは名詞の後ろに置かれる。「彼は，留学したいと思っている高校生の数は増えていると言った」

【9】speak to ～で「～に話しかける」。この受け身形は be spoken to by ～「～に話しかけられる」となる。このように動詞句の受け身形は，過去分詞の後ろにその動詞句を構成する語（句）をそのままの順で置き，その後に「～によって」の by を置く。 「私は駅で突然外国人に話しかけられた」

【10】A：君とお子さんたち，新しい家はどんな感じ？／B：ああ，とても気に入ってるよ。古い家よりもずっと大きいんだ。//it は前に出てきた名詞そのものを，one は前に出てきた名詞と同じ種類の別の物を指すので，空所Aは the new house を指す it，空所Bは house を表す代名詞 one が適切。

【11】information は‘数えられない名詞’なので，複数形にはならない。「たくさんの～」という意味の a lot of ～や lots of ～は‘数えられる名詞’も‘数えられない名詞’も修飾できる。「彼女は質問をするのが得意で，多くの情報を知っている」

【12】‘比較級＋than any other＋単数名詞’で「他のどの～よりも…」。 「富士山は日本の他のどの山よりも高い」

3〔整序結合〕

イ．What book「どんな本」で始める。would like to ～で「～したい」なので，「お読みになりたいのですか」は would you like to read と表せる。 What book would you like to read?

ロ．「子どもたちに感じさせる」は‘make＋人＋動詞の原形’「〈人〉に～させる」の形で make children feel とまとめる。feel that ～で「～と感じる」なので，that の後に「世界は素晴らしいものに溢れている」を続ける。 be full of ～「～でいっぱいの」 I will do my best to make children feel that the world is full of wonderful things.

ハ．主語(Everything around me「私の周りの何もかも」)の後に動詞 was を置き，残りは‘so ～ that＋主語＋動詞’「とても～なので…」の形にまとめる。 Everything around me was so beautiful that I was truly happy.

ニ．Which subject「何の科目」で始める。「勉強するのが大変ですか」は，‘It is ～ for＋人＋to＋動詞の原形’「〈人〉にとって…するのは～だ」の疑問文の形で表せる。 Which subject is it hard for you to study?

ホ．Sometimes people don't が与えられているので，「人は時間が過ぎたことに気づかないことが時々ある」が先にくる。「～ことに気づく」は realize that ～。「好きなこと」は what を関係代名詞として用いて what they like と表せる。 Sometimes people don't realize that time has passed when they are doing what they like.

ヘ．「〈人〉に～するように言う」は‘tell＋人＋to＋動詞の原形’。tell の過去形は told。「～と同じくらい…」は‘as＋形容詞/副詞＋as ～’。 My mother told me to study as hard as my sister.

4〔対話文完成―適語句選択〕

≪全訳≫❶A：それで，屋根を修理するのにいくらかかるのかな？❷B：正直，よくわかりません。大体の数字をお伝えすることはできますが，確定ではありません。❸A：わかったよ，最悪いくらになるか教えてくれ。床の請求書ほどには高くならないだろう。❹B：うーん，わかりました。水による傷みとその他さまざまな作業ですね。２万くらいでしょうか。❺A：２万だって？ そんなばかな。その値段なら自分でできるよ。❻B：あの，他にもっと安いところもありますが，ほとんどがただのいい加減な業者です。職人の仕事じゃありません。❼A：君が正しいのかもしれないけれど，それでも…。それほどの大金は休暇の予定に差し障るよ。お金をかけずに行かなきゃならなくなるし，それにヨーロッパへ行けなくなる。❽B：ヨーロッパへ行く予定なんですか？❾A：ああ，遅ればせながらのハネムーンの予定なんだけど，また延期しないといけなくなるかもしれないな。ドイツとポーランドに行く予定にしていたんだ。❿B：そうですか，できれば，悪い知らせの担い手にはなりたくないですね。折り合いをつけませんか？⓫A：いいね，どんな提案をしてくれるんだい？⓬B：延べ払いのようなものはいかがでしょうか？ 結婚されてどのくらいですか？⓭A：うーん，４年くらいかな。⓮B：わかりました。こうしましょう。今回の作業へのお支払いは，その年数で，ということで。⓯A：本当？ 君は本当に頼りになる人だね。本当にありがとう！

【25】give you の後に続くので，‘give＋人＋物事’「〈人〉に〈物事〉を与える」の‘物事’に当たる部分，つまり名詞(句)が入ると推測する。選択肢の中で名詞(句)は，②，③，④，⑦だが，屋根の修理代をきかれたときの返答なので，number「数」のある④が入ると判断できる。ballpark には「概算，見当」という意味があるので，ballpark number で「おおよその数字」という意味になる。 【26】屋根の修理代を見積もっている場面。with water damage and...「水による傷みと…」に続く部分なので，③「その他さまざまな作業」が適切。 sundry「いろいろな」 【27】助動詞 will に続く部分なので，動詞で始まる①が適切。put a crimp in ～で「～を妨害する」という意味。 【28】修理代が高くつくとヨーロッパ旅行に行けなくなる，と言っているので，「安上がりで済まさなければならなくなる」という意味になる⑥が適切。 will have to ～「～しなければならないだろう」 on the cheap「安く，安上がりに」 【29】it's supposed の後に続くので，be supposed to ～「～することになっている」の形を考える。to から始まる選択肢で残っているのは⑤。この後にある delay it の it は，⑤の中の a belated honeymoon を指している。 belated「遅れた，時期遅れの」

【30】I never like to be「決して〜になりたくない」に続くのは，悪い知らせの担い手という意味の⑦。「新婚旅行を延期する」という悪い知らせの原因になりたくないと言っているのである。bearer「使者，運び手」　【31】支払いの延期を申し出てくれたことに対するお礼を言っている場面。stand-up「頼りになる，信用できる」

5〔長文読解—内容真偽—物語〕

≪全訳≫❶その年配の女性は，店内を見回した。「メガネ」と，彼女は心の中で思った。「ここにはメガネしかないわ」　何年も前，その店と町は，活気とエネルギーに満ちあふれていた。その町は，アメリカの砂漠の端にある何軒かの建物の集まりから，3000人を抱える中規模の都市になった。ワンホースというのがその町のいくぶんおもしろい名前だが，この名前をつけたのはトマス・ドナーという男で，彼が最初にここへ住みついたのだ。彼は金と冒険を求めて西部にやってきた。彼はカリフォルニアに向かったが，ウォバシュ山地，そしてグレートソルト砂漠を横断することは，彼の活力を奪い，彼は太平洋岸に住むという目標を断念した。❷伝えられているところによれば，ソルト砂漠の端に立ち，これを横断することがどれほど大変か考えているとき，彼は水の泡立つ音を聞いた。振り返ると，後ろには地面から湧き出る小さな泉が見え，そこでは彼の馬がちょうど歩を進めていたところだった。その水を飲むと甘いことがわかり，その晩はそこにとどまり，キャンプすることに決めた。翌日，風が再び吹き始め，ソルト砂漠はかつてないほど通り抜けることが難しいように見えた。1週間，トムは，小さなテントの中で身動きがとれず，持ってきた食料はほんのわずかだった。風がついにやんだとき，彼には旅を続けるのに十分な備えがなかった。彼は馬をくくりつけ，ソルト砂漠へ入って，他の旅行者たちに捨てられた物資を探した。彼は自分が見つけた物に驚いた。砂漠へ入ってそう遠くない所に，ベッド，たんす，荷馬車といった，あらゆる種類の生活必需品が，西部へ行く途中に衰弱しきって運び続けることができなくなった人々によって捨てられていたのだ。トムは，運べる物をできるかぎり拾って，野営地まで持ち帰った。彼は他の人々の荷馬車から得た木材を使って，建物の正面に店舗のついた小さな家を建て，他の旅行者たちがソルト砂漠を横断する前に，彼が見つけた物資を彼らに売った。❸時がたち，ワンホースは数軒の家から小さな村になった。そこの経済は，もともとはソルト砂漠から見つけた物を売ることで成り立っていたが，それが家畜の放牧へと変化した。鉄道が敷かれたとき，その町の人口は大幅に増加した。ワンホースには駅ができて，食用牛がアメリカ中に運ばれた。トム・ドナーは23年間この町の町長を務め，長生きして，列車に乗ってカリフォルニアと太平洋を見に行くことができた。それは，彼が何年も前に中断してしまった旅だった。❹しかし，町の繁栄は続かなかった。20世紀の半ば，幹線道路ができ，人々は列車に乗らなくなった。若者たちは戦争へと出ていき，広い世界を見た後では，ワンホースはもはや彼らには全く魅力がなかった。カウボーイは次々と亡くなり，家畜は食べられるか放牧のままになった。現在，21世紀の訪れまであと3年もないが，トム・ドナーのひ孫であるバーバラが，この町にたった1人残された。彼女は立ったまま店のショーウィンドウの中のほこりまみれのメガネを見てため息をついた。彼女は自分の店にいとまを告げて，背後のドアに鍵をかけた。彼女は日産の小さなトラックに乗り込み，夕焼けの中へと車を走らせた。ワンホースは今や幕を閉じたのだ。人気のない通りと見捨てられた建物の間を風がひゅうっと吹き抜けた。そこはまもなく砂漠に戻るだろう。

【32】「トムは最初，海の近くに住みたいと思っていた」…○　第1段落最終文に一致する。太平洋沿いに住みたいと思っていた。　【33】「年老いた女性は，町をつくった男性の親戚だ」…○　第4段落第5文参照。このBarbaraという女性は，第1段落冒頭に出てくる年老いた女性のことである。

【34】「水があり，家畜を育てるのに良い場所だったので，その町はつくられた」…×　第3段落第1，2文参照。家畜の放牧が始まったのは，後になってからのこと。　【35】「最初の家は他の人の木を

使って建てられた」…○　第２段落最終文前半に一致する。　【36】「トーマスは店でいろんな種類の物を売った」…○　第２段落最終文後半に一致する。　【37】「町が成長した最大の理由は，列車が町へやってきたことだ」…○　第３段落第３文に一致する。　【38】「トム・ドナーは海を見ることがなかった」…×　第３段落最終文参照。　【39】「ワンホースは森の近くにあった」…×　第１段落第４文参照。砂漠の端にあった。　【40】「道路は，ワンホースという町を破滅に追いやった原因の１つだった」…○　第４段落第１，２文参照。　【41】「現在ワンホースに住んでいるのは１人だけだ」…×　第４段落最後の３文参照。最後の１人も町を出てしまった。

6〔長文読解総合―説明文〕

≪全訳≫❶ピラミッドを見たことがあるだろうか。スフィンクスはどうだろう。そう，エジプトについて何か知っているなら，たぶんこれらを容易に思い出せるだろう。しかし，今日はそれらのことについて話したいのではない。私が話したいのは，その中にある絵画のことだ。そう，動物の頭と人間の体を持つあの不思議な人々のことだ。私にとって，それらについて最も奇妙なことは，変わった生き物ではなく，全てが平らに見えるという事実なのだ。実際，あらゆる美術は，人類の最初の数千年の間，これと同じようなものだったのだ。❷美術に対する最初の変化は，斜投影法とともに訪れた。それは，物体を取り上げてそれが立体的に見えるようにしようとした。これは物を互いの前に置く最初の美術様式だったが，それはまだ本物には見えなかった。というのも，どれだけ離れていても，全てが同じ大きさに見えたからだ。この種の美術は，日本の折り畳み式のついたて，すなわち屏風の多くに見ることができる。❸次の発展は，少し時代をさかのぼるように見える。というのも，物が再び本当に変な風に見え始めるからだ。中世美術では，以前見られたのと同じ様式の投影法を維持していたが，物や人を，それをどれだけ重要だと考えているかによって，違った大きさにしていた。この場合，王は周りの全ての建物よりも大きくなるだろう。彼はそれらより重要だったからだ。❹最後は，近代的に見える美術だ。これは遠近法の使用によってつくられている。芸術家は消失点，すなわち絵の中の全ての線が向かう点を選び，絵はその一点に集中する。これを行った最初の人物は，イタリアの画家フィリッポ・ブルネレスキだ。彼の絵は立体的であるだけでなく，本物の世界のように見える最初のものだった。❺皆さんがこの記事を楽しんで読んでくれたのならいいのだが。さて，少年少女たち，外に出て君の世界を描くのだ！

【42】＜内容一致＞「この文章はおそらく(　)からのものだ」―③「雑誌」　最終段落第１文に this article「この記事」とある。

【43】＜内容一致＞「男性と馬と家が並んだ絵を見て，絵の中の男性が家より大きければ，これはおそらく(　)の一例だろう」―①「中世の美術」　第３段落第２文参照。中世の絵画では，画家が重要だと思う人や物は大きく描かれた。

【44】＜要旨把握＞「次の絵を古い様式から新しい様式の順に並べてください」　A(全ての物が平ら)→D(遠近にかかわらず，全ての物が同じ大きさ)→C(重要だと思う人や物を大きく描く)→B(消失点に向かう遠近法)

【45】＜内容一致＞「本物の世界のように見える美術をつくった最初の人物は(　)出身だ」―①「イタリア」　第４段落第４文参照。

【46】＜語句解釈＞「第４段落のvanishingという語に最も意味が近いのは(　)だ」―③「disappearing」　the point where all lines in the picture go to「絵の中のあらゆる線が向かう点」が，a vanishing point の説明になっている。vanish，disappear はともに「消える」という意味。

数学解答

1 (1) 【1】…3　【2】…8　【3】…2
【4】…4
(2) 【5】…0　【6】…1　【7】…8
(3) 【8】…4　【9】…7　(4) 5
(5) 【11】…2　【12】…2

2 (1) 4　(2) 【14】…5　【15】…3
(3) 【16】…3　【17】…5

3 (1) 【18】…2　【19】…7
(2) 【20】…1　【21】…9　【22】…2
【23】…7

4 (1) 2　(2) 3
(3) 【26】…4　【27】…0

5 【28】…1　【29】…3　【30】…3
【31】…4　【32】…3　【33】…2

1〔独立小問集合題〕

(1)＜式の計算＞与式$=\dfrac{9}{16}a^2b^6\div\left(-\dfrac{27}{8}a^6b^9\right)\times\dfrac{9}{4}a^6b^7=\dfrac{9a^2b^6}{16}\times\left(-\dfrac{8}{27a^6b^9}\right)\times\dfrac{9a^6b^7}{4}=-\dfrac{9a^2b^6\times8\times9a^6b^7}{16\times27a^6b^9\times4}=-\dfrac{3}{8}a^2b^4$

(2)＜関数―変域＞関数$y=2x^2$は，xの絶対値が大きくなるほどyの値は大きくなるので，xの変域$-2\leqq x\leqq3$では，$x=0$のときyは最小，$x=3$のときyは最大となる。$x=0$のとき$y=0$，$x=3$のとき$y=2\times3^2=18$だから，yの変域は$0\leqq y\leqq18$となる。

(3)＜図形―角度＞右図のように，点A～Dを定め，点Bを通り直線lと平行な直線上に点Eをとる。$\angle DAB=180^\circ-130^\circ=50^\circ$であり，$l /\!/ BE$より錯角が等しいから，$\angle ABE=\angle DAB=50^\circ$となり，$\angle CBE=\angle ABC-\angle ABE=97^\circ-50^\circ=47^\circ$となる。$BE /\!/ m$より錯角が等しいから，$\angle x=\angle CBE=47^\circ$である。

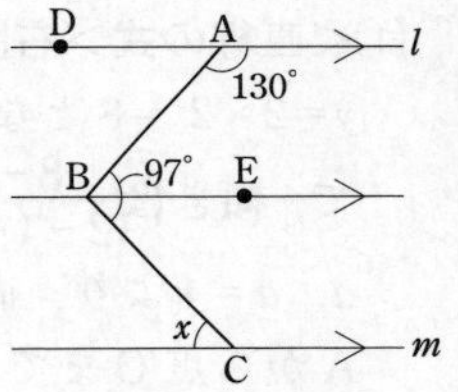

(4)＜数の性質＞$2310=2\times3\times5\times7\times11$より，$\dfrac{2310}{n}=\dfrac{2\times3\times5\times7\times11}{n}$となる。$n$は自然数だから，$\dfrac{2310}{n}$が素数になるとき，考えられる値は，2，3，5，7，11である。このとき，$n=3\times5\times7\times11=1155$，$2\times5\times7\times11=770$，$2\times3\times7\times11=462$，$2\times3\times5\times11=330$，$2\times3\times5\times7=210$だから，自然数$n$は5個ある。

(5)＜式の値＞与式$=x(x^2+4x+4)+4=x(x+2)^2+4$とし，$x=-2+\sqrt{2}$を代入すると，与式$=(-2+\sqrt{2})\{(-2+\sqrt{2})+2\}^2+4=(-2+\sqrt{2})\times(\sqrt{2})^2+4=(-2+\sqrt{2})\times2+4=-4+2\sqrt{2}+4=2\sqrt{2}$となる。

2〔資料の活用―度数分布表〕

《基本方針の決定》(2)　人数と得点の合計について方程式をつくる。

(1)＜最頻値＞$x=1$，$y=7$のとき，人数が最も多いのは，9人の4点だから，最頻値(モード)は4点となる。

(2)＜人数＞まず，人数の合計が40人だから，$3+2+x+9+4+7+y+2+3+2=40$が成り立ち，$x+y=8$……①となる。また，40人の平均値が5.1点だから，40人の得点の合計について，$1\times3+2\times2+3x+4\times9+5\times4+6\times7+7y+8\times2+9\times3+10\times2=5.1\times40$が成り立ち，$3x+7y+168=204$，$3x+7y=36$……②となる。①，②を連立方程式として解くと，①×3－②より，$3y-7y=24-36$，$-4y=-12$，$y=3$(人)となり，これを①に代入して，$x+3=8$，$x=5$(人)となる。

(3)＜人数の範囲＞人数が40人なので，中央値は，得点を小さい順に並べたときの20番目と21番目の平均である。中央値(メジアン)が5点で，5点の生徒は4人いるから，20番目と21番目はともに5点である。よって，得点が5点の4人は，18～21番目か19～22番目か20～23番目である。これより，4点以下は，17人か18人か19人である。4点以下の人数は$3+2+x+9=x+14$(人)だから，$x+14=17$より$x=3$，$x+14=18$より$x=4$，$x+14=19$より$x=5$となり，3点の生徒は，3人以上5人以下である。

3〔場合の数・確率―さいころ〕

≪基本方針の決定≫(2)　出る目の積が3の倍数にならない場合を考えるとよい。

(1)＜場合の数＞3回の出る目の数の積が奇数となるのは，3回とも奇数の目が出るときである。奇数の目は1，3，5の3通りあるから，1回目，2回目，3回目に奇数の目が出る場合はそれぞれ3通りであり，3回とも奇数の目が出る出方は$3\times3\times3=27$(通り)となる。

(2)＜確率＞さいころを3回投げるとき，全ての目の出方は$6\times6\times6=216$(通り)ある。このうち，出る目の数の積が3の倍数になるのは，3回の中で少なくとも1回3か6の目が出るときである。そこで，出る目の積が3の倍数にならない場合を考えると，これは，3回とも3，6以外の目が出るときである。3，6以外の目は1，2，4，5の4通りだから，3回とも3，6以外の目が出る場合は$4\times4\times4=64$(通り)ある。よって，少なくとも1回3か6の目が出る場合は$216-64=152$(通り)だから，求める確率は$\frac{152}{216}=\frac{19}{27}$である。

4〔関数―関数$y=ax^2$と直線〕

(1)＜直線の式＞右図1で，点Aは放物線$y=2x^2$上にあり，x座標が2なので，$y=2\times2^2=8$となり，A(2, 8)である。直線lは2点A，C$(-2,\ 0)$を通るので，傾きは$\frac{8-0}{2-(-2)}=\frac{8}{4}=2$となり，その式は$y=2x+a$とおけ，$0=-4+a$，$a=4$より，直線$l$の式は$y=2x+4$となる。次に，点Pは直線$l$上を点Aから点Cまで一定の速さで移動し，点Aから点Cまで4秒かかるので，点Aのx座標が2，点Cのx座標が-2であることから，点Pのx軸の負の方向に移動する速さは，$\{2-(-2)\}\div4=1$より，毎秒1である。よって，3秒後の点Pのx座標は$2-1\times3=-1$となる。y座標は$y=2\times(-1)+4=2$となるので，P$(-1,\ 2)$である。このとき，直線nの傾きは$\frac{0-2}{0-(-1)}=-2$となり，直線nの式は$y=-2x$となる。

図1

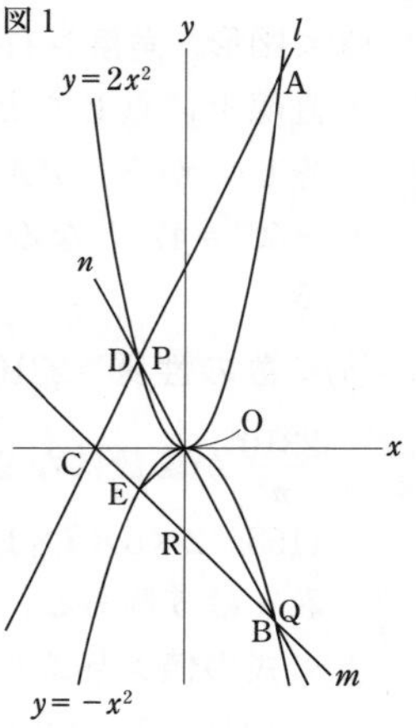

(2)＜面積＞右図1で，点Bは放物線$y=-x^2$上にあり，x座標が2だから，$y=-2^2=-4$より，B$(2,\ -4)$である。よって，直線mの傾きは$\frac{-4-0}{2-(-2)}=-1$となり，直線mの式を$y=-x+b$とおくと，$0=-(-2)+b$，$b=-2$となるので，直線mの式は$y=-x-2$である。点Eは放物線$y=-x^2$と直線mの交点だから，$-x^2=-x-2$，$x^2-x-2=0$，$(x-2)(x+1)=0$より，$x=2$，-1となり，点Eのx座標は-1となる。y座標は$y=-(-1)^2=-1$だから，E$(-1,\ -1)$である。また，点Qは，直線mと直線nの交点なので，$-x-2=-2x$より，$x=2$となり，$y=-2\times2=-4$より，Q$(2,\ -4)$である。直線mとy軸の交点をRとすると，R$(0,\ -2)$であり，OR$=2$となる。ORを底辺と見ると，△OERの高さは1，△OQRの高さは2だから，△OEQ＝△OER＋△OQR$=\frac{1}{2}\times2\times1+\frac{1}{2}\times2\times2=3$となる。

図2

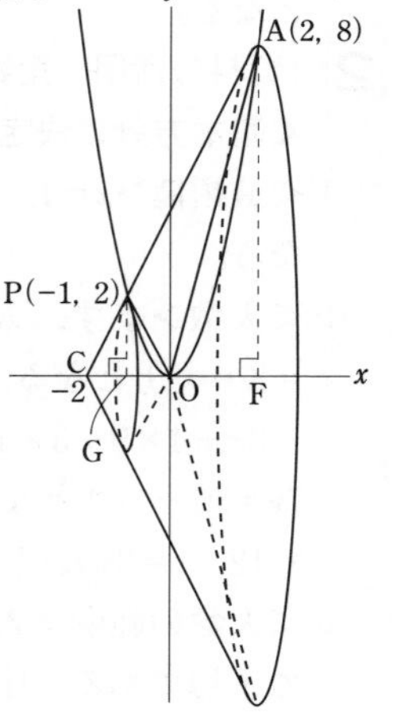

(3)＜体積＞右図2のように，点A，点Pからx軸に垂線を引き，交点をそれぞれF，Gとする。△OAPをx軸の周りに1回転させたときにできる立体

は，△ACFがつくる円錐から，△AOF，△PCG，△POGがつくる円錐を除いた立体である。A(2, 8)，P(−1, 2)，C(−2, 0)より，AF＝8，CF＝2−(−2)＝4，OF＝2，PG＝2，CG＝−1−(−2)＝1，OG＝0−(−1)＝1だから，△ACFがつくる円錐の体積は$\frac{1}{3}\times\pi\times AF^2\times CF=\frac{1}{3}\times\pi\times8^2\times4=\frac{256}{3}\pi$，△AOFがつくる円錐の体積は$\frac{1}{3}\times\pi\times AF^2\times OF=\frac{1}{3}\times\pi\times8^2\times2=\frac{128}{3}\pi$，△PCGがつくる円錐の体積は$\frac{1}{3}\times\pi\times PG^2\times CG=\frac{1}{3}\times\pi\times2^2\times1=\frac{4}{3}\pi$，△POGがつくる円錐の体積は$\frac{1}{3}\times\pi\times PG^2\times OG=\frac{1}{3}\times\pi\times2^2\times1=\frac{4}{3}\pi$となり，求める立体の体積は$\frac{256}{3}\pi-\frac{128}{3}\pi-\frac{4}{3}\pi-\frac{4}{3}\pi=40\pi$となる。

5〔関数—関数と図形〕

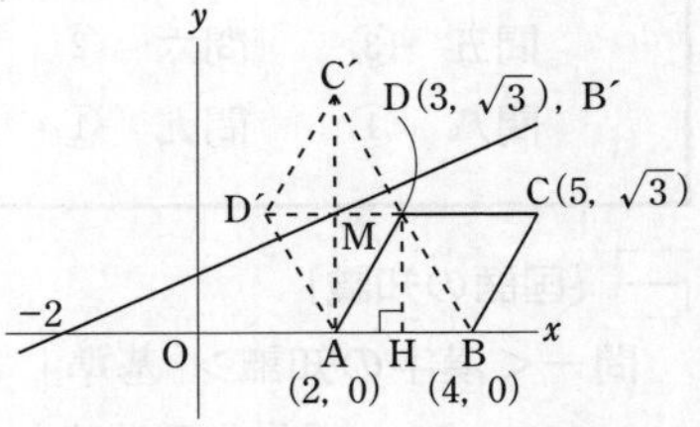

右図で，A(2, 0)，B(4, 0)より，AB＝4−2＝2である。また，D(3, $\sqrt{3}$)だから，点Dからx軸に垂線DHを引くと，AH＝3−2＝1，BH＝4−3＝1，DH＝$\sqrt{3}$となり，△ADH，△BDHで三平方の定理より，$AD=\sqrt{AH^2+DH^2}=\sqrt{1^2+(\sqrt{3})^2}=\sqrt{4}=2$，$BD=\sqrt{BH^2+DH^2}=\sqrt{1^2+(\sqrt{3})^2}=\sqrt{4}=2$となる。よって，AB＝AD＝BDだから，△ABDは正三角形であり，∠BAD＝60°である。これより，四角形ABCDを点Aを中心として反時計回りに60°回転させると，点Bは点Dのあった位置に移動する。ここで，四角形ABCDを点Aを中心として反時計回りに60°回転させた四角形をAB′C′D′とする。∠AB′D′＝∠ABD＝60°より，∠AB′D′＝∠BADとなるから，D′B′∥〔x軸〕となる。したがって，点D′のy座標は点Dのy座標と等しく$\sqrt{3}$である。また，B′D′＝BD＝2だから，点D′のx座標は3−2＝1となり，D′(1, $\sqrt{3}$)である。次に，D(3, $\sqrt{3}$)，C(5, $\sqrt{3}$)より，DCはx軸に平行で，DC＝5−3＝2だから，DC∥AB，DC＝ABとなり，四角形ABCDは平行四辺形である。よって，四角形AB′C′D′も平行四辺形だから，四角形AB′C′D′の面積を2等分する直線は，対角線AC′，D′B′の交点を通る。AC′とD′B′の交点をMとすると，点Mは線分D′B′の中点だから，そのx座標は$\frac{1+3}{2}=\frac{4}{2}=2$，$y$座標は$\sqrt{3}$となり，M(2, $\sqrt{3}$)である。求める直線は点Mと点(−2, 0)を通るので，傾きは$\frac{\sqrt{3}-0}{2-(-2)}=\frac{\sqrt{3}}{4}$となり，直線の式は$y=\frac{\sqrt{3}}{4}x+b$とおける。点(−2, 0)を通るから，$0=\frac{\sqrt{3}}{4}\times(-2)+b$より，$b=\frac{\sqrt{3}}{2}$となり，求める直線の式は$y=\frac{\sqrt{3}}{4}x+\frac{\sqrt{3}}{2}$となる。

国語解答

一 問一 ④　問二 ③　問三 ③
問四 ①　問五 ③　問六 ①
問七 ①　問八 ③　問九 ③
問十 ④

二 問一 a…①　b…③　c…②　d…①
e…③　f…②
問二 ②　問三 ④　問四 ①
問五 ③　問六 ②　問七 ②
問八 ①　問九 ①　問十 ④

三 問一 a…①　b…②　c…④
問二 ③　問三 ③　問四 ②
問五 ④　問六 ①　問七 ②
問八 ①　問九 ④　問十 ③
問十一 ②

四 問一 a…②　b…②　c…①　d…②
e…③
問二 ④　問三 ①　問四 ③
問五 ②　問六 ①　問七 ④

一〔国語の知識〕

問一＜漢字の知識＞「基準」と書く。「準」と「溝」の部首は「氵(さんずい)」。「午」の部首は「十(じゅう)」,「隼」と「雑」の部首は「隹(ふるとり)」。

問二＜語句＞「厄介」は，面倒なこと，困ったこと，という意味。

問三＜語句＞「優柔」と「不断」は類義語。「優柔」の対義語は「果敢」。

問四＜漢字＞「欠伸」は，「あくび」と読む。

問五＜語句＞「カオス」は混沌，「シニカル」は皮肉な，「パトス」は情熱，という意味。

問六＜慣用句＞「筋金入り」は，身体や思想などが十分に鍛えられていて強いさま。「鉄面皮」は，厚かましく恥知らずのこと。「鉄は熱いうちに打て」は，若いうちに鍛えよ，という意味。「寸鉄，人を刺す」は，短く鋭い言葉で人の急所を突く，という意味。

問七＜品詞＞「確かなことらしい」と「うそつきらしい」の「らしい」は，推定の助動詞。「男らしい」「わざとらしい」「憎らしい」の「らしい」は，いずれも形容詞の一部。

問八＜俳句の技法＞「麦踏」は，春の季語。「風鈴」は，夏の季語。「足袋」は，冬の季語。

問九＜和歌の技法＞「ちはやぶる」は，神，宇治などにかかる枕詞。「あをによし」は奈良，「たらちねの」は母など，「ひさかたの」は光，空などにかかる枕詞。

問十＜文学史＞『草枕』は，夏目漱石の小説。

二〔論説文の読解―社会学的分野―社会科学〕出典；土井隆義『「個性」を煽られる子どもたち　親密圏の変容を考える』。

≪本文の概要≫現代の子どもたちは，個性的であらねばならないという社会の圧力下で，自己の内面の可能性や適性を見出そうとして焦り，たえざる焦燥感へと駆り立てられている。個性化と社会化は対照的な概念であるはずだが，社会の側に「個性的であることは素晴らしいことだ」という規範がすでにある現代では，個性化することがすなわち社会化することとなっている。個性的な存在であることに価値を見出そうとする近年の傾向は，現在の日本に見受けられる歴史感覚の欠如と関係が深い。若者たちが自己の内面的世界へ傾倒するのも，歴史感覚の欠如が反映しているといえる。近年のさまざまなスポーツ・イベントで見受けられる「感動」志向も，私たちが自己の内面的世界へと執着し始めたことの表れの一つである。私たちは，物質的な欲望が飽和状態に達し，「自分らしさ」の発現，個性の探求という新たな欲望を抱くようになった。だが，現代の若者たちの，社会的に駆動させられた内閉的な個性志向は，準拠点も最終のゴールもないため，満たされることはない。

問一＜漢字＞a.「潜在」と書く。②は「選出」，③は「先天的」，④は「旋回」。　b.「切実」と書く。①は「節約」，②は「諸説」，④は「直接」。　c.「容易」と書く。①は「動揺」，③は「借用」，④は「幼少期」。　d.「傾倒」と書く。②は「一頭」，③は「統率」，④は「当日」。　e.「余裕」と書く。①は「武勇伝」，②は「雄大」，④は「優勝」。　f.「充足」と書く。①は「重役」，③は「渋滞」，④は「居住地」。

問二＜文章内容＞「現代の子どもたちは，『自分らしさ』の根源を，そのオンリー・ワンの根拠を，自らの内面世界へと探求していくように，ほかならぬ社会から煽られて」いるので，現代の子どもたちの間では，「個性的であること」が社会規範の一つと化しているといえるのである。

問三＜文章内容＞「個性化」とは，「他者とは異なる独自な存在として自己実現をめざすこと」であるのに対し，「社会化」とは，「周囲の人びとと協調的な生活を送るために社会の一員として適切な価値観を身につけること」であるから，二者は，本来，対立的な概念である。しかし，社会全体が「個性的であらねばならない」という規範を持っているとすれば，人々は，自分が個性的であるという自意識を「社会生活のなかで期待され，獲得していく」ことになる。現代の子どもたちは，他者と同化し協調するという「社会化」に意義を認めない新たな社会規範に応えようとするがゆえに，個性的であろうとしているのである。

問四＜文章内容＞社会が変動をやめた時代を生きる人々は，自分たちの世界が背後に膨大な物語の堆積した歴史の一コマに過ぎないことを実感できず，彼らには「現在のこの世界だけがリアリティをともなった世界のすべてとなって」いるから，「世界の中心」を生きていると思うのである。

問五＜文章内容＞スポーツを介した観客とテレビとの結託によって，「事前に予定された幸福のごとく待ち受ける」観客のために，テレビをはじめとするメディアが，「スポーツ報道の過剰な演出」をし，それに感動した観客がさらに大きな感動をメディアに求めようとするのである。

問六＜文章内容＞「貧しさを克服しつつあった時代」のイベントは，その「開催後には，開催前と何かまったく違った世界が訪れるのではないかという期待を抱くこと」ができたので，当時のイベントは，新しい世界への扉だったのである。

問七＜文章内容＞経済的に豊かになって，これ以上物質的に新しく求めるものがなくなってしまった現代人は，自分の個性を生かした生き方を求めるということを，物質的な欲望の代わりにしようとしているのである。

問八＜文章内容＞「個性とは本来は〈相対〉的なもの」であって，他者との相違の中にあるはずなのに，現代の若者は，他者との関わりを断った「内閉化した世界」の中で，「自己の深淵に隠されているはず」の個性を，「自らの内面世界へと探求していく」ため，個性を求める欲望は，永遠に満たされない欲望となっているのである。

問九＜要旨＞本来，他者との相違の中にあるはずの個性を，社会から煽られる形で追い求める現代の若者たちは，「自らの内面世界へと探求して」いこうとし，個性を求める欲望は，永遠に満たされない欲望となっているが，それは，近代化という社会の変動が終わった時代に生まれ育った世代が，この世界が大きな歴史の流れの一コマであることや，自分たちの背後にある膨大な物語の堆積を実感できないという歴史感覚の欠如と密接に関わっている(①…○)。

問十＜表現＞個性とは，本来は，他者との差異の中にあって相対的なものであるはずなのに，内閉化した世界では，「自己の内面的世界」にある「生来的な個性」という絶対的なものだと感じられている。

三〔小説の読解〕出典；西田俊也『ハルと歩いた』。

問一＜語句＞ａ．「町角」は，街頭，市街地の道路や広場のこと。　ｂ．「なじみのない」は，不慣れなさま，あまりよく知らないさま。　ｃ．「ささいな」は，ほんのちょっとしたさま。

問二＜文章内容＞「正反対」の二つの気持ちとは，母さんが写した文を読んだときの「気もちがらくになるような気」と，「言葉にならない軽い痛みのようなもの」のことである。

問三＜心情＞寿命の短い犬を「かわいそう」と言った陽太の言葉を聞き，「おばさん」は，何かをしようとも，蓄えを残しておこうとも，死ぬのが怖いとも思っていず，くよくよしないで，「いつだっていまだけを，力のかぎり生きてる」犬を「見ならわんとあかん」と，大切に思っている。「目を細めて」は，いとおしいものを見るときの表情。

問四＜文章内容＞陽太は，母の人生が「短いことのどこが悪いのか」と反発しており，「一生懸命生きた」に違いない母のことを，短命で不幸だったと決めつける人々の同情は，陽太の気に入らなかったのである。

問五＜文章内容＞「犬はいつもいまだけを懸命に生きている，という話」を聞かせてくれた「おばさん」のおかげで，陽太は，若くして亡くなった母についても，人生は「長さじゃない。一生懸命生きたかどうかが大切なのだ」と思えるようになったのである。

問六＜文章内容＞犬と散歩していて，「犬がいなければぜったいに話さなかったような人たちと出会って，話を」するなど，「いままでにないような経験」をした陽太は，犬を飼っていた少女時代の母に会えるなら，「子どもだったころの母さんは，犬といっしょに歩いて，どんなことを感じ，何を知った」のかを聞いてみたかった。

問七＜心情＞ナオに散歩に誘われて，陽太は，「ナオがそんなことをいうのは初めて」だったからうれしかったが，「ナオが何か特別なことをいおうとしているのが，わかった」ので，何を言われるのだろうかと思い，少し緊張したのである。

問八＜心情＞大学生の頃，「母さん」とケンカしたナオは，「母さん」が怒っていて「会ってくれないかも」と思い，「どきどきしながら，電話をした」が，喜んで迎えに来てくれたということを，当時ゆかりの「バス停」に立ち，懐かしく思い出しながら，陽太に語って聞かせた。

問九＜文章内容＞ナオは，「母さん」との思い出のある道を，「ひとりだったら，ここを歩けなかった」のである。だが，陽太や犬と一緒に歩いたことで，「ぼくらも今日，新しい思い出のタネをこの道に植えた」ことになり，「これでべつの思い出にぬりかえられた」と思えたのである。

問十＜心情＞ナオは，陽太が初めて「父さん」と呼んでくれたことが泣きそうなほどうれしかったので，言葉を発せなかったのである。「目をしばたたかせて」は，うれし涙がこぼれないようにしきりにまばたきをする様子の描写である。

問十一＜文章内容＞暗い道は，過去のつらい出来事や将来の不安など，向き合いたくない恐ろしいものの象徴である。だが，ナオを「父さん」と呼べるようになった陽太には，母は亡くなっているが，父と犬という家族がいる。陽太は，それを「ぼくらはひとつのむれだ」と力強く思えたので，どんな恐ろしいものや困難にも，家族でなら立ち向かっていけると思ったのである。

四〔古文の読解―物語〕出典；『平家物語』巻第六。

≪現代語訳≫(高倉天皇が)帝位におつきになった初めの頃，お年は十歳くらいにもなりなさったろうか，非常に紅葉を気に入りなさって，北の陣に小山を築かせ，ハジやカエデの色美しく紅葉したものを植えさせて，紅葉の山と名づけて，一日中ご覧になったが，それでもやはり満足なさらない。そのような折ある夜暴風がひどく吹いて，紅葉を全部吹き散らし，落葉が大変散らかった状態である。殿守の下級役人が朝の掃除をするということでこれ(紅葉の落葉)を全て掃き捨ててしまった。残った枝や散った木の葉をかき集めて，風が冷たかった朝なので，縫殿の陣で，(その紅葉の落葉を)酒を温めて飲んだ薪にしてしまった。紅葉の山の世話係の蔵人が，天皇がお出ましになるよりも前に(紅葉の山を整備しておこう)と急いで行ってみたところ(紅葉は)跡形もない。「(紅葉は)どうしたのだ」ときくと，こうこう(昨夜の暴風で全部散っていたので掃き捨てて酒を温める薪にした)と言う。蔵人はとても驚き，「ああとんでもない。天皇がそれほど執着してお思いになった紅葉を，このようにしたというあきれたことよ。(どうなるか)わからないぞ，お前たちは今すぐ投獄され流罪にもなってしまい，(管理人の)私の身もどんな天皇のお怒りにふれるだろうか」と嘆くところに，天皇が(いつもお早いのに今日は)いっそう早くご寝所をお出ましになるや否や，そこへお行きになって紅葉をご覧になったところ，(紅葉が)なかったので，「(紅葉は)どうした」とお尋ねなさったが，蔵人は申し上げようがない。(しかたがないので)ありのままに申し上げる。天皇はご機嫌が格別ご気分よさそうにお笑いになって，「『林間に酒を煖めて紅葉を焼く』という漢詩の趣旨を，お前たちには誰が教えたのだね。優美にもいたしたものだな」と言って，かえってご感動くださったうえに，特に天皇によるご処罰はなかった。

問一＜現代語訳＞a.「あきだる」は，十分満足する，という意味。「せ給ふ」は，二重尊敬で，〜なさる，という意味。「ず」は，打ち消しの助動詞で，〜ない，と訳す。　b.「すさまじ」は，風などが冷たく寒々しいさま。風が冷たく寒かったので，酒を温めて飲んだのである。「あした」は，朝のこと。　c.「あな」は，感動詞で，ああ，という意味。「あさまし」は，意外なことに驚きあきれるさま。　d.「逆鱗」は，君主の激しい怒りのこと。　e.「うち」は，接頭語。「ゑむ」は，笑う，という意味。「せ給ふ」は，二重尊敬で，〜なさる，という意味。

問二＜古文の内容理解＞「殿守のとものみやづこ」は，昨夜の暴風で散った紅葉を全て掃き捨てたことと，残った枝や散った木の葉をかき集めて，酒を温めて飲む薪にしたことを，「奉行の蔵人」に話したのである。

問三＜古典文法＞Ⅰ.「大きに」は，ナリ活用形用動詞「大きなり」の連用形。　Ⅱ.「なかり」は，ク活用形容詞「なし」の連用形。　Ⅲ.「御たづね」は，ご下問，という意味の名詞。

問四＜古文の内容理解＞「君」は，君主，という意味で，身分の高い人物を表す。「わが身」は，「奉行の蔵人」が，自分の身の上という意味で言った言葉である。

問五＜古文の内容理解＞「勅勘」は，天皇のお怒りによる処罰のこと。天皇は，「殿守のとものみやづこ」が，昨夜の暴風で散った紅葉を全て掃き捨て，残った枝や散った木の葉をかき集めて，酒を温めて飲む薪にした，ということを，「奉行の蔵人」から聞いて，白居易の漢詩に「林間で酒を温めるのに紅葉でたき火をする」という一節を実現するに等しい風流な振る舞いだと感心したので，紅葉を焼き捨てた下級役人を罰しなかったのである。

問六＜古文の内容理解＞高倉天皇は，幼少の頃から，漢詩の素養もあり，紅葉を愛でる風流な人物だった。高倉天皇は，大切に鑑賞していた紅葉を，酒を温める薪にしてしまったという下級役人の失敗をとがめることもなく，白居易の漢詩の一節を実現した風流な振る舞いだと思いなして許した。

問七＜文学史＞『おらが春』は，江戸時代後期に小林一茶が著した俳文集。『徒然草』は，鎌倉時代後期に兼好法師が著した随筆。『伊勢物語』は，平安時代初期に成立した歌物語。『太平記』は，室町時代に成立した軍記物語。

●要点チェック●　図形編―相似と平行線

◎相似な図形

相似……一方の図形を拡大または縮小して，他方の図形と合同となるとき，２つの図形は相似である。

・相似な図形の性質

１．対応する線分の長さの比はすべて等しい。
２．対応する角の大きさはそれぞれ等しい。

・三角形の相似条件

２つの三角形は次のどれかが成り立つとき相似である。
１．３組の辺の比がすべて等しい。
２．２組の辺の比とそのはさむ角がそれぞれ等しい。
３．２組の角がそれぞれ等しい。

1.
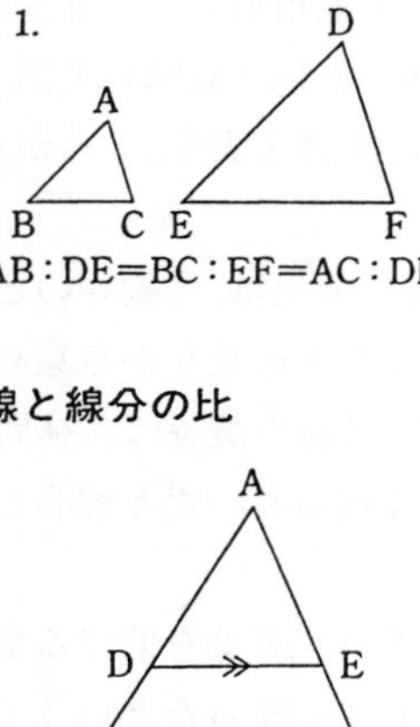

$AB:DE=BC:EF=AC:DF$

2.
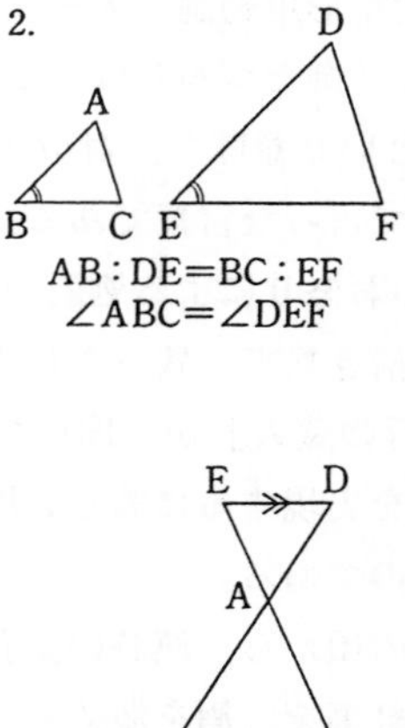

$AB:DE=BC:EF$
$\angle ABC=\angle DEF$

3.
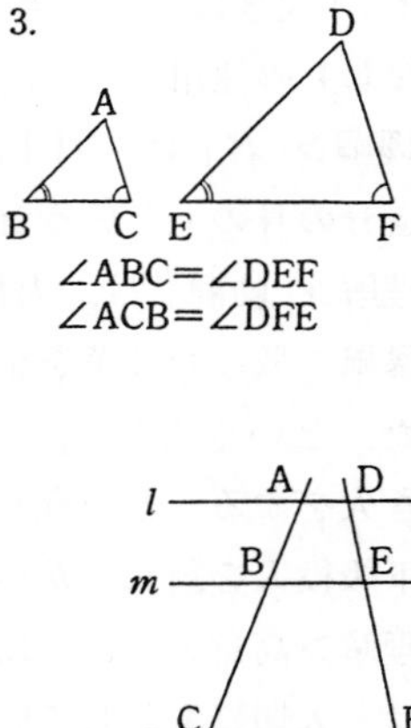

$\angle ABC=\angle DEF$
$\angle ACB=\angle DFE$

・平行線と線分の比

(DE//BC)
$AD:DB=AE:EC$
$AD:AB=DE:BC=AE:AC$

(ED//BC)
$AD:AB=DE:BC=AE:AC$

$(l /\!/ m /\!/ n)$
$AB:BC=DE:EF$

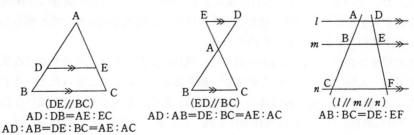

●要点チェック●　図形編―合同

◎図形の合同

合同……一方の図形を移動させて(ずらしたり《平行移動》，回したり《回転移動》，裏返したり《対称移動》して)，他方の図形に重ね合わせることのできるとき，この２つの図形は合同である。

・合同な図形の性質

１．対応する線分の長さは等しい。

２．対応する角の大きさは等しい。

・三角形の合同条件

２つの三角形は次のどれかが成り立つとき合同である。

１． ３組の辺がそれぞれ等しい。

２． ２組の辺とそのはさむ角がそれぞれ等しい。

３． １組の辺とその両端の角がそれぞれ等しい。

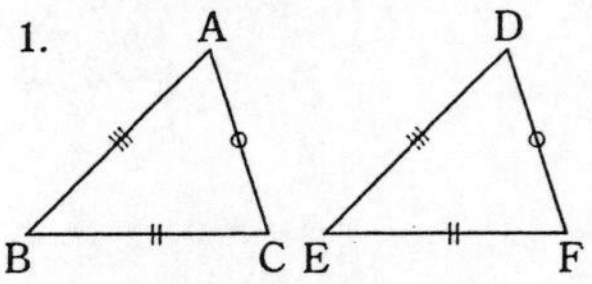

AB＝DE
BC＝EF
AC＝DF

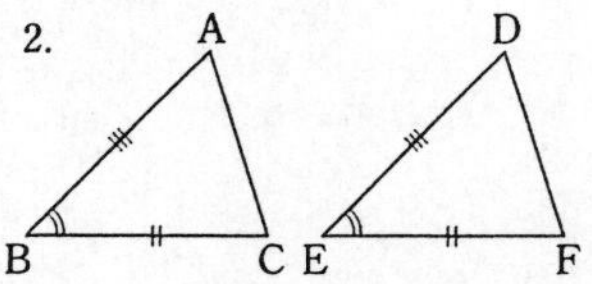

AB＝DE
BC＝EF
∠ABC＝∠DEF

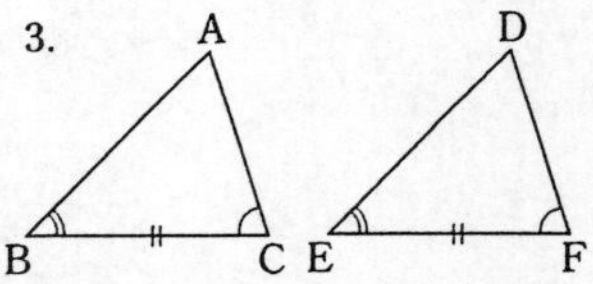

BC＝EF
∠ABC＝∠DEF
∠ACB＝∠DFE

・直角三角形の合同条件

２つの直角三角形は次のどちらかが成り立つとき合同である。

１．斜辺と１鋭角がそれぞれ等しい。

２．斜辺と他の１辺がそれぞれ等しい。

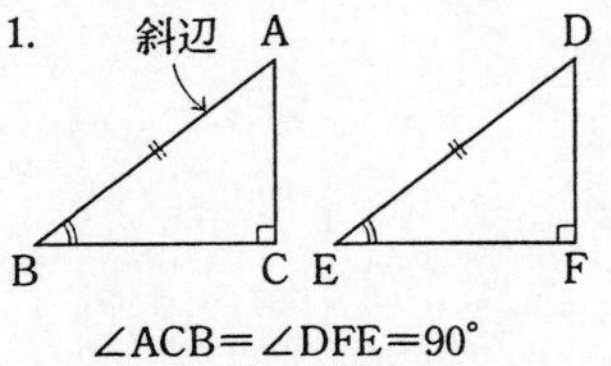

∠ACB＝∠DFE＝90°
AB＝DE
∠ABC＝∠DEF

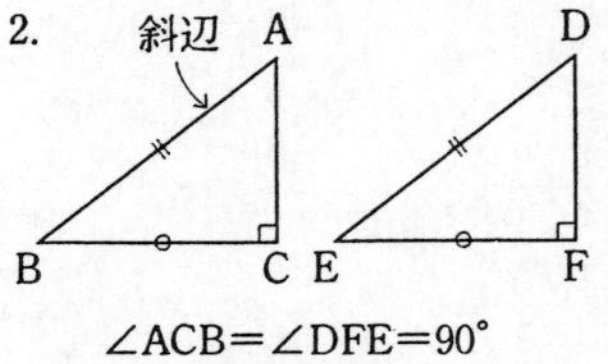

∠ACB＝∠DFE＝90°
AB＝DE
BC＝EF

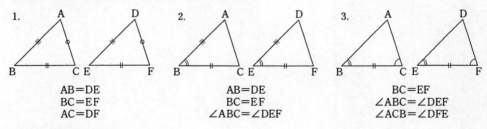

Memo

当社発行物の無断使用は固くお断りいたします。御使用の前はまずご相談ください。

当社発行物には500点余の首都圏中・高過去問をはじめ、6点の学校案内、そのほかいくつかの情報誌などがございます。その多くが年度版で、限られたスタッフが来るべき受験シーズン前に余裕を持って受験生へ届けられるよう、日夜作業にあたり出版を重ねております。

最近、通塾生ご父母や塾内部からの告発によって、いくつかの塾が許諾なしに当社過去問を複写（コピー）し生徒に配布、授業等にも使用していることが発覚し、その一部が紛争、係争に至っております。過去問には原著作者や管理団体、代行出版等のほか、当社に著作権がございます。当社としましては、著作権侵害の発覚に対しては著作権を有するこれらの著作権関係者にその事実を開示して、マスコミにリリースする場合や法的な措置を取る場合がございます。その事例としましては、毎年当社過去問の発行を待って自由にシステム化使用していたＡ塾、個別教室でコピーを生徒に解かせ指導していたＢ塾、冊子化していたＣ社、生徒の希望によって書籍の過去問代わりにコピーを配布していたＤ塾などがあります。

当社発行物の全部もしくは一部を無断使用することは固くお断りいたします。

当社コンテンツの中にはリーズナブルな設定で紙面の利用を許諾している塾もたくさんございますので、ご希望の方は、お気軽にご相談くださいますようお願いします。同時に、当社発行物を無断で使用している会社などにつきましての情報もお寄せいただければ幸いです。

株式会社 声の教育社

2025年度用

高校スーパー過去問

■編集人 声の教育社・編集部

■発行所 株式会社 声の教育社

〒162-0814 東京都新宿区新小川町8-15

☎03-5261-5061㈹ FAX03-5261-5062

https://www.koenokyoikusha.co.jp

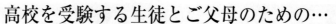

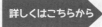

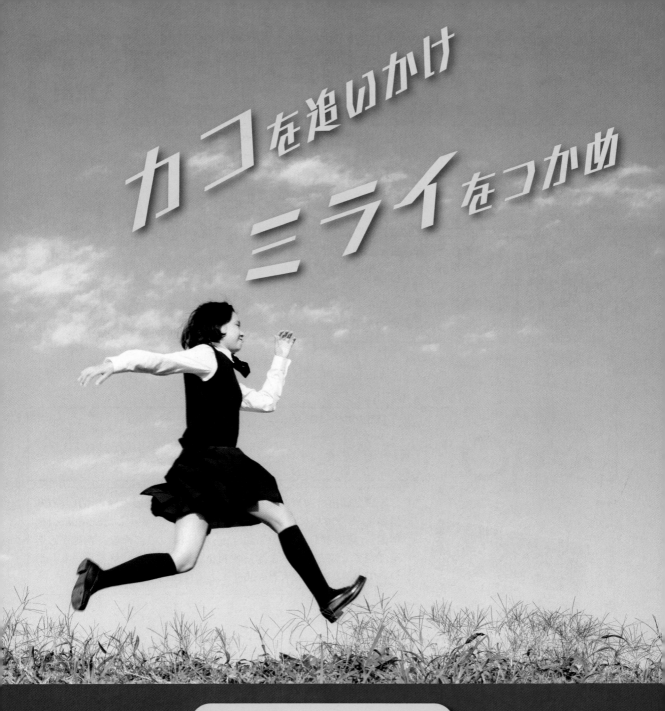

日本大学鶴ヶ丘高等学校

別冊 解答用紙

丁寧に抜きとって、別冊としてご使用ください。

注意

- ○ 解答用紙は、収録の都合により縮小したものや、小社独自に作成したものもあります。
- ○ 学校配点は学校発表のもの、推定配点は小社で作成したものです。
- ○ 無断転載を禁じます。
- ○ 解答用紙を拡大コピーする場合、表示した拡大率に対応する用紙サイズは以下のとおりです。
  101%～102%＝B5　103%～118%＝A4　119%～144%＝B4　145%～167%＝A3
  （タイトルと配点表は含みません）

2024年度　日本大学鶴ヶ丘高等学校

英語解答用紙

推定配点
1〜4 各2点×25　5 各3点×10　6 各4点×5
計　100点

受験番号	
氏　名	
中学校名	

注意事項
1. この用紙を折り曲げてはいけない。
2. マークすべきところ以外に印をつけたり、汚したりしてはいけない。

良い例	●
悪い例	⊘ ⊙ ◐

評点
/100

受験番号

①	①	①	①
②	②	②	②
③	③	③	③
④	④	④	④
⑤	⑤	⑤	⑤
⑥	⑥	⑥	⑥
⑦	⑦	⑦	⑦
⑧	⑧	⑧	⑧
⑨	⑨	⑨	⑨
⓪	⓪	⓪	⓪

解答欄

【1】	① ② ③ ④ ⑤ ⑥ ⑦ ⑧ ⑨ ⓪	【26】	① ② ③ ④ ⑤ ⑥ ⑦ ⑧ ⑨ ⓪	【51】	① ② ③ ④ ⑤ ⑥ ⑦ ⑧ ⑨ ⓪
【2】	① ② ③ ④ ⑤ ⑥ ⑦ ⑧ ⑨ ⓪	【27】	① ② ③ ④ ⑤ ⑥ ⑦ ⑧ ⑨ ⓪	【52】	① ② ③ ④ ⑤ ⑥ ⑦ ⑧ ⑨ ⓪
【3】	① ② ③ ④ ⑤ ⑥ ⑦ ⑧ ⑨ ⓪	【28】	① ② ③ ④ ⑤ ⑥ ⑦ ⑧ ⑨ ⓪	【53】	① ② ③ ④ ⑤ ⑥ ⑦ ⑧ ⑨ ⓪
【4】	① ② ③ ④ ⑤ ⑥ ⑦ ⑧ ⑨ ⓪	【29】	① ② ③ ④ ⑤ ⑥ ⑦ ⑧ ⑨ ⓪	【54】	① ② ③ ④ ⑤ ⑥ ⑦ ⑧ ⑨ ⓪
【5】	① ② ③ ④ ⑤ ⑥ ⑦ ⑧ ⑨ ⓪	【30】	① ② ③ ④ ⑤ ⑥ ⑦ ⑧ ⑨ ⓪	【55】	① ② ③ ④ ⑤ ⑥ ⑦ ⑧ ⑨ ⓪
【6】	① ② ③ ④ ⑤ ⑥ ⑦ ⑧ ⑨ ⓪	【31】	① ② ③ ④ ⑤ ⑥ ⑦ ⑧ ⑨ ⓪	【56】	① ② ③ ④ ⑤ ⑥ ⑦ ⑧ ⑨ ⓪
【7】	① ② ③ ④ ⑤ ⑥ ⑦ ⑧ ⑨ ⓪	【32】	① ② ③ ④ ⑤ ⑥ ⑦ ⑧ ⑨ ⓪	【57】	① ② ③ ④ ⑤ ⑥ ⑦ ⑧ ⑨ ⓪
【8】	① ② ③ ④ ⑤ ⑥ ⑦ ⑧ ⑨ ⓪	【33】	① ② ③ ④ ⑤ ⑥ ⑦ ⑧ ⑨ ⓪	【58】	① ② ③ ④ ⑤ ⑥ ⑦ ⑧ ⑨ ⓪
【9】	① ② ③ ④ ⑤ ⑥ ⑦ ⑧ ⑨ ⓪	【34】	① ② ③ ④ ⑤ ⑥ ⑦ ⑧ ⑨ ⓪	【59】	① ② ③ ④ ⑤ ⑥ ⑦ ⑧ ⑨ ⓪
【10】	① ② ③ ④ ⑤ ⑥ ⑦ ⑧ ⑨ ⓪	【35】	① ② ③ ④ ⑤ ⑥ ⑦ ⑧ ⑨ ⓪	【60】	① ② ③ ④ ⑤ ⑥ ⑦ ⑧ ⑨ ⓪
【11】	① ② ③ ④ ⑤ ⑥ ⑦ ⑧ ⑨ ⓪	【36】	① ② ③ ④ ⑤ ⑥ ⑦ ⑧ ⑨ ⓪	【61】	① ② ③ ④ ⑤ ⑥ ⑦ ⑧ ⑨ ⓪
【12】	① ② ③ ④ ⑤ ⑥ ⑦ ⑧ ⑨ ⓪	【37】	① ② ③ ④ ⑤ ⑥ ⑦ ⑧ ⑨ ⓪	【62】	① ② ③ ④ ⑤ ⑥ ⑦ ⑧ ⑨ ⓪
【13】	① ② ③ ④ ⑤ ⑥ ⑦ ⑧ ⑨ ⓪	【38】	① ② ③ ④ ⑤ ⑥ ⑦ ⑧ ⑨ ⓪	【63】	① ② ③ ④ ⑤ ⑥ ⑦ ⑧ ⑨ ⓪
【14】	① ② ③ ④ ⑤ ⑥ ⑦ ⑧ ⑨ ⓪	【39】	① ② ③ ④ ⑤ ⑥ ⑦ ⑧ ⑨ ⓪	【64】	① ② ③ ④ ⑤ ⑥ ⑦ ⑧ ⑨ ⓪
【15】	① ② ③ ④ ⑤ ⑥ ⑦ ⑧ ⑨ ⓪	【40】	① ② ③ ④ ⑤ ⑥ ⑦ ⑧ ⑨ ⓪	【65】	① ② ③ ④ ⑤ ⑥ ⑦ ⑧ ⑨ ⓪
【16】	① ② ③ ④ ⑤ ⑥ ⑦ ⑧ ⑨ ⓪	【41】	① ② ③ ④ ⑤ ⑥ ⑦ ⑧ ⑨ ⓪	【66】	① ② ③ ④ ⑤ ⑥ ⑦ ⑧ ⑨ ⓪
【17】	① ② ③ ④ ⑤ ⑥ ⑦ ⑧ ⑨ ⓪	【42】	① ② ③ ④ ⑤ ⑥ ⑦ ⑧ ⑨ ⓪	【67】	① ② ③ ④ ⑤ ⑥ ⑦ ⑧ ⑨ ⓪
【18】	① ② ③ ④ ⑤ ⑥ ⑦ ⑧ ⑨ ⓪	【43】	① ② ③ ④ ⑤ ⑥ ⑦ ⑧ ⑨ ⓪	【68】	① ② ③ ④ ⑤ ⑥ ⑦ ⑧ ⑨ ⓪
【19】	① ② ③ ④ ⑤ ⑥ ⑦ ⑧ ⑨ ⓪	【44】	① ② ③ ④ ⑤ ⑥ ⑦ ⑧ ⑨ ⓪	【69】	① ② ③ ④ ⑤ ⑥ ⑦ ⑧ ⑨ ⓪
【20】	① ② ③ ④ ⑤ ⑥ ⑦ ⑧ ⑨ ⓪	【45】	① ② ③ ④ ⑤ ⑥ ⑦ ⑧ ⑨ ⓪	【70】	① ② ③ ④ ⑤ ⑥ ⑦ ⑧ ⑨ ⓪
【21】	① ② ③ ④ ⑤ ⑥ ⑦ ⑧ ⑨ ⓪	【46】	① ② ③ ④ ⑤ ⑥ ⑦ ⑧ ⑨ ⓪	【71】	① ② ③ ④ ⑤ ⑥ ⑦ ⑧ ⑨ ⓪
【22】	① ② ③ ④ ⑤ ⑥ ⑦ ⑧ ⑨ ⓪	【47】	① ② ③ ④ ⑤ ⑥ ⑦ ⑧ ⑨ ⓪	【72】	① ② ③ ④ ⑤ ⑥ ⑦ ⑧ ⑨ ⓪
【23】	① ② ③ ④ ⑤ ⑥ ⑦ ⑧ ⑨ ⓪	【48】	① ② ③ ④ ⑤ ⑥ ⑦ ⑧ ⑨ ⓪	【73】	① ② ③ ④ ⑤ ⑥ ⑦ ⑧ ⑨ ⓪
【24】	① ② ③ ④ ⑤ ⑥ ⑦ ⑧ ⑨ ⓪	【49】	① ② ③ ④ ⑤ ⑥ ⑦ ⑧ ⑨ ⓪	【74】	① ② ③ ④ ⑤ ⑥ ⑦ ⑧ ⑨ ⓪
【25】	① ② ③ ④ ⑤ ⑥ ⑦ ⑧ ⑨ ⓪	【50】	① ② ③ ④ ⑤ ⑥ ⑦ ⑧ ⑨ ⓪	【75】	① ② ③ ④ ⑤ ⑥ ⑦ ⑧ ⑨ ⓪

（注）この解答用紙は実物を縮小してあります。Ｂ４用紙に139%拡大コピーすると、ほぼ実物大で使用できます。（タイトルと配点表は含みません）

2024年度　日本大学鶴ヶ丘高等学校

数学解答用紙

評点	/100

受験番号	
氏　名	
中学校名	

注意事項
1. この用紙を折り曲げてはいけない。
2. マークすべきところ以外に印をつけたり、汚したりしてはいけない。

良い例	●
悪い例	⊘ ⊙ ◐

受験番号			
①	①	①	①
②	②	②	②
③	③	③	③
④	④	④	④
⑤	⑤	⑤	⑤
⑥	⑥	⑥	⑥
⑦	⑦	⑦	⑦
⑧	⑧	⑧	⑧
⑨	⑨	⑨	⑨
⓪	⓪	⓪	⓪

解答欄

【1】	①②③④⑤⑥⑦⑧⑨⓪	【26】	①②③④⑤⑥⑦⑧⑨⓪	【51】	①②③④⑤⑥⑦⑧⑨⓪
【2】	①②③④⑤⑥⑦⑧⑨⓪	【27】	①②③④⑤⑥⑦⑧⑨⓪	【52】	①②③④⑤⑥⑦⑧⑨⓪
【3】	①②③④⑤⑥⑦⑧⑨⓪	【28】	①②③④⑤⑥⑦⑧⑨⓪	【53】	①②③④⑤⑥⑦⑧⑨⓪
【4】	①②③④⑤⑥⑦⑧⑨⓪	【29】	①②③④⑤⑥⑦⑧⑨⓪	【54】	①②③④⑤⑥⑦⑧⑨⓪
【5】	①②③④⑤⑥⑦⑧⑨⓪	【30】	①②③④⑤⑥⑦⑧⑨⓪	【55】	①②③④⑤⑥⑦⑧⑨⓪
【6】	①②③④⑤⑥⑦⑧⑨⓪	【31】	①②③④⑤⑥⑦⑧⑨⓪	【56】	①②③④⑤⑥⑦⑧⑨⓪
【7】	①②③④⑤⑥⑦⑧⑨⓪	【32】	①②③④⑤⑥⑦⑧⑨⓪	【57】	①②③④⑤⑥⑦⑧⑨⓪
【8】	①②③④⑤⑥⑦⑧⑨⓪	【33】	①②③④⑤⑥⑦⑧⑨⓪	【58】	①②③④⑤⑥⑦⑧⑨⓪
【9】	①②③④⑤⑥⑦⑧⑨⓪	【34】	①②③④⑤⑥⑦⑧⑨⓪	【59】	①②③④⑤⑥⑦⑧⑨⓪
【10】	①②③④⑤⑥⑦⑧⑨⓪	【35】	①②③④⑤⑥⑦⑧⑨⓪	【60】	①②③④⑤⑥⑦⑧⑨⓪
【11】	①②③④⑤⑥⑦⑧⑨⓪	【36】	①②③④⑤⑥⑦⑧⑨⓪	【61】	①②③④⑤⑥⑦⑧⑨⓪
【12】	①②③④⑤⑥⑦⑧⑨⓪	【37】	①②③④⑤⑥⑦⑧⑨⓪	【62】	①②③④⑤⑥⑦⑧⑨⓪
【13】	①②③④⑤⑥⑦⑧⑨⓪	【38】	①②③④⑤⑥⑦⑧⑨⓪	【63】	①②③④⑤⑥⑦⑧⑨⓪
【14】	①②③④⑤⑥⑦⑧⑨⓪	【39】	①②③④⑤⑥⑦⑧⑨⓪	【64】	①②③④⑤⑥⑦⑧⑨⓪
【15】	①②③④⑤⑥⑦⑧⑨⓪	【40】	①②③④⑤⑥⑦⑧⑨⓪	【65】	①②③④⑤⑥⑦⑧⑨⓪
【16】	①②③④⑤⑥⑦⑧⑨⓪	【41】	①②③④⑤⑥⑦⑧⑨⓪	【66】	①②③④⑤⑥⑦⑧⑨⓪
【17】	①②③④⑤⑥⑦⑧⑨⓪	【42】	①②③④⑤⑥⑦⑧⑨⓪	【67】	①②③④⑤⑥⑦⑧⑨⓪
【18】	①②③④⑤⑥⑦⑧⑨⓪	【43】	①②③④⑤⑥⑦⑧⑨⓪	【68】	①②③④⑤⑥⑦⑧⑨⓪
【19】	①②③④⑤⑥⑦⑧⑨⓪	【44】	①②③④⑤⑥⑦⑧⑨⓪	【69】	①②③④⑤⑥⑦⑧⑨⓪
【20】	①②③④⑤⑥⑦⑧⑨⓪	【45】	①②③④⑤⑥⑦⑧⑨⓪	【70】	①②③④⑤⑥⑦⑧⑨⓪
【21】	①②③④⑤⑥⑦⑧⑨⓪	【46】	①②③④⑤⑥⑦⑧⑨⓪	【71】	①②③④⑤⑥⑦⑧⑨⓪
【22】	①②③④⑤⑥⑦⑧⑨⓪	【47】	①②③④⑤⑥⑦⑧⑨⓪	【72】	①②③④⑤⑥⑦⑧⑨⓪
【23】	①②③④⑤⑥⑦⑧⑨⓪	【48】	①②③④⑤⑥⑦⑧⑨⓪	【73】	①②③④⑤⑥⑦⑧⑨⓪
【24】	①②③④⑤⑥⑦⑧⑨⓪	【49】	①②③④⑤⑥⑦⑧⑨⓪	【74】	①②③④⑤⑥⑦⑧⑨⓪
【25】	①②③④⑤⑥⑦⑧⑨⓪	【50】	①②③④⑤⑥⑦⑧⑨⓪	【75】	①②③④⑤⑥⑦⑧⑨⓪

(注) この解答用紙は実物を縮小してあります。Ｂ４用紙に139%拡大コピーすると、ほぼ実物大で使用できます。(タイトルと配点表は含みません)

推定配点

1 (1)～(5) 各4点×5　(6) 各2点×3　(7)～(10) 各4点×4
2 各5点×3
3 各5点×3〔28～31、32～38、39～47はそれぞれ完答〕
4 (1)、(2) 各5点×2　(3) 6点
5 各6点×2

計	100点

二〇二四年度　日本大学鶴ヶ丘高等学校

国語解答用紙

評点
/100

良い例	●
悪い例	∅ ⊙ ◑

注意事項
1. この用紙を折り曲げてはいけない。
2. マークすべきところ以外に印をつけたり、汚したりしてはいけない。

受験番号	
氏　名	
中学校名	

受験番号			
①	①	①	①
②	②	②	②
③	③	③	③
④	④	④	④
⑤	⑤	⑤	⑤
⑥	⑥	⑥	⑥
⑦	⑦	⑦	⑦
⑧	⑧	⑧	⑧
⑨	⑨	⑨	⑨
⓪	⓪	⓪	⓪

解答欄

【1】	① ② ③ ④ ⑤ ⑥ ⑦ ⑧ ⑨ ⓪
【2】	① ② ③ ④ ⑤ ⑥ ⑦ ⑧ ⑨ ⓪
【3】	① ② ③ ④ ⑤ ⑥ ⑦ ⑧ ⑨ ⓪
【4】	① ② ③ ④ ⑤ ⑥ ⑦ ⑧ ⑨ ⓪
【5】	① ② ③ ④ ⑤ ⑥ ⑦ ⑧ ⑨ ⓪
【6】	① ② ③ ④ ⑤ ⑥ ⑦ ⑧ ⑨ ⓪
【7】	① ② ③ ④ ⑤ ⑥ ⑦ ⑧ ⑨ ⓪
【8】	① ② ③ ④ ⑤ ⑥ ⑦ ⑧ ⑨ ⓪
【9】	① ② ③ ④ ⑤ ⑥ ⑦ ⑧ ⑨ ⓪
【10】	① ② ③ ④ ⑤ ⑥ ⑦ ⑧ ⑨ ⓪
【11】	① ② ③ ④ ⑤ ⑥ ⑦ ⑧ ⑨ ⓪
【12】	① ② ③ ④ ⑤ ⑥ ⑦ ⑧ ⑨ ⓪
【13】	① ② ③ ④ ⑤ ⑥ ⑦ ⑧ ⑨ ⓪
【14】	① ② ③ ④ ⑤ ⑥ ⑦ ⑧ ⑨ ⓪
【15】	① ② ③ ④ ⑤ ⑥ ⑦ ⑧ ⑨ ⓪
【16】	① ② ③ ④ ⑤ ⑥ ⑦ ⑧ ⑨ ⓪
【17】	① ② ③ ④ ⑤ ⑥ ⑦ ⑧ ⑨ ⓪
【18】	① ② ③ ④ ⑤ ⑥ ⑦ ⑧ ⑨ ⓪
【19】	① ② ③ ④ ⑤ ⑥ ⑦ ⑧ ⑨ ⓪
【20】	① ② ③ ④ ⑤ ⑥ ⑦ ⑧ ⑨ ⓪
【21】	① ② ③ ④ ⑤ ⑥ ⑦ ⑧ ⑨ ⓪
【22】	① ② ③ ④ ⑤ ⑥ ⑦ ⑧ ⑨ ⓪
【23】	① ② ③ ④ ⑤ ⑥ ⑦ ⑧ ⑨ ⓪
【24】	① ② ③ ④ ⑤ ⑥ ⑦ ⑧ ⑨ ⓪
【25】	① ② ③ ④ ⑤ ⑥ ⑦ ⑧ ⑨ ⓪

【26】	① ② ③ ④ ⑤ ⑥ ⑦ ⑧ ⑨ ⓪
【27】	① ② ③ ④ ⑤ ⑥ ⑦ ⑧ ⑨ ⓪
【28】	① ② ③ ④ ⑤ ⑥ ⑦ ⑧ ⑨ ⓪
【29】	① ② ③ ④ ⑤ ⑥ ⑦ ⑧ ⑨ ⓪
【30】	① ② ③ ④ ⑤ ⑥ ⑦ ⑧ ⑨ ⓪
【31】	① ② ③ ④ ⑤ ⑥ ⑦ ⑧ ⑨ ⓪
【32】	① ② ③ ④ ⑤ ⑥ ⑦ ⑧ ⑨ ⓪
【33】	① ② ③ ④ ⑤ ⑥ ⑦ ⑧ ⑨ ⓪
【34】	① ② ③ ④ ⑤ ⑥ ⑦ ⑧ ⑨ ⓪
【35】	① ② ③ ④ ⑤ ⑥ ⑦ ⑧ ⑨ ⓪
【36】	① ② ③ ④ ⑤ ⑥ ⑦ ⑧ ⑨ ⓪
【37】	① ② ③ ④ ⑤ ⑥ ⑦ ⑧ ⑨ ⓪
【38】	① ② ③ ④ ⑤ ⑥ ⑦ ⑧ ⑨ ⓪
【39】	① ② ③ ④ ⑤ ⑥ ⑦ ⑧ ⑨ ⓪
【40】	① ② ③ ④ ⑤ ⑥ ⑦ ⑧ ⑨ ⓪
【41】	① ② ③ ④ ⑤ ⑥ ⑦ ⑧ ⑨ ⓪
【42】	① ② ③ ④ ⑤ ⑥ ⑦ ⑧ ⑨ ⓪
【43】	① ② ③ ④ ⑤ ⑥ ⑦ ⑧ ⑨ ⓪
【44】	① ② ③ ④ ⑤ ⑥ ⑦ ⑧ ⑨ ⓪
【45】	① ② ③ ④ ⑤ ⑥ ⑦ ⑧ ⑨ ⓪
【46】	① ② ③ ④ ⑤ ⑥ ⑦ ⑧ ⑨ ⓪
【47】	① ② ③ ④ ⑤ ⑥ ⑦ ⑧ ⑨ ⓪
【48】	① ② ③ ④ ⑤ ⑥ ⑦ ⑧ ⑨ ⓪
【49】	① ② ③ ④ ⑤ ⑥ ⑦ ⑧ ⑨ ⓪
【50】	① ② ③ ④ ⑤ ⑥ ⑦ ⑧ ⑨ ⓪

【51】	① ② ③ ④ ⑤ ⑥ ⑦ ⑧ ⑨ ⓪
【52】	① ② ③ ④ ⑤ ⑥ ⑦ ⑧ ⑨ ⓪
【53】	① ② ③ ④ ⑤ ⑥ ⑦ ⑧ ⑨ ⓪
【54】	① ② ③ ④ ⑤ ⑥ ⑦ ⑧ ⑨ ⓪
【55】	① ② ③ ④ ⑤ ⑥ ⑦ ⑧ ⑨ ⓪
【56】	① ② ③ ④ ⑤ ⑥ ⑦ ⑧ ⑨ ⓪
【57】	① ② ③ ④ ⑤ ⑥ ⑦ ⑧ ⑨ ⓪
【58】	① ② ③ ④ ⑤ ⑥ ⑦ ⑧ ⑨ ⓪
【59】	① ② ③ ④ ⑤ ⑥ ⑦ ⑧ ⑨ ⓪
【60】	① ② ③ ④ ⑤ ⑥ ⑦ ⑧ ⑨ ⓪
【61】	① ② ③ ④ ⑤ ⑥ ⑦ ⑧ ⑨ ⓪
【62】	① ② ③ ④ ⑤ ⑥ ⑦ ⑧ ⑨ ⓪
【63】	① ② ③ ④ ⑤ ⑥ ⑦ ⑧ ⑨ ⓪
【64】	① ② ③ ④ ⑤ ⑥ ⑦ ⑧ ⑨ ⓪
【65】	① ② ③ ④ ⑤ ⑥ ⑦ ⑧ ⑨ ⓪
【66】	① ② ③ ④ ⑤ ⑥ ⑦ ⑧ ⑨ ⓪
【67】	① ② ③ ④ ⑤ ⑥ ⑦ ⑧ ⑨ ⓪
【68】	① ② ③ ④ ⑤ ⑥ ⑦ ⑧ ⑨ ⓪
【69】	① ② ③ ④ ⑤ ⑥ ⑦ ⑧ ⑨ ⓪
【70】	① ② ③ ④ ⑤ ⑥ ⑦ ⑧ ⑨ ⓪
【71】	① ② ③ ④ ⑤ ⑥ ⑦ ⑧ ⑨ ⓪
【72】	① ② ③ ④ ⑤ ⑥ ⑦ ⑧ ⑨ ⓪
【73】	① ② ③ ④ ⑤ ⑥ ⑦ ⑧ ⑨ ⓪
【74】	① ② ③ ④ ⑤ ⑥ ⑦ ⑧ ⑨ ⓪
【75】	① ② ③ ④ ⑤ ⑥ ⑦ ⑧ ⑨ ⓪

（注）この解答用紙は実物を縮小してあります。Ｂ４用紙に139%拡大コピーすると、ほぼ実物大で使用できます。（タイトルと配点表は含みません）

推定配点

一　各２点×10

二　問一～問九　各２点×13　問十　３点　問十一　２点

三　問一　各２点×３　問二～問七　各３点×６　問八　２点

四　問一～問五　各２点×８　問六　３点　問七、問八　各２点×２

計
100点

2023年度　日本大学鶴ヶ丘高等学校

英語解答用紙

評点
/100

受験番号	
氏　名	
中学校名	

注意事項
1. この用紙を折り曲げてはいけない。
2. マークすべきところ以外に印をつけたり、汚したりしてはいけない。

良い例	●
悪い例	∅ ⊙ ◐

受験番号			
①	①	①	①
②	②	②	②
③	③	③	③
④	④	④	④
⑤	⑤	⑤	⑤
⑥	⑥	⑥	⑥
⑦	⑦	⑦	⑦
⑧	⑧	⑧	⑧
⑨	⑨	⑨	⑨
⓪	⓪	⓪	⓪

解答欄

【1】	①②③④⑤⑥⑦⑧⑨⓪	【26】	①②③④⑤⑥⑦⑧⑨⓪	【51】	①②③④⑤⑥⑦⑧⑨⓪
【2】	①②③④⑤⑥⑦⑧⑨⓪	【27】	①②③④⑤⑥⑦⑧⑨⓪	【52】	①②③④⑤⑥⑦⑧⑨⓪
【3】	①②③④⑤⑥⑦⑧⑨⓪	【28】	①②③④⑤⑥⑦⑧⑨⓪	【53】	①②③④⑤⑥⑦⑧⑨⓪
【4】	①②③④⑤⑥⑦⑧⑨⓪	【29】	①②③④⑤⑥⑦⑧⑨⓪	【54】	①②③④⑤⑥⑦⑧⑨⓪
【5】	①②③④⑤⑥⑦⑧⑨⓪	【30】	①②③④⑤⑥⑦⑧⑨⓪	【55】	①②③④⑤⑥⑦⑧⑨⓪
【6】	①②③④⑤⑥⑦⑧⑨⓪	【31】	①②③④⑤⑥⑦⑧⑨⓪	【56】	①②③④⑤⑥⑦⑧⑨⓪
【7】	①②③④⑤⑥⑦⑧⑨⓪	【32】	①②③④⑤⑥⑦⑧⑨⓪	【57】	①②③④⑤⑥⑦⑧⑨⓪
【8】	①②③④⑤⑥⑦⑧⑨⓪	【33】	①②③④⑤⑥⑦⑧⑨⓪	【58】	①②③④⑤⑥⑦⑧⑨⓪
【9】	①②③④⑤⑥⑦⑧⑨⓪	【34】	①②③④⑤⑥⑦⑧⑨⓪	【59】	①②③④⑤⑥⑦⑧⑨⓪
【10】	①②③④⑤⑥⑦⑧⑨⓪	【35】	①②③④⑤⑥⑦⑧⑨⓪	【60】	①②③④⑤⑥⑦⑧⑨⓪
【11】	①②③④⑤⑥⑦⑧⑨⓪	【36】	①②③④⑤⑥⑦⑧⑨⓪	【61】	①②③④⑤⑥⑦⑧⑨⓪
【12】	①②③④⑤⑥⑦⑧⑨⓪	【37】	①②③④⑤⑥⑦⑧⑨⓪	【62】	①②③④⑤⑥⑦⑧⑨⓪
【13】	①②③④⑤⑥⑦⑧⑨⓪	【38】	①②③④⑤⑥⑦⑧⑨⓪	【63】	①②③④⑤⑥⑦⑧⑨⓪
【14】	①②③④⑤⑥⑦⑧⑨⓪	【39】	①②③④⑤⑥⑦⑧⑨⓪	【64】	①②③④⑤⑥⑦⑧⑨⓪
【15】	①②③④⑤⑥⑦⑧⑨⓪	【40】	①②③④⑤⑥⑦⑧⑨⓪	【65】	①②③④⑤⑥⑦⑧⑨⓪
【16】	①②③④⑤⑥⑦⑧⑨⓪	【41】	①②③④⑤⑥⑦⑧⑨⓪	【66】	①②③④⑤⑥⑦⑧⑨⓪
【17】	①②③④⑤⑥⑦⑧⑨⓪	【42】	①②③④⑤⑥⑦⑧⑨⓪	【67】	①②③④⑤⑥⑦⑧⑨⓪
【18】	①②③④⑤⑥⑦⑧⑨⓪	【43】	①②③④⑤⑥⑦⑧⑨⓪	【68】	①②③④⑤⑥⑦⑧⑨⓪
【19】	①②③④⑤⑥⑦⑧⑨⓪	【44】	①②③④⑤⑥⑦⑧⑨⓪	【69】	①②③④⑤⑥⑦⑧⑨⓪
【20】	①②③④⑤⑥⑦⑧⑨⓪	【45】	①②③④⑤⑥⑦⑧⑨⓪	【70】	①②③④⑤⑥⑦⑧⑨⓪
【21】	①②③④⑤⑥⑦⑧⑨⓪	【46】	①②③④⑤⑥⑦⑧⑨⓪	【71】	①②③④⑤⑥⑦⑧⑨⓪
【22】	①②③④⑤⑥⑦⑧⑨⓪	【47】	①②③④⑤⑥⑦⑧⑨⓪	【72】	①②③④⑤⑥⑦⑧⑨⓪
【23】	①②③④⑤⑥⑦⑧⑨⓪	【48】	①②③④⑤⑥⑦⑧⑨⓪	【73】	①②③④⑤⑥⑦⑧⑨⓪
【24】	①②③④⑤⑥⑦⑧⑨⓪	【49】	①②③④⑤⑥⑦⑧⑨⓪	【74】	①②③④⑤⑥⑦⑧⑨⓪
【25】	①②③④⑤⑥⑦⑧⑨⓪	【50】	①②③④⑤⑥⑦⑧⑨⓪	【75】	①②③④⑤⑥⑦⑧⑨⓪

（注）この解答用紙は実物を縮小してあります。Ｂ４用紙に139%拡大コピーすると、ほぼ実物大で使用できます。（タイトルと配点表は含みません）

推定配点	
1～4 各2点×25 5 各3点×10 6 各4点×5	
計	100点

2023年度 日本大学鶴ヶ丘高等学校

数学解答用紙

受験番号	
氏　名	
中学校名	

注意事項
1. この用紙を折り曲げてはいけない。
2. マークすべきところ以外に印をつけたり、汚したりしてはいけない。

良い例	●
悪い例	⌀ ⊙ ◐

受験番号			
①	①	①	①
②	②	②	②
③	③	③	③
④	④	④	④
⑤	⑤	⑤	⑤
⑥	⑥	⑥	⑥
⑦	⑦	⑦	⑦
⑧	⑧	⑧	⑧
⑨	⑨	⑨	⑨
⓪	⓪	⓪	⓪

解答欄

【1】	① ② ③ ④ ⑤ ⑥ ⑦ ⑧ ⑨ ⓪
【2】	① ② ③ ④ ⑤ ⑥ ⑦ ⑧ ⑨ ⓪
【3】	① ② ③ ④ ⑤ ⑥ ⑦ ⑧ ⑨ ⓪
【4】	① ② ③ ④ ⑤ ⑥ ⑦ ⑧ ⑨ ⓪
【5】	① ② ③ ④ ⑤ ⑥ ⑦ ⑧ ⑨ ⓪
【6】	① ② ③ ④ ⑤ ⑥ ⑦ ⑧ ⑨ ⓪
【7】	① ② ③ ④ ⑤ ⑥ ⑦ ⑧ ⑨ ⓪
【8】	① ② ③ ④ ⑤ ⑥ ⑦ ⑧ ⑨ ⓪
【9】	① ② ③ ④ ⑤ ⑥ ⑦ ⑧ ⑨ ⓪
【10】	① ② ③ ④ ⑤ ⑥ ⑦ ⑧ ⑨ ⓪
【11】	① ② ③ ④ ⑤ ⑥ ⑦ ⑧ ⑨ ⓪
【12】	① ② ③ ④ ⑤ ⑥ ⑦ ⑧ ⑨ ⓪
【13】	① ② ③ ④ ⑤ ⑥ ⑦ ⑧ ⑨ ⓪
【14】	① ② ③ ④ ⑤ ⑥ ⑦ ⑧ ⑨ ⓪
【15】	① ② ③ ④ ⑤ ⑥ ⑦ ⑧ ⑨ ⓪
【16】	① ② ③ ④ ⑤ ⑥ ⑦ ⑧ ⑨ ⓪
【17】	① ② ③ ④ ⑤ ⑥ ⑦ ⑧ ⑨ ⓪
【18】	① ② ③ ④ ⑤ ⑥ ⑦ ⑧ ⑨ ⓪
【19】	① ② ③ ④ ⑤ ⑥ ⑦ ⑧ ⑨ ⓪
【20】	① ② ③ ④ ⑤ ⑥ ⑦ ⑧ ⑨ ⓪
【21】	① ② ③ ④ ⑤ ⑥ ⑦ ⑧ ⑨ ⓪
【22】	① ② ③ ④ ⑤ ⑥ ⑦ ⑧ ⑨ ⓪
【23】	① ② ③ ④ ⑤ ⑥ ⑦ ⑧ ⑨ ⓪
【24】	① ② ③ ④ ⑤ ⑥ ⑦ ⑧ ⑨ ⓪
【25】	① ② ③ ④ ⑤ ⑥ ⑦ ⑧ ⑨ ⓪
【26】	① ② ③ ④ ⑤ ⑥ ⑦ ⑧ ⑨ ⓪
【27】	① ② ③ ④ ⑤ ⑥ ⑦ ⑧ ⑨ ⓪
【28】	① ② ③ ④ ⑤ ⑥ ⑦ ⑧ ⑨ ⓪
【29】	① ② ③ ④ ⑤ ⑥ ⑦ ⑧ ⑨ ⓪
【30】	① ② ③ ④ ⑤ ⑥ ⑦ ⑧ ⑨ ⓪
【31】	① ② ③ ④ ⑤ ⑥ ⑦ ⑧ ⑨ ⓪
【32】	① ② ③ ④ ⑤ ⑥ ⑦ ⑧ ⑨ ⓪
【33】	① ② ③ ④ ⑤ ⑥ ⑦ ⑧ ⑨ ⓪
【34】	① ② ③ ④ ⑤ ⑥ ⑦ ⑧ ⑨ ⓪
【35】	① ② ③ ④ ⑤ ⑥ ⑦ ⑧ ⑨ ⓪
【36】	① ② ③ ④ ⑤ ⑥ ⑦ ⑧ ⑨ ⓪
【37】	① ② ③ ④ ⑤ ⑥ ⑦ ⑧ ⑨ ⓪
【38】	① ② ③ ④ ⑤ ⑥ ⑦ ⑧ ⑨ ⓪
【39】	① ② ③ ④ ⑤ ⑥ ⑦ ⑧ ⑨ ⓪
【40】	① ② ③ ④ ⑤ ⑥ ⑦ ⑧ ⑨ ⓪
【41】	① ② ③ ④ ⑤ ⑥ ⑦ ⑧ ⑨ ⓪
【42】	① ② ③ ④ ⑤ ⑥ ⑦ ⑧ ⑨ ⓪
【43】	① ② ③ ④ ⑤ ⑥ ⑦ ⑧ ⑨ ⓪
【44】	① ② ③ ④ ⑤ ⑥ ⑦ ⑧ ⑨ ⓪
【45】	① ② ③ ④ ⑤ ⑥ ⑦ ⑧ ⑨ ⓪
【46】	① ② ③ ④ ⑤ ⑥ ⑦ ⑧ ⑨ ⓪
【47】	① ② ③ ④ ⑤ ⑥ ⑦ ⑧ ⑨ ⓪
【48】	① ② ③ ④ ⑤ ⑥ ⑦ ⑧ ⑨ ⓪
【49】	① ② ③ ④ ⑤ ⑥ ⑦ ⑧ ⑨ ⓪
【50】	① ② ③ ④ ⑤ ⑥ ⑦ ⑧ ⑨ ⓪
【51】	① ② ③ ④ ⑤ ⑥ ⑦ ⑧ ⑨ ⓪
【52】	① ② ③ ④ ⑤ ⑥ ⑦ ⑧ ⑨ ⓪
【53】	① ② ③ ④ ⑤ ⑥ ⑦ ⑧ ⑨ ⓪
【54】	① ② ③ ④ ⑤ ⑥ ⑦ ⑧ ⑨ ⓪
【55】	① ② ③ ④ ⑤ ⑥ ⑦ ⑧ ⑨ ⓪
【56】	① ② ③ ④ ⑤ ⑥ ⑦ ⑧ ⑨ ⓪
【57】	① ② ③ ④ ⑤ ⑥ ⑦ ⑧ ⑨ ⓪
【58】	① ② ③ ④ ⑤ ⑥ ⑦ ⑧ ⑨ ⓪
【59】	① ② ③ ④ ⑤ ⑥ ⑦ ⑧ ⑨ ⓪
【60】	① ② ③ ④ ⑤ ⑥ ⑦ ⑧ ⑨ ⓪
【61】	① ② ③ ④ ⑤ ⑥ ⑦ ⑧ ⑨ ⓪
【62】	① ② ③ ④ ⑤ ⑥ ⑦ ⑧ ⑨ ⓪
【63】	① ② ③ ④ ⑤ ⑥ ⑦ ⑧ ⑨ ⓪
【64】	① ② ③ ④ ⑤ ⑥ ⑦ ⑧ ⑨ ⓪
【65】	① ② ③ ④ ⑤ ⑥ ⑦ ⑧ ⑨ ⓪
【66】	① ② ③ ④ ⑤ ⑥ ⑦ ⑧ ⑨ ⓪
【67】	① ② ③ ④ ⑤ ⑥ ⑦ ⑧ ⑨ ⓪
【68】	① ② ③ ④ ⑤ ⑥ ⑦ ⑧ ⑨ ⓪
【69】	① ② ③ ④ ⑤ ⑥ ⑦ ⑧ ⑨ ⓪
【70】	① ② ③ ④ ⑤ ⑥ ⑦ ⑧ ⑨ ⓪
【71】	① ② ③ ④ ⑤ ⑥ ⑦ ⑧ ⑨ ⓪
【72】	① ② ③ ④ ⑤ ⑥ ⑦ ⑧ ⑨ ⓪
【73】	① ② ③ ④ ⑤ ⑥ ⑦ ⑧ ⑨ ⓪
【74】	① ② ③ ④ ⑤ ⑥ ⑦ ⑧ ⑨ ⓪
【75】	① ② ③ ④ ⑤ ⑥ ⑦ ⑧ ⑨ ⓪

評点
／100

（注）この解答用紙は実物を縮小してあります。Ｂ４用紙に139%拡大コピーすると、ほぼ実物大で使用できます。（タイトルと配点表は含みません）

推定配点
1 (1)～(5) 各4点×5　(6) 各2点×3　(7) 4点
2、3 各5点×5
4 各6点×3
5 各5点×3
6 各6点×2
計　100点

二〇二三年度 日本大学鶴ケ丘高等学校

国語解答用紙

評点
/100

受験番号	
氏　名	
中学校名	

注意事項
1. この用紙を折り曲げてはいけない。
2. マークすべきところ以外に印をつけたり、汚したりしてはいけない。

良い例	●
悪い例	∅ ⊙ ◐

受験番号			
①	①	①	①
②	②	②	②
③	③	③	③
④	④	④	④
⑤	⑤	⑤	⑤
⑥	⑥	⑥	⑥
⑦	⑦	⑦	⑦
⑧	⑧	⑧	⑧
⑨	⑨	⑨	⑨
⓪	⓪	⓪	⓪

解答欄

【1】	①②③④⑤⑥⑦⑧⑨⓪
【2】	①②③④⑤⑥⑦⑧⑨⓪
【3】	①②③④⑤⑥⑦⑧⑨⓪
【4】	①②③④⑤⑥⑦⑧⑨⓪
【5】	①②③④⑤⑥⑦⑧⑨⓪
【6】	①②③④⑤⑥⑦⑧⑨⓪
【7】	①②③④⑤⑥⑦⑧⑨⓪
【8】	①②③④⑤⑥⑦⑧⑨⓪
【9】	①②③④⑤⑥⑦⑧⑨⓪
【10】	①②③④⑤⑥⑦⑧⑨⓪
【11】	①②③④⑤⑥⑦⑧⑨⓪
【12】	①②③④⑤⑥⑦⑧⑨⓪
【13】	①②③④⑤⑥⑦⑧⑨⓪
【14】	①②③④⑤⑥⑦⑧⑨⓪
【15】	①②③④⑤⑥⑦⑧⑨⓪
【16】	①②③④⑤⑥⑦⑧⑨⓪
【17】	①②③④⑤⑥⑦⑧⑨⓪
【18】	①②③④⑤⑥⑦⑧⑨⓪
【19】	①②③④⑤⑥⑦⑧⑨⓪
【20】	①②③④⑤⑥⑦⑧⑨⓪
【21】	①②③④⑤⑥⑦⑧⑨⓪
【22】	①②③④⑤⑥⑦⑧⑨⓪
【23】	①②③④⑤⑥⑦⑧⑨⓪
【24】	①②③④⑤⑥⑦⑧⑨⓪
【25】	①②③④⑤⑥⑦⑧⑨⓪

【26】	①②③④⑤⑥⑦⑧⑨⓪
【27】	①②③④⑤⑥⑦⑧⑨⓪
【28】	①②③④⑤⑥⑦⑧⑨⓪
【29】	①②③④⑤⑥⑦⑧⑨⓪
【30】	①②③④⑤⑥⑦⑧⑨⓪
【31】	①②③④⑤⑥⑦⑧⑨⓪
【32】	①②③④⑤⑥⑦⑧⑨⓪
【33】	①②③④⑤⑥⑦⑧⑨⓪
【34】	①②③④⑤⑥⑦⑧⑨⓪
【35】	①②③④⑤⑥⑦⑧⑨⓪
【36】	①②③④⑤⑥⑦⑧⑨⓪
【37】	①②③④⑤⑥⑦⑧⑨⓪
【38】	①②③④⑤⑥⑦⑧⑨⓪
【39】	①②③④⑤⑥⑦⑧⑨⓪
【40】	①②③④⑤⑥⑦⑧⑨⓪
【41】	①②③④⑤⑥⑦⑧⑨⓪
【42】	①②③④⑤⑥⑦⑧⑨⓪
【43】	①②③④⑤⑥⑦⑧⑨⓪
【44】	①②③④⑤⑥⑦⑧⑨⓪
【45】	①②③④⑤⑥⑦⑧⑨⓪
【46】	①②③④⑤⑥⑦⑧⑨⓪
【47】	①②③④⑤⑥⑦⑧⑨⓪
【48】	①②③④⑤⑥⑦⑧⑨⓪
【49】	①②③④⑤⑥⑦⑧⑨⓪
【50】	①②③④⑤⑥⑦⑧⑨⓪

【51】	①②③④⑤⑥⑦⑧⑨⓪
【52】	①②③④⑤⑥⑦⑧⑨⓪
【53】	①②③④⑤⑥⑦⑧⑨⓪
【54】	①②③④⑤⑥⑦⑧⑨⓪
【55】	①②③④⑤⑥⑦⑧⑨⓪
【56】	①②③④⑤⑥⑦⑧⑨⓪
【57】	①②③④⑤⑥⑦⑧⑨⓪
【58】	①②③④⑤⑥⑦⑧⑨⓪
【59】	①②③④⑤⑥⑦⑧⑨⓪
【60】	①②③④⑤⑥⑦⑧⑨⓪
【61】	①②③④⑤⑥⑦⑧⑨⓪
【62】	①②③④⑤⑥⑦⑧⑨⓪
【63】	①②③④⑤⑥⑦⑧⑨⓪
【64】	①②③④⑤⑥⑦⑧⑨⓪
【65】	①②③④⑤⑥⑦⑧⑨⓪
【66】	①②③④⑤⑥⑦⑧⑨⓪
【67】	①②③④⑤⑥⑦⑧⑨⓪
【68】	①②③④⑤⑥⑦⑧⑨⓪
【69】	①②③④⑤⑥⑦⑧⑨⓪
【70】	①②③④⑤⑥⑦⑧⑨⓪
【71】	①②③④⑤⑥⑦⑧⑨⓪
【72】	①②③④⑤⑥⑦⑧⑨⓪
【73】	①②③④⑤⑥⑦⑧⑨⓪
【74】	①②③④⑤⑥⑦⑧⑨⓪
【75】	①②③④⑤⑥⑦⑧⑨⓪

（注）この解答用紙は実物を縮小してあります。Ｂ４用紙に139％拡大コピーすると、ほぼ実物大で使用できます。（タイトルと配点表は含みません）

推定配点	
一 各２点×10 二 問一～問九 各２点×13 問十 ３点 問十一 ２点 三 問一 各２点×３ 問二 ３点 問三～問七 各２点×５ 問八 ３点 問九 ２点 四 問一～問七 各２点×10 問八 ３点 問九 ２点	
100点	計

2022年度　日本大学鶴ヶ丘高等学校

英語解答用紙

受験番号	
氏　名	
中学校名	

評点
/100

解答欄

【1】	①	②	③	④	⑤	⑥	⑦	⑧	⑨	⓪
【2】	①	②	③	④	⑤	⑥	⑦	⑧	⑨	⓪
【3】	①	②	③	④	⑤	⑥	⑦	⑧	⑨	⓪
【4】	①	②	③	④	⑤	⑥	⑦	⑧	⑨	⓪
【5】	①	②	③	④	⑤	⑥	⑦	⑧	⑨	⓪
【6】	①	②	③	④	⑤	⑥	⑦	⑧	⑨	⓪
【7】	①	②	③	④	⑤	⑥	⑦	⑧	⑨	⓪
【8】	①	②	③	④	⑤	⑥	⑦	⑧	⑨	⓪
【9】	①	②	③	④	⑤	⑥	⑦	⑧	⑨	⓪
【10】	①	②	③	④	⑤	⑥	⑦	⑧	⑨	⓪
【11】	①	②	③	④	⑤	⑥	⑦	⑧	⑨	⓪
【12】	①	②	③	④	⑤	⑥	⑦	⑧	⑨	⓪
【13】	①	②	③	④	⑤	⑥	⑦	⑧	⑨	⓪
【14】	①	②	③	④	⑤	⑥	⑦	⑧	⑨	⓪
【15】	①	②	③	④	⑤	⑥	⑦	⑧	⑨	⓪
【16】	①	②	③	④	⑤	⑥	⑦	⑧	⑨	⓪
【17】	①	②	③	④	⑤	⑥	⑦	⑧	⑨	⓪
【18】	①	②	③	④	⑤	⑥	⑦	⑧	⑨	⓪
【19】	①	②	③	④	⑤	⑥	⑦	⑧	⑨	⓪
【20】	①	②	③	④	⑤	⑥	⑦	⑧	⑨	⓪
【21】	①	②	③	④	⑤	⑥	⑦	⑧	⑨	⓪
【22】	①	②	③	④	⑤	⑥	⑦	⑧	⑨	⓪
【23】	①	②	③	④	⑤	⑥	⑦	⑧	⑨	⓪
【24】	①	②	③	④	⑤	⑥	⑦	⑧	⑨	⓪
【25】	①	②	③	④	⑤	⑥	⑦	⑧	⑨	⓪

【26】	①	②	③	④	⑤	⑥	⑦	⑧	⑨	⓪
【27】	①	②	③	④	⑤	⑥	⑦	⑧	⑨	⓪
【28】	①	②	③	④	⑤	⑥	⑦	⑧	⑨	⓪
【29】	①	②	③	④	⑤	⑥	⑦	⑧	⑨	⓪
【30】	①	②	③	④	⑤	⑥	⑦	⑧	⑨	⓪
【31】	①	②	③	④	⑤	⑥	⑦	⑧	⑨	⓪
【32】	①	②	③	④	⑤	⑥	⑦	⑧	⑨	⓪
【33】	①	②	③	④	⑤	⑥	⑦	⑧	⑨	⓪
【34】	①	②	③	④	⑤	⑥	⑦	⑧	⑨	⓪
【35】	①	②	③	④	⑤	⑥	⑦	⑧	⑨	⓪
【36】	①	②	③	④	⑤	⑥	⑦	⑧	⑨	⓪
【37】	①	②	③	④	⑤	⑥	⑦	⑧	⑨	⓪
【38】	①	②	③	④	⑤	⑥	⑦	⑧	⑨	⓪
【39】	①	②	③	④	⑤	⑥	⑦	⑧	⑨	⓪
【40】	①	②	③	④	⑤	⑥	⑦	⑧	⑨	⓪
【41】	①	②	③	④	⑤	⑥	⑦	⑧	⑨	⓪
【42】	①	②	③	④	⑤	⑥	⑦	⑧	⑨	⓪
【43】	①	②	③	④	⑤	⑥	⑦	⑧	⑨	⓪
【44】	①	②	③	④	⑤	⑥	⑦	⑧	⑨	⓪
【45】	①	②	③	④	⑤	⑥	⑦	⑧	⑨	⓪
【46】	①	②	③	④	⑤	⑥	⑦	⑧	⑨	⓪
【47】	①	②	③	④	⑤	⑥	⑦	⑧	⑨	⓪
【48】	①	②	③	④	⑤	⑥	⑦	⑧	⑨	⓪
【49】	①	②	③	④	⑤	⑥	⑦	⑧	⑨	⓪
【50】	①	②	③	④	⑤	⑥	⑦	⑧	⑨	⓪

【51】	①	②	③	④	⑤	⑥	⑦	⑧	⑨	⓪
【52】	①	②	③	④	⑤	⑥	⑦	⑧	⑨	⓪
【53】	①	②	③	④	⑤	⑥	⑦	⑧	⑨	⓪
【54】	①	②	③	④	⑤	⑥	⑦	⑧	⑨	⓪
【55】	①	②	③	④	⑤	⑥	⑦	⑧	⑨	⓪
【56】	①	②	③	④	⑤	⑥	⑦	⑧	⑨	⓪
【57】	①	②	③	④	⑤	⑥	⑦	⑧	⑨	⓪
【58】	①	②	③	④	⑤	⑥	⑦	⑧	⑨	⓪
【59】	①	②	③	④	⑤	⑥	⑦	⑧	⑨	⓪
【60】	①	②	③	④	⑤	⑥	⑦	⑧	⑨	⓪
【61】	①	②	③	④	⑤	⑥	⑦	⑧	⑨	⓪
【62】	①	②	③	④	⑤	⑥	⑦	⑧	⑨	⓪
【63】	①	②	③	④	⑤	⑥	⑦	⑧	⑨	⓪
【64】	①	②	③	④	⑤	⑥	⑦	⑧	⑨	⓪
【65】	①	②	③	④	⑤	⑥	⑦	⑧	⑨	⓪
【66】	①	②	③	④	⑤	⑥	⑦	⑧	⑨	⓪
【67】	①	②	③	④	⑤	⑥	⑦	⑧	⑨	⓪
【68】	①	②	③	④	⑤	⑥	⑦	⑧	⑨	⓪
【69】	①	②	③	④	⑤	⑥	⑦	⑧	⑨	⓪
【70】	①	②	③	④	⑤	⑥	⑦	⑧	⑨	⓪
【71】	①	②	③	④	⑤	⑥	⑦	⑧	⑨	⓪
【72】	①	②	③	④	⑤	⑥	⑦	⑧	⑨	⓪
【73】	①	②	③	④	⑤	⑥	⑦	⑧	⑨	⓪
【74】	①	②	③	④	⑤	⑥	⑦	⑧	⑨	⓪
【75】	①	②	③	④	⑤	⑥	⑦	⑧	⑨	⓪

受験番号			
①	①	①	①
②	②	②	②
③	③	③	③
④	④	④	④
⑤	⑤	⑤	⑤
⑥	⑥	⑥	⑥
⑦	⑦	⑦	⑦
⑧	⑧	⑧	⑧
⑨	⑨	⑨	⑨
⓪	⓪	⓪	⓪

注意事項

1. この用紙を折り曲げてはいけない。
2. マークすべきところ以外に印をつけたり、汚したりしてはいけない。

良い例	●
悪い例	∅ ⊙ ◐

(注) この解答用紙は実物を縮小してあります。Ｂ４用紙に139%拡大コピーすると、ほぼ実物大で使用できます。(タイトルと配点表は含みません)

推定配点	
1～4 各2点×25　5 各3点×10　6 各4点×5	
100点	計

2022年度　日本大学鶴ケ丘高等学校

数学解答用紙

受験番号	
氏　名	
中学校名	

評点
/100

解答欄

受験番号			
①	①	①	①
②	②	②	②
③	③	③	③
④	④	④	④
⑤	⑤	⑤	⑤
⑥	⑥	⑥	⑥
⑦	⑦	⑦	⑦
⑧	⑧	⑧	⑧
⑨	⑨	⑨	⑨
⓪	⓪	⓪	⓪

【1】	①	②	③	④	⑤	⑥	⑦	⑧	⑨	⓪
【2】	①	②	③	④	⑤	⑥	⑦	⑧	⑨	⓪
【3】	①	②	③	④	⑤	⑥	⑦	⑧	⑨	⓪
【4】	①	②	③	④	⑤	⑥	⑦	⑧	⑨	⓪
【5】	①	②	③	④	⑤	⑥	⑦	⑧	⑨	⓪
【6】	①	②	③	④	⑤	⑥	⑦	⑧	⑨	⓪
【7】	①	②	③	④	⑤	⑥	⑦	⑧	⑨	⓪
【8】	①	②	③	④	⑤	⑥	⑦	⑧	⑨	⓪
【9】	①	②	③	④	⑤	⑥	⑦	⑧	⑨	⓪
【10】	①	②	③	④	⑤	⑥	⑦	⑧	⑨	⓪
【11】	①	②	③	④	⑤	⑥	⑦	⑧	⑨	⓪
【12】	①	②	③	④	⑤	⑥	⑦	⑧	⑨	⓪
【13】	①	②	③	④	⑤	⑥	⑦	⑧	⑨	⓪
【14】	①	②	③	④	⑤	⑥	⑦	⑧	⑨	⓪
【15】	①	②	③	④	⑤	⑥	⑦	⑧	⑨	⓪
【16】	①	②	③	④	⑤	⑥	⑦	⑧	⑨	⓪
【17】	①	②	③	④	⑤	⑥	⑦	⑧	⑨	⓪
【18】	①	②	③	④	⑤	⑥	⑦	⑧	⑨	⓪
【19】	①	②	③	④	⑤	⑥	⑦	⑧	⑨	⓪
【20】	①	②	③	④	⑤	⑥	⑦	⑧	⑨	⓪
【21】	①	②	③	④	⑤	⑥	⑦	⑧	⑨	⓪
【22】	①	②	③	④	⑤	⑥	⑦	⑧	⑨	⓪
【23】	①	②	③	④	⑤	⑥	⑦	⑧	⑨	⓪
【24】	①	②	③	④	⑤	⑥	⑦	⑧	⑨	⓪
【25】	①	②	③	④	⑤	⑥	⑦	⑧	⑨	⓪

【26】	①	②	③	④	⑤	⑥	⑦	⑧	⑨	⓪
【27】	①	②	③	④	⑤	⑥	⑦	⑧	⑨	⓪
【28】	①	②	③	④	⑤	⑥	⑦	⑧	⑨	⓪
【29】	①	②	③	④	⑤	⑥	⑦	⑧	⑨	⓪
【30】	①	②	③	④	⑤	⑥	⑦	⑧	⑨	⓪
【31】	①	②	③	④	⑤	⑥	⑦	⑧	⑨	⓪
【32】	①	②	③	④	⑤	⑥	⑦	⑧	⑨	⓪
【33】	①	②	③	④	⑤	⑥	⑦	⑧	⑨	⓪
【34】	①	②	③	④	⑤	⑥	⑦	⑧	⑨	⓪
【35】	①	②	③	④	⑤	⑥	⑦	⑧	⑨	⓪
【36】	①	②	③	④	⑤	⑥	⑦	⑧	⑨	⓪
【37】	①	②	③	④	⑤	⑥	⑦	⑧	⑨	⓪
【38】	①	②	③	④	⑤	⑥	⑦	⑧	⑨	⓪
【39】	①	②	③	④	⑤	⑥	⑦	⑧	⑨	⓪
【40】	①	②	③	④	⑤	⑥	⑦	⑧	⑨	⓪
【41】	①	②	③	④	⑤	⑥	⑦	⑧	⑨	⓪
【42】	①	②	③	④	⑤	⑥	⑦	⑧	⑨	⓪
【43】	①	②	③	④	⑤	⑥	⑦	⑧	⑨	⓪
【44】	①	②	③	④	⑤	⑥	⑦	⑧	⑨	⓪
【45】	①	②	③	④	⑤	⑥	⑦	⑧	⑨	⓪
【46】	①	②	③	④	⑤	⑥	⑦	⑧	⑨	⓪
【47】	①	②	③	④	⑤	⑥	⑦	⑧	⑨	⓪
【48】	①	②	③	④	⑤	⑥	⑦	⑧	⑨	⓪
【49】	①	②	③	④	⑤	⑥	⑦	⑧	⑨	⓪
【50】	①	②	③	④	⑤	⑥	⑦	⑧	⑨	⓪

【51】	①	②	③	④	⑤	⑥	⑦	⑧	⑨	⓪
【52】	①	②	③	④	⑤	⑥	⑦	⑧	⑨	⓪
【53】	①	②	③	④	⑤	⑥	⑦	⑧	⑨	⓪
【54】	①	②	③	④	⑤	⑥	⑦	⑧	⑨	⓪
【55】	①	②	③	④	⑤	⑥	⑦	⑧	⑨	⓪
【56】	①	②	③	④	⑤	⑥	⑦	⑧	⑨	⓪
【57】	①	②	③	④	⑤	⑥	⑦	⑧	⑨	⓪
【58】	①	②	③	④	⑤	⑥	⑦	⑧	⑨	⓪
【59】	①	②	③	④	⑤	⑥	⑦	⑧	⑨	⓪
【60】	①	②	③	④	⑤	⑥	⑦	⑧	⑨	⓪
【61】	①	②	③	④	⑤	⑥	⑦	⑧	⑨	⓪
【62】	①	②	③	④	⑤	⑥	⑦	⑧	⑨	⓪
【63】	①	②	③	④	⑤	⑥	⑦	⑧	⑨	⓪
【64】	①	②	③	④	⑤	⑥	⑦	⑧	⑨	⓪
【65】	①	②	③	④	⑤	⑥	⑦	⑧	⑨	⓪
【66】	①	②	③	④	⑤	⑥	⑦	⑧	⑨	⓪
【67】	①	②	③	④	⑤	⑥	⑦	⑧	⑨	⓪
【68】	①	②	③	④	⑤	⑥	⑦	⑧	⑨	⓪
【69】	①	②	③	④	⑤	⑥	⑦	⑧	⑨	⓪
【70】	①	②	③	④	⑤	⑥	⑦	⑧	⑨	⓪
【71】	①	②	③	④	⑤	⑥	⑦	⑧	⑨	⓪
【72】	①	②	③	④	⑤	⑥	⑦	⑧	⑨	⓪
【73】	①	②	③	④	⑤	⑥	⑦	⑧	⑨	⓪
【74】	①	②	③	④	⑤	⑥	⑦	⑧	⑨	⓪
【75】	①	②	③	④	⑤	⑥	⑦	⑧	⑨	⓪

注意事項
1. この用紙を折り曲げてはいけない。
2. マークすべきところ以外に印をつけたり、汚したりしてはいけない。

良い例	●
悪い例	∅　⊙　◐

（注）この解答用紙は実物を縮小してあります。Ｂ４用紙に139%拡大コピーすると、ほぼ実物大で使用できます。（タイトルと配点表は含みません）

推定配点
1 各6点×6　2～4 各7点×7　5 (1) 7点　(2) 各4点×2
100点　計

二〇二三年度　日本大学鶴ケ丘高等学校

国語解答用紙

受験番号	
氏　名	
中学校名	

評点
/100

解答欄

受験番号			
①	①	①	①
②	②	②	②
③	③	③	③
④	④	④	④
⑤	⑤	⑤	⑤
⑥	⑥	⑥	⑥
⑦	⑦	⑦	⑦
⑧	⑧	⑧	⑧
⑨	⑨	⑨	⑨
⓪	⓪	⓪	⓪

【1】	① ② ③ ④ ⑤ ⑥ ⑦ ⑧ ⑨ ⓪	【26】	① ② ③ ④ ⑤ ⑥ ⑦ ⑧ ⑨ ⓪	【51】	① ② ③ ④ ⑤ ⑥ ⑦ ⑧ ⑨ ⓪
【2】	① ② ③ ④ ⑤ ⑥ ⑦ ⑧ ⑨ ⓪	【27】	① ② ③ ④ ⑤ ⑥ ⑦ ⑧ ⑨ ⓪	【52】	① ② ③ ④ ⑤ ⑥ ⑦ ⑧ ⑨ ⓪
【3】	① ② ③ ④ ⑤ ⑥ ⑦ ⑧ ⑨ ⓪	【28】	① ② ③ ④ ⑤ ⑥ ⑦ ⑧ ⑨ ⓪	【53】	① ② ③ ④ ⑤ ⑥ ⑦ ⑧ ⑨ ⓪
【4】	① ② ③ ④ ⑤ ⑥ ⑦ ⑧ ⑨ ⓪	【29】	① ② ③ ④ ⑤ ⑥ ⑦ ⑧ ⑨ ⓪	【54】	① ② ③ ④ ⑤ ⑥ ⑦ ⑧ ⑨ ⓪
【5】	① ② ③ ④ ⑤ ⑥ ⑦ ⑧ ⑨ ⓪	【30】	① ② ③ ④ ⑤ ⑥ ⑦ ⑧ ⑨ ⓪	【55】	① ② ③ ④ ⑤ ⑥ ⑦ ⑧ ⑨ ⓪
【6】	① ② ③ ④ ⑤ ⑥ ⑦ ⑧ ⑨ ⓪	【31】	① ② ③ ④ ⑤ ⑥ ⑦ ⑧ ⑨ ⓪	【56】	① ② ③ ④ ⑤ ⑥ ⑦ ⑧ ⑨ ⓪
【7】	① ② ③ ④ ⑤ ⑥ ⑦ ⑧ ⑨ ⓪	【32】	① ② ③ ④ ⑤ ⑥ ⑦ ⑧ ⑨ ⓪	【57】	① ② ③ ④ ⑤ ⑥ ⑦ ⑧ ⑨ ⓪
【8】	① ② ③ ④ ⑤ ⑥ ⑦ ⑧ ⑨ ⓪	【33】	① ② ③ ④ ⑤ ⑥ ⑦ ⑧ ⑨ ⓪	【58】	① ② ③ ④ ⑤ ⑥ ⑦ ⑧ ⑨ ⓪
【9】	① ② ③ ④ ⑤ ⑥ ⑦ ⑧ ⑨ ⓪	【34】	① ② ③ ④ ⑤ ⑥ ⑦ ⑧ ⑨ ⓪	【59】	① ② ③ ④ ⑤ ⑥ ⑦ ⑧ ⑨ ⓪
【10】	① ② ③ ④ ⑤ ⑥ ⑦ ⑧ ⑨ ⓪	【35】	① ② ③ ④ ⑤ ⑥ ⑦ ⑧ ⑨ ⓪	【60】	① ② ③ ④ ⑤ ⑥ ⑦ ⑧ ⑨ ⓪
【11】	① ② ③ ④ ⑤ ⑥ ⑦ ⑧ ⑨ ⓪	【36】	① ② ③ ④ ⑤ ⑥ ⑦ ⑧ ⑨ ⓪	【61】	① ② ③ ④ ⑤ ⑥ ⑦ ⑧ ⑨ ⓪
【12】	① ② ③ ④ ⑤ ⑥ ⑦ ⑧ ⑨ ⓪	【37】	① ② ③ ④ ⑤ ⑥ ⑦ ⑧ ⑨ ⓪	【62】	① ② ③ ④ ⑤ ⑥ ⑦ ⑧ ⑨ ⓪
【13】	① ② ③ ④ ⑤ ⑥ ⑦ ⑧ ⑨ ⓪	【38】	① ② ③ ④ ⑤ ⑥ ⑦ ⑧ ⑨ ⓪	【63】	① ② ③ ④ ⑤ ⑥ ⑦ ⑧ ⑨ ⓪
【14】	① ② ③ ④ ⑤ ⑥ ⑦ ⑧ ⑨ ⓪	【39】	① ② ③ ④ ⑤ ⑥ ⑦ ⑧ ⑨ ⓪	【64】	① ② ③ ④ ⑤ ⑥ ⑦ ⑧ ⑨ ⓪
【15】	① ② ③ ④ ⑤ ⑥ ⑦ ⑧ ⑨ ⓪	【40】	① ② ③ ④ ⑤ ⑥ ⑦ ⑧ ⑨ ⓪	【65】	① ② ③ ④ ⑤ ⑥ ⑦ ⑧ ⑨ ⓪
【16】	① ② ③ ④ ⑤ ⑥ ⑦ ⑧ ⑨ ⓪	【41】	① ② ③ ④ ⑤ ⑥ ⑦ ⑧ ⑨ ⓪	【66】	① ② ③ ④ ⑤ ⑥ ⑦ ⑧ ⑨ ⓪
【17】	① ② ③ ④ ⑤ ⑥ ⑦ ⑧ ⑨ ⓪	【42】	① ② ③ ④ ⑤ ⑥ ⑦ ⑧ ⑨ ⓪	【67】	① ② ③ ④ ⑤ ⑥ ⑦ ⑧ ⑨ ⓪
【18】	① ② ③ ④ ⑤ ⑥ ⑦ ⑧ ⑨ ⓪	【43】	① ② ③ ④ ⑤ ⑥ ⑦ ⑧ ⑨ ⓪	【68】	① ② ③ ④ ⑤ ⑥ ⑦ ⑧ ⑨ ⓪
【19】	① ② ③ ④ ⑤ ⑥ ⑦ ⑧ ⑨ ⓪	【44】	① ② ③ ④ ⑤ ⑥ ⑦ ⑧ ⑨ ⓪	【69】	① ② ③ ④ ⑤ ⑥ ⑦ ⑧ ⑨ ⓪
【20】	① ② ③ ④ ⑤ ⑥ ⑦ ⑧ ⑨ ⓪	【45】	① ② ③ ④ ⑤ ⑥ ⑦ ⑧ ⑨ ⓪	【70】	① ② ③ ④ ⑤ ⑥ ⑦ ⑧ ⑨ ⓪
【21】	① ② ③ ④ ⑤ ⑥ ⑦ ⑧ ⑨ ⓪	【46】	① ② ③ ④ ⑤ ⑥ ⑦ ⑧ ⑨ ⓪	【71】	① ② ③ ④ ⑤ ⑥ ⑦ ⑧ ⑨ ⓪
【22】	① ② ③ ④ ⑤ ⑥ ⑦ ⑧ ⑨ ⓪	【47】	① ② ③ ④ ⑤ ⑥ ⑦ ⑧ ⑨ ⓪	【72】	① ② ③ ④ ⑤ ⑥ ⑦ ⑧ ⑨ ⓪
【23】	① ② ③ ④ ⑤ ⑥ ⑦ ⑧ ⑨ ⓪	【48】	① ② ③ ④ ⑤ ⑥ ⑦ ⑧ ⑨ ⓪	【73】	① ② ③ ④ ⑤ ⑥ ⑦ ⑧ ⑨ ⓪
【24】	① ② ③ ④ ⑤ ⑥ ⑦ ⑧ ⑨ ⓪	【49】	① ② ③ ④ ⑤ ⑥ ⑦ ⑧ ⑨ ⓪	【74】	① ② ③ ④ ⑤ ⑥ ⑦ ⑧ ⑨ ⓪
【25】	① ② ③ ④ ⑤ ⑥ ⑦ ⑧ ⑨ ⓪	【50】	① ② ③ ④ ⑤ ⑥ ⑦ ⑧ ⑨ ⓪	【75】	① ② ③ ④ ⑤ ⑥ ⑦ ⑧ ⑨ ⓪

注意事項
1. この用紙を折り曲げてはいけない。
2. マークすべきところ以外に印をつけたり、汚したりしてはいけない。

良い例	●
悪い例	∅ ⊙ ◑

（注）この解答用紙は実物を縮小してあります。Ｂ４用紙に139％拡大コピーすると、ほぼ実物大で使用できます。（タイトルと配点表は含みません）

推定配点

一　各２点×10
二　問一　各２点×５　問二～問八　各３点×７
三　問一～問九　各２点×11　問十　３点
四　各２点×12

計　100点

2021年度　日本大学鶴ヶ丘高等学校

英語解答用紙

評点	/100

受験番号	
氏　名	
中学校名	

解答欄

【1】	①	②	③	④	⑤	⑥	⑦	⑧	⑨	⓪
【2】	①	②	③	④	⑤	⑥	⑦	⑧	⑨	⓪
【3】	①	②	③	④	⑤	⑥	⑦	⑧	⑨	⓪
【4】	①	②	③	④	⑤	⑥	⑦	⑧	⑨	⓪
【5】	①	②	③	④	⑤	⑥	⑦	⑧	⑨	⓪
【6】	①	②	③	④	⑤	⑥	⑦	⑧	⑨	⓪
【7】	①	②	③	④	⑤	⑥	⑦	⑧	⑨	⓪
【8】	①	②	③	④	⑤	⑥	⑦	⑧	⑨	⓪
【9】	①	②	③	④	⑤	⑥	⑦	⑧	⑨	⓪
【10】	①	②	③	④	⑤	⑥	⑦	⑧	⑨	⓪
【11】	①	②	③	④	⑤	⑥	⑦	⑧	⑨	⓪
【12】	①	②	③	④	⑤	⑥	⑦	⑧	⑨	⓪
【13】	①	②	③	④	⑤	⑥	⑦	⑧	⑨	⓪
【14】	①	②	③	④	⑤	⑥	⑦	⑧	⑨	⓪
【15】	①	②	③	④	⑤	⑥	⑦	⑧	⑨	⓪
【16】	①	②	③	④	⑤	⑥	⑦	⑧	⑨	⓪
【17】	①	②	③	④	⑤	⑥	⑦	⑧	⑨	⓪
【18】	①	②	③	④	⑤	⑥	⑦	⑧	⑨	⓪
【19】	①	②	③	④	⑤	⑥	⑦	⑧	⑨	⓪
【20】	①	②	③	④	⑤	⑥	⑦	⑧	⑨	⓪
【21】	①	②	③	④	⑤	⑥	⑦	⑧	⑨	⓪
【22】	①	②	③	④	⑤	⑥	⑦	⑧	⑨	⓪
【23】	①	②	③	④	⑤	⑥	⑦	⑧	⑨	⓪
【24】	①	②	③	④	⑤	⑥	⑦	⑧	⑨	⓪
【25】	①	②	③	④	⑤	⑥	⑦	⑧	⑨	⓪

【26】	①	②	③	④	⑤	⑥	⑦	⑧	⑨	⓪
【27】	①	②	③	④	⑤	⑥	⑦	⑧	⑨	⓪
【28】	①	②	③	④	⑤	⑥	⑦	⑧	⑨	⓪
【29】	①	②	③	④	⑤	⑥	⑦	⑧	⑨	⓪
【30】	①	②	③	④	⑤	⑥	⑦	⑧	⑨	⓪
【31】	①	②	③	④	⑤	⑥	⑦	⑧	⑨	⓪
【32】	①	②	③	④	⑤	⑥	⑦	⑧	⑨	⓪
【33】	①	②	③	④	⑤	⑥	⑦	⑧	⑨	⓪
【34】	①	②	③	④	⑤	⑥	⑦	⑧	⑨	⓪
【35】	①	②	③	④	⑤	⑥	⑦	⑧	⑨	⓪
【36】	①	②	③	④	⑤	⑥	⑦	⑧	⑨	⓪
【37】	①	②	③	④	⑤	⑥	⑦	⑧	⑨	⓪
【38】	①	②	③	④	⑤	⑥	⑦	⑧	⑨	⓪
【39】	①	②	③	④	⑤	⑥	⑦	⑧	⑨	⓪
【40】	①	②	③	④	⑤	⑥	⑦	⑧	⑨	⓪
【41】	①	②	③	④	⑤	⑥	⑦	⑧	⑨	⓪
【42】	①	②	③	④	⑤	⑥	⑦	⑧	⑨	⓪
【43】	①	②	③	④	⑤	⑥	⑦	⑧	⑨	⓪
【44】	①	②	③	④	⑤	⑥	⑦	⑧	⑨	⓪
【45】	①	②	③	④	⑤	⑥	⑦	⑧	⑨	⓪
【46】	①	②	③	④	⑤	⑥	⑦	⑧	⑨	⓪
【47】	①	②	③	④	⑤	⑥	⑦	⑧	⑨	⓪
【48】	①	②	③	④	⑤	⑥	⑦	⑧	⑨	⓪
【49】	①	②	③	④	⑤	⑥	⑦	⑧	⑨	⓪
【50】	①	②	③	④	⑤	⑥	⑦	⑧	⑨	⓪

【51】	①	②	③	④	⑤	⑥	⑦	⑧	⑨	⓪
【52】	①	②	③	④	⑤	⑥	⑦	⑧	⑨	⓪
【53】	①	②	③	④	⑤	⑥	⑦	⑧	⑨	⓪
【54】	①	②	③	④	⑤	⑥	⑦	⑧	⑨	⓪
【55】	①	②	③	④	⑤	⑥	⑦	⑧	⑨	⓪
【56】	①	②	③	④	⑤	⑥	⑦	⑧	⑨	⓪
【57】	①	②	③	④	⑤	⑥	⑦	⑧	⑨	⓪
【58】	①	②	③	④	⑤	⑥	⑦	⑧	⑨	⓪
【59】	①	②	③	④	⑤	⑥	⑦	⑧	⑨	⓪
【60】	①	②	③	④	⑤	⑥	⑦	⑧	⑨	⓪
【61】	①	②	③	④	⑤	⑥	⑦	⑧	⑨	⓪
【62】	①	②	③	④	⑤	⑥	⑦	⑧	⑨	⓪
【63】	①	②	③	④	⑤	⑥	⑦	⑧	⑨	⓪
【64】	①	②	③	④	⑤	⑥	⑦	⑧	⑨	⓪
【65】	①	②	③	④	⑤	⑥	⑦	⑧	⑨	⓪
【66】	①	②	③	④	⑤	⑥	⑦	⑧	⑨	⓪
【67】	①	②	③	④	⑤	⑥	⑦	⑧	⑨	⓪
【68】	①	②	③	④	⑤	⑥	⑦	⑧	⑨	⓪
【69】	①	②	③	④	⑤	⑥	⑦	⑧	⑨	⓪
【70】	①	②	③	④	⑤	⑥	⑦	⑧	⑨	⓪
【71】	①	②	③	④	⑤	⑥	⑦	⑧	⑨	⓪
【72】	①	②	③	④	⑤	⑥	⑦	⑧	⑨	⓪
【73】	①	②	③	④	⑤	⑥	⑦	⑧	⑨	⓪
【74】	①	②	③	④	⑤	⑥	⑦	⑧	⑨	⓪
【75】	①	②	③	④	⑤	⑥	⑦	⑧	⑨	⓪

受験番号			
①	①	①	①
②	②	②	②
③	③	③	③
④	④	④	④
⑤	⑤	⑤	⑤
⑥	⑥	⑥	⑥
⑦	⑦	⑦	⑦
⑧	⑧	⑧	⑧
⑨	⑨	⑨	⑨
⓪	⓪	⓪	⓪

注意事項
1. この用紙を折り曲げてはいけない。
2. マークすべきところ以外に印をつけたり、汚したりしてはいけない。

良い例	●
悪い例	∅ ⊙ ◐

(注)　この解答用紙は実物を縮小してあります。Ｂ４用紙に139％拡大コピーすると、ほぼ実物大で使用できます。（タイトルと配点表は含みません）

推定配点	
1～4 各2点×25　5 各3点×10　6 各4点×5	
100点	計

2021年度 日本大学鶴ヶ丘高等学校

数学解答用紙

評点
/100

受験番号	
氏　名	
中学校名	

解答欄

【1】	①	②	③	④	⑤	⑥	⑦	⑧	⑨	⓪
【2】	①	②	③	④	⑤	⑥	⑦	⑧	⑨	⓪
【3】	①	②	③	④	⑤	⑥	⑦	⑧	⑨	⓪
【4】	①	②	③	④	⑤	⑥	⑦	⑧	⑨	⓪
【5】	①	②	③	④	⑤	⑥	⑦	⑧	⑨	⓪
【6】	①	②	③	④	⑤	⑥	⑦	⑧	⑨	⓪
【7】	①	②	③	④	⑤	⑥	⑦	⑧	⑨	⓪
【8】	①	②	③	④	⑤	⑥	⑦	⑧	⑨	⓪
【9】	①	②	③	④	⑤	⑥	⑦	⑧	⑨	⓪
【10】	①	②	③	④	⑤	⑥	⑦	⑧	⑨	⓪
【11】	①	②	③	④	⑤	⑥	⑦	⑧	⑨	⓪
【12】	①	②	③	④	⑤	⑥	⑦	⑧	⑨	⓪
【13】	①	②	③	④	⑤	⑥	⑦	⑧	⑨	⓪
【14】	①	②	③	④	⑤	⑥	⑦	⑧	⑨	⓪
【15】	①	②	③	④	⑤	⑥	⑦	⑧	⑨	⓪
【16】	①	②	③	④	⑤	⑥	⑦	⑧	⑨	⓪
【17】	①	②	③	④	⑤	⑥	⑦	⑧	⑨	⓪
【18】	①	②	③	④	⑤	⑥	⑦	⑧	⑨	⓪
【19】	①	②	③	④	⑤	⑥	⑦	⑧	⑨	⓪
【20】	①	②	③	④	⑤	⑥	⑦	⑧	⑨	⓪
【21】	①	②	③	④	⑤	⑥	⑦	⑧	⑨	⓪
【22】	①	②	③	④	⑤	⑥	⑦	⑧	⑨	⓪
【23】	①	②	③	④	⑤	⑥	⑦	⑧	⑨	⓪
【24】	①	②	③	④	⑤	⑥	⑦	⑧	⑨	⓪
【25】	①	②	③	④	⑤	⑥	⑦	⑧	⑨	⓪

【26】	①	②	③	④	⑤	⑥	⑦	⑧	⑨	⓪
【27】	①	②	③	④	⑤	⑥	⑦	⑧	⑨	⓪
【28】	①	②	③	④	⑤	⑥	⑦	⑧	⑨	⓪
【29】	①	②	③	④	⑤	⑥	⑦	⑧	⑨	⓪
【30】	①	②	③	④	⑤	⑥	⑦	⑧	⑨	⓪
【31】	①	②	③	④	⑤	⑥	⑦	⑧	⑨	⓪
【32】	①	②	③	④	⑤	⑥	⑦	⑧	⑨	⓪
【33】	①	②	③	④	⑤	⑥	⑦	⑧	⑨	⓪
【34】	①	②	③	④	⑤	⑥	⑦	⑧	⑨	⓪
【35】	①	②	③	④	⑤	⑥	⑦	⑧	⑨	⓪
【36】	①	②	③	④	⑤	⑥	⑦	⑧	⑨	⓪
【37】	①	②	③	④	⑤	⑥	⑦	⑧	⑨	⓪
【38】	①	②	③	④	⑤	⑥	⑦	⑧	⑨	⓪
【39】	①	②	③	④	⑤	⑥	⑦	⑧	⑨	⓪
【40】	①	②	③	④	⑤	⑥	⑦	⑧	⑨	⓪
【41】	①	②	③	④	⑤	⑥	⑦	⑧	⑨	⓪
【42】	①	②	③	④	⑤	⑥	⑦	⑧	⑨	⓪
【43】	①	②	③	④	⑤	⑥	⑦	⑧	⑨	⓪
【44】	①	②	③	④	⑤	⑥	⑦	⑧	⑨	⓪
【45】	①	②	③	④	⑤	⑥	⑦	⑧	⑨	⓪
【46】	①	②	③	④	⑤	⑥	⑦	⑧	⑨	⓪
【47】	①	②	③	④	⑤	⑥	⑦	⑧	⑨	⓪
【48】	①	②	③	④	⑤	⑥	⑦	⑧	⑨	⓪
【49】	①	②	③	④	⑤	⑥	⑦	⑧	⑨	⓪
【50】	①	②	③	④	⑤	⑥	⑦	⑧	⑨	⓪

【51】	①	②	③	④	⑤	⑥	⑦	⑧	⑨	⓪
【52】	①	②	③	④	⑤	⑥	⑦	⑧	⑨	⓪
【53】	①	②	③	④	⑤	⑥	⑦	⑧	⑨	⓪
【54】	①	②	③	④	⑤	⑥	⑦	⑧	⑨	⓪
【55】	①	②	③	④	⑤	⑥	⑦	⑧	⑨	⓪
【56】	①	②	③	④	⑤	⑥	⑦	⑧	⑨	⓪
【57】	①	②	③	④	⑤	⑥	⑦	⑧	⑨	⓪
【58】	①	②	③	④	⑤	⑥	⑦	⑧	⑨	⓪
【59】	①	②	③	④	⑤	⑥	⑦	⑧	⑨	⓪
【60】	①	②	③	④	⑤	⑥	⑦	⑧	⑨	⓪
【61】	①	②	③	④	⑤	⑥	⑦	⑧	⑨	⓪
【62】	①	②	③	④	⑤	⑥	⑦	⑧	⑨	⓪
【63】	①	②	③	④	⑤	⑥	⑦	⑧	⑨	⓪
【64】	①	②	③	④	⑤	⑥	⑦	⑧	⑨	⓪
【65】	①	②	③	④	⑤	⑥	⑦	⑧	⑨	⓪
【66】	①	②	③	④	⑤	⑥	⑦	⑧	⑨	⓪
【67】	①	②	③	④	⑤	⑥	⑦	⑧	⑨	⓪
【68】	①	②	③	④	⑤	⑥	⑦	⑧	⑨	⓪
【69】	①	②	③	④	⑤	⑥	⑦	⑧	⑨	⓪
【70】	①	②	③	④	⑤	⑥	⑦	⑧	⑨	⓪
【71】	①	②	③	④	⑤	⑥	⑦	⑧	⑨	⓪
【72】	①	②	③	④	⑤	⑥	⑦	⑧	⑨	⓪
【73】	①	②	③	④	⑤	⑥	⑦	⑧	⑨	⓪
【74】	①	②	③	④	⑤	⑥	⑦	⑧	⑨	⓪
【75】	①	②	③	④	⑤	⑥	⑦	⑧	⑨	⓪

注意事項
1. この用紙を折り曲げてはいけない。
2. マークすべきところ以外に印をつけたり、汚したりしてはいけない。

良い例	●
悪い例	⌀ ⊙ ◑

(注) この解答用紙は実物を縮小してあります。Ｂ４用紙に139%拡大コピーすると、ほぼ実物大で使用できます。(タイトルと配点表は含みません)

受験番号			
①	①	①	①
②	②	②	②
③	③	③	③
④	④	④	④
⑤	⑤	⑤	⑤
⑥	⑥	⑥	⑥
⑦	⑦	⑦	⑦
⑧	⑧	⑧	⑧
⑨	⑨	⑨	⑨
⓪	⓪	⓪	⓪

推定配点	
1 (1)～(5) 各6点×5　(6)、(7) 各7点×2 2～4 各7点×8	
計	100点

二〇二二年度 日本大学鶴ヶ丘高等学校

国語解答用紙

受験番号	
氏　名	
中学校名	

評点
/100

解答欄

番号	マーク	番号	マーク	番号	マーク
【1】	①②③④⑤⑥⑦⑧⑨⓪	【26】	①②③④⑤⑥⑦⑧⑨⓪	【51】	①②③④⑤⑥⑦⑧⑨⓪
【2】	①②③④⑤⑥⑦⑧⑨⓪	【27】	①②③④⑤⑥⑦⑧⑨⓪	【52】	①②③④⑤⑥⑦⑧⑨⓪
【3】	①②③④⑤⑥⑦⑧⑨⓪	【28】	①②③④⑤⑥⑦⑧⑨⓪	【53】	①②③④⑤⑥⑦⑧⑨⓪
【4】	①②③④⑤⑥⑦⑧⑨⓪	【29】	①②③④⑤⑥⑦⑧⑨⓪	【54】	①②③④⑤⑥⑦⑧⑨⓪
【5】	①②③④⑤⑥⑦⑧⑨⓪	【30】	①②③④⑤⑥⑦⑧⑨⓪	【55】	①②③④⑤⑥⑦⑧⑨⓪
【6】	①②③④⑤⑥⑦⑧⑨⓪	【31】	①②③④⑤⑥⑦⑧⑨⓪	【56】	①②③④⑤⑥⑦⑧⑨⓪
【7】	①②③④⑤⑥⑦⑧⑨⓪	【32】	①②③④⑤⑥⑦⑧⑨⓪	【57】	①②③④⑤⑥⑦⑧⑨⓪
【8】	①②③④⑤⑥⑦⑧⑨⓪	【33】	①②③④⑤⑥⑦⑧⑨⓪	【58】	①②③④⑤⑥⑦⑧⑨⓪
【9】	①②③④⑤⑥⑦⑧⑨⓪	【34】	①②③④⑤⑥⑦⑧⑨⓪	【59】	①②③④⑤⑥⑦⑧⑨⓪
【10】	①②③④⑤⑥⑦⑧⑨⓪	【35】	①②③④⑤⑥⑦⑧⑨⓪	【60】	①②③④⑤⑥⑦⑧⑨⓪
【11】	①②③④⑤⑥⑦⑧⑨⓪	【36】	①②③④⑤⑥⑦⑧⑨⓪	【61】	①②③④⑤⑥⑦⑧⑨⓪
【12】	①②③④⑤⑥⑦⑧⑨⓪	【37】	①②③④⑤⑥⑦⑧⑨⓪	【62】	①②③④⑤⑥⑦⑧⑨⓪
【13】	①②③④⑤⑥⑦⑧⑨⓪	【38】	①②③④⑤⑥⑦⑧⑨⓪	【63】	①②③④⑤⑥⑦⑧⑨⓪
【14】	①②③④⑤⑥⑦⑧⑨⓪	【39】	①②③④⑤⑥⑦⑧⑨⓪	【64】	①②③④⑤⑥⑦⑧⑨⓪
【15】	①②③④⑤⑥⑦⑧⑨⓪	【40】	①②③④⑤⑥⑦⑧⑨⓪	【65】	①②③④⑤⑥⑦⑧⑨⓪
【16】	①②③④⑤⑥⑦⑧⑨⓪	【41】	①②③④⑤⑥⑦⑧⑨⓪	【66】	①②③④⑤⑥⑦⑧⑨⓪
【17】	①②③④⑤⑥⑦⑧⑨⓪	【42】	①②③④⑤⑥⑦⑧⑨⓪	【67】	①②③④⑤⑥⑦⑧⑨⓪
【18】	①②③④⑤⑥⑦⑧⑨⓪	【43】	①②③④⑤⑥⑦⑧⑨⓪	【68】	①②③④⑤⑥⑦⑧⑨⓪
【19】	①②③④⑤⑥⑦⑧⑨⓪	【44】	①②③④⑤⑥⑦⑧⑨⓪	【69】	①②③④⑤⑥⑦⑧⑨⓪
【20】	①②③④⑤⑥⑦⑧⑨⓪	【45】	①②③④⑤⑥⑦⑧⑨⓪	【70】	①②③④⑤⑥⑦⑧⑨⓪
【21】	①②③④⑤⑥⑦⑧⑨⓪	【46】	①②③④⑤⑥⑦⑧⑨⓪	【71】	①②③④⑤⑥⑦⑧⑨⓪
【22】	①②③④⑤⑥⑦⑧⑨⓪	【47】	①②③④⑤⑥⑦⑧⑨⓪	【72】	①②③④⑤⑥⑦⑧⑨⓪
【23】	①②③④⑤⑥⑦⑧⑨⓪	【48】	①②③④⑤⑥⑦⑧⑨⓪	【73】	①②③④⑤⑥⑦⑧⑨⓪
【24】	①②③④⑤⑥⑦⑧⑨⓪	【49】	①②③④⑤⑥⑦⑧⑨⓪	【74】	①②③④⑤⑥⑦⑧⑨⓪
【25】	①②③④⑤⑥⑦⑧⑨⓪	【50】	①②③④⑤⑥⑦⑧⑨⓪	【75】	①②③④⑤⑥⑦⑧⑨⓪

注意事項
1. この用紙を折り曲げてはいけない。
2. マークすべきところ以外に印をつけたり、汚したりしてはいけない。

良い例	●
悪い例	⌀ ⊙ ◨

(注) この解答用紙は実物を縮小してあります。Ｂ４用紙に139%拡大コピーすると、ほぼ実物大で使用できます。(タイトルと配点表は含みません)

受験番号			
①	①	①	①
②	②	②	②
③	③	③	③
④	④	④	④
⑤	⑤	⑤	⑤
⑥	⑥	⑥	⑥
⑦	⑦	⑦	⑦
⑧	⑧	⑧	⑧
⑨	⑨	⑨	⑨
⓪	⓪	⓪	⓪

推定配点

一 各2点×10
二 問一 各2点×5　問二～問八 各3点×7
三 問一～問十 各2点×12　問十一 3点
四 各2点×11

計
100点

2020年度 日本大学鶴ヶ丘高等学校

英語解答用紙

評点	/100

良い例	●
悪い例	∅ ⊙ ◐

受験番号	
氏　名	
中学校名	

注意事項
1. この用紙を折り曲げてはいけない。
2. マークすべきところ以外に印をつけたり、汚したりしてはいけない。

受験番号			
①	①	①	①
②	②	②	②
③	③	③	③
④	④	④	④
⑤	⑤	⑤	⑤
⑥	⑥	⑥	⑥
⑦	⑦	⑦	⑦
⑧	⑧	⑧	⑧
⑨	⑨	⑨	⑨
⓪	⓪	⓪	⓪

解答欄

【1】	① ② ③ ④ ⑤ ⑥ ⑦ ⑧ ⑨ ⓪
【2】	① ② ③ ④ ⑤ ⑥ ⑦ ⑧ ⑨ ⓪
【3】	① ② ③ ④ ⑤ ⑥ ⑦ ⑧ ⑨ ⓪
【4】	① ② ③ ④ ⑤ ⑥ ⑦ ⑧ ⑨ ⓪
【5】	① ② ③ ④ ⑤ ⑥ ⑦ ⑧ ⑨ ⓪
【6】	① ② ③ ④ ⑤ ⑥ ⑦ ⑧ ⑨ ⓪
【7】	① ② ③ ④ ⑤ ⑥ ⑦ ⑧ ⑨ ⓪
【8】	① ② ③ ④ ⑤ ⑥ ⑦ ⑧ ⑨ ⓪
【9】	① ② ③ ④ ⑤ ⑥ ⑦ ⑧ ⑨ ⓪
【10】	① ② ③ ④ ⑤ ⑥ ⑦ ⑧ ⑨ ⓪
【11】	① ② ③ ④ ⑤ ⑥ ⑦ ⑧ ⑨ ⓪
【12】	① ② ③ ④ ⑤ ⑥ ⑦ ⑧ ⑨ ⓪
【13】	① ② ③ ④ ⑤ ⑥ ⑦ ⑧ ⑨ ⓪
【14】	① ② ③ ④ ⑤ ⑥ ⑦ ⑧ ⑨ ⓪
【15】	① ② ③ ④ ⑤ ⑥ ⑦ ⑧ ⑨ ⓪
【16】	① ② ③ ④ ⑤ ⑥ ⑦ ⑧ ⑨ ⓪
【17】	① ② ③ ④ ⑤ ⑥ ⑦ ⑧ ⑨ ⓪
【18】	① ② ③ ④ ⑤ ⑥ ⑦ ⑧ ⑨ ⓪
【19】	① ② ③ ④ ⑤ ⑥ ⑦ ⑧ ⑨ ⓪
【20】	① ② ③ ④ ⑤ ⑥ ⑦ ⑧ ⑨ ⓪
【21】	① ② ③ ④ ⑤ ⑥ ⑦ ⑧ ⑨ ⓪
【22】	① ② ③ ④ ⑤ ⑥ ⑦ ⑧ ⑨ ⓪
【23】	① ② ③ ④ ⑤ ⑥ ⑦ ⑧ ⑨ ⓪
【24】	① ② ③ ④ ⑤ ⑥ ⑦ ⑧ ⑨ ⓪
【25】	① ② ③ ④ ⑤ ⑥ ⑦ ⑧ ⑨ ⓪

【26】	① ② ③ ④ ⑤ ⑥ ⑦ ⑧ ⑨ ⓪
【27】	① ② ③ ④ ⑤ ⑥ ⑦ ⑧ ⑨ ⓪
【28】	① ② ③ ④ ⑤ ⑥ ⑦ ⑧ ⑨ ⓪
【29】	① ② ③ ④ ⑤ ⑥ ⑦ ⑧ ⑨ ⓪
【30】	① ② ③ ④ ⑤ ⑥ ⑦ ⑧ ⑨ ⓪
【31】	① ② ③ ④ ⑤ ⑥ ⑦ ⑧ ⑨ ⓪
【32】	① ② ③ ④ ⑤ ⑥ ⑦ ⑧ ⑨ ⓪
【33】	① ② ③ ④ ⑤ ⑥ ⑦ ⑧ ⑨ ⓪
【34】	① ② ③ ④ ⑤ ⑥ ⑦ ⑧ ⑨ ⓪
【35】	① ② ③ ④ ⑤ ⑥ ⑦ ⑧ ⑨ ⓪
【36】	① ② ③ ④ ⑤ ⑥ ⑦ ⑧ ⑨ ⓪
【37】	① ② ③ ④ ⑤ ⑥ ⑦ ⑧ ⑨ ⓪
【38】	① ② ③ ④ ⑤ ⑥ ⑦ ⑧ ⑨ ⓪
【39】	① ② ③ ④ ⑤ ⑥ ⑦ ⑧ ⑨ ⓪
【40】	① ② ③ ④ ⑤ ⑥ ⑦ ⑧ ⑨ ⓪
【41】	① ② ③ ④ ⑤ ⑥ ⑦ ⑧ ⑨ ⓪
【42】	① ② ③ ④ ⑤ ⑥ ⑦ ⑧ ⑨ ⓪
【43】	① ② ③ ④ ⑤ ⑥ ⑦ ⑧ ⑨ ⓪
【44】	① ② ③ ④ ⑤ ⑥ ⑦ ⑧ ⑨ ⓪
【45】	① ② ③ ④ ⑤ ⑥ ⑦ ⑧ ⑨ ⓪
【46】	① ② ③ ④ ⑤ ⑥ ⑦ ⑧ ⑨ ⓪
【47】	① ② ③ ④ ⑤ ⑥ ⑦ ⑧ ⑨ ⓪
【48】	① ② ③ ④ ⑤ ⑥ ⑦ ⑧ ⑨ ⓪
【49】	① ② ③ ④ ⑤ ⑥ ⑦ ⑧ ⑨ ⓪
【50】	① ② ③ ④ ⑤ ⑥ ⑦ ⑧ ⑨ ⓪

【51】	① ② ③ ④ ⑤ ⑥ ⑦ ⑧ ⑨ ⓪
【52】	① ② ③ ④ ⑤ ⑥ ⑦ ⑧ ⑨ ⓪
【53】	① ② ③ ④ ⑤ ⑥ ⑦ ⑧ ⑨ ⓪
【54】	① ② ③ ④ ⑤ ⑥ ⑦ ⑧ ⑨ ⓪
【55】	① ② ③ ④ ⑤ ⑥ ⑦ ⑧ ⑨ ⓪
【56】	① ② ③ ④ ⑤ ⑥ ⑦ ⑧ ⑨ ⓪
【57】	① ② ③ ④ ⑤ ⑥ ⑦ ⑧ ⑨ ⓪
【58】	① ② ③ ④ ⑤ ⑥ ⑦ ⑧ ⑨ ⓪
【59】	① ② ③ ④ ⑤ ⑥ ⑦ ⑧ ⑨ ⓪
【60】	① ② ③ ④ ⑤ ⑥ ⑦ ⑧ ⑨ ⓪
【61】	① ② ③ ④ ⑤ ⑥ ⑦ ⑧ ⑨ ⓪
【62】	① ② ③ ④ ⑤ ⑥ ⑦ ⑧ ⑨ ⓪
【63】	① ② ③ ④ ⑤ ⑥ ⑦ ⑧ ⑨ ⓪
【64】	① ② ③ ④ ⑤ ⑥ ⑦ ⑧ ⑨ ⓪
【65】	① ② ③ ④ ⑤ ⑥ ⑦ ⑧ ⑨ ⓪
【66】	① ② ③ ④ ⑤ ⑥ ⑦ ⑧ ⑨ ⓪
【67】	① ② ③ ④ ⑤ ⑥ ⑦ ⑧ ⑨ ⓪
【68】	① ② ③ ④ ⑤ ⑥ ⑦ ⑧ ⑨ ⓪
【69】	① ② ③ ④ ⑤ ⑥ ⑦ ⑧ ⑨ ⓪
【70】	① ② ③ ④ ⑤ ⑥ ⑦ ⑧ ⑨ ⓪
【71】	① ② ③ ④ ⑤ ⑥ ⑦ ⑧ ⑨ ⓪
【72】	① ② ③ ④ ⑤ ⑥ ⑦ ⑧ ⑨ ⓪
【73】	① ② ③ ④ ⑤ ⑥ ⑦ ⑧ ⑨ ⓪
【74】	① ② ③ ④ ⑤ ⑥ ⑦ ⑧ ⑨ ⓪
【75】	① ② ③ ④ ⑤ ⑥ ⑦ ⑧ ⑨ ⓪

（注）この解答用紙は実物を縮小してあります。Ｂ４用紙に139%拡大コピーすると、ほぼ実物大で使用できます。（タイトルと配点表は含みません）

推定配点	
1〜4 各2点×25〔3は各2点×6〕 5 各3点×10 6 各4点×5	
100点	計

2020年度　日本大学鶴ヶ丘高等学校

数学解答用紙

評点 /100

良い例	●
悪い例	⊘　⊙　◑

注意事項
1. この用紙を折り曲げてはいけない。
2. マークすべきところ以外に印をつけたり、汚したりしてはいけない。

受験番号	
氏　名	
中学校名	

受験番号			
①	①	①	①
②	②	②	②
③	③	③	③
④	④	④	④
⑤	⑤	⑤	⑤
⑥	⑥	⑥	⑥
⑦	⑦	⑦	⑦
⑧	⑧	⑧	⑧
⑨	⑨	⑨	⑨
⓪	⓪	⓪	⓪

解答欄

【1】	① ② ③ ④ ⑤ ⑥ ⑦ ⑧ ⑨ ⓪
【2】	① ② ③ ④ ⑤ ⑥ ⑦ ⑧ ⑨ ⓪
【3】	① ② ③ ④ ⑤ ⑥ ⑦ ⑧ ⑨ ⓪
【4】	① ② ③ ④ ⑤ ⑥ ⑦ ⑧ ⑨ ⓪
【5】	① ② ③ ④ ⑤ ⑥ ⑦ ⑧ ⑨ ⓪
【6】	① ② ③ ④ ⑤ ⑥ ⑦ ⑧ ⑨ ⓪
【7】	① ② ③ ④ ⑤ ⑥ ⑦ ⑧ ⑨ ⓪
【8】	① ② ③ ④ ⑤ ⑥ ⑦ ⑧ ⑨ ⓪
【9】	① ② ③ ④ ⑤ ⑥ ⑦ ⑧ ⑨ ⓪
【10】	① ② ③ ④ ⑤ ⑥ ⑦ ⑧ ⑨ ⓪
【11】	① ② ③ ④ ⑤ ⑥ ⑦ ⑧ ⑨ ⓪
【12】	① ② ③ ④ ⑤ ⑥ ⑦ ⑧ ⑨ ⓪
【13】	① ② ③ ④ ⑤ ⑥ ⑦ ⑧ ⑨ ⓪
【14】	① ② ③ ④ ⑤ ⑥ ⑦ ⑧ ⑨ ⓪
【15】	① ② ③ ④ ⑤ ⑥ ⑦ ⑧ ⑨ ⓪
【16】	① ② ③ ④ ⑤ ⑥ ⑦ ⑧ ⑨ ⓪
【17】	① ② ③ ④ ⑤ ⑥ ⑦ ⑧ ⑨ ⓪
【18】	① ② ③ ④ ⑤ ⑥ ⑦ ⑧ ⑨ ⓪
【19】	① ② ③ ④ ⑤ ⑥ ⑦ ⑧ ⑨ ⓪
【20】	① ② ③ ④ ⑤ ⑥ ⑦ ⑧ ⑨ ⓪
【21】	① ② ③ ④ ⑤ ⑥ ⑦ ⑧ ⑨ ⓪
【22】	① ② ③ ④ ⑤ ⑥ ⑦ ⑧ ⑨ ⓪
【23】	① ② ③ ④ ⑤ ⑥ ⑦ ⑧ ⑨ ⓪
【24】	① ② ③ ④ ⑤ ⑥ ⑦ ⑧ ⑨ ⓪
【25】	① ② ③ ④ ⑤ ⑥ ⑦ ⑧ ⑨ ⓪

【26】	① ② ③ ④ ⑤ ⑥ ⑦ ⑧ ⑨ ⓪
【27】	① ② ③ ④ ⑤ ⑥ ⑦ ⑧ ⑨ ⓪
【28】	① ② ③ ④ ⑤ ⑥ ⑦ ⑧ ⑨ ⓪
【29】	① ② ③ ④ ⑤ ⑥ ⑦ ⑧ ⑨ ⓪
【30】	① ② ③ ④ ⑤ ⑥ ⑦ ⑧ ⑨ ⓪
【31】	① ② ③ ④ ⑤ ⑥ ⑦ ⑧ ⑨ ⓪
【32】	① ② ③ ④ ⑤ ⑥ ⑦ ⑧ ⑨ ⓪
【33】	① ② ③ ④ ⑤ ⑥ ⑦ ⑧ ⑨ ⓪
【34】	① ② ③ ④ ⑤ ⑥ ⑦ ⑧ ⑨ ⓪
【35】	① ② ③ ④ ⑤ ⑥ ⑦ ⑧ ⑨ ⓪
【36】	① ② ③ ④ ⑤ ⑥ ⑦ ⑧ ⑨ ⓪
【37】	① ② ③ ④ ⑤ ⑥ ⑦ ⑧ ⑨ ⓪
【38】	① ② ③ ④ ⑤ ⑥ ⑦ ⑧ ⑨ ⓪
【39】	① ② ③ ④ ⑤ ⑥ ⑦ ⑧ ⑨ ⓪
【40】	① ② ③ ④ ⑤ ⑥ ⑦ ⑧ ⑨ ⓪
【41】	① ② ③ ④ ⑤ ⑥ ⑦ ⑧ ⑨ ⓪
【42】	① ② ③ ④ ⑤ ⑥ ⑦ ⑧ ⑨ ⓪
【43】	① ② ③ ④ ⑤ ⑥ ⑦ ⑧ ⑨ ⓪
【44】	① ② ③ ④ ⑤ ⑥ ⑦ ⑧ ⑨ ⓪
【45】	① ② ③ ④ ⑤ ⑥ ⑦ ⑧ ⑨ ⓪
【46】	① ② ③ ④ ⑤ ⑥ ⑦ ⑧ ⑨ ⓪
【47】	① ② ③ ④ ⑤ ⑥ ⑦ ⑧ ⑨ ⓪
【48】	① ② ③ ④ ⑤ ⑥ ⑦ ⑧ ⑨ ⓪
【49】	① ② ③ ④ ⑤ ⑥ ⑦ ⑧ ⑨ ⓪
【50】	① ② ③ ④ ⑤ ⑥ ⑦ ⑧ ⑨ ⓪

【51】	① ② ③ ④ ⑤ ⑥ ⑦ ⑧ ⑨ ⓪
【52】	① ② ③ ④ ⑤ ⑥ ⑦ ⑧ ⑨ ⓪
【53】	① ② ③ ④ ⑤ ⑥ ⑦ ⑧ ⑨ ⓪
【54】	① ② ③ ④ ⑤ ⑥ ⑦ ⑧ ⑨ ⓪
【55】	① ② ③ ④ ⑤ ⑥ ⑦ ⑧ ⑨ ⓪
【56】	① ② ③ ④ ⑤ ⑥ ⑦ ⑧ ⑨ ⓪
【57】	① ② ③ ④ ⑤ ⑥ ⑦ ⑧ ⑨ ⓪
【58】	① ② ③ ④ ⑤ ⑥ ⑦ ⑧ ⑨ ⓪
【59】	① ② ③ ④ ⑤ ⑥ ⑦ ⑧ ⑨ ⓪
【60】	① ② ③ ④ ⑤ ⑥ ⑦ ⑧ ⑨ ⓪
【61】	① ② ③ ④ ⑤ ⑥ ⑦ ⑧ ⑨ ⓪
【62】	① ② ③ ④ ⑤ ⑥ ⑦ ⑧ ⑨ ⓪
【63】	① ② ③ ④ ⑤ ⑥ ⑦ ⑧ ⑨ ⓪
【64】	① ② ③ ④ ⑤ ⑥ ⑦ ⑧ ⑨ ⓪
【65】	① ② ③ ④ ⑤ ⑥ ⑦ ⑧ ⑨ ⓪
【66】	① ② ③ ④ ⑤ ⑥ ⑦ ⑧ ⑨ ⓪
【67】	① ② ③ ④ ⑤ ⑥ ⑦ ⑧ ⑨ ⓪
【68】	① ② ③ ④ ⑤ ⑥ ⑦ ⑧ ⑨ ⓪
【69】	① ② ③ ④ ⑤ ⑥ ⑦ ⑧ ⑨ ⓪
【70】	① ② ③ ④ ⑤ ⑥ ⑦ ⑧ ⑨ ⓪
【71】	① ② ③ ④ ⑤ ⑥ ⑦ ⑧ ⑨ ⓪
【72】	① ② ③ ④ ⑤ ⑥ ⑦ ⑧ ⑨ ⓪
【73】	① ② ③ ④ ⑤ ⑥ ⑦ ⑧ ⑨ ⓪
【74】	① ② ③ ④ ⑤ ⑥ ⑦ ⑧ ⑨ ⓪
【75】	① ② ③ ④ ⑤ ⑥ ⑦ ⑧ ⑨ ⓪

(注) この解答用紙は実物を縮小してあります。Ｂ４用紙に139%拡大コピーすると、ほぼ実物大で使用できます。(タイトルと配点表は含みません)

推定配点	
1 (1)～(5) 各6点×5　(6) 7点 2～4 各7点×9〔2(3)、4(3)はそれぞれ完答〕	
100点	計

二〇二〇年度 日本大学鶴ヶ丘高等学校

国語解答用紙

評点
/100

良い例	●
悪い例	⌀ ⊙ ◑

注意事項
1. この用紙を折り曲げてはいけない。
2. マークすべきところ以外に印をつけたり、汚したりしてはいけない。

受験番号	
氏　名	
中学校名	

受験番号			
①	①	①	①
②	②	②	②
③	③	③	③
④	④	④	④
⑤	⑤	⑤	⑤
⑥	⑥	⑥	⑥
⑦	⑦	⑦	⑦
⑧	⑧	⑧	⑧
⑨	⑨	⑨	⑨
⓪	⓪	⓪	⓪

解答欄

【1】	①	②	③	④	⑤	⑥	⑦	⑧	⑨	⓪
【2】	①	②	③	④	⑤	⑥	⑦	⑧	⑨	⓪
【3】	①	②	③	④	⑤	⑥	⑦	⑧	⑨	⓪
【4】	①	②	③	④	⑤	⑥	⑦	⑧	⑨	⓪
【5】	①	②	③	④	⑤	⑥	⑦	⑧	⑨	⓪
【6】	①	②	③	④	⑤	⑥	⑦	⑧	⑨	⓪
【7】	①	②	③	④	⑤	⑥	⑦	⑧	⑨	⓪
【8】	①	②	③	④	⑤	⑥	⑦	⑧	⑨	⓪
【9】	①	②	③	④	⑤	⑥	⑦	⑧	⑨	⓪
【10】	①	②	③	④	⑤	⑥	⑦	⑧	⑨	⓪
【11】	①	②	③	④	⑤	⑥	⑦	⑧	⑨	⓪
【12】	①	②	③	④	⑤	⑥	⑦	⑧	⑨	⓪
【13】	①	②	③	④	⑤	⑥	⑦	⑧	⑨	⓪
【14】	①	②	③	④	⑤	⑥	⑦	⑧	⑨	⓪
【15】	①	②	③	④	⑤	⑥	⑦	⑧	⑨	⓪
【16】	①	②	③	④	⑤	⑥	⑦	⑧	⑨	⓪
【17】	①	②	③	④	⑤	⑥	⑦	⑧	⑨	⓪
【18】	①	②	③	④	⑤	⑥	⑦	⑧	⑨	⓪
【19】	①	②	③	④	⑤	⑥	⑦	⑧	⑨	⓪
【20】	①	②	③	④	⑤	⑥	⑦	⑧	⑨	⓪
【21】	①	②	③	④	⑤	⑥	⑦	⑧	⑨	⓪
【22】	①	②	③	④	⑤	⑥	⑦	⑧	⑨	⓪
【23】	①	②	③	④	⑤	⑥	⑦	⑧	⑨	⓪
【24】	①	②	③	④	⑤	⑥	⑦	⑧	⑨	⓪
【25】	①	②	③	④	⑤	⑥	⑦	⑧	⑨	⓪
【26】	①	②	③	④	⑤	⑥	⑦	⑧	⑨	⓪
【27】	①	②	③	④	⑤	⑥	⑦	⑧	⑨	⓪
【28】	①	②	③	④	⑤	⑥	⑦	⑧	⑨	⓪
【29】	①	②	③	④	⑤	⑥	⑦	⑧	⑨	⓪
【30】	①	②	③	④	⑤	⑥	⑦	⑧	⑨	⓪
【31】	①	②	③	④	⑤	⑥	⑦	⑧	⑨	⓪
【32】	①	②	③	④	⑤	⑥	⑦	⑧	⑨	⓪
【33】	①	②	③	④	⑤	⑥	⑦	⑧	⑨	⓪
【34】	①	②	③	④	⑤	⑥	⑦	⑧	⑨	⓪
【35】	①	②	③	④	⑤	⑥	⑦	⑧	⑨	⓪
【36】	①	②	③	④	⑤	⑥	⑦	⑧	⑨	⓪
【37】	①	②	③	④	⑤	⑥	⑦	⑧	⑨	⓪
【38】	①	②	③	④	⑤	⑥	⑦	⑧	⑨	⓪
【39】	①	②	③	④	⑤	⑥	⑦	⑧	⑨	⓪
【40】	①	②	③	④	⑤	⑥	⑦	⑧	⑨	⓪
【41】	①	②	③	④	⑤	⑥	⑦	⑧	⑨	⓪
【42】	①	②	③	④	⑤	⑥	⑦	⑧	⑨	⓪
【43】	①	②	③	④	⑤	⑥	⑦	⑧	⑨	⓪
【44】	①	②	③	④	⑤	⑥	⑦	⑧	⑨	⓪
【45】	①	②	③	④	⑤	⑥	⑦	⑧	⑨	⓪
【46】	①	②	③	④	⑤	⑥	⑦	⑧	⑨	⓪
【47】	①	②	③	④	⑤	⑥	⑦	⑧	⑨	⓪
【48】	①	②	③	④	⑤	⑥	⑦	⑧	⑨	⓪
【49】	①	②	③	④	⑤	⑥	⑦	⑧	⑨	⓪
【50】	①	②	③	④	⑤	⑥	⑦	⑧	⑨	⓪
【51】	①	②	③	④	⑤	⑥	⑦	⑧	⑨	⓪
【52】	①	②	③	④	⑤	⑥	⑦	⑧	⑨	⓪
【53】	①	②	③	④	⑤	⑥	⑦	⑧	⑨	⓪
【54】	①	②	③	④	⑤	⑥	⑦	⑧	⑨	⓪
【55】	①	②	③	④	⑤	⑥	⑦	⑧	⑨	⓪
【56】	①	②	③	④	⑤	⑥	⑦	⑧	⑨	⓪
【57】	①	②	③	④	⑤	⑥	⑦	⑧	⑨	⓪
【58】	①	②	③	④	⑤	⑥	⑦	⑧	⑨	⓪
【59】	①	②	③	④	⑤	⑥	⑦	⑧	⑨	⓪
【60】	①	②	③	④	⑤	⑥	⑦	⑧	⑨	⓪
【61】	①	②	③	④	⑤	⑥	⑦	⑧	⑨	⓪
【62】	①	②	③	④	⑤	⑥	⑦	⑧	⑨	⓪
【63】	①	②	③	④	⑤	⑥	⑦	⑧	⑨	⓪
【64】	①	②	③	④	⑤	⑥	⑦	⑧	⑨	⓪
【65】	①	②	③	④	⑤	⑥	⑦	⑧	⑨	⓪
【66】	①	②	③	④	⑤	⑥	⑦	⑧	⑨	⓪
【67】	①	②	③	④	⑤	⑥	⑦	⑧	⑨	⓪
【68】	①	②	③	④	⑤	⑥	⑦	⑧	⑨	⓪
【69】	①	②	③	④	⑤	⑥	⑦	⑧	⑨	⓪
【70】	①	②	③	④	⑤	⑥	⑦	⑧	⑨	⓪
【71】	①	②	③	④	⑤	⑥	⑦	⑧	⑨	⓪
【72】	①	②	③	④	⑤	⑥	⑦	⑧	⑨	⓪
【73】	①	②	③	④	⑤	⑥	⑦	⑧	⑨	⓪
【74】	①	②	③	④	⑤	⑥	⑦	⑧	⑨	⓪
【75】	①	②	③	④	⑤	⑥	⑦	⑧	⑨	⓪

（注）この解答用紙は実物を縮小してあります。Ｂ４用紙に139%拡大コピーすると、ほぼ実物大で使用できます。（タイトルと配点表は含みません）

推定配点	
一　各2点×10 二　問一　各2点×6　問二～問九　各3点×8 三、四　各2点×22	
100点	計

2019年度 日本大学鶴ヶ丘高等学校

英語解答用紙

受験番号	
氏　名	
中学校名	

評点 ／100

解答欄

【1】	①	②	③	④	⑤	⑥	⑦	⑧	⑨	⓪
【2】	①	②	③	④	⑤	⑥	⑦	⑧	⑨	⓪
【3】	①	②	③	④	⑤	⑥	⑦	⑧	⑨	⓪
【4】	①	②	③	④	⑤	⑥	⑦	⑧	⑨	⓪
【5】	①	②	③	④	⑤	⑥	⑦	⑧	⑨	⓪
【6】	①	②	③	④	⑤	⑥	⑦	⑧	⑨	⓪
【7】	①	②	③	④	⑤	⑥	⑦	⑧	⑨	⓪
【8】	①	②	③	④	⑤	⑥	⑦	⑧	⑨	⓪
【9】	①	②	③	④	⑤	⑥	⑦	⑧	⑨	⓪
【10】	①	②	③	④	⑤	⑥	⑦	⑧	⑨	⓪
【11】	①	②	③	④	⑤	⑥	⑦	⑧	⑨	⓪
【12】	①	②	③	④	⑤	⑥	⑦	⑧	⑨	⓪
【13】	①	②	③	④	⑤	⑥	⑦	⑧	⑨	⓪
【14】	①	②	③	④	⑤	⑥	⑦	⑧	⑨	⓪
【15】	①	②	③	④	⑤	⑥	⑦	⑧	⑨	⓪
【16】	①	②	③	④	⑤	⑥	⑦	⑧	⑨	⓪
【17】	①	②	③	④	⑤	⑥	⑦	⑧	⑨	⓪
【18】	①	②	③	④	⑤	⑥	⑦	⑧	⑨	⓪
【19】	①	②	③	④	⑤	⑥	⑦	⑧	⑨	⓪
【20】	①	②	③	④	⑤	⑥	⑦	⑧	⑨	⓪
【21】	①	②	③	④	⑤	⑥	⑦	⑧	⑨	⓪
【22】	①	②	③	④	⑤	⑥	⑦	⑧	⑨	⓪
【23】	①	②	③	④	⑤	⑥	⑦	⑧	⑨	⓪
【24】	①	②	③	④	⑤	⑥	⑦	⑧	⑨	⓪
【25】	①	②	③	④	⑤	⑥	⑦	⑧	⑨	⓪
【26】	①	②	③	④	⑤	⑥	⑦	⑧	⑨	⓪
【27】	①	②	③	④	⑤	⑥	⑦	⑧	⑨	⓪
【28】	①	②	③	④	⑤	⑥	⑦	⑧	⑨	⓪
【29】	①	②	③	④	⑤	⑥	⑦	⑧	⑨	⓪
【30】	①	②	③	④	⑤	⑥	⑦	⑧	⑨	⓪
【31】	①	②	③	④	⑤	⑥	⑦	⑧	⑨	⓪
【32】	①	②	③	④	⑤	⑥	⑦	⑧	⑨	⓪
【33】	①	②	③	④	⑤	⑥	⑦	⑧	⑨	⓪
【34】	①	②	③	④	⑤	⑥	⑦	⑧	⑨	⓪
【35】	①	②	③	④	⑤	⑥	⑦	⑧	⑨	⓪
【36】	①	②	③	④	⑤	⑥	⑦	⑧	⑨	⓪
【37】	①	②	③	④	⑤	⑥	⑦	⑧	⑨	⓪
【38】	①	②	③	④	⑤	⑥	⑦	⑧	⑨	⓪
【39】	①	②	③	④	⑤	⑥	⑦	⑧	⑨	⓪
【40】	①	②	③	④	⑤	⑥	⑦	⑧	⑨	⓪
【41】	①	②	③	④	⑤	⑥	⑦	⑧	⑨	⓪
【42】	①	②	③	④	⑤	⑥	⑦	⑧	⑨	⓪
【43】	①	②	③	④	⑤	⑥	⑦	⑧	⑨	⓪
【44】	①	②	③	④	⑤	⑥	⑦	⑧	⑨	⓪
【45】	①	②	③	④	⑤	⑥	⑦	⑧	⑨	⓪
【46】	①	②	③	④	⑤	⑥	⑦	⑧	⑨	⓪
【47】	①	②	③	④	⑤	⑥	⑦	⑧	⑨	⓪
【48】	①	②	③	④	⑤	⑥	⑦	⑧	⑨	⓪
【49】	①	②	③	④	⑤	⑥	⑦	⑧	⑨	⓪
【50】	①	②	③	④	⑤	⑥	⑦	⑧	⑨	⓪
【51】	①	②	③	④	⑤	⑥	⑦	⑧	⑨	⓪
【52】	①	②	③	④	⑤	⑥	⑦	⑧	⑨	⓪
【53】	①	②	③	④	⑤	⑥	⑦	⑧	⑨	⓪
【54】	①	②	③	④	⑤	⑥	⑦	⑧	⑨	⓪
【55】	①	②	③	④	⑤	⑥	⑦	⑧	⑨	⓪
【56】	①	②	③	④	⑤	⑥	⑦	⑧	⑨	⓪
【57】	①	②	③	④	⑤	⑥	⑦	⑧	⑨	⓪
【58】	①	②	③	④	⑤	⑥	⑦	⑧	⑨	⓪
【59】	①	②	③	④	⑤	⑥	⑦	⑧	⑨	⓪
【60】	①	②	③	④	⑤	⑥	⑦	⑧	⑨	⓪
【61】	①	②	③	④	⑤	⑥	⑦	⑧	⑨	⓪
【62】	①	②	③	④	⑤	⑥	⑦	⑧	⑨	⓪
【63】	①	②	③	④	⑤	⑥	⑦	⑧	⑨	⓪
【64】	①	②	③	④	⑤	⑥	⑦	⑧	⑨	⓪
【65】	①	②	③	④	⑤	⑥	⑦	⑧	⑨	⓪
【66】	①	②	③	④	⑤	⑥	⑦	⑧	⑨	⓪
【67】	①	②	③	④	⑤	⑥	⑦	⑧	⑨	⓪
【68】	①	②	③	④	⑤	⑥	⑦	⑧	⑨	⓪
【69】	①	②	③	④	⑤	⑥	⑦	⑧	⑨	⓪
【70】	①	②	③	④	⑤	⑥	⑦	⑧	⑨	⓪
【71】	①	②	③	④	⑤	⑥	⑦	⑧	⑨	⓪
【72】	①	②	③	④	⑤	⑥	⑦	⑧	⑨	⓪
【73】	①	②	③	④	⑤	⑥	⑦	⑧	⑨	⓪
【74】	①	②	③	④	⑤	⑥	⑦	⑧	⑨	⓪
【75】	①	②	③	④	⑤	⑥	⑦	⑧	⑨	⓪

受験番号			
①	①	①	①
②	②	②	②
③	③	③	③
④	④	④	④
⑤	⑤	⑤	⑤
⑥	⑥	⑥	⑥
⑦	⑦	⑦	⑦
⑧	⑧	⑧	⑧
⑨	⑨	⑨	⑨
⓪	⓪	⓪	⓪

注意事項

1. この用紙を折り曲げてはいけない。
2. マークすべきところ以外に印をつけたり、汚したりしてはいけない。

良い例	●
悪い例	∅ ⊙ ◐

(注) この解答用紙は実物を縮小してあります。Ｂ４用紙に133%拡大コピーすると、ほぼ実物大で使用できます。(タイトルと配点表は含みません)

推定配点	
1〜4 各2点×25〔3は各2点×6〕 5 各3点×10 6 各4点×5	
計	100点

2019年度　日本大学鶴ヶ丘高等学校

数学解答用紙

受験番号	
氏　名	
中学校名	

評点
／100

解答欄

受験番号			
①	①	①	①
②	②	②	②
③	③	③	③
④	④	④	④
⑤	⑤	⑤	⑤
⑥	⑥	⑥	⑥
⑦	⑦	⑦	⑦
⑧	⑧	⑧	⑧
⑨	⑨	⑨	⑨
⓪	⓪	⓪	⓪

【1】	①②③④⑤⑥⑦⑧⑨⓪	【26】	①②③④⑤⑥⑦⑧⑨⓪	【51】	①②③④⑤⑥⑦⑧⑨⓪
【2】	①②③④⑤⑥⑦⑧⑨⓪	【27】	①②③④⑤⑥⑦⑧⑨⓪	【52】	①②③④⑤⑥⑦⑧⑨⓪
【3】	①②③④⑤⑥⑦⑧⑨⓪	【28】	①②③④⑤⑥⑦⑧⑨⓪	【53】	①②③④⑤⑥⑦⑧⑨⓪
【4】	①②③④⑤⑥⑦⑧⑨⓪	【29】	①②③④⑤⑥⑦⑧⑨⓪	【54】	①②③④⑤⑥⑦⑧⑨⓪
【5】	①②③④⑤⑥⑦⑧⑨⓪	【30】	①②③④⑤⑥⑦⑧⑨⓪	【55】	①②③④⑤⑥⑦⑧⑨⓪
【6】	①②③④⑤⑥⑦⑧⑨⓪	【31】	①②③④⑤⑥⑦⑧⑨⓪	【56】	①②③④⑤⑥⑦⑧⑨⓪
【7】	①②③④⑤⑥⑦⑧⑨⓪	【32】	①②③④⑤⑥⑦⑧⑨⓪	【57】	①②③④⑤⑥⑦⑧⑨⓪
【8】	①②③④⑤⑥⑦⑧⑨⓪	【33】	①②③④⑤⑥⑦⑧⑨⓪	【58】	①②③④⑤⑥⑦⑧⑨⓪
【9】	①②③④⑤⑥⑦⑧⑨⓪	【34】	①②③④⑤⑥⑦⑧⑨⓪	【59】	①②③④⑤⑥⑦⑧⑨⓪
【10】	①②③④⑤⑥⑦⑧⑨⓪	【35】	①②③④⑤⑥⑦⑧⑨⓪	【60】	①②③④⑤⑥⑦⑧⑨⓪
【11】	①②③④⑤⑥⑦⑧⑨⓪	【36】	①②③④⑤⑥⑦⑧⑨⓪	【61】	①②③④⑤⑥⑦⑧⑨⓪
【12】	①②③④⑤⑥⑦⑧⑨⓪	【37】	①②③④⑤⑥⑦⑧⑨⓪	【62】	①②③④⑤⑥⑦⑧⑨⓪
【13】	①②③④⑤⑥⑦⑧⑨⓪	【38】	①②③④⑤⑥⑦⑧⑨⓪	【63】	①②③④⑤⑥⑦⑧⑨⓪
【14】	①②③④⑤⑥⑦⑧⑨⓪	【39】	①②③④⑤⑥⑦⑧⑨⓪	【64】	①②③④⑤⑥⑦⑧⑨⓪
【15】	①②③④⑤⑥⑦⑧⑨⓪	【40】	①②③④⑤⑥⑦⑧⑨⓪	【65】	①②③④⑤⑥⑦⑧⑨⓪
【16】	①②③④⑤⑥⑦⑧⑨⓪	【41】	①②③④⑤⑥⑦⑧⑨⓪	【66】	①②③④⑤⑥⑦⑧⑨⓪
【17】	①②③④⑤⑥⑦⑧⑨⓪	【42】	①②③④⑤⑥⑦⑧⑨⓪	【67】	①②③④⑤⑥⑦⑧⑨⓪
【18】	①②③④⑤⑥⑦⑧⑨⓪	【43】	①②③④⑤⑥⑦⑧⑨⓪	【68】	①②③④⑤⑥⑦⑧⑨⓪
【19】	①②③④⑤⑥⑦⑧⑨⓪	【44】	①②③④⑤⑥⑦⑧⑨⓪	【69】	①②③④⑤⑥⑦⑧⑨⓪
【20】	①②③④⑤⑥⑦⑧⑨⓪	【45】	①②③④⑤⑥⑦⑧⑨⓪	【70】	①②③④⑤⑥⑦⑧⑨⓪
【21】	①②③④⑤⑥⑦⑧⑨⓪	【46】	①②③④⑤⑥⑦⑧⑨⓪	【71】	①②③④⑤⑥⑦⑧⑨⓪
【22】	①②③④⑤⑥⑦⑧⑨⓪	【47】	①②③④⑤⑥⑦⑧⑨⓪	【72】	①②③④⑤⑥⑦⑧⑨⓪
【23】	①②③④⑤⑥⑦⑧⑨⓪	【48】	①②③④⑤⑥⑦⑧⑨⓪	【73】	①②③④⑤⑥⑦⑧⑨⓪
【24】	①②③④⑤⑥⑦⑧⑨⓪	【49】	①②③④⑤⑥⑦⑧⑨⓪	【74】	①②③④⑤⑥⑦⑧⑨⓪
【25】	①②③④⑤⑥⑦⑧⑨⓪	【50】	①②③④⑤⑥⑦⑧⑨⓪	【75】	①②③④⑤⑥⑦⑧⑨⓪

注意事項
1. この用紙を折り曲げてはいけない。
2. マークすべきところ以外に印をつけたり、汚したりしてはいけない。

良い例	●
悪い例	∅ ⊙ ◐

（注）この解答用紙は実物を縮小してあります。B４用紙に133%拡大コピーすると、ほぼ実物大で使用できます。（タイトルと配点表は含みません）

推定配点	
1 各6点×5　2～5 各7点×10〔5は各7点×2〕	
100点	計

二〇一九年度　日本大学鶴ケ丘高等学校

国語解答用紙

受験番号	
氏　名	
中学校名	

解答欄

【1】	①	②	③	④	⑤	⑥	⑦	⑧	⑨	⓪
【2】	①	②	③	④	⑤	⑥	⑦	⑧	⑨	⓪
【3】	①	②	③	④	⑤	⑥	⑦	⑧	⑨	⓪
【4】	①	②	③	④	⑤	⑥	⑦	⑧	⑨	⓪
【5】	①	②	③	④	⑤	⑥	⑦	⑧	⑨	⓪
【6】	①	②	③	④	⑤	⑥	⑦	⑧	⑨	⓪
【7】	①	②	③	④	⑤	⑥	⑦	⑧	⑨	⓪
【8】	①	②	③	④	⑤	⑥	⑦	⑧	⑨	⓪
【9】	①	②	③	④	⑤	⑥	⑦	⑧	⑨	⓪
【10】	①	②	③	④	⑤	⑥	⑦	⑧	⑨	⓪
【11】	①	②	③	④	⑤	⑥	⑦	⑧	⑨	⓪
【12】	①	②	③	④	⑤	⑥	⑦	⑧	⑨	⓪
【13】	①	②	③	④	⑤	⑥	⑦	⑧	⑨	⓪
【14】	①	②	③	④	⑤	⑥	⑦	⑧	⑨	⓪
【15】	①	②	③	④	⑤	⑥	⑦	⑧	⑨	⓪
【16】	①	②	③	④	⑤	⑥	⑦	⑧	⑨	⓪
【17】	①	②	③	④	⑤	⑥	⑦	⑧	⑨	⓪
【18】	①	②	③	④	⑤	⑥	⑦	⑧	⑨	⓪
【19】	①	②	③	④	⑤	⑥	⑦	⑧	⑨	⓪
【20】	①	②	③	④	⑤	⑥	⑦	⑧	⑨	⓪
【21】	①	②	③	④	⑤	⑥	⑦	⑧	⑨	⓪
【22】	①	②	③	④	⑤	⑥	⑦	⑧	⑨	⓪
【23】	①	②	③	④	⑤	⑥	⑦	⑧	⑨	⓪
【24】	①	②	③	④	⑤	⑥	⑦	⑧	⑨	⓪
【25】	①	②	③	④	⑤	⑥	⑦	⑧	⑨	⓪

【26】	①	②	③	④	⑤	⑥	⑦	⑧	⑨	⓪
【27】	①	②	③	④	⑤	⑥	⑦	⑧	⑨	⓪
【28】	①	②	③	④	⑤	⑥	⑦	⑧	⑨	⓪
【29】	①	②	③	④	⑤	⑥	⑦	⑧	⑨	⓪
【30】	①	②	③	④	⑤	⑥	⑦	⑧	⑨	⓪
【31】	①	②	③	④	⑤	⑥	⑦	⑧	⑨	⓪
【32】	①	②	③	④	⑤	⑥	⑦	⑧	⑨	⓪
【33】	①	②	③	④	⑤	⑥	⑦	⑧	⑨	⓪
【34】	①	②	③	④	⑤	⑥	⑦	⑧	⑨	⓪
【35】	①	②	③	④	⑤	⑥	⑦	⑧	⑨	⓪
【36】	①	②	③	④	⑤	⑥	⑦	⑧	⑨	⓪
【37】	①	②	③	④	⑤	⑥	⑦	⑧	⑨	⓪
【38】	①	②	③	④	⑤	⑥	⑦	⑧	⑨	⓪
【39】	①	②	③	④	⑤	⑥	⑦	⑧	⑨	⓪
【40】	①	②	③	④	⑤	⑥	⑦	⑧	⑨	⓪
【41】	①	②	③	④	⑤	⑥	⑦	⑧	⑨	⓪
【42】	①	②	③	④	⑤	⑥	⑦	⑧	⑨	⓪
【43】	①	②	③	④	⑤	⑥	⑦	⑧	⑨	⓪
【44】	①	②	③	④	⑤	⑥	⑦	⑧	⑨	⓪
【45】	①	②	③	④	⑤	⑥	⑦	⑧	⑨	⓪
【46】	①	②	③	④	⑤	⑥	⑦	⑧	⑨	⓪
【47】	①	②	③	④	⑤	⑥	⑦	⑧	⑨	⓪
【48】	①	②	③	④	⑤	⑥	⑦	⑧	⑨	⓪
【49】	①	②	③	④	⑤	⑥	⑦	⑧	⑨	⓪
【50】	①	②	③	④	⑤	⑥	⑦	⑧	⑨	⓪

【51】	①	②	③	④	⑤	⑥	⑦	⑧	⑨	⓪
【52】	①	②	③	④	⑤	⑥	⑦	⑧	⑨	⓪
【53】	①	②	③	④	⑤	⑥	⑦	⑧	⑨	⓪
【54】	①	②	③	④	⑤	⑥	⑦	⑧	⑨	⓪
【55】	①	②	③	④	⑤	⑥	⑦	⑧	⑨	⓪
【56】	①	②	③	④	⑤	⑥	⑦	⑧	⑨	⓪
【57】	①	②	③	④	⑤	⑥	⑦	⑧	⑨	⓪
【58】	①	②	③	④	⑤	⑥	⑦	⑧	⑨	⓪
【59】	①	②	③	④	⑤	⑥	⑦	⑧	⑨	⓪
【60】	①	②	③	④	⑤	⑥	⑦	⑧	⑨	⓪
【61】	①	②	③	④	⑤	⑥	⑦	⑧	⑨	⓪
【62】	①	②	③	④	⑤	⑥	⑦	⑧	⑨	⓪
【63】	①	②	③	④	⑤	⑥	⑦	⑧	⑨	⓪
【64】	①	②	③	④	⑤	⑥	⑦	⑧	⑨	⓪
【65】	①	②	③	④	⑤	⑥	⑦	⑧	⑨	⓪
【66】	①	②	③	④	⑤	⑥	⑦	⑧	⑨	⓪
【67】	①	②	③	④	⑤	⑥	⑦	⑧	⑨	⓪
【68】	①	②	③	④	⑤	⑥	⑦	⑧	⑨	⓪
【69】	①	②	③	④	⑤	⑥	⑦	⑧	⑨	⓪
【70】	①	②	③	④	⑤	⑥	⑦	⑧	⑨	⓪
【71】	①	②	③	④	⑤	⑥	⑦	⑧	⑨	⓪
【72】	①	②	③	④	⑤	⑥	⑦	⑧	⑨	⓪
【73】	①	②	③	④	⑤	⑥	⑦	⑧	⑨	⓪
【74】	①	②	③	④	⑤	⑥	⑦	⑧	⑨	⓪
【75】	①	②	③	④	⑤	⑥	⑦	⑧	⑨	⓪

注意事項

1. この用紙を折り曲げてはいけない。
2. マークすべきところ以外に印をつけたり、汚したりしてはいけない。

良い例	●
悪い例	∅ ⊙ ◑

受験番号			
①	①	①	①
②	②	②	②
③	③	③	③
④	④	④	④
⑤	⑤	⑤	⑤
⑥	⑥	⑥	⑥
⑦	⑦	⑦	⑦
⑧	⑧	⑧	⑧
⑨	⑨	⑨	⑨
⓪	⓪	⓪	⓪

評点
/100

（注）この解答用紙は実物を縮小してあります。Ｂ４用紙に133%拡大コピーすると、ほぼ実物大で使用できます。（タイトルと配点表は含みません）

推定配点

一　各２点×10

二　問一～問七　各２点×12　問八、問九　各３点×２　問十　２点

三、四　各２点×24

計
100点

Memo